JN011459

古くて新しい

日本の伝統食品

著
陸田幸枝

写真
大槗弘

柴田書店

はじめに

伝統食をたずねて、おいしいものを求めていたわけではありませんでした。

かねてから気になっていたことがありました。

新鮮に見える3日目の魚や、カビのはえないパンなどが、普通に店先に並んでいました。数え上げればキリがないのでやめますが、添加物で厚化粧した食べものが、今も身のまわりにあふれています。

まっとうな食べものってなんだろう。

日本人は何を食べてきたのか。本来の食べものとは何か。取材を重ねていくうちに、日本の伝統食の底なしの力を、思い知ることになりました。

その一つは自分でも意外だったのですが、少しもうまそうには見えないのに、伝統食はおいしい！という実感でした。

それは、深い山に湧く水をおいしいと感じる感覚に近いかもしれません。気候風土や作り手によって、味わいも微妙に違います。隣のお母さんの手前味噌の味が、うちのと違うように、です。画一的な味に慣らされた舌に、痛快な一撃をくらいました。

伝統食というとちょっと堅苦しいのですが、じつは、ひと世代前のおばあちゃんやおじいちゃんたちが食べていたもの。日常のおかずや、ハレの日のご馳走といった、日本人の記憶に刻まれた食べものです。

時季が来てどっさり採れる素材を、いかに長くおいしく安心して食べるか。それも単に保存するだけでなく、長い時間をかけて全く別の味わいを醸し出す。猛毒を消し、苦みを取り除き、一見食べられそうもないものまで食べものに変えてしまう。昔の人たちが知恵を絞って編み出した技法は、斬新なアイデアに満ち、示唆に富んでいます。


伝統食の主な保存法は、大きく分けて、干す、漬ける、醸す。人手と自然力が頼りです。うんざりするほど手間と時間がかかりますが、時季を外さなければそう難しいことではなく、多くはお母さんたちが台所で作ってきたものです。

毎年約束事のように回遊してくる魚、時季に熟す果実や穀物。食べ頃の山菜や野菜。旬の新鮮な原料を、太陽や寒風で乾かし、塩や味噌に漬け込み、カビ菌の発酵熟成を待つ。

古い文献をみると、その製法は今も基本的には変わっていません。変える余地がないほど完成されているのです。


自然力頼みの伝統食は、気候風土と深く結びついています。

作り手たちは、暑さ寒さ、湿度、太陽、風ばかりか、空気のないところにいるカビ菌まで総動員しています。

高温多湿気候のこの国では、やんちゃなカビを手なずけるのはお手のもの。ご先祖さんたちは、漬物、調味料、酒、肴の塩辛やお茶までこしらえています。

伝統食の技が時を超えて、今ここにあるのは、何代にもわたってズルせず、はしょらず、誠実に製法を守って作り続けてくれた人たちがいたからです。

千年の時を生き抜いてきたのは、求められ続けてきたからでもあります。伝統食が「食は人なり」と教えてくれました。

代々手渡されてきたバトンを、あなたは受け取りますか？

私たちは、他のいのちをもらって生きています。人工物は腹の足しになりません。伝統食にはいのちの保存法が詰まっています。

先人が遺してくれた贈りものが、次の世代にも届きますように。

二〇二二年十月

陸田幸枝

目次

動物性食品

乾燥品・燻製品

塩蔵品

漬物・すし

練り製品

その他

調味料・酒・油

アートディレクション
細山田光宣
デザイン
能城成美（細山田デザイン事務所）
編集
長澤麻美

本書はおもに、『月刊専門料理』２００７年１月号から２０１７年12月号まで連載された、「日本の伝統食品」から抜粋し、再編集したものです。内容はすべて、取材・撮影当時のものです。

植物性食品

山川漬

冬の潮風で干され萎びた大根から生まれる芳醇な漬物

【鹿児島県・指宿市】

どれだけ干したらこんなふうになるのだろう。萎《しな》びてひものようになった何千本もの大根が、寒風に吹かれている。干からびた葉がガサガサ鳴る。開聞岳の麓、海を見晴らす大根畑の烈風の中で思った。この萎びた大根のどこから、あの香気が生じるのか。

「潮風が酵母菌を運んでくっと」

冬に吹きすさぶ潮風のおかげだと、山川町の古老が教えてくれた。

山川漬は、壺漬けで知られる大根漬け。南方交易で開けた薩摩半島の南東端の港町山川町の農家で、数百年来作り継がれてきたたくあんである。重石もしない。漬汁もない。萎びた大根に塩をまぶし、大甕にぎっしり詰め込んでおくと、香り高く旨みの濃い漬物になる。黒っぽい飴色、独特のにおい、歯ごたえの良さがクセになる。

誰ですか?「くろい、くさい、かたい」の3Kだなんて言うのは。

「くろい、くさい、かたい」と言われながらも、山川漬を支えた数百年来の根強い人気は、ぱりぱりの歯ごたえと独特の香りゆえだろう。

雑菌の少ない寒中に、40日間ほど風干しした練馬大根に塩をまぶして、杵で搗いたり、車で踏んでなじませる。車踏みは、高齢になっても漬け続けるために編み出された裏技だ。これを大きな甕壺《かめつぼ》に仕込んでおくと、秋口には漬物蔵から庭先まで甘い香りがあふれ出す。干し大根の糖分が、甕の中で香気を変化させるのだという。「潮風が運んでくる」酵母が、目覚ましい働きをしているらしい。

風待ちの港町に唐船が運んだ保存食

山川の港は、古くから密貿易の基地として栄え、黒潮海道を往来する唐船の風待ち港でもあった。かつては町

大根と一緒に、杵で搗かれて平べった
くなった指の関節。迫力のある手が、
小さい頃から大根を漬けてきたという
おばあちゃんの人生を物語る。

の一隅に唐人町《とうじんまち》があったそうだ。

地元では山川漬ではなく唐漬《からづけ》と呼ばれる。薩摩でサツマイモが唐芋《からいも》と呼ばれるのと同じ。その名から海を渡ってきたものだとわかる。伝来した年代は定かではないが、文禄元年（1592年）に秀吉の朝鮮出兵に従軍した薩摩の島津軍が、唐漬の甕を兵糧として携えていったという。

それにしても、風変わりな漬物である。大根漬けだけれど、糠《ぬか》漬けでも糀《こうじ》漬けでもない。重石もせず、漬汁もなく、単なる塩漬けとも違う。塩と干し大根と長い時間だけで、濃厚な漬物を錬金術のように作り出す。

大根は干すほどに甘みが濃縮され、うま味成分であるアミノ酸も増す。ひと月以上も干す山川漬に含まれる自然のアミノ酸量は、一般的なたくあんとは比べものにならない。

昨今のたくあんは、数日~1週間干した大根を、食塩、甘味料、化学調味料、アルコール調味料液に浸して作る味つけ漬物風。色白で見栄えよく、甘味料で口あたりよくととのえられて、香りもずいぶんと控えめ。

そんなご時世に逆らって、断固「くろい、くさい、かたい」を守る山川漬は、自然が醸すものの豊穣を教える孤高のたくあんである。

40日間干して圧し潰してなお旨い、しもぶくれの大根

「黒うなかったら、山川漬とは言わんです」

すでに現役を退いた山川漬生産農家の長老、西豊道さんによると、本来の色味や香りを出せるのは、練馬大根ならでは。

「他の大根では、水っぽくてスジと皮だけになってしまう。辛みの強い練馬大根は、干すと甘みが出る。萎びきっても肉が残って旨か」

西さんの眼鏡にかなうものは、地元でもわずかしかないという。

昔ながらのもの作りは、効率が悪い。真っ当に作れば手間も時間もかかる。けれど効率が最優先では、質のよい食べものは滅びるしかない。本物を知る長老が、折り紙を付けたのが、新村美智子さんの唐漬だった。

農薬を使わず練馬大根を栽培。

「おじいさんのしていたように作る」唐漬である。

12月下旬に大根を抜き、泥付きを稲架《はざ》に掛けて風干しする。

干し上がった大根をていねいに洗って、簀子に並べて干し、塩つけと漬け込みの準備をする。寒中に屋外での作業はかなりきつい。

「毎年この時分になると、もう来年は作るのをやめようと思うとです」

と新村さん。

確かに練馬大根引きは大変な力仕事だ。先端が太い〝しもぶくれ〟だから手強い。渾身の力で引っ張ってみて、手伝いの戦力になれないことを思い知った。

40日ほど寒風に干しておき、2月半ばから漬け込みがはじまる。ちょうど梅の花時である。

昔は干した大根を海水に浸け、杵で搗き、萎びた大根のシワに入った泥を洗い、簀子《すのこ》で乾かして仕込んだ。

「女の人たちは皆、あかぎれの手で、一日中大根を搗いとったです」

慣れないうちは手も一緒に搗いてしまう。年季の入った母さん方の手は、フシが平べったく潰れている。

昭和40年代に、長老の西さんが、5本の杵が順繰りに落ちる電動式杵搗き機を作ったことで、きつい仕事から解放され、生産量も上がった。山川町のちょっとした産業革命だった。この頃に口のすぼんだ小壺から、焼酎屋が手放した大甕に変わったそうだ。

甕壺の底に簀子を敷き、大根を4～5本ずつ放り込む。何げなく投げているようで、甕をのぞくときれいに隙間なく並んでいる。凄腕である。

「漬ける手が違うと、カビが来やすいの」

手の温度や手塩のわずかな加減が、命取りになる。最初から最後まで同じ人の手で漬けなくてはならない。

カビやすい夏を越すのも、一苦労だ。

「昔は盆までおくと、値が高うなった」

戦前の山川港はカツオ漁船で賑わい、船員の食料やら土産に唐漬がよく売れたそうだ。農家にとって唐漬は常備食であり、貴重な現金収入でもあった。

「何かあるたびに、でこん（大根）でも売るかってね。銀行ではなくて漬物小屋に蓄えがあった。これで育ててもらったです」

3ヵ月ほどで芳しいにおいが漂い、5月からぼつぼつ出しはじめる。が、この頃はまだ色香りもいまひとつ。濃い飴色になる秋口から、香りも甘さも熟し、丸1年経つと完熟の風味に仕上がる。

しんなりしているのに、コシが強く、噛めば小気味いい音がする。〝3K〟は入念な手間仕事がしてある証拠である。

1

2

3

1／12月下旬に無農薬栽培の練馬大根を収穫。その後、潮風の吹く畑の稲架に掛け、開聞岳おろしの風で自然乾燥する。海に近く、暖流黒潮のおかげで霜もめったに降りない。40日吊るしておいても大根が凍る心配もない。2／干し上がった大根を流水で洗った後、杵(電動式杵搗き機)で搗いて塩をまぶしながら、繊維を柔らかくする。3／たくあんには夏の暑さが大敵。夏涼しく、年間を通して温度変化の少ない山川石造りの漬物蔵に並ぶ甕壺は、半分地中に埋まっている。

いぶりがっこ 【秋田県・横手市】

雪が来る前に収穫した大根を、茅葺《かやぶき》小屋で燻す

木枯らしが吹くと、さあ、冬本番だぞと身構える。脂がのるのは人も魚も大根も自然界共通らしい。

「大根は冷え込みとともに育つ」

と秋田県横手市山内の大根畑で、おじさんが教えてくれた。寒くなるほどみずみずしく甘みを増すという。そのもっともいい時季の大根を燻製にしてしまう。

藩政時代の山内は、横手城主に漬物用大根を上納していた大根の名産地。今もいぶりがっこの本場である。

いぶりがっこは、秋田の言葉で燻した漬物のこと。パリパリと小気味よく噛み砕けば、ほのかに焚き火のにおいがする。広葉樹の薪を4〜5昼夜とろとろと焚き続け、しんなり乾かした大根を糠《ぬか》に漬ける。燻したものは香りよく、甘みが出て虫もつきにくい。昔は一家のひと冬分を、囲炉裏《いろり》端に吊して干したそうだ。大根の種類と絶妙な塩梅《あんばい》で、春先まで旨いがっこを漬けるのが伝家の技。

茶の間からあっさり囲炉裏が消えても、なんのその。雪国の暮らしが生んだ出色のたくあんである。

山の紅葉が盛りをすぎ、雪が来るまでのひと時、山内の里に薪を燃やすいいにおいが漂う。雪囲いの済んだ農家の庭先の燻り小屋から、青い煙が立ちのぼり、たゆたいながら流れていく。

荒縄で10本ほど編み込んだ大根を、囲炉裏端に吊るしておくと、煮炊きするうちに、薪の煙に燻されてキツネ色になる。しんなりした大根を糠に漬け込む。昔から続いてきた晩秋の行事は、今も山内の農家の冬仕度の一つだ。

雪国の冬は長い。春先までおいしく食べるために代々受け継がれてきた知恵がある。食べ時に合わせた数種の大根を栽培し、塩分量を加減して漬け込んでいるのだ。

正月の食卓にのぼるものは、11月初旬に収穫するリソー大根。細く柔らかく、漬け込み期間も短くていい。寒

桶にきっちり重ね入れ、最後に
大根の葉で囲んで本漬け。いい
色に燻し上がった大根に、白く
荒縄の跡が残っている。

さが緩む春先においしくなるのは、繊維が硬く、長期間漬け込んでも歯ごたえを失わない秋田大根。その中間が山形大根。おなじみの青首を使う家もある。

大根畑の畝《うね》に、抜いたばかりの泥大根が並ぶ。収穫期の畑は、腹のへるおろし大根のにおいでいっぱい。土と大根のにおい、薪の煙のにおい、燻製の香ばしさ……。待ち遠しいけれど、口に入るのは、早くても2ヵ月後になる。

煙の質と火加減に技がある

茅葺屋根の小屋で燻す大根が、もっとも上質だという。物心ついた時から、いぶりがっこを食べてきた地元の人たちが言うのだから間違いない。

燻すのは、熱い煙で大根の水分を抜くためだ。小屋の天井に吊るした1回分3000本もの大根から出る湿気は、熱い煙とともに天井に上がる。通気性のない屋根だと、風呂場の天井のようになって水滴が滴る。

これでは上のほうの大根は乾きにくい。しかし、通気がよすぎても室温が充分に上がらない。通気口を付けると、煙の流れができて均一に乾かないという悩みもある。

そこで茅葺屋根の高天井がものをいう。太い梁に吊るした大根の上に、湿気を逃がす広い空間がある。分厚く重ねた茅のストローは通気性があるが、雨は通さない。大屋根の全体から、煙が抜けることで、大根すだれが均一に色香りよく乾く。

今ではほとんどがトタン屋根の燻り小屋になっているが、茅葺屋根に近い煙の抜き方が、重要なポイントになるという。

茅葺屋根に雪が積もる前に、大量の大根を収穫して水洗いし、荒縄で編んで吊るす作業を済ませてしまう。大根農家はてんてこ舞いになる。

洗い上げた大根は、湯上がりのつるりとした肌。ほっかむりしたお母さんたちの、ほっぺたは真っ赤。太い梁から吊るされたほの白い大根すだれが、ちょっとなまめかしい。

4~5日も燻すと、真一文字だった大根がしんなりへの字に曲がり、薪の煙の香りを吸ってキツネ色に変わる。薪は広葉樹がいちばんだ。それも伐《き》って1年おいたナラの木がいい。火力が強く、大根につく色と香りが違うのだという。生木では水分が邪魔になる。

「燃やした時、小口から泡が出るような木ではダメなのさ。大根が半乾きになってスが入ってしまうもの」

燻り小屋で約3000本の大根を燻煙乾燥させる。土間にナラの木がほとほとと燃え、室温はほぼ32℃に保たれている。しばらくすると涙と鼻水で目を開けていられなくなる。

燻り小屋で火の番をしているお母さんが言う。逆に乾きすぎた薪は、紙のように燃えてしまって火力も持続性も足りない。煙を出しすぎると、真っ黒に煤けてしまう。ぼうぼう燃えても火が持たない。熾火《おきび》が明け方まで、ほとほと燃え続けていなければならない。すぐに燃える割り木から、じわじわと燻る丸太棒まで、絶妙に組み合わせて火加減する。

炎がちろちろ見えるほどの理想的な火を、4昼夜保つのは至難の技だ。

室温を32℃に保てば、それでいいというわけではないのである。

木が秘めている香り、煙の色、火加減の保ち方は、先人が暮らしの中で手に入れた技、昔ながらに作るもののていねいさ、上質さを思い知らされる。

しんなりへの字になった大根を下ろし、次は木桶で糠漬けする。玄米から米を取った残りが糠だが、伊藤ユキさんの家では、惜しげもなく玄米を使う。

こう言っちゃなんだが、たかが大根である。それを二番米とはいえ、あきたこまちの玄米に漬け込むという。こんな贅沢ないぶりがっこは、商業ベースではまずありえない。家族で食べるためのあきたこまちを、ほとんど農薬を使わずに栽培し、余った米を農協に出す。その時検査の網からもれた小粒米を使う。玄米でなければと頑張っているわけでもない。そこにあるから使う。それだけのこと。

伊藤家の漬け込みの日は、嫁にいった姉妹たちが駆けつけて、賑やかに作業が進む。「家族や知り合い、みんなの喜ぶ顔を見るのがうれしいんだよ」と、お母さんたちの赤いほっぺがほころんだ。

1

2

3

1／大根の大きさによって8〜12本を、荒縄で編む。乾きにくい太い大根は火の近くにくるよう下に、細いのは上のほうにして編み込んでいく。重い生大根を高い天井の梁に吊るすのは、けっこうな力仕事だ。2／米糠に塩、赤トウガラシ、好みでザラメを加え、約2ヵ月間漬け込む。漬け込みの漬け床、味つけの配合は、各家の好みによってそれぞれに違う。伊藤ユキさんの家では、薪で炊いた玄米を使う。3／落とし蓋をしてがっちり重石をのせる。重石は水が上がるまでは2個。その後1個に減らす。

梅干し

【和歌山県・橋本市】

健やかなウメと抗菌力のあるシソ。鬼に金棒のコンビで作る深紅のひと粒

夏が来る前の、うんざりする長雨の時季に、ウメの実がふくらむ。

そろそろだなと思う。青ウメを蜜漬けや梅酒に。木で熟した黄色い実は梅干しにする。

かつて古人《いにしえびと》はウメにいたく思いを寄せたようで、平安の時代、花といえば梅花だった。

早春に愛《め》でた花が、初夏には実を結ぶ。ひと雨ごとに丸みを増す実を心待ちにしたのだろう、長雨の季節を梅雨と名づけている。

花実ばかりか木にも厄除けの力があると信じられ、敷地内に植えられた。その実はご飯と相性のいい酸っぱいおかずや調味料になり、一家の無病息災を応援する食べる薬でもあった。

ほったらかしでどっさり実をつけてくれる庭の健やかなウメこそ、梅干しにふさわしい。

中国原産のウメが渡来したのは、弥生時代。水稲栽培と同じ頃だという。どうやら、ご飯とウメはセットでやってきたらしい。

いつだったか「おいしい梅干し」というのをいただいた。酸っぱすぎず、塩辛くもない。口あたりがよすぎて、梅干しを食べた気がしない。

昔の梅干しは、とても平気な顔してひと粒ぱくりと食べられる代物じゃなかった。

これが正しい梅干しというもの。

おにぎりや日の丸弁当の真ん中に、でんと座っている梅干しを、少しずつほぐしてご飯と一緒にいただく。

しょっぱさと噛むほどににじむご飯の甘さが、口の中でほどよく混ざり合う妙味。シンプルの極みともいえるこの味わいこそ、日本人が愛してきた梅干しの真骨頂で

6月中旬から下旬にかけて収穫し、土用干ししたウメの実に、塩漬けした赤ジソを加え、梅酢に戻して本漬けする。このまま1年間ほどねかせて、"塩かど"がとれたら出荷する。

ある。

無病息災の妙薬としても、重宝されてきた梅干し力

6月中旬から下旬に、黄色く色づいたウメの実を収穫、塩漬けして約1ヵ月後。夏の土用に干し上げる。

よい素材選びと塩加減のツボさえおさえれば、あとは自然におまかせする。昔からお母さんたちが台所でやってきたこと。難しいことじゃない。

シソを加えずに干したものが、白干し。これに赤ジソを加えると、梅酢と反応して深紅の梅干しになる。

どこの知恵者が編み出したものか、抗菌力のある香草シソとウメの実の組合せは、いわば鬼に金棒のコンビ。深紅の梅干しは、日本人にとって、香りよく色美しい無病息災の妙薬でもあった。

奈良・平安の時代には、主に酸っぱい調味料や薬だったという。鎌倉時代には僧侶の副食となり、やがて武家に伝わる。出陣、帰陣の宴の酒や、戦の兵糧《ひょうろう》にも用いられている。眺めただけで唾が湧いて、兵士の口の乾きをいやすという、笑い話みたいな実用品でもあったらしい。

江戸時代の本草書『本朝食鑑《ほんちょうしょっかん》』によると、「正月元旦には、王公より庶民に至るまで、茶に梅干1個を入れて飲む大福茶で祝った。梅の酸鹹《さんかん》は、胃腸の毒を泄《くだ》して、一年の疫邪を駆逐する」とある。

誰もが、梅干し茶で1年の無病息災を願った。梅干しは、頼りがいのある存在だったのである。

ほどよく味をととのえることを、「塩梅《あんばい》する」という。

昔のお母さんたちは、塩梅ひとつで旬の素材を長期間熟成させ、旨いものを作る技術を持っていた。手前味噌や梅干しなどの漬物は、代々わが家の味の基本。その要《かなめ》が塩梅なのである。

昔の梅干しの塩梅は3割塩。確かになまやさしい塩辛さじゃない。今は原料に対しておおむね2割塩。自分で作る場合は、15%ほどの塩にして涼しいところに保存している。

それ以上塩を減らすと腐りやすくなる。梅干しの塩分より、食べる量を少なくしたほうが得策だろう。

減塩のあおりもあって、今の梅干しは「おいしい」味つけ梅漬けに様変わりしている。

これは、塩蔵ウメを水に浸けて塩抜きし、さらに調味液に浸けて味つけしたもの。日持ちしないので、塩の代わりに合成保存料などの添加物を使うことになる。

これでは、長らく無病息災の役を担ってきた梅干しが

泣く。

顔をくしゃくしゃにして、食べるものがあってもいいじゃないか。

正しい梅干しは健やかな素材から

「梅干し用のウメは、全体の2割が自然に落ちる頃がいいんです。触れると落ちるくらいの実を採ります」

6月中旬、和歌山県橋本市の果樹農家、生地《おいじ》利行さんの梅林でウメの収穫がはじまる。

海抜350m。急傾斜の段々畑から遥か眼下に、箱庭のような町と光る紀ノ川が見える。日当たりのいい梅林に、甘酸っぱい旬の香りが漂う。

自身の体をこわしたことをきっかけに、生地さんが安心でおいしい果樹作りを志して20余年になる。

除草剤は使わない。虫の発生する時季に、やむを得ない場合は最小限の消毒をするが、天候順調な年はそれもしなくて済む。ありがたいことだという。

かといって、放っておくわけにはいかない。

「収穫まで、鳥と虫との格闘です」

果実を農薬なしに栽培するのは、至難の業だ。キズ、しみ一つないきれいなものが要求されるからだ。

雨風に晒《さら》されて育つのに、無理な話。おいしい果実に鳥や虫が寄ってくるのは、あたりまえ。誰でもわかることだが、難題を突きつけているのは、他でもない我々「買う人」である。

ある農協のウメ栽培の防除暦を見ると、収穫までに、10数回もの消毒、農薬散布を勧めている。それに従うかどうかは農家次第だが、ウメの実に黒いぽっちがあると値段が落ちる。ヘタすれば二束三文だという。農家にとって、農薬を減らすことは並たいていではない。

有効な手だてがあると聞けば、どこへでも飛んで行って教えを乞うたと、生地さんは振り返る。

消毒を減らす代わりに、柿酢を作って散布しているという。農薬のように、確実に虫の息の根を止める効果はないが、虫が嫌がるのだ。いつも目配りをおこたらず、まめに散布するから、ずっと手間である。

そんな健やかなウメが、ジュワッと唾の出る昔ながらの梅干しになる。

知恵袋である生地さんの老両親は、心強い援軍だ。果樹農家の武骨なひと粒に、家族の無病息災を願った日本の歴代母さんたちの、手塩の味が息づいている。

梅干しの作り方

1 ウメの実のヘタを取る

よく熟していない実は、2時間ほど水に浸けてアクを抜く。熟した実はアク抜き不要。実を傷つけないよう、竹串で硬いヘタを取る。

2 ウメに塩を振る

実を大きさごとに選別し、15〜20%の天日塩で漬け込む。桶底に塩をまき、実を並べて塩を振る。これをくり返して最後に多めの塩をし、ウメの実と同量の重石をのせる。

翌日梅酢が上がったら、重石を軽くしてひと月おく。

3 天日に干す

1ヵ月後の夏の土用の頃に、晴天の続く時を見計らい、三日三晩屋外に干す。一つひとつ裏返してまんべんなく太陽光をあてる。ほんのり赤みを帯びて柔らかに干し上がる。

4 赤ジソのアクを抜く

赤ジソの葉を茎からはずして塩揉みする。赤黒いアク汁を捨て、再度塩で揉む。汁がきれいな色になったら、数日間塩漬けしておく。

5 合わせて漬ける

深紅になったウメとシソを、天気のよい日に天日干しして仕上げる。1年間ねかせると、塩かどがとれてまろやかになる。

温海かぶ甘酢漬け

焼畑の炎と灰が育む赤カブは、つのる寒さと秋の陽光で太る

【山形県・温海町】

今どき、こんなに野趣に富んだカブはちょっとない。つやつやの深紅の肌に、土から吸い上げた生気を包み込んではち切れんばかり。かじってみると、皮は薄く柔らかく、思いのほか甘くみずみずしい。甘酢に漬け込んでも、素材の力強さが、甘酸っぱさをくぐり抜けてしかと伝わってくる。

そんな赤カブが、焼畑《やきはた》でできるという。焼畑といえば、稲作伝播以前から山あいに続いてきた古代農法。畑という字に火があるのは、その名残りだ。

盛夏に山の斜面を焼き払い、灰の上に種をばらまく。すると晩秋には、それはそれは見事なルビー色の玉になる。

その間に人がすることは、茂りすぎたカブラの葉を、間引いて食べるくらいのもの。耕しもせず、肥料もやらない。土地を農薬で傷めることもない。

収穫後4～5年間放置すると山はもと通り。青草が茂り、枯れ重なって土を養い、山の恵みを育む。素材こそ宝である。

赤カブも山林も育てる焼畑の炎が、山の暮らしを支えてきた

温泉の町として名高い山形県鶴岡市温海《あつみ》町は、90％が山林、耕地はわずか4％という山国。

山懐に点在する集落は、山を焼いて植林し、焼畑にソバや赤カブや雑穀などを育てて、自給自足の暮らしをしてきた。

8月お盆すぎに、草ぼうぼうの山の斜面を、焼き払って種をまく。

火は雑草の種を焼き払い、地表を浄化して赤カブの苗の成長を助けるという。邪魔者扱いの雑草が、灰と化して肥やしになるのだ。

8月のお盆の頃に種をまいておよそ60日後。石ころだらけの山の斜面が、青々としたカブラ畑になる。山が紅葉する頃、地面にちょこんと座っている200〜400gもある見事な赤カブを、石ころでも拾うように収穫する。

同じ理由で苗木も育つ。焼畑は、山林の育成にも役立つ一石二鳥の知恵なのだった。

耕しもせず、肥料もやらず、農薬も使わない。江戸時代から続く焼畑で、石ころだらけの山の斜面に、見事な赤カブが育つ。

温泉街から温海川に沿って山道を行くと、温海かぶの本場、一霞《ひとかすみ》の集落に着く。

「一霞は、海抜100mくらい。標高700～800mの山に囲まれたところです。村の人は皆焼畑をして、同じ暮らしをしています。しょっちゅう霧がかかっているので、〝一霞〟っていうんでしょうか。霞を食って生きている仙人集落ですよ（笑）」

カブ農家の古老が、茶目っけたっぷりに言う。

「ここでは、大根の花は咲かさんの。交配して、赤カブが白くなっちゃうで」

赤カブはいとも簡単に、白カブになってしまうらしい。温海かぶの種は、この集落から全国へ出ていく。あの美しい紅色を守るのは、並たいていのことではないという。

8月の中旬をすぎると、集落に夏の終わりを告げる焼畑がはじまる。

ひと月前に背丈より高い雑草を刈って乾燥させ、天気のいい日に風向きをみて火を放つ。風が強いと山火事になる恐れもあるので、日を慎重に選ばなくてはならない。

山の斜面を、赤い炎がほぼ横一直線に下りてくる。「ゴー」という音とともに熱い風がおこり、たなびく煙に野良の人たちの姿がかすむ。下から燃やしては、火の勢いが強すぎて危険だ。上へ燃え広がろうとする火をなだめつつ導いて、焼き下ろしてくる。

炎はじわじわと地を這い、確実に枯れ野を焼き尽くす。手際の鮮やかさは、さすが先祖伝来の技。専門家集団の凄腕である。

焼け跡の黒い灰がまだほんのり温かいうちに、ケシ粒ほどの種をばらまく。

すると、2～3日間で芽を出す。

「月見草に負けるから」と、途中1回だけ雑草をとり、伸びてきた草を間引きして、塩揉みや油炒めにして食べる。他にはなんにもしない。自然にゆだねておけばいい。

雑草ならいざ知らず、耕しもせず、肥料もやらずに農作物ができるものだろうか――。

せっせと土をおこし、雑草を1本残らず抜き、ふんだんに肥料を入れ、病気や虫の予防にこまめに消毒する。

汗水たらして、初めて収穫を手にするのではなかったか。半信半疑で古老に尋ねてみた。

耕さなくても、というより耕さないほうがいいんだろうか。

「んだな」

古老の返事は、ごく簡潔明瞭だった。

紅葉の頃に収穫するあふれんばかりの山の恵み

「カブラは寒さが好きなんだもの」

日ごとつのる寒さで太るのだと、古老が教えてくれた。山の紅葉がはじまる頃、収穫に合わせて、再び一霞の山の畑を訪ねた。

黒焦げだった山の斜面は、見渡す限り一面の緑。カブラの葉に埋め尽くされて、足の踏み場もない。葉陰に見事なカブのつややかな深紅がのぞく。それにしてもすごい数だ。土の上に転がっている赤カブを、石ころでも拾うように収穫する。つい採りすぎて、「おっかに『おらを殺す気か』と怒られる」と、古老が舌を出した。

山ほどの恵みは、各家自慢の漬物になる。漬けるのは、「おっか」の仕事だ。葉を落とし、丸ごと塩に漬けて数日間下漬け。次に、甘酢で本漬けして2週間。芯まで薄紅色に染まったら、でき上がりだ。

今はあっさりした甘酢漬けになっているが、もともとは晩秋から次の年の春まで食べる冬ごもり用。渋柿で甘みをつけた味噌漬けだったという。

桶の口に藁を敷き、木の落とし蓋をしてがっちり重石をのせ、空気を遮断して熟成させた。

浅漬けから完熟へと徐々に深まっていく味を楽しみ、発酵が進んで酸っぱくなると、そろそろ春の気配を感じたものだという。

一霞の人たちは、このカブ漬けを親しみを込めて「あば漬け」と呼んだ。「あば」とはお母さんのこと。種まきから手塩にかけて育てる、おふくろの味である。

もうすぐ山の畑に雪が来る。

「カブラの葉が凍るよ」

それでも赤カブは、雪の下でぐんぐん育ちながら冬を越すという。

その生命力を、いただく。

1

2

3

1／焼畑のひと月前に、山の雑草を刈って下準備。晴れた日に風向きを読んで、枯れ草に火を放つ。一反300坪が、ものの30分間できれいに燃え尽きる。2／火が消えた後、まだ温もりの残る地面に、ひと握りの種を指の隙間からまんべんなくばらまく。種は、6月に咲かせる花から採って、乾燥させておいたもの。3／塩漬けした後、大桶に移して甘酢に漬け、本漬けする。1週間で赤い汁が上がり、2週間もして芯まで薄紅色に染まったら、味がしみ込んだ証拠。

品漬【岐阜県・高山市】

無農薬栽培の力ある夏野菜と秋野菜。2つの季節を真冬に味わう

飛騨の人は、おおむね漬物にうるさい。客が味を磨くのか、底冷えのする夜ふらりと入った高山の居酒屋の漬物が、なかなかのものだった。「下手なものを出すと、お客さんが怒りだすんですよ」

漬物作り歴35年という女将が、さりげなく自信のほどをのぞかせる。

「赤カブの切り方を見れば、旦那さんがやかましい人だなとか、お姑さんがいらっしゃるなとわかります」

ひと切れの漬物で、家の中まで透けて見えてしまうというのだから、油断ならない。

隣で飲んでいたなじみ客が、こんなことを言う。

「昔から『よその家の漬物をほめるな』と言うんだわ。あんたんとこの奥さんをよく知っとる。つまり深い仲だって意味になるでね」

漬物は、母ちゃんに成り代わるほど重みのある存在だったらしい。

そんな漬物王国、飛騨高山で、別格とされる漬物がこの品漬。冷え込む晩秋の頃に、塩漬け夏野菜と秋の収穫を漬け込んで玉石で封印。雪の降る頃には紅の装束で蘇《よみがえ》る。

飛騨高山の居酒屋の売れ筋メニューに、「煮たくもじ」というのがある。

いったい何ものか。よそ者には想像もつかないけれど、地元で知らない人はいないらしい。若者向けの店でも、けっこう人気が高いという。ますます気になる。

お茶請けも酒のアテも漬物。浅漬けはサラダ感覚。酸っぱくなったひね漬けは、煮たり焼いたりして、ご飯のおかずにしてしまう。

ひね漬けを煮つけたものが、煮たくもじだ。本来は「くもじ文字」と書くらしい。国語辞典によると宮中の女房詞で、漬け菜のこととある。何やら雅な女房詞が、どこでどう

夏に収穫して塩蔵しておいたキュウリと小ナス、秋に収穫する飛騨の赤カブ、キノコ、キクイモ、ミョウガを一緒に大木桶に漬け込む。重石の下で1ヵ月間ゆっくり乳酸発酵し、あでやかな漬物になる。ほのかな酸味がさわやか。少しずつ発酵が進むので、好みの熟度で楽しめる。

飛騨高山の庶民のおかずの呼び名になったものか。ともあれ飛騨の漬物は、単なる添えものではなく、立派に一品なのである。

紅葉の頃、飛騨は冬ごもりに欠かせない漬物の最盛期となる。赤カブ、大根、ハクサイ……。秋の実りをひと冬分漬けるのだ。

飛騨は糠《ぬか》漬けより、塩漬け文化圏だという。野菜の持ち味が生きるみずみずしい浅漬け。冬の間じっくり乳酸発酵させる長漬け。漬物上手たちは来年の春まで食べる漬物を、食べ時に合わせて、塩加減ひとつで漬け分ける。「品漬だけは、作るのに1年かかっていますよ。たくあんを漬けるようなわけにはいきません」

腕に覚えのある先の居酒屋の女将は、毎年品漬日記をつけているという。

天気、気温、湿度を書きとめ、その推移を把握したうえで本漬けの日取りを決めるというから、気合が入っている。

夏野菜のキュウリと小ナス、冷え込みとともに太る飛騨名産の赤カブ。山のキノコ、赤ゴケ（サクラシメジ）と一斗芋（キクイモ）、そしてミョウガ。「いろいろ品数を揃えるから」品漬という。

漬け方も品数も、十人十色。毎日手を入れて、せっせとかき混ぜる名人もいれば、発酵の兆しが見えるまで「いっさいなぶったら（触ったら）いかん」と言う達人もいる。キノコと赤カブだけという家もある。

ちゃんと手順通りにやっても、どうしても紅色に仕上がらない人もいる。それは「腕が悪い」「下手」なのではなく、昔から「手を嫌う」という言い方をする。

誰が嫌うのか。それは、目に見えないごく小さなものたち。その存在に、昔の人たちは気付いていたのだろう。ともあれ、各家の流儀は、代々しっかと受け継がれている。名人達人が頑張っているうちは、漬物王国も安泰である。

原料から育てる一本気の漬物屋

「ここは、『漬物はただ』という土地なんですわ。お金にしたらバチがあたる（笑）」

高山の漬物屋の主《あるじ》、三ツ畑《みつはた》祥一さんは、飛騨の味を守る一本気の職人肌。品漬にかける情熱は、並たいていではない。

なんせ、この人の品漬は、春の種まきからはじまるのである。

1

2

3

1／11月半ば、冠雪の穂高連峰を一望する畑で、無農薬、無化学肥料で「自然に逆らわず」に栽培した赤カブを収穫。つややかな生の赤カブはみずみずしく甘い。 2／夏野菜の塩蔵と秋に収穫する赤カブ、キクイモなどを漬け込む。夏野菜に塩気があるので、清め程度の薄塩。内モンゴルの天日塩が野菜の旨みを引き出す。 3／「重石はがっちり。かといって重すぎても野菜が痩せてしまう」。中身の重さの等倍になるように、15〜20kgの玉石を、ひと桶におよそ20 〜30個のせてねかせる。

「丈夫に育って味のいい、昔ながらの品種で作りたいもんですから」

手ずから小ナス、赤カブなどの種をまき、「自然に逆らわず」育てる。

漬物は原料で決まる、という三ツ畑さんの信念はゆるがない。

『基本に忠実にやれ。人さまの口に入るものだから』と親父は常々言っとりました。わけのわからんもんは、父の代も私も使いません」

化学調味料など添加物に頼らないとなれば、質のいい材料をじっくりねかして、持ち味を生かすしかない。赤カブは無農薬、無化学肥料。塩は中国内モンゴルの湖塩、天日塩を選んだ。

ただ、山のキノコばかりは思うようにならないという。

「最近は山が荒れてしまって採れんのです。今は採れた時にだけ入れています」

無理をすることはない。飛騨高山の地に育つ目の届く原料が最優先だ。

11月半ば、冷え込みを待って赤カブを収穫し、本漬けにかかる。暑い最中に塩漬けしておいた夏野菜と秋の実りを混ぜ、清め程度の薄塩で漬け込む。

ほどよく乳酸発酵が進んだ夏野菜が、秋組の速やかな発酵を促すという。

「漬物は木桶に漬けないかん」という先代からの申し送り通り。酒造から譲り受けた杉樽を、柿渋をぬって入念に手入れして使う。木桶の中は、色とりどりの素材が映えて美しい。

中身と同じ重量の重石をのせ、途中天地を返し、昆布だしと酢、みりんで味をととのえる。調味料の吟味もぬかりない。

赤カブの甘さ、しんなりとしたナス、ぱりっとしたキュウリ、キクイモのシャキシャキ感、ミョウガの香り。それぞれが持ち前の味や触感を失わず、穏やかな酸味に包まれる。

ひと口目は、頼りないほど控えめ。ふた口、み口でじわっと味わいが広がる。

冬が来れば、山も畑も白一色。重石の下に封じ込められた夏秋の実りが、華やかな薄紅色をまとって飛騨の正月を飾る。

すんき 【長野県・木曽町】

初冬に収穫する地場のカブ菜を、塩なしで漬ける常識破りの越冬食

信州・木曽御岳山麓の開田《かいだ》高原に、代々母さんたちが作る風変わりなカブ漬けがある。

「酢茎」と書いて、すんき。読んで字のごとくほのかに酸っぱくて、シャキシャキの歯ごたえが持ち味だ。そのままでよし、炒め煮によし、味噌仕立てのすんき汁にもする。

カブの実は使わない。硬い菜っ葉の漬物で、塩もいっさい使わない。

手塩の味という言葉があるように、塩は漬物のもうひとつの主役。水分を抜き、腐敗を防いで長期保存を可能にし、塩梅の妙が味を決める。

塩なしで、漬物が首尾よくできるものだろうか。しかも冬を越して、春まで食べるという。

元禄年間に滋賀・大津の義仲寺《ぎちゅうじ》で催された芭蕉一門の句会で、門下の凡兆《ぼんちょう》は、「木曽の酢茎に春もくれつつ」と詠んでいる。

常識破りの無塩の漬物は、江戸時代の俳人も一目置く存在だったらしい。

塩気のない漬物なんて、気の抜けたビールみたいなものじゃなかろうか。食べてみるまでそう思っていた。しかし読みが浅かった。

シャキシャキ小気味よい歯ごたえと、微妙な酸っぱさがちょっとクセになる。あと口はさっぱり。ヨーグルトに匹敵する乳酸菌と、硬い茎の繊維の働きでお腹の中もすっきり。そのうえうれしいことに、塩分の摂りすぎを気遣うこともない。

ひと冬親しむやさしい食べものだからこそ、時を越えて今ここにある。

いい塩梅に、新ソバの時季にすんきの浅漬けもでき上がる。できたてを手打ち蕎麦にのせて、ふうふう言って食べる「すんき蕎麦」は、秋深い山国のとっておきのご

漬けてほどなく、漬け汁が鮮やかな紅色に変わる。常に漬け汁がかぶるようにして、空気を遮断。雑菌の侵入を防ぐのが長期保存のコツ。

馳走である。

山国の長い冬とそこに暮らす人の知恵が編み出した優れた保存食

開田《かいだ》、三岳《みたけ》、王滝《おうたき》、木祖《きそ》村といったすんきのふるさとは、信州木曽の海抜１３００ｍの開田高原にある。

山は険しく、川は急流で舟も通わない。かつて塩や塩干し魚は、日本海側から飛騨街道を通って、陸路をはるばる運ばれてきた。

「米は貸しても、塩貸すな」との言い伝えがあるほど、塩は貴重品だった。塩がなくても知恵がある。先祖さんたちはズミや山ブドウなど、酸味のある木の実とともに漬け込んで、乳酸発酵させた独創的な越冬食を編み出した。

「よくできたものは、盆前まで食べられます」

おかかをのせてそのままでよし、炒めもの、和えもの、煮もの、味噌汁、蕎麦にとなんでもござれ。風邪をひいて食欲のない時も、すんきの出番だという。

開田高原の秋は、山のてっぺんから早足で下りてくる。山々を染める紅葉を合図に、お母さんたちは冬支度にかかる。11月初旬、初冠雪の御嶽山を見晴るかす畑で、地元特産の赤カブ、開田かぶの収穫がはじまっていた。

「まだ水（の冷たさ）が手に刺さらんうちに」漬けると、落葉松《からまつ》の林が金色の針をすっかり落とす頃には、初物の浅漬けが食べられる。

すんきに漬けるのは、葉茎の部分だけ。赤い実は、庭先のむしろの上で透き通る秋の陽ざしを浴びている。しわしわになるまで干して、塩漬けや糠《ぬか》漬けにするそうだ。

「茎は、繊維質で硬いほどいいだよ」

すんきは長く漬けておいても失せない、シャキシャキ感が身上である。

山の清い水で洗ったカブ菜を、煮立った湯にさっと通してから、桶にすんきダネと交互に並べ入れ、冷ましたゆで汁を注ぐ。

落とし蓋をして、雑菌が入らないようきっちり重石をする。ほどなく漬け汁が紅く変わり、酸っぱいにおいが漂う。この美しい紅色で、首尾よく乳酸発酵が進んでいるなとわかる。

すんきの真骨頂は、このタネにある。すんきダネになるのは、去年作った出来のいいすんき。これを軒下に吊るして凍て干しにしておく。

「凍ったり溶けたりして乾く」天然フリーズドライだ。

こうして乳酸菌も一緒に閉じ込めてしまう。タネはすんきを作り続ける限り、来年もその次の年も、ほぼ永久的に使える。

去年の漬け汁も瓶に小分け冷蔵しておき、桶に入れる。発酵の応援団だ。

先祖さんが山の酸っぱい木の実で漬けたすんきが、毎年順繰りにタネになり、各家のおふくろの味として、何世紀もの歳月を越えてきた。

作り手と小さなものたちと、共同作業でものになる

「よそのすんきは、味が違うんだよ」

と開田のお父さんが、手前味噌みたいに言う。

何軒かですんきをいただいたが、どれも兄弟のようなもので、よそ者の私にはその微妙な差がわからない。

地元の人は、すんきの味を感知する物差しの目盛りが、ずっと細かいのかもしれない。

作り方はどこも同じ。初収穫した今年のカブ菜と去年のタネで、まずひと桶漬けて、今年の分のタネを作る。これをタネにひと冬分どっさり漬ける。

周到に微生物を殖《ふ》やす術は、先祖伝来である。

不思議なことに、すんきは誰にでもできるというものではないらしい。

「同じように漬けても、手によっては汁は紅くも酸っぱくもならんの」

地元では昔から「手を嫌う」というそうだが、嫌われると何度やってもカビが生える。

上手下手というのではなく、目に見えない何ものかと、人の手との相性があるらしい。

ごく小さなものたちが、どう好き嫌いを決めるのか計り知れないけれど、微生物の存在も知らない昔の人たちは、生きもの相手だということをちゃんと承知していた。

開田高原では、4月まで氷点下の寒さが続く。漬物小屋のすんきも薄桃色の氷漬けになる。氷の下でゆっくり発酵が進み、正月すぎには飴色になり、浅漬けにはない円熟の味を醸し出す。

「鉈《なた》や手斧《ちょうな》で氷をかち割って、氷ごと味噌汁に入れるだよ。これがいちばん旨いんだわ」

残念ながらいちばんの味は、極寒期の開田でなければ味わえない。

よそへ行ったら、たちまち味が変わってしまう。そんな微妙な食べものがあることが、なんだかうれしい気もするのである。

1

2

3

4

1／収穫したカブの葉茎をすぐに洗って土を落とし、漬け込みの準備に取りかかる。昔から飲み水にしてきた、清らかな山の水が今も庭先に流れている。2／天然凍結乾燥したすんきダネと、煮立った湯にさっと通した茎を交互に並べて漬け込み、前年の漬け汁を加える。これが速やかな乳酸発酵を促す。3／冬は時に氷点下20℃を下回る寒気で漬け汁が凍って、すんきはピンクの氷詰めになる。どこの家にも、氷をかち割るための道具があった。4／すんきを、シメジで引いただしの新蕎麦にのせていただく「すんき蕎麦」。

しば漬け

京の古刹《こさつ》に平家伝説とともにひっそりと伝わる紅色の漬物

【京都府・京都市大原】

盛夏に、色濃く縮れた赤ジソとナスに塩をして木桶に漬け、がっちり重石をしておく。と、秋風の立つ頃には、初々しいしば漬けに仕上がる。

桶の口開け時に合わせて、京都・大原の寂光院をお訪ねした。

重石をのけると、どきっとするような深い紅色が現れた。色を見れば、その年のできばえがわかるという。それにしてもこの華やかな色が、自ずと生じるとは！　桶が育む不思議である。

しば漬けには、こんな言い伝えがある。平家滅亡後の文治元年（1185年）、平清盛の娘で安徳天皇の母・建礼門院（平徳子）は、剃髪して大原の尼寺寂光院に入った。「都から来た高貴な方」をなぐさめようと、里人が赤ジソ、ナスなど夏野菜を漬けて差し上げたところ、紅色の漬物を見て、「紫葉《しば》漬けか」と言われた。以来、そう呼ばれるようになったとさ。

夏の日ざしを浴びて大原の赤ジソ畑が色づく頃、尼寺に伝わる由緒正しい「しば漬け」の漬け込みがはじまる。

少々古い話になるが、数十年前の大河ドラマ『新・平家物語』をきっかけに、建礼門院ゆかりのしば漬けが大ブレイクしたらしい。その時に京土産の売れ筋になり、しば漬けの名が広く知られるようになった。

しかし売れ筋となると、「……のようなもの」も出てくる。もともと赤ジソとナスと塩だけで作るが、今は着色し、酢などで味つけしたものも少なくない。本来のしば漬けの味をご存知だろうか。

京都・大原の古刹に伝わる紅色の漬物 〝何も足さない〟

夏が来ると、比叡山北西麓の大原にある建礼門院ゆかりの尼寺寂光院で、しば漬け作りがはじまる。

桶にナスと赤ジソを入れ、薄霜ほどの塩を振って、重石をして漬け込む。桶のへりまで固く詰めても、一晩で水が上がって嵩は半量に減る。

赤ジソとナスに塩を振って、木桶に詰めるだけ。他に何も足さない。あとは重石をして、時が来るのを待つ。寺に伝わる習い通り、時季に露地で育つ地場の夏野菜を使って漬け込むシンプルな漬物である。華やかな紅色のせいか、そこはかとなく雅やかさを感じさせる。

「大原のシソやないと、こんな色と香りは出まへんなぁ」

長年寂光院のしば漬け作りにたずさわってきた大原女《おはらめ》さんの京言葉が耳に柔らかい。

細かく縮みの入った大原の赤ジソの葉は、光の加減で黒く見えるほど濃い赤紫色だ。

「小野霞がかかるのが、ええんでっしゃろなぁ」

日の出とともに湧き上がる大原川の朝霧「小野霞」が、赤ジソ畑を包んでこの色と香りを育むという。

かんかん照りの畑で収穫したぴんしゃんした赤ジソとナスを漬け込むと、ぶくぶく泡を吹きながら乳酸発酵し、鮮やかな紅色に変化する。

「できばえのええしば漬けゆうたら、やっぱし色やわなぁ。どうぞよい色になりますように、ゆうて漬けます」

一年でもっとも暑い時季に漬け込まれたしば漬けは、秋風の吹く頃、シソの香りも初々しい紅い漬物に仕上がる。その後も寒さに向かって、じわりじわりと味わいを深め、冬には「ひねもの」ならではの独特の香りと円熟の味わいを醸す。「これぞしば漬け」とおっしゃるひね漬け派も少なくない。

半年、1年と、微妙に変化する味わいを楽しむ、息の長い保存食である。

地場産の夏野菜「蘇り草」と暑さで元気になる乳酸菌の合作

「シソを刈ると手が真っ黒になって、夏の間中取れしまへん」

手ぬぐいのほっかむり、絣《かすり》のもんぺに前垂れ姿の大原女さんが、赤ジソ畑でよいしょと腰をのばして言う。

このアクの強さに効き目があるのか、赤ジソは防腐作用が強く、漢方では解毒や咳止め薬にも用いられてきた。

「頭や喉が痛い時は、行平《ゆきひら》にシソ葉を入れて、煎じて飲みます」

大原の家庭薬でもあった。

その名の由来がおもしろい。中国の故事に曰く。食あたりで死にそうな若者に、紫色の葉を煎じて飲ませたところたちまち元気になった。そこで紫の「蘇り草《よみがえり》」と呼ばれ、それが紫蘇になったと。

病を癒してくれる薬草を、後世の子々孫々が忘れないようにと、名づけられたのかもしれない。このアクの強い赤ジソの葉なくして、暑いさなかに雑菌を抑え、首尾よく乳酸発酵させて、常温に半年〜1年もおける漬物を作る、なんて芸当はできなかっただろう。

ナスの濃紺にも、抗酸化作用のあるアントシアニン系の色素が含まれている。赤ジソとナスの組合せは、偶然ではなく、蘇り草の底力を見抜いた巧みな取り合せだったのである。

寂光院のしば漬けは、お世話になった方々へのおつかい物にするために作られている。

「ナスの端っこがあたると、先様に失礼にあたりますから、手間でも両端は切り落とします」

ナスの切り方、ナスの端っこにまで、こまやかな気遣いが行き届く。包丁の小気味いい音とともに、ナスの山がみるみる切り崩されていく。

茎からはずした赤ジソの葉と縦に切ったナスに薄霜ほどの塩をまぶし、木桶のへりまでぎっしり詰め込んで、がっちり重石をする。この重石が素早く水を上げ、桶内の空気を遮断する。空気の嫌いな乳酸菌にとってよい環境を作ってやるためだ。重石の加減が、仕上がりの色と風味の決め手になる。

寂光院にはしば漬け専用の、寸胴《ずんどう》の木桶がある。重い木桶は、ずらすだけでも力仕事。それでも長年使い込んだ桶を大事に使う。聞けば、「味よく漬かるから」だという。木桶に棲みついた有用菌が援軍となり、速やかな発酵を促す。さらに、「木桶が息をして」余分な水分もきれる。

「仕上がりが水っぽいと、色もにおいも悪うなります。『空気が重い』ゆうて、ご住職に叱られます」

重石をのせて一晩で、アクで真っ黒に染まった水が上がる。これがしばらくすると降って湧いたように、目の覚めるような紅色に変わる。桶が育むこの不思議!

乳酸発酵が首尾よく進むと、乳酸が生成される。ナスと赤ジソのアントシアニン系の色素が、この酸に反応して紅色に変わる。美しい紅色は、桶の中で元気に働くごく小さい生きものたちの、上出来のVサインである。

しば漬けの味は、桶のクセや置き場の温度差により微妙に違うそうだ。けれど発酵が早いのものろいのも、いずれ古刹の一隅でひっそり紅い花になる。

「口開けしたら、いちばんにお地蔵さんとお内仏さんに刻んでお供えします」

しば漬けの作り方

1 地場の赤ジソを収穫する

暑い盛りに収穫した赤ジソ。強い夏の日ざしを浴びて育つ大原の赤ジソは濃い赤紫色。谷の湧き水で洗い、葉をていねいにむしり取る。

2 ナスを切る

包丁でナスの両端を切り落とし、縦長に切る。

3 ナスと赤ジソを漬け込む

赤ジソとナスに塩をまぶし、両手で体重をかけて圧しながら、桶にぎっしり詰め込む。約20kgの重石を2個のせると、一晩で水が上がる。

4 重石を増やして2ヵ月間以上発酵熟成

水が上がると嵩は半量に。桶2つ分を1つの桶にまとめて本漬け。嫌気性の乳酸菌のため、重石を3個にして空気を遮断する。

5 でき上がり

2ヵ月後に初物が完成。さらに半年以上ねかせるとひね漬けになる。食べる直前に細かく刻み、醤油とみりんか砂糖で好みの味にして食べるのが京都流。

雪菜のふすべ漬け

深い雪の下で、白肌の薹《とう》が立つ

【山形県・米沢市】

雪降る夜はこたつで一杯やりたくなる。肴は米沢から届いたばかりの雪菜のふすべ漬け。

シャキシャキの歯ごたえ小気味よく、ほのかに甘くぴりっと辛い。山葵の茎漬けにも似た奥ゆかしい刺激が、ぬる燗の酒によくあう。

「雪の中で、ええ雪菜が育ちます」

米沢の雪菜農家、吉田昭市さんの言葉に、耳を疑った。草丈80cmもある青菜が、雪の下で白肌の野菜に生まれ変わるというのである。

かつて雪菜は「かぶの薹」と呼ばれていた。カブは遠山かぶといって、慶長6年（1601年）に上杉氏が米沢へ入った時に持ってきた伝統野菜。それが長い時をかけて選別され、遠山かぶとアブラナ科の長岡菜の自然交配種の「かぶの薹」となった。

その種は上杉藩の野菜供給地だった上長井地区で、自家採種と独特の栽培法で守られてきた。しかし、この種をまいただけでは雪菜にならない。青菜を収穫してから雪菜になるまで、雪の下で40日ほどかかる。ふすべ漬けがわれわれの口に入るのは、根雪になってからである。

米沢では、11月から4月上旬まで雪が降る。野山も畑も一面の雪原となって、野菜はおろか雑草も生えない。日本屈指の豪雪地帯で厳冬に収穫される雪菜は、米沢市上長井地区だけで守られてきた伝統野菜である。

春に種を採り、夏にこれをまき、雪が来る前に草丈80cmにもなる見事な青菜を収穫する。

おいしそうだけれど、これは食べない。「床よせ」といって、15〜20株を束ねて藁で囲い、土をかぶせて畑に置いて雪を待つのだ。

菜の芯だけを食べる「くくたち」の漬物

一度降りはじめれば、一晩に30〜40cmというペース。

重たい雪でぺちゃんこになりなが
ら、朽ちた青菜の間からみずみずし
い薹が立ち上がる。暗闇で生長を続
ける強い生命力を持つ雪菜。

２ｍもの積雪で、自然に格好の雪室ができる。

「大根やカブも雪に埋めて貯蔵します。けど、雪の下で生長する生命力を持っとるもんは、雪菜の他にないんです」

雪菜農家の吉田昭市さんは、わが事のように胸を張る。温度２℃の暗い雪の底で、真っ白い薹（花茎《かけい》）が立ち、青菜の養分を吸って伸びるという。20〜30㎝になれば収穫時。こうして春先に伸びるはずの薹を、厳冬に手に入れる。

雪国の暮らしが育んだ不思議な野菜である。

米沢は蔵王、吾妻、飯豊《いいで》連峰に囲まれた盆地である。雪と冷え込みは並たいていではない。

収穫の最盛期には、「手先が見えんくらい」吹雪いても休まない。

雪原に立てた竹棒を目印に雪を掘りおこすと、茶色く朽ちた青葉の合間に、初々しい白肌がのぞく。

「白い菜だから、ほんの少しの傷も目立ってしまうんです」

畑で朽葉を半分捨て、作業場で水洗いしながらまた捨て、ふすべ漬けにする時さらに捨てる。捨てて選りすぐって、残るのはもとの長さのわずか4分の1ほどだという。

雪菜はわが身を捨てきった青菜の生まれ変わりである。お年頃をすぎると「薹が立った」などと陰口を叩かれるが、「薹」を食べるなら話は別である。

青菜は寒い時期に花茎を伸ばし、可憐な菜の花をつけて種を結ぶ。薹には、次の世代に命をつなぐための力が秘められている。

その力を喜んだか、古代人は春先に「茎立ち」という野菜を摘んで食べている。くくたち、と読む。これが「薹」だ。「芯だけ食べるんだもの、贅沢な野菜だんべ」

ふすべ漬けの雪菜を刻みながら、雪菜農家の吉田さんが言う。

「ふすべる」ことで辛みを引き出す

地元米沢では正月や祝いの席、もてなしに「冷や汁」と呼ばれる伝統料理が欠かせない。干し貝柱の戻し汁で、凍みこんにゃく、豆腐、打ち豆、干し椎茸などを煮て、冬もわざわざ冷まして食べるというのがおもしろい。

なんでも冷や汁は上杉藩政時代、野戦の兵糧《ひょうろう》だったそうで、冷たくして食べるのが今も米沢の流儀だ。

乾物を生かした定番に加えて、春は山菜、秋のキノコ、

1

2

3

4

1／1月中旬頃が雪菜の最盛期。雪中から掘り出して萎《しお》れた葉を取り除き、長さ20〜30㎝の“薹”の部分を収穫する。2／一口大に切り、ザルに入れてさっと熱湯に浸けて引き上げ、氷雪を入れた冷水に浸ける。これを数回くり返す。3／よく冷やした雪菜に2％の塩をし、重石をして密閉。水が上がったら軽い重石に変えて再度密閉し、3日間おく。辛みを出すには、ゆですぎない、冷たい水で冷やす、密閉がポイント。4／冬でも冷まして食べる冷や汁は、「常には食べない」米沢の正月や祝い事のもてなし料理。

冬は雪菜のふすべ漬けが、冷や汁に四季折々の彩りを添える。

「辛みが、ふすべ漬けの命です。だけど汁に浸けておくと、辛みがとんでしまうで」

辛みはとても微妙なもので、ぐずぐずしてはいられないらしい。

冬の冷や汁の正しい食べ方の順番は、まず雪菜からである。

雪菜は歯ごたえよく甘みのある野菜だ。おひたしや汁ものにもする。

けれど、そのまま食べたのでは、辛くもなんともない。「ふすべる」ことで辛みを引き出す。

一般に「ふすべる」といえば燻すことだが、米沢では燻さず、さっと湯通しして塩漬けすることをいう。

「ふすべると目がしかしかするほど辛くなります。昔はどこの家でも漬けとったです。難しいことはないんです」

吉田さんの言う通り、その手順はいたって簡単。ところがものによっては辛くなったりならなかったりで、なかなか手強いという。

「熱湯にくぐらせて塩漬けするだけで、甘い野菜が辛くなるんだから、不思議なもんだべな」

えーっと、辛くならないこともあるんですよね。

「なんも、辛くならん時は辛子で和えて、おいしく食べたらええんです」

なるほど、その手があったか。

高菜の古漬け

夏を越して冬までじっくり寝る。歳月が醸す、酸味ほのかな香の物

【和歌山県・那智勝浦町】

熊野灘に面した那智勝浦町のおにぎりは、海苔巻きではなく、1年糠床《ぬか》にねかせたべっこう色の葉っぱで巻く。歳月を経た古漬けならではのほのかな酸味と、発酵食独特のクセになるにおいは、ご飯との相性も絶妙。白粥に添えても、ラーメンにのせてもいける。

マグロ漁業基地で知られる那智勝浦では、マグロや白魚と古漬けの煮ものや油炒めは各家の定番のおかず。漬物として食べるだけでなく、いかようにも応用がきくのが古漬けの強みである。

高菜という野菜は10世紀までに中国から伝わったとされている。単なる漬物にとどまらず、これほどバリエーション豊かな食べ方があるのも、千年という歳月のなせる技かもしれない。

高菜の葉を糠に漬けて、重石の下で1年おくと古漬けになる。夏を越して秋口にはぼつぼつ食べはじめるが、まだ若いらしい。秋の深まりとともにじわじわ熟して、2回目の冬を迎える頃には完熟の奥深い妙味と芳香を醸す。

何年か前、高菜の苗をもらって庭に植えていたことがある。10月に植えて放ったらかしで伸び放題。勝手気ままに育ち、11月から春先までひと冬新鮮な葉っぱを恵んでくれた。

ハクサイやキャベツは収穫すればそれまでだが、高菜は〝掻き菜〟といって植えたまま外側から掻き取って使えばいい。すると、とってもとってもありがたいことに、内側から泉のようにみずみずしい葉っぱが出てくる。やがて春が来て、庭の隅に小さな葉の花畑ができた。

霜の降る頃に収穫して、2回目の冬に食べる

高菜は千年以上も前に、中国から伝わったアブラナ科カラシナの一品種。菜っ葉にしてはのっぽで、春先に薹《とう》

冬に漬け込んだ高菜は、翌年の晩秋〜冬まで寝て、つややかなべっこう色に完熟する。透き通る葉を広げると、一枚で大きなおにぎりが包める。

が立つ頃は、背丈が1m以上にもなる。名前はそこからきたらしい。

冬が旬。濃緑色の大きな葉は肉厚で柔らかく、煮たり炒めたりする他、汁ものの彩りにもと重宝する。けれど、その本領を発揮するのは漬物。それも、古漬けである。

「高菜は霜が来なんだらおいしくないんです。霜にあたると葉が柔らこうなって、ぴりぴりの味が出るの」

那智勝浦町の松本敏美さんは、毎年自家栽培の高菜で母親譲りの古漬けを漬けている。

熊野灘に面した那智勝浦町は、熊野詣での参拝客で賑わう熊野那智大社の門前町だ。町の9割は山と丘陵で、山からすぐ海になる。山に住む人はわずかな農地と山仕事で暮らしを立ててきた。

「毎朝山仕事にいく父ちゃんに持たせる弁当は、高菜の古漬けの〝目張りずし〟と決まったもんだ。山じゃ一日に5合飯食べよった」

そんなわけで、高菜で巻いた握り飯はきわめて大きい。一説によると、あーんと口を開けると、なぜか目まで大きく見開いてしまうので目張りずしというらしい。

すしといっても特別なご馳走ではなく、「なんにもないから、目張りでもするか」と言えば、誰も反対しないといった類の家族みんなの好物。

家によって味つけも微妙に違うが、松本家流目張りずしを教わった。

古漬けの葉に醤油と酢で下味をつけ、茎は刻んでご飯に混ぜておく。手のひらの上に葉っぱを広げ、そこに茶碗一杯の炊きたてご飯をのせて「あちち、あちち」と言いながらふんわり握る。熱々の湯気で古漬け独特の味を、じんわりご飯にしみ込ませるのがコツだ。

今では目張りも、若者好みの浅漬けの青葉で巻いた小振りのものに変わりつつあるそうだが、大人たちは断固、古漬け支持派である。歳月を経たものにしかない奥深い味と香りは、年季の入った舌でこそ喜べるのかもしれない。

塩で揉んで引き出す辛みと、乳酸発酵の酸味の妙

「葉っぱが死んでしまうで、採ったらすぐに漬けんといかんの」

農家のお母さんの何げない言葉に、葉っぱの命を食らうのだという、思いがにじむ。

一枚ずつ包丁で切り取った葉を、一輪車に満載にして県道沿いの洗い場へ直行する。流れっぱなしの水は、ち

1

2

3

1／包丁で外側から葉を1枚1枚切り取って収穫し、萎《しお》れないうちに流水で洗って下準備する。道路沿いに流れ出る温泉が、漬物の菜っ葉の洗い場。収穫した高菜を一輪車に満載して、農家のお母さんたちが集まってくる。2／長期間安全に漬け込むには、重石が不可欠。がっちりのせた重石が空気を遮断して雑菌を防ぎ、嫌気性の乳酸菌の発酵を助ける。3／酢醤油にさっとくぐらせた古漬けの葉でおにぎりを包む目張りずし。古漬けの菜っ葉は薄く、指が透けて見える。

ょうどいい温かさ。洗い桶に冬の薄日がさして、ほくほくと薄い湯気が上がる。この時期、道端に湧く天然温泉が、漬物の洗い場になる。

「温泉で洗うと、虫もきれいに取れるんですよ」

消毒しないので、虫がちゃっかり毒味した穴あきもある。

湯上りの青葉を味見してみると、カラシナのくせに辛くもなんともない。菜っ葉が隠している辛みを引き出すには、ひと手間いるのだという。青葉を塩漬けして3、4日したらいったん取り出す。これをまな板の上できゅっきゅっと塩揉みすると、鮮やかな色とピリ辛が出る。

「揉んでいるうちに鼻がツーンとして、目がしょぼしょぼしてくるの」

塩で揉んで青菜の細胞壁を壊すことで、隠れていた辛みがにじみ出る。さらに4、5日間漬けると、〝塩かど〟がとれてあっさり味の色鮮やかな浅漬けになる。

ここからが古漬け仕込みの本番だ。米糠《ぬか》と塩、トウガラシ、黄色い色をつけるクチナシの実を混ぜて、がっちり重石をして桶に漬け込む。

乳酸発酵盛んな夏を越し、秋口にはそれらしいにおいがしてくる。ぼつぼつ食べながら冬の完熟を待つ。

ほぼ1年も漬け込めるのは、空気を遮断する重石のおかげだ。桶の中で空気の嫌いな乳酸菌が増殖して、ほのかな酸味を作り出す。お腹にやさしい漬物の乳酸菌は、量・質ともにヨーグルトに勝るとも劣らない。

高菜の漬物は古くからあったようで、6世紀に編まれた現存する最古の農書『斉民要術《せいみんようじゅつ》』に、高菜漬けの作り方が記されている。酸っぱい古漬けは、古来酸味調味料としても使われてきた。

今は添加物入り調味液に漬けただけの、えせ漬物が幅をきかせている。1500年以上も元気を支えてくれた乳酸発酵漬物の真価を知らないのは、あまりにももったいない。

代々母から子へバトンタッチされてきた那智の農家の古漬けは、勝浦の漁師との物々交換品でもあった。今も魚をもらったり、古漬けでお返ししたりのお付き合いが続いているそうだ。

地元に揚がるマグロや春先の白魚と古漬けの炊き合わせは、地元では人気の定番おかず。クジラやイルカの肉と煮てもおいしい。

いただいてきた古漬けをコトコト煮たら、冷たいままでは気付かなかった香気が立ちのぼって台所に満ちた。

奈良漬（新漬け）【奈良県・春日野町】

旬のシロウリを新の酒粕に漬けた、夏だけの初々しい伝統漬物

連日の猛暑にうんざりする頃、ほんのいっとき、涼やかな奈良漬が出回る。6月に手のひらほどに育った走りのシロウリを、今年の新粕（土用粕）にあっさり漬け込んだ新漬けウリだ。

ほんのり青みの残る皮がちりちり縮れ、しんなりしているのに、噛めばかりかりの歯ごたえ。涼やかなウリの香りが、口中に満ちて暑気を払う。

奈良漬の歴史は、酒と同じくらい古い。平安時代に編まれた『延喜式《えんぎしき》』にも、ウリ、ナス、トウガンなどの野菜を酒粕に漬け込んだ保存食が記載されている。宮廷貴族たちの食べものが、庶民に普及するのは江戸時代になってからのこと。慶長年間に、奈良の漢方医が売り出したのがはじまりだという。

奈良漬といえば、おなじみべっこう色。完熟の酒粕に10ヵ月以上も漬け込むひね漬けは、下戸なら酔っぱらってしまうほど香りもコクも濃い。ひねにはない新漬けの初々しい風味は、古都の夏のとっておきである。

夏のひと月間ほどしか出回らないこともあって、淡い色の新漬けを見てびっくりする人もいるらしい。

「漬かってへんの送ってきはった」

そんな苦情がくることもあると、東大寺の門前で奈良漬店を営む森平八郎さんは言う。

「けど、これしか食べはらへん人もいて、寒い時分から予約が入っとります」

奈良漬といえば、老舗の味というイメージも強い。が、かつて隣近所に造り酒屋があった時代は、家庭で正月に間に合うように自家用奈良漬を作ったものだという。

「新漬けウリは、8月7日に先祖さんにあげるもんやったんです。今も粕だけを買いにきはる人もいはります」

旧盆の頃に仕上がる新漬けは、真っ先に盆棚に、ナスやキュウリなどの夏野菜とともに供えられた。

ウリの青みが残る中漬け。下漬け、中漬け、上漬け、本漬けと1週間ごとにウリの粕をぬぐい取って、新しい酒粕に漬け替えて徐々に塩を抜いて仕上げる。

盛夏に、ほのかな酒の香りと若いウリの風味を、ご先祖さんとともに楽しんだのである。

走りのウリの風味と色を生かした新粕の浅漬け

6月中旬、徳島県北東部の板野町のシロウリ畑は、ひと足早い収穫期を迎えていた。

別名日照り草ともいわれるウリは、日ざしの強い暑い夏によく育つ。地べたを這うかぼそい蔓《つる》をたどっていくと、葉陰にしもぶくれの瓜実顔《うりざねがお》がのぞく。

収穫するのは、走りの、まだ青い手のひらサイズ。完熟すれば2倍の大きさになるというのに、惜しげもなく小さいうちに採ってしまう。

むっちりと身の詰まったみずみずしい器量よしだけが、奈良へ運ばれて新漬けになる。

奈良漬は、かりかりの歯ごたえが命である。ウリを新漬けなら1ヵ月、ひね漬けなら1年近く酒粕に漬けてなお、しゃっきり歯ごたえを残すのが技。塩加減と重石がものをいう。

まずは、手のひらほどの大きさのウリを縦半分に切り、種を取って塩漬けする。舟形のウリに盛り上がるほど塩をすると、ウリからぽとぽと水分が滴る。桶にぎっしり詰め込んで一晩。翌朝桶をのぞくと、ウリが塩水の中に泳いでいた。ここでしっかり身を締めておくことが肝心だ。

しんなりしたウリに、さらに塩を盛って桶に漬け込み重石をする。石は重すぎても、軽すぎてもいけない。重いと形が崩れて、ふにゃふにゃに。かといって軽くては重石の役目を果たさない。ほどよく軽めの重石で、ゆっくり水気を抜く。これで、粕漬けの下ごしらえが完了だ。

次に塩ウリを酒粕にひと月ほど漬け込むのだが、ただ待っているというわけにはいかない。下漬け、中漬け、上漬け、本漬けと4回も酒粕に漬け替えて塩分を抜く。

粕の中からウリを一つひとつ掘り出し、手にのせて古い粕をぬぐい取り、新しい粕に包んで漬けなおす。これをくり返すことで、とんがっていた塩味が徐々に抜けていく。ウリは幾度もやさしくなでられて、旨い奈良漬に育つ。

本漬けの酒粕の熟度とブレンドで味が決まる

「酒の副産物で漬けるものですから、酒の味の変化に伴って、奈良漬の味も変わっていきます」

かつて酒が手搾りだった時代の酒粕は、しっとりしたものだったが、今は機械搾りが主流でぱさぱさの板粕も多い。味も香りも柔らかさもさまざま。

眼鏡にかなった十数軒の酒蔵から仕入れる寒の板粕を、大タンクに踏み込んで半年間ねかせておき、頃合いに熟した粕を調合して使う。それも微生物の働きによってどんどん変化していくから、熟成の度合いを見きわめなければならない。白い酒粕に薄い紅色がさした時が、漬け時だ。

原料はウリと塩と酒粕とシンプルなもの。甘みも加えないから、ごまかしがきかない。ことに仕上げの本漬けは気が抜けない。ブレンドした粕の味がそのまま奈良漬の味を決めるからだ。

「いい酒の粕だからといって、奈良漬にいい粕とは限らないんです」

研ぎ抜かれた米で作る大吟醸酒の粕では、洗練されすぎて旨みが少ない。燗して飲む酒のように、味に厚みのある酒粕をブレンドする。

甘みの強いものや旨みのある素朴な味、しっとりとアルコール分の多いもの、固く絞ったものなどを、相性よく調合するのが主人の腕の見せどころ。

「味見で4~5種類の粕を、1日に小さな丼に1杯くらいは食べます。さすがに、その晩は酒が飲めませんわ」

少量を誠実に造る小さな酒蔵から仕入れる粕の味は、すべて頭に入っていると森さんは言う。

いつも変わらない味を保つのが、主《あるじ》の仕事である。がっちり塩をしたウリの酒粕をぬぐい、また酒粕で包んでまた桶に漬け込む。ていねいな手仕事のくり返しの果てに、夏の新漬けができ上がる。

塩を抜くだけなら、水に浸けておけばすむものを、昔も今もあたりまえのように惜しみなく手をかけ、塩分の引き算をして味を決める。

こんな手間食いの漬物が、よくぞ1000年も生き延びてきたものだが、それもこれも違いのわかる食いしん坊あってのことだろう。

ご主人の話では、年々新漬けウリの注文がくる時期は早くなり、数も増える一方だそうだ。旧盆までご先祖さんのお帰りを待つなんて、悠長なことはいってられないらしい。

全国各地に細々ながら続いてきた四季折々の風習が、今や風前のともしびだというのに、旨いもんの記憶は、やはりしぶとい。

How to make | 03

奈良漬(新漬け)の作り方

1 シロウリを収穫する

6月中下旬に、走りのシロウリを収穫する。まだ若緑色だが成熟すると白く、この倍ほどになる。中身の詰まった持ち重りのするものを選ぶ。

2 たっぷりの塩に10日間ほど漬ける

半切のウリの舟形に、盛り上がるほどの塩をして桶に漬け込む。しんなりしたウリにさらに塩を盛り、軽めの重石をして10日間ほどおいて水分を抜く。

3 酒粕に漬け込む

ほどよく熟成した4〜5種類の酒粕を調合する。新漬けには6ヵ月ねかせた土用粕を。ひねの奈良漬には、もう6ヵ月ねかせて山吹色になった粕を使う。

熟成させた新粕に塩ウリを漬け込む。下漬け、中漬け、上漬け、本漬けとひと月に4回、新しい粕に漬け替えながら徐々に塩を抜く。古い粕をぬぐい取り、新しい粕をなでつける。

4 本漬けして、でき上がり

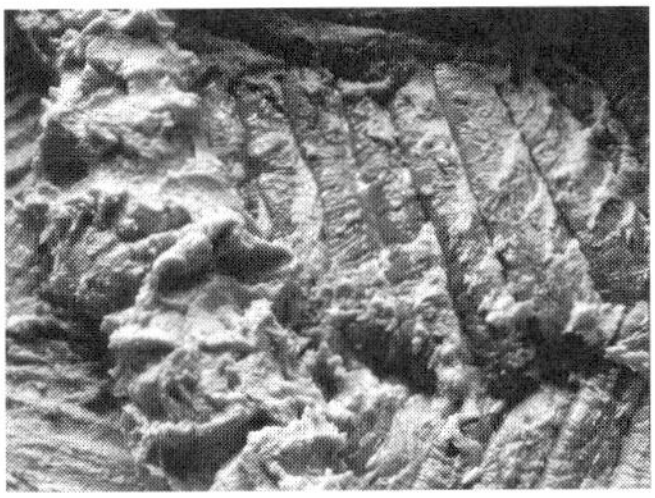

粕の色が薄いピンク色になるのを待って、数種類ブレンドした酒粕に本漬けする。気温が低いと酒粕の熟成が進みづらい。気温にもよるが、下漬けから約1ヵ月余で完成。

民田なす辛子漬け

ウメの実ほどの小粒から弾けるツーンとくる辛さ

【山形県・鶴岡市】

新米の時季が来ると、月山の麓の民田《みんでん》なす辛子漬けが待ち遠しい。

ウメの実ほどの丸っこいナスがころんころんして、見たところ愛らしいけれど、これが侮れない辛さ。鼻の奥にツーンと心地いい刺激がくる。

和ガラシのキリリとした辛みと酒粕の甘い香り。小粒ナスのむっちり歯ごたえ。味の緩急にそそられ、酒もご飯もすすみすぎるのが玉に瑕《きず》か。

夏から秋に収穫する庄内の伝統野菜民田なすと、梅雨時に高さ2ｍにもなる和ガラシの種子。米どころ庄内の酒粕。このおつな組合せは、庄内地方の先祖さん譲りだ。

月山麓のファームで手塩にかけて作られる辛子漬けは、民田なすも酒造りの米も自家栽培。そればかりか、自給率が限りなく0％に近い和ガラシも自前である。

ナスの辛子漬けはあまたあるけれど、ナスはともかくカラシまで栽培している漬物屋はめずらしい。

「農家の兼業漬物屋ですから。以前はどこの家でもしていたんですよ」

作り手の相馬一廣さんが、野良で日焼けした顔をほころばせた。

辛みには、どこか人を惹きつけるものがあるらしい。トウガラシのようにホットなピリ辛もあれば、舌がしびれるような山椒のヒリヒリもある。

「山椒は小粒でピリリと辛い」と言うけれど、和ガラシの種はもっとずっと小粒。なんと、食べてもまったく辛くない。

和ガラシの原料は、中央アジア原産のカラシナで、「オリエンタルマスタード」と呼ばれている。インド、中国を経由して、奈良時代に中国から薬用として伝わったとされている。

長い付き合いだが、今や国産和ガラシは風前のともし

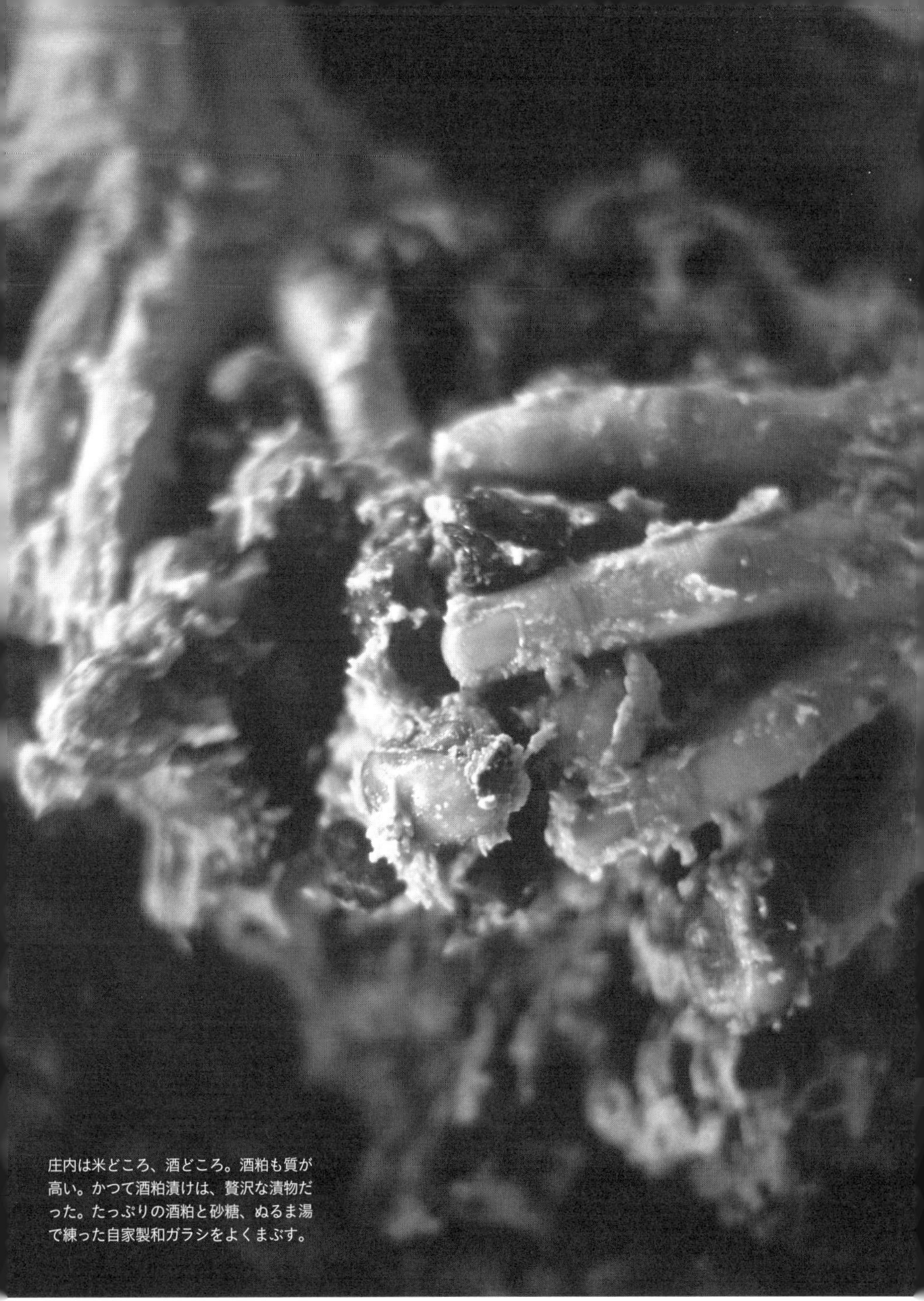

庄内は米どころ、酒どころ。酒粕も質が高い。かつて酒粕漬けは、贅沢な漬物だった。たっぷりの酒粕と砂糖、ぬるま湯で練った自家製和ガラシをよくまぶす。

び。その味も忘れられようとしている。

露地で育つ伝統野菜の さわやかな辛みと歯ごたえ

暑い盛りになると、庄内地方の八百屋の店先に漬物用と煮もの用のナスが並ぶ。漬けナスの一番人気は、なんといっても民田という集落で江戸時代の初期から作られている民田なすである。

元禄2年（1689年）の旧暦6月10日（新暦7月25日前後）、おくのほそ道行脚の途中、出羽三山に詣でた芭蕉も、この地で民田なすを賞味して一句詠んでいる。

〈めずらしや山を出羽《いでは》の初茄子《はつなすび》〉

芭蕉翁を喜ばせたのは、おそらく7月下旬に収穫される走りの民田なすを、色よく塩漬けした一夜漬け。今も庄内の人が待ちわびる夏の味覚だ。かたや冬のご自慢は、口に入れるとぱちんと割れるくらいの、秋口のナスの辛子漬けである。皮が柔らかく、身の締まった小粒のうちに摘んで、塩、砂糖、和ガラシで漬け、甕《かめ》に密封して冬に備えた。

「昔は地主のところへ年賀に行くと、酒粕たっぷりの辛子漬けがふる舞われました」

一般家庭では贅沢な酒粕を使えなかったと、農家のご隠居さんに伺った。以前はうんと塩をきつくしたそうで、1粒で白いご飯が2杯食べられたと笑う。

月山パイロットファームで作られる辛子漬けは、いわば地主仕様。酒粕をふんだんに使って塩を減らしている。作り手の相馬一廣さんは、地場の和ガラシの味を残したいと、隣町の余目《あまるめ》から種を譲り受けて栽培をはじめた。ぎりぎりの緊急事態でない限り、農薬は使わない。

「無理しないで、自然に実る時季に収穫するから、作るのも楽なんですよ」

除草剤でドジョウや昆虫が姿を消し、農薬の空中散布で、蛍も消えた。

「農薬で作業が楽になったのも確かだけど、人間が食うもの、これでいいのか」

三十数年前に、有機栽培を志す近在の農家と共同で、山形県鶴岡市の月山の麓に農場を拓《ひら》いた。

「カラシナは連作障害を避けるための、輪作作物でもあります」

同じ作物を作り続けると、土が疲弊して収穫量が極端に落ちる。セリ科、マメ科、アブラナ科、イネ科、ユリ科、ナス科の6科7種の作物を順番に栽培していくこと

1

2

3

4

1／花が咲いて1週間後。親指の頭ほどの小粒のうちに収穫する民田なす。無駄花はなく、花はほとんど実になるという。収穫期は7月～9月。1本の木に200～300個もの実がなる。2／細いサヤが弾けてこぼれたカラシナの種子。極小粒で、最大でも直径2㎜ほど。

3／天然塩に漬けて冷蔵庫に保存した後、上質の酒粕に漬けて塩抜きする。この後、ぬるま湯で溶いた和ガラシ、酒粕、砂糖を混ぜた漬け床をまぶして袋詰め。4／挽きたての和ガラシを練った辛みと、酒粕の風味が、ひと月ほどでまろやかになじんで食べ頃に。

で、障害を回避する試みだ。

冬場の半年間、畑は雪に埋もれて仕事がない。採れた野菜を漬物にして売れば、出稼ぎに出なくてすむ。庄内の母さんたちは、越冬食の漬物ならお手のもの。冬の仕事になればと思ったことが、漬物作りのはじまりだった。

「土と種があれば、空気と水、肥料を補ってやればいい。よけいなものはいらない。作物の営みを重視して育ててきた結果が、農薬を極力使わない農業でした」

1年間熟成させた堆肥3tを入れ、まめに草取りをして、収穫するカラシは150kgほど。売るほどはない。

民田なすの苗は、今も民田の農家で作ってもらい、自分たちの畑で栽培する。

「ナスは欲しがるだけ水をやらないと枯れる。かといって水はけが悪いと根が腐る。手はかかるけど、最盛期にはうんざりするほど実がなりますよ」

真夏の太陽に促されて、7月の終わり~9月末に、1本から3kg。毎日実をつけて、秋には背丈よりも高くなる。

摘み時は、薄紫色の花が咲いてから1週間後。育ちすぎると、硬く苦くて食べられない。毎朝4時から夕方暗くなるまで、ナス摘みに追われる。

ナスを受け取るほうも、きりきり働く。

朝一番で畑から届くナスを洗い、塩をしてがっちり重石をのせる。長ナスなら、紙のようにヘナヘナになってしまうけれど、民田なすは2年おいても丸いまま。歯ごたえも風味も消え失せない。

茄子紺色が抜けて淡い緑色になったら、酒粕に漬けて塩を抜き、ヘタをもいで、カラシと酒粕を混ぜ、すぐさま袋詰めして密閉。冷蔵庫にねかせる。カラシ粉は空気に触れると酸化して色が変わるから、うかうかしていられない。

ひと月ほどで、酒粕の旨み、塩、砂糖、辛みが絶妙になじんで、まろやかにして刺激的な漬物になる。

そういえば、そのまま食べても辛くないカラシが、どのタイミングで辛くなるのだろう。

「粉にしたカラシをぬるま湯で溶いて、がしがしかき混ぜると、ほらね」

刺激的な香りが、鼻にツーンときた。

若胡桃の味噌漬け

まだ青い実をふた夏ねかせて、初夏の山野の活力を密封する

【秋田県・角館町】

冬の長い北国を歩くと、たまにさっぱりわからない保存食に出くわす。

天塩皿《てしおざら》に盛られた黒いスライス。刀の鍔《つば》のような断面に2つ穴があいている。ふた口、み口味わっても謎は深まるばかり。何かの漬物だがいったい何であろう。どうもこの空っぽが怪しい……。

さて、種明かし。この空洞がいずれクルミの中身、「仁」になるという。しかし、食べるべきところが空っぽとは。

普通クルミは、秋に完熟の実を収穫して土の中で果肉を腐らせ、種だけを乾燥保存する。これがおなじみの殻付きのクルミ。割って中の仁をいただく。

一方こちらは梅雨時にまだ青い実を採取し、米糠《ぬか》でアクを抜き、手前味噌に漬ける。そして3回目の梅雨に晴れて〝果肉と殻の味噌漬け〟となる。普通は捨てる部分を、手間と歳月をかけ酒肴やご飯の友にしてしまうのだ。芯までしみ込んだ米味噌の香り、走りのタケノコにも似たさくっとした歯ごたえ。野趣豊かな山家《やまが》の滋味は、秋田県角館地方に伝わる秘蔵っ子である。

「北の小京都」とも謳われる秋田・角館は、見事なしだれ桜の並木と、閑静な武家屋敷の家並の残る美しい町だ。

この町の住人は、漬物にはちょっとうるさいらしい。漬物は女の甲斐性といわれ、旧家の漬物蔵には、女主人《おんなあるじ》が手塩にかけた根菜類や菜っ葉、ハタハタなど魚類の漬物樽がずらりと並んでいる。漬物上手といえば、文句なしに一目置かれる土地柄なのである。

誰がはじめたものか、難攻不落の和グルミの殻まで漬物にして食べてしまう。あっぱれ見上げた根性である。

緑色の若いクルミで作る、元気の出る真っ黒い小粒

秋になれば、山野に自生する和グルミの大木からいくらでも実が採れ、その中の種を天日に干せば保存もきく。

いわゆる殻付きのクルミであり、ただの保存食ならこれで充分だろう。

わざわざおいしい仁ができる前の青い実を採取し、待ちくたびれるほど時間をかけて、果実と殻の漬物を作るとは、腹の足しにするというより、漬物自慢の母さんたちの遊び心と、凄腕の見せどころでもあったのかもしれない。

その若グルミの黒い小粒は、包丁ですっと切れるほど柔らかい。輪切りは刀の鍔に似ており、それが茶人に好まれてか、地元では茶会にも使われていた。

この風変わりな漬物が、いつ頃からあったのか、角館の古老に伺ってみたが、定かなことはわからない。

「昔は自分らでこしらえて食べてたけんど、アクが強くてね。手が真っ黒になるからやめてしまった」

かつては若胡桃《ぐるみ》の味噌漬けの味も、家それぞれに違っていたそうだ。

40年余前に地元で刊行された『秋田食べ物民族誌』（秋田魁新報社刊）には、〈若返りの秘薬ともいわれている〉と書かれている。効果のほどはわからないが、元気の出る家庭薬的な存在でもあったらしい。

近年まで角館近在の八割《はちわり》地区で細々と漬けられていたが、それも今はほとんどなくなった。地元でもおいそれとは口に入らない。幻の漬物になりつつある。賞味できるとしたら、角館に大正時代から続く「料亭 しょうじ」でくらいだろうか。風土に育まれた伝統の郷土料理を愛する女将の東海林愛子さんが、八割地区の漬物上手の母さんたちの応援を得て、今も若胡桃の味噌漬けを守っている。

「やっこいうちに採らないと。時季がちょっとずれても、硬くて味噌漬けになりません」

採取時季が肝心だと愛子さんは言う。

クルミの仁となる部分がまだ透明なゼリー状で、形になっていないうちでなければいけないのだ。

梅雨に入るとすぐさま山や川のほとりへ、緑色の若グルミを採りにいく。

「山のクルミは幹がひと抱えもある大木で、昔は女の人も木に登って、竿ではたいて実を落としたんです」

山を歩く山菜やキノコ採り名人は、頭の中にクルミの木の在処、採り時を記した正確な地図を持っていたという。

桧木内川《ひのきないがわ》のほとりのクルミ採り風景は、どこかのどかで懐かしい。長い竿がゆるゆる動いて、ばさりと鈴なり

梅雨時に採る若クルミを、味噌に漬けて二夏を越す。3回目の梅雨まで木桶にねかせて完成。見かけは黒い梅干しのよう。かすかに酸っぱい発酵の香りもする。

の和グルミの房が落ちてくる。枝の先を叩かないと、こうはいかない。何げなくやっているようで、土地っ子の狙いは正確だ。やってみたら、竿に振りまわされるばかり。採取するにも、なかなか技がいるのである。

食べ頃になるまで丸2年待たされる発酵食

房になった緑色の実は、表皮に触ると、松ヤニみたいにべたべたする。アクで手が黒くなるが、実をむしり取ってばらばらに分ける。

まずはこれを、糠水《ぬかみず》に浸けてアクを抜く。きれいな緑色の実から、水が真っ黒になるほどアクが出る。

江戸時代には緑色のクルミを絞って、染料として使っていた。当時の本に〈その黒色は漆のようで、長らくしても変色せず、世間で最も愛される物だ〉とある。

衣服についたらあきらめるしかない。

水に色が出なくなるまで、2週間~20日間、糠水を換えながら浸けておく。ただし、浸けすぎは禁物。柔らかな表皮がはがれて、見苦しくなってしまう。

「朝起きてすぐ、さっと水を換えて小糠を入れておく。朝ご飯を作るついでにやるんだもの。習慣になってるから手間とも思わねえ」

そう話してくれた八割地区の漬物上手の母さんたちが、しょうじ自家製の若胡桃の味噌漬けの心強い味方である。アクを抜いた若グルミを、壊れものを扱うようにそおっと簀子《すのこ》に並べて陰干しする。3~4日もすると、ほのかに酸っぱい香りのする黒い小粒に干し上がる。

これを味噌木樽に仕込んで、3回目の梅雨時を待つ。とはいえ漬けっぱなしというわけにはいかない。クルミのアクで味噌が真っ黒になるので、間に3回、古い味噌を一つひとつぬぐい取って、新しい味噌に漬け換える。

漬け床の味噌が、味の決め手になる。新米の時季に、原料持ち込みで割合を伝えて、知り合いの農家で作ってもらった味噌を家の木桶でねかせている。

「甘くおいしいのを食べたいから、米が多め。豆4斗に米が8斗で頼んでいます。火入れしない生味噌です」

漬け床にも女将のこまやかな目が届く。

「今は若グルミを採る人も他にいなくて、秋に実が落ちるまでそのままです」

梅雨空の合間に見られた、川の堤でのクルミ採りの光景も、角館から消えようとしている。

「おらが町の味を遺したい」。その熱い思いが、3年目の梅雨に仕上がる黒い小粒に詰まっている。

糠水に漬けてアク抜きした若グルミは柔らかく、果肉の表面がはがれやすい。傷つけないよう一つひとつていねいに簀子に並べて陰干しする。

若胡桃の味噌漬けの作り方

1 和グルミを採取する

関東から東北にかけて山の沢沿いや川のほとりに自生する落葉広葉樹の和グルミ。実は10個ほどが連なった房状になっている。梅雨入りしてすぐに、まだ青い実を採取する。

2 糠水でアクを抜く

糠水を換えながら、２週間～20日間浸してしぶといアクを抜く。青ウメのようなきれいな緑色の実から、水が真っ黒になるほどアクが出る。

3 3～4日間陰干しする

梅雨の合間をみて簀子に広げ、３～４日間陰干しする。直射日光にあてると、表面がしわしわになる。

4 米味噌に2年間漬ける

漬け床の味噌は、好みのものでよい。アクが出て味噌が黒くなるので、途中２回ほど新しい味噌に漬け換える。

5 食べる前に新しい味噌に漬け換えて完成

食べる10日～半月前に、新しい味噌に漬け換える。その味噌も新しいうちはおいしく食べられる。甕か瓶に入れ、冷蔵保存で１年間楽しめる。

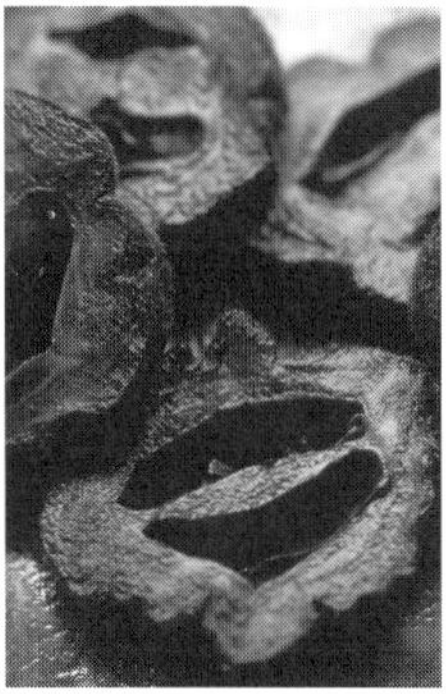

でき上がった若胡桃の味噌漬け。輪切りにすると仁の部分は空洞。珍味として茶人にも喜ばれる。

切り干し大根

【宮崎県・国富町】

からっ風が一昼夜で滋味を濃縮。甘く真っ白に干し上げる

輪切りにすると、真っ白な切り口からじんわり水がにじみ出る。冬の大根は、生でも煮ても漬けてもおいしい優れもの。けれど、水も滴る大根から水気を抜いてしまったら、味も何もすっとんでしまいそうなもの。

「食べてみんとですか」

切り干し大根の生産量日本一の宮崎県国富町の畑で、大根干し作業中のお母さんが声をかけてくれた。

えっ、大根がこんなに甘い？寒の大根は糖度6度にもなるという。ちなみに夏のスイカの糖度は10度前後だという。乾けば、甘さも栄養成分も濃縮される。天日と風で乾かす伝統食の手法は、長期保存を可能にするばかりでなく、味を深める技でもあった。

せん切り大根が吹きさらしで、一昼夜で乾くと雪のように白い切り干しになる。時間がかかりすぎても、曇りでも風がなくてもこうはいかない。

冬の陽光と星空を吹き渡る寒風が、器量よしの滋味に仕立ててくれる。

冬の日のおでんを思い浮かべるからか、大根という素材はなぜかほっこり懐かしい。寒い寒いとぼやきながら買いものに出かけた八百屋の店先で、初々しい白肌大根が手招きする。

宮崎県国富町の大根干しの棚でつまみ食いした、しんなり色白の切り干し大根の甘さを思った。

完成一歩手前のあの微妙な甘さを味わうには、産地へ行くか自分で作る他ない。

そうだ、スイカより甘い切り干し大根を作ろう。

天高く北西風の吹く日は、絶好の天日干し日和

まずは天気予報で、切り干し日和を確かめる。寒風が吹く星のきれいな夜が狙い目である。

大根は気持ち太めのせん切りにする。細すぎると乾い

翌日干し上がった切り干し大根は、レース編みのように一枚につながっている。干し棚の端っこからくるくる巻いて取り入れる。

た時に、糸くずみたいになってしまうから要注意だ。逆に太すぎても乾くのが遅くなるため、色よく仕上がらない。

重ならないようにまんべんなくザルに広げ、風通しと日当たりのよいところに置いて、あとは待つだけ。

せん切りにくたびれたら、割り干しにしよう。半分に切った大根を数㎜ほどの厚さの縦割りにする。そこに数本の切れ目を入れて、洗濯ロープに挟むように吊るして完了。

しんなりするにつれて、微妙に甘さが変わっていく。毎日味見しているうちに、めざす白肌を通り越して、健康色の日焼け美人に変身。それでも、薄味で煮た不細工な切り干しは、日向のにおいのする甘くやさしい一品となって食卓を飾った。

昔の人はうまいことを言ったもので、あたらない（演技のヘタな）役者のことを「大根役者」と称した。大根を食べてれば（食べものに）あたらないというのは、薬食同源と考える時代の常識だったのかもしれない。刺身にはちゃんと大根のツマが寄り添っている。

大根に多く含まれている消化酵素のジアスターゼが、消化を助けてくれる。お腹にやさしいばかりか、豊富なミネラル分、ビタミン類が元気を支え、さらに食物繊維が、腸内や血管内清掃にひと役かっていることもわかっている。

寒さがつのるほどに甘く、しかもお安くなる大根は、昔も今もおいしく食べてさえいれば、黙ってしっかり働く庶民の味方なのである。

霧島おろしのからっ風が吹く、大根干し日本一の町

切り干し大根作りがはじまったのは、江戸時代といわれている。平安時代の大根は小さくて葉っぱを食べる野菜だったらしい。江戸期になって、太く大きい尾張大根が普及して切り干しが誕生した。明治30年代には尾張から技術を導入して、宮崎県での生産がはじまっている。

今では宮崎県は、全国一のせん切り大根干しの生産地。国富町へ入る道路沿いには、「せん切り大根日本一の町」と書かれた大看板が掲げられていた。

日当たりのいい吹きさらしの畑に、巨大な白い反物を広げたようにせん切り大根の干し棚が並んでいる。

何十と居並ぶ大根干し棚は、長さ１００ｍ。すべて45度の角度で、西の空に向いている。九州山地から吹い

てくる、霧島おろしのからっ風を待っているのだ。

「切り干しは、風次第ですたい」

よく晴れて、一日中冷たいからっ風が吹けば、白く風味よく仕上がる。朝干し棚に広げて、翌朝いちばんに下ろすのが理想的だという。

3日もかかると色が濃くなる。味や栄養分に差はないとはいえ、やはり色白の器量よしが売れ筋である。

せん切り大根の生産量全国一。「質も日本一にする」と国富町の切り干し生産農家の意気は高い。

深くよく耕された畑に、牛糞と切り藁を混ぜて発酵させた堆肥を入れる。農薬は病害虫の大量発生など緊急時以外は使わない。土はふかふかで、大根はすーっとなんなく抜ける。

「天気のいい日に収穫して、たくさん洗っておくとです。風が吹き出したら、すぐにせん切りを突くとです」

せん切りの大根は「切る」ではなく「突く」という。昔は鰹節削り器に似た突き台で突いたものだそうだ。今はせん切り機で、あっという間にせん切り大根の白い小山ができる。

「干す」には少々技がいる。「風の強い日は、いくぶん重ねて厚めに。風の弱い日は薄めに」

大根干し棚に、花咲じいさんみたいに無造作にまき散らしているように見えるけれど、その日の風に応じて微妙に調整しているのである。

そよ吹く風にまぶしい緑。すばらしくいい天気なのに、皆どうも浮かない顔をしている。「こんな日和じゃ、ちっとも大根が減らん」

切り干し日和ではないらしい。

晴れてもぽかぽか陽気では、蒸れたようになって風味が落ちる。雨の前後も湿度が高くていけない。畑に水溜まり一つあってもうまくないと達人たちは言うのだ。

「棚がびゅうびゅう鳴るような風が吹いたら、まあイソイソするわ。隣の棚も真っ白になるじゃろ。負けちゃならんと、畑に飛んでくっとよ」

大根が旨くなる頃、絶妙の頃合いで冬型気圧配置が安定して晴天が続き、寒風が棚を鳴らす。からっ風が吹く夜は、霜が降りてせん切りが凍る心配もない。

切り干し達人たちも大根と同じ、寒さとともに元気になる。

1

2

3

4

1／数十kgの大根を収穫する。大根20kgが約1kgの切り干しに仕上がる。2／ていねいに洗ってせん切り機にかける。大きな円盤状の刃が回って、みるみるうちにせん切り大根の小山ができる。3／大根が重ならないよう、干し棚にまんべんなくばらまいていく。重なっていると、乾きムラが出る。細竹でこまめにならしながら均一に干し上げる。めざすは切ったばかりの白さだという。4／これは、縦に2㎜ほどの薄さに切り、ひもに下げて干す割り干し大根「イカンテ」。切り干しは一昼夜。割り干しは数日間干す。

へそ大根

冬の陽ざしと氷点下のからっ風が濃縮する大根の甘露

【宮城県・丸森町】

正月が近づくと、宮城県丸森町の山間地、筆甫《ひっぽ》集落のそこここに、見事な大根のすだれができる。

半乾きのしんなりしたのは、そのままでおやつにもなる甘さ。これが、2月の半ばには、なんとも愛嬌のある姿に干し上がる。

べっこう色のしわくちゃの、その真ん中にぽっかり穴があいている。

「へそ大根というの。似とるでしょう」

へそ大根作りの名人木村一男さんが、そういってニッと笑う。

縁側に広げた乾物は、さながらカミナリさんのコレクションである。

このあたりでへそ大根と呼ぶのは、厳寒の12月から翌2月に、戸外で作る自然凍結乾燥の凍《し》み大根。

へそ大根作りの肝心要は、凍《い》ての具合だという。

「凍らないかんし、凍りすぎては白いスポンジみたいになってしまう」

木村一男さんの話では、同じ宮城県丸森町でも、平地ではできないそうだ。

筆甫集落は、阿武隈《あぶくま》山地北部の山間にあって、年に8ヵ月間霜が降るという寒冷地。上質の凍み大根を作るには、まさにちょうどよい寒さなのだという。

氷点下の寒さになったら、輪切りにした大根をゆでて竹串に刺し、軒下に吊るしておけば、勝手においしいへそ大根になる。

氷点下の寒風と陽ざしで乾く極上の自然素材

「以前は、寒くなるとあちこちの家から、大根を煮るかまどの煙が上がったもんです」

村の人たちは代々炭を焼き、山の畑に桑の木を植えて蚕を飼い、米や野菜を作り、寒さを巧みに取り入れて保

充分に日の光を浴びて、きれいなべっこう色に仕上がったへそ大根。いい色に仕上がれば、味もいい。水に浸けて戻すと、もと通りの輪切り大根の大きさになる。

存食を作り蓄えて暮らしてきた。

寒中に作るへそ大根は、正月や行事、6月の田植えなど、暮らしの節目にはなくてはならないご馳走だった。

「昔の田植えはね。近所の人が10人も20人も寄って手伝う、共同作業だったです。家へ来てもらう時は、赤飯蒸して餅搗いて、1日4食、酒付きでふる舞った。ニシンとへそ大根の煮しめが、最高のご馳走だったな。朝からどぶろく飲んで、田んぼの中で四つん這いになっとる人もあってな。植えた苗まで千鳥足だった」

祭の宴みたいな田植え風景も、今は昔のお話。とはいえ、晩酌のどぶろく作りは、今も健在だそうだ。

木村さんのお宅で、へそ大根の煮しめをご馳走になった。

干からびて繊維ばかりになった大根を、一晩水に浸けて戻しておく。山の水ならなおよろしい。

20倍もの重さにふくれた姿を見れば、確かに大根だ。結び昆布、干し魚、ニンジンやチクワなどと一緒に戻し汁で煮しめる。

冬大根の甘みをぎゅう詰めにした、へそ大根の味わいは、柔らかく、やさしく、懐かしい。

氷点下の冷え込みを待って凍み大根作りがはじまる

冬の陽ざしを浴びて、軒下の1万5000個の大根から、ゆらゆらと陽炎が立ちのぼる。

庭先のかまどにあかあかと薪の火が燃え、大鍋にはぐらぐらと大根が踊っている。

「天気がよければ、正月もなし。雪か雨降りの日が、私らの正月ですわ」

もうもうと上がる湯気に包まれて、木村さん夫婦が、あうんの呼吸で400kgの大根の山を切り崩していく。

「この湯気のおかげで、吹きっさらしにおっても、風邪もひかんです」

聞けば、煮る工程がないと、凍み大根にならないそうだ。

大根を厚さ約2・5cmの輪切りにするのは、奥さんのみよ子さん。煮るのは一男さん。

切り方が不揃いだと、煮えにムラが出る。みよ子さんは手早く、無造作に見えて、「ほぼ同じ厚さ」に切り分けていく。

「生煮えだと、干し上がりに白くスが入ったようになって、失敗。煮すぎると、柔っこくて串から落っこちる」

1

2

3

1／輪切りにした大根を、沸騰した湯で40分間ほどゆでる。水を足しながら2回、3回とゆでると汁が糖分で褐色になる。このゆで汁は、煮詰めたら飴になるくらい甘い。2／ゆでた大根を竹串に20個、大小交互に刺していく木村みよ子さん。篠竹を伐って作る串や干し台は、ご主人の一男さんのお手製。3／氷点下の寒さになる頃、農家の南側の軒下は、大根のすだれで埋まる。白いのは、干したばかり。飴色になればそろそろ下ろし時。日当たりのよい縁側に広げて、さらに1週間乾燥させる。

そのあたりの手加減が、釜場担当の腕の見せどころだ。毎日ひと釜１００kgの生大根を、４回煮たらおしまいにする。

ゆで上がったら、細い竹串に20個ずつ、大小交互に刺して、軒下の干し台に掛けていく。

一本３kg以上もある串大根を、ひょいと片手に持って、干し台に立てかけた梯子を昇り降りする一男さんの姿は、とうてい80歳を、とうに越えたお人とは思えない。

手塩にかけた大根がひと冬でへその山になる

日当たりのいい軒下に干された大根は、夜凍って、日が昇ると溶ける。これをくり返し、北西のからっ風に吹かれて、順調にいけば半月で水気が抜ける。生乾きのうちに串からはずし、縁側に広げて、さらに1週間乾燥させる。仕上げに、数時間、椎茸乾燥機で乾かして完成。

種から育てた大根を、1日に４００kg。畑から抜いて、切って、煮て、刺して、干して、ひと冬およそ２０ｔ。これが凍って乾いて、約１ｔのへそ大根になる。

計算してみると、へその数は、厳寒期の２ヵ月間で、ざっと5万４０００個。一つひとつ竹串に刺し、また串から抜く10万８０００回の手間と根気を思うと、ため息が出る。

へそ大根作りは、ほとんど自然の力と人力。惜しみなく手間と時間をかけて作られる食べものこそ、先祖がくれた食遺産と呼ぶにふさわしい。

「一つ口に入れてごらん。飴玉みたいに甘いよ」

勧められて、生乾きの大根を引き抜くと、糖分で指先がべたついた。うにゃうにゃ噛んでいるうちに、穏やかな甘さが口に広がる。大根独特のあと口のさわやかさにつられて、また手がのびる。

干すことは、甘み旨みを濃縮することなのだ、と実感する。

旨いへそ大根ができるのも、山里の冬がきっぱりと厳しいおかげ。

「子どもの頃は、雪が１m積もったです。去年は15㎝。今年は雪のない正月でした。こう暖かくちゃ、おらの仕事はあがったりだ」

やたら上機嫌続きの青空に、ちょっと気が揉める。

干し菊 【青森県・南部町】

初霜の頃に満開になる花の高貴な色香を干し上げる

秋深まり、野の草花が枯れ萎《しお》れていく中で、凛と咲く菊花に、ご先祖さんはいたく思いを寄せてきた。

姿美しく香り高く、眺めてよし食べてよし、茶にもなれば薬にもなる。古来、菊は齢草《よわいぐさ》、翁草《おきなぐさ》の異名を持つ延命長寿の花。古人は旧暦9月を菊月と呼び、平安貴族は9月9日の重陽《ちょうよう》の節句に、菊の花びらを浮かべた酒を酌み交わして、健やかな長寿を願い祝った。

あまたある草花の中でも、御紋章にも選ばれた別格。あだやおろそかにできない高貴な花である。その花びらをためらいなくむしって、味噌汁に散らす、和えものや酢のもの、天ぷらにする。ちらし寿司の彩りにして、おいしくいただいてしまう。

ほんのいっときで失せる花の色香をなんとか長持ちさせたい。雪国の知恵者が編み出したのが、「菊のり」。大輪の食用菊「阿房宮《あぼうきゅう》」の花びらを蒸し、海苔のように薄く干し上げて、高貴な色香を閉じ込めた。あぶって食べる慌て者が続出し、「干し菊」と改名したそうだ。

冷え込んで、か〜んと音がしそうな青空。紅葉の山は初冠雪。果樹園にはリンゴの赤い実。稲刈りを終えた田と果樹園の狭間に、黄色の絵具でぬりつぶしたような花畑が広がる。

10月末〜11月初旬。寒さが身にしみる頃になると、青森県南部町相内《あいない》の食用菊「阿房宮」がそろそろ満開になる。待ちかねた晴天の菊日和。花を満載した軽トラックが、晩秋のモザイク模様を縫って行き交う。

「寒くならないと、花が開がねんだ」

ほっかむり、口も覆って目だけが見える東北地方独特の野良着姿の女性が、くぐもった声で言う。

寒さで冴える菊花の色をとどめるのが、「干し菊」である。

風通しのいい納屋で陰干しした干し菊。上天気の日に、稲刈り後の田んぼで天日で仕上げ干しする。南部町相内の晩秋の風物詩も最近では見かけなくなった。

たった3日間の、美しさのピークに摘む

花が芯までふわりと開くのを待って、美しさのピークに収穫する。よい干し菊作りは、色鮮やかな花がなくてははじまらない。花の色を出すには、寒さとたっぷりの日照が欲しい。充分に色がのるまで、畑に置きたいけれど、霜が降りると花が凍ってしまう。ぎりぎりの一線を見きわめるのが難しい。

「夜寝ていて、冷えるなと思ったら、飛び起きて菊囲いをしに畑へ走る」

霜が降りると、「花が焼けて」色が褪せてしまう。霜にあてないよう、花を下向きに曲げて束ね、茎の間に隠すようにして霜よけの菰《こも》（むしろ）を掛け、花を守る。これが菊囲い。霜注意報が出ると、村中の広大な黄色い花絨毯が、1日で手品みたいに消えてしまう。

霜降《そうこう》（10月23日頃）の頃をすぎて咲く阿房宮は、色美しく香り高い華やかな大輪。苦みはなくほのかに甘い。食用菊の女王ともいわれる甘菊だ。

藩政時代、南部藩主が、京都の九条家からもらい受けて栽培させたという、南部町相内地区自慢の品種である。

半年がかりで育てた菊の花の盛りは、3日間ほどしかないという。

一輪ずつ摘み取ってすぐに花びらをむしり、蒸して干し上げる。短い花の命に合わせて、農家も人手を頼んで短期決戦になる。花を採る、ほかす（むしる）、蒸す、すべて手作業。干し菊作りの時季は、相内地区の人口がいつもの3倍に増えるそうだ。

しんしんと冷え込む部屋で、綿入れで着ぶくれした助っ人の母さんたちが、リンゴ箱に腰を下ろして花をむしる。暖かいと花が萎れてしまう。毛糸の手袋から出た指先だけが、ひらりひらりと動き、花びらがこぼれる。作業部屋の息苦しいほど濃密な菊の香りも、「もう慣れてにおわねな」と目が笑う。

花びら140gが1枚14gの干し菊になる

しゃきっとした花びらを掴み、薄くまんべんなくザルにのせる。さくさくと花びらの触れ合う音が部屋に満ちる。簡単そうに見えるが、偏ると干し上がった時に穴があく。量りもせずに、ザル1杯約１４０ｇ。蒸し時間はざっと50秒。手早く蒸籠《せいろ》から出して外気で冷やし、藁菰にぱたんとあけて並べる。

かまどの火加減も気が抜けない。強いと火が入りすぎ

てコシがなくなる。弱ければ色がくすんでしまう。くべる、のせる、蒸す、あける。リズミカルな動作が、寸分違わず流れるように進んでいく。

この藁菰を納屋に吊るして約10日間陰干し。隙間だらけの納屋の板壁を抜ける寒風が、色と香りを閉じ込める。これをさらに天日か、炭火で暖めた納屋でぱりっと仕上げ干しする。

菊干しの頃、ちらちらと初雪が舞う。雪が降れば乾きが遅い。雪ならまだしも、雨だとカビが生える。自然乾燥で干し菊を作るとなると、合計半月は手がかかる。それが乾燥機なら、陰干しなしで早ければ一晩か二晩で色よく上がる。干し菊産地の相内地区でも、今はほとんど機械乾燥になっている。

もう何年も前だが、天日干しで干し菊を作る相内の農家16代目の和田博志さんに話を伺った。当時、昔ながらに天日干しをする最後の一軒だった。

「100年間、同じ藁菰を使っとります。米のなる木(＝稲)だから、長持ちするんです。菰がなくなったら、干し菊作りも終わりにします。だけど、昔の人が作ってくれた道具が、まだあと100年は使えます」

藁をざっくり編んだ菰、菊のアク汁がしみ込んで黒光りする竹ザル。かまどの大釜にぴたりとはまる引き出し式の蒸籠。菰を12段積み重ねられる角の丸まった菊台。道具はすべて使いこなれた、ご先祖さん伝来である。

「作る量も少ないし、息子が跡を継ぐかどうかもわからんで」

あたりまえのように昔通りの製法を守ってきた。

晩秋に菊日和を喜び、先祖の工夫の詰まった道具を使って、手間ひまを厭わずに作る干し菊には、昔ながらの味わいがある。そのよさをいちばんよく知っているのは、他ならぬ相内の人たちだ。菊寿司や菊の和えものなど、母の手料理で育った世代は、自然の風で干したものがいちばんだと口を揃える。ただ、わかってはいても、人手がなくて、昔には戻れないという。

確かに、作り手の年齢が高くなっていることを思うとうなずける。作業を軽減する乾燥機がなかったら、干し菊はもう消えていたかもしれない。そう思えば機械の存在もありがたいこと。

花びらの潰れるかそけき感触。花を食う、隠し味ほどのうしろめたさ。におい立つ晩秋の香り……。

湯に放せば、1枚14ｇの干し菊に閉じ込められた風趣が、たちどころに蘇《よみがえ》る。

干し菊の作り方

1 晩秋に満開の阿房宮を収穫

10月末〜11月半ば頃、食用菊「阿房宮」が満開になったら、花びらを傷つけないよう、一輪一輪手で摘み取る。寒さ厳しく霜の少ない盆地気候が、色鮮やかな花を作るという。

2 花びらをもぐ

一輪一輪菊花をむしって、花びらだけにする。芯まで開いた花は、花びらがもぎやすく、色も風味もいい。花びらが萎れないよう、寒い部屋で作業する。

3 洗ってザルに広げて蒸す

水洗いした花びら約140gを竹ザルに均一にのせ、蒸籠でざっと50秒間色よく蒸して、外気で冷やす。

4 干し上げる

ザルを返して、蒸し菊を藁菰にあける。約10日間、風通しのいい屋内で乾かす。その後、ぱりっとするまで天日干し。晴天で1日で乾くと仕上がりもいい。

5 でき上がり

干し菊の納豆巻きと、生花の握り寿司。干し菊を戻す時は、沸騰した湯に酢少量をたらして干し菊を入れ、蓋をして火を止める。氷水に取り、すぐザルにあける。

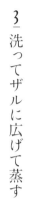

半田そうめん

小麦粉25kgの大団子を長さ30kmに引っ張りのばす

【徳島県・つるぎ町半田】

庭先に並んだまぶしい素麺《そうめん》すだれを揺らして、冷たいからっ風が吹き抜ける。そんな日は、絶好の素麺日和。

「寒の水で作って寒風に干したら、無理せんでも、ええ素麺になります。冬のやさしいお日さんにあたると、ええにおいがして、色も白うなるんですわ」

徳島、半田そうめん製造家の杉本文太郎さんが素麺を作るのは、冬の晴れた日だけ。通年生産が主流になった今も、昔通りの寒作り、庭干《かどぼ》しを守る。

半田そうめんはちょっと太め。ゆでるのにうどんなみの時間がかかるが、少々のゆですぎはへっちゃら。煮ても炒めてもべたつかず、へたばらない。

このコシの強さを生み出すのは、ねかせと引っ張り。

小麦粉をこねてねかせ、蚊取り線香のように切り回し、縒《よ》りをかけながら徐々にのばして、ついには大きな団子を径1㎜の糸にしてしまう。

弾力に富んだ、すべすべの触感が、昔気質の素麺の身上である。

素麺の先祖は、奈良時代以前に中国から伝わった索《さく》餅《べい》・むぎなわ。奈良朝の宮廷で食された、干しうどんのようなものだったという。

素麺の兄弟分を「冷や麦」と呼ぶのは、その名残りかもしれない。

江戸時代は屋台が立つほど人気を集めた庶民的なうどんとは、製法も違う。平たくのばして細切りにする手打ちではなく、縒りをかけながら徐々にのばす手延べ麺。間にねかせ時間を挟んで、十数回に分けて、引っ張りのばしていく。

手間もひまもたっぷりかかるから、いきおい高価なものになる。昭和の時代に入ってからも、庶民には特別な日のご馳走だった。

冬の晴天を選んで行なう「庭干し」は、天保年間以来の伝統。冷たい剣山おろしと柔らかな冬の陽光でじわじわ乾かすと、すべすべの白肌素麺に仕上がる。

お天気と相談して塩梅する昔気質の素麺作り

素麺の町、徳島県つるぎ町半田は、吉野川のほとりにあって、古くから物資の集散地として賑わった湊町。

素麺の製法も天保年間（１８３０〜１８４４年）に奈良三輪から、淡路島を経由して鳴門に入り、この川を遡ってやってきた。

「じいさんの時代には、帆掛け船で徳島の町まで素麺を売りに行きよりました。戻りは塩を積んでくるんです。風が吹けば2〜3日だけど、吹かんときは、綱で引っ張って帰ってくるの。このすぐ下が船着場だったです」

半田そうめん製造家、杉本文太郎さんは、夏場は田畑を耕し、アユ漁をしながら素麺作りを続けてきた。

「ここは零下の気温になることは少なくて、真冬でも麺が凍らん。寒中に窓を開け放って仕事ができるんですわ」

最適な気候と吉野川の潤沢な伏流水、そして交通の便にも恵まれていた。今も川のほとりに、昔ながらの素麺作りの家が何軒かある。

「素麺のおかげで、冬も出稼ぎに行かんと、一家揃って暮らせたです。高価なもんでしたからな。盆、正月に吸いものに入れるくらい。自分で作っとっても、口に入らんものでした」

素麺製造が専業になった今も、簡単な延ばし機を使うくらい。風通しのいい冬期冷房の作業場も、作って一晩ねかせ、翌日庭干しする2日がかりの作業の手順も昔と変わらない。

「素麺屋はね、漁師さん方と同じで、よく天気を見るんです。南から雲が来ると雨じゃ。温《ぬく》いぞ気をつけろと、よくじいさんが言いよったです」

杉本さんが西の空を見上げて言う。

その日の風向き、温度、湿度によって、小麦を練る水を増減し、塩も微妙に加減する。

「天候に塩を合わせるのが難儀でな。北風が吹けば塩は甘め。南風だときつくせんならん。駆け引きやね」

塩が多いと、麺は固くてのびにくくなる。少なすぎてもダレるが、寒くて塩が甘いほうが作りやすく味もいい。

「塩加減が素麺技術の秘訣じゃわね。どこでも同じことやっとるようでも、それぞれ味が違う。味というのはちょっとのこっちゃな。カンですわ」

明日が雨降りなら、素麺作りはお休みだ。

「寒風とお日さんにあてんと、本当の味と、コシの強さが出んのです。自然の天候には勝てません」

女の腕ほどの太さに切り回した生地を、旧式の延ばし機にかけ、徐々に引っ張りのばしていく。素麺作りは平常心。夫婦二人息の合った仕事ぶり。

ねかせて、引っ張って、のばす

素麺作りは、ただひたすら〝のばす〟作業。それも生地をねかせながらでないと、先へ進めない。

ねかせることで、塩が小麦のタンパク質グルテンを変性させて、驚くほど引っ張りに強くなる。

小麦粉を塩水でこね、固く踏み込んで大きな団子にして、しばらくねかせておく。

これを平たく丸い座布団のようにのばして、腕の太さに切り回す。

縒りをかけながら、まずは手で引っ張って太い綱状に。次に十数回に分けて旧式延ばし機にかけて、刷毛でナタネ油をぬりながら、だんだんに引っ張りのばしていく。

ところが急げば切れる。焦れればなお切れる。踏みこねが足らなくても、ねかせをはしょっても、夫婦喧嘩しても正直に切れてしまう。平常心も、よい素麺作りの秘訣のうちらしい。

朝から晩までかかって、うどんほどの太さになる。これを「寝櫃《ねびつ》」に入れて一晩ねかせ、翌朝ここで一気に4倍以上、180㎝の長さにのばしてしまう。太うどんが一瞬で、白糸に変化する様は、拍手喝采もの。

おおらかに構えて引っ張りのばすと、のびものびたり。小麦粉一袋25㎏分の大きな団子が、ついには直径1㎜、長さ30㎞の白糸になる。仰天の離れ業である。

庭に出して5時間ほど、じんわり乾くまでは、そばに付いていなくてはならない。乾きムラがないよう、こまめにハタ（干し台）の向きを変えるのだ。

風が強ければ、早く乾きすぎないようにハタを寄せ、そよ風ならば、間隔をあけて風の通り道を作ってやる。

ぴーんと張りつめた素麺は、つま弾くと妙なる音がしそうだ。

すごい力で縮もうとしているのだろう。ハタがみしみし音を立てる。よくまぁ、かぼそい素麺が切れないものだ。

「たまに、バキッとものすごい音がして、ハタが折れんですよ」

なんとも、あっぱれなコシの強さである。

一昼夜かかる工程の4分の3、生地は寝ている。寝る子、じゃなかった〝寝る粉〟は、旨い素麺に育つ。

半田そうめんの作り方

1 小麦をこねて、よく踏む

中力粉と強力粉に塩水を加えてよくこねる。固く踏んで、しばらくねかせると、弾力が出てのびがよくなる。

2 ねかせてから丸く切る

生地を丸く平らにのばして、鎌を使って腕くらいの太さに切り回す。

3 縒りをかけながらのばす

十数回に分けて延ばし機にかける。7回目までは帯状に。8回目から縒りをかけながら粗縒り、中縒り、小縒りと丸く細くのばしていく。

4 木箱に入れてねかせる

延ばし機でうどんほどの太さにのばした生地を桁に掛ける。そのまま寝《ね》櫃《びつ》と呼ばれる木箱に入れて、一晩熟成させる。

5 ハタに掛けて乾燥させる

翌朝ハタ（干し台）に掛け、一気に180cmの長さにまで引っ張りのばす。ハタを庭先に出し、麺どうしがくっつかないよう長箸でこまめにさばきながら（箸かけ）、庭《かど》干《ぼ》しする。

凍みこんにゃく

7mm薄のこんにゃくは、寒空の下で水と陽光を浴びて乾く

【茨城県・天下野町】

かさこそと音を立てるこの薄っぺらなやつの正体は、食べてみてもまず見破れない。煮ものを口に入れたとたん、ジュワッと煮汁が広がる。天ぷらの衣の奥で、独特の歯ごたえが主張する。いつか食べた気もするけれど、はて。

その9割方が水というこんにゃくを、山間の烈風に晒《さら》して凍《し》らせ、とことん水分をとばした残りの1割が、凍みこんにゃく。見たところ、四角い穴だらけの軽石みたいなものである。

繊維ばかりでとくに味も香りもないから、いかようにも味つけがきく。煮しめ、汁もの、炊き込みご飯、天ぷら、砂糖をまぶしておやつにもする。どう料理しても他にないその触感が新鮮だ。

厳寒期の重労働ということもあり、現在生産者は全国でも茨城県に三軒だけ。数百年来の味の、最後の砦である。

生のイモをすりおろして作る、旨いこんにゃくを味わうなら時季は冬。江戸時代後期にこんにゃく粉が登場するまでは、冬しか食べられないものだった。

保存したい思いはわかるけれど、こんにゃくを何日もかけて水分を抜いておおかた繊維にしてしまうとは、昔の人も大胆な発想をするものである。

室町時代後期の文書に、「いて（凍て）こん」という名が出てくる。そのわびた風合いが茶人に好まれてか、濃い味の煮つけや砂糖煮にした「いてこん」が、茶席で茶菓子として使われていた。当時は、一般庶民には縁遠い珍品だったようだ。

数十年間びくともしない、常識破りの保存食

冷凍庫どころか電気もない時代に、フリーズドライ製法といえば画期的な技術だったに違いない。

7㎜ほどの厚さに切った自家製こんにゃくを、約20日間凍結乾燥させる。美しい藁模様のついた凍みこんにゃく。午前10時すぎまで、藁にカチンと凍りついてはがれない。

一説によると、江戸中期宝暦2年（1752年）に医師で探検家の木村謙次という人が、丹波から凍みこんにゃく（以下凍みこん）の製法を持ち帰り、水府《すいふ》天下野《けがの》村（現常陸太田市天下野町）に伝えたとされている。当時天下野は、水戸藩奨励のこんにゃく産地だったことから、丹波をしのぐ産地となり、最盛期には200戸近くの生産農家があったそうだ。

凍みこんは軽くてかさばらず、持ち運びに便利。食物繊維がお腹の調子を整える。湿気を避ければ、数十年経ってもびくともしない常識破りのスーパー保存食。旅の携帯食や戦の兵糧《ひょうろう》に、うってつけだった。

「先の戦時中は、すべて海軍に買い上げられて、民間におりてこなかった」

土地の古老によれば、現代の戦でも重宝されたらしい。ちょっと意外だけれど、凍みこんのいちばんのお得意先は、昔も今も山形県米沢の人たちだそうだ。

名君で知られる米沢藩主、上杉鷹山《ようざん》ゆかりの陣中食「冷や汁」に、打ち豆、干し豆腐、干し椎茸などの乾物とともに凍みこんが用いられている。今もその伝統は受け継がれ、雪国米沢の具だくさんの汁は真冬でも冷たい。

今も、凍みこんは祭りや正月のご馳走になくてはならないものだと米沢の母さんたちは口を揃える。

「人生の節目節目の記憶に結びついておるんですよ」

天下野で凍みこん作りをしている中嶋 利さんは言う。

「高価なものでしたからな。うちでも冠婚葬祭や正月、田植えの時に手伝いの人たちに赤飯と一緒にふるまうご馳走でした」

天下野最後の凍みこん屋だった大先輩が廃業すると聞いて、こんにゃく屋を営む中嶋さんは腹を決めた。「幼い頃のご馳走を、なくしちゃならん」と、50歳をすぎてから凍みこん作りを手がけたのだ。

「見よう見真似ではじめたんですが、教わりに行くのもはばかられてね」

失敗だけが、厳しく的確に指導してくれる先生だった。

こまめな水まきが、出来のよさを決める

「いやだなあ寒くて、と思うけど。寒いのを待ってるんです」

中嶋さんの奥さんが白い息を吐きながら言う。

早朝の薄暗い田んぼにしゃがみ込み、こんにゃくを一枚一枚真っ平らに並べていく。凍った藁床がきしきし鳴る。そばで見ている私のつま先はどこへ行ったやら、感

両面に太陽光をあてるため、田んぼにしゃがんで、何千枚ものこんにゃくを一枚一枚ていねいに裏返していく。もとの重さの100分の1になれば完成。風で舞い上がるほど軽い。

覚がない。遅い冬の陽が昇ってくると、やっとひと心地つく。小さな鏡を敷き詰めたようなぬれたこんにゃくに、何百枚の青空が映る。

凍みこんにゃく製造は、12月の田の藁床作りからはじまっていた。田の周囲に堀を切って排水溝を作る。いちばん下に笹竹、次に麦藁、その上に稲藁を重ねて敷き、底の平らな靴で踏み固めて歩き、厚さ50㎝の藁床を作る。こんにゃくの寝床である。

敷き詰められたこんにゃくは、夜昼の温度差で凍っては溶け、徐々に水分が蒸発して乾く。陽光に晒されるうちに色が抜け、仕上がり間近になると、田んぼが雪原のようにまぶしくなる。

「上質に仕上げるには、お天道さんとたっぷりの水がなくちゃならん」

水まき作業は凍みこん作りの要《かなめ》。田に出してから10日目くらいまでは、日に何度となく水をまく。

「霧吹きで吹くようにまかんと、せっかく並べたものが動いてしまう。ひっくり返って重なったりして、そこがシミのように黒うなるの」

1日の水まきには、それぞれに呼び名がついている。朝いちばんにまくのが、夜凍ったこんにゃくを溶かすための〝朝水〟。昼間まくのは、こんにゃくが乾燥して縮むのを防ぐ〝回り水〟。夕方は夜のうちにこんにゃくを凍らせる〝止め水〟。心してかかる職人の意気が伝わってくる。昔は田の真ん中に、山の湧き水を引いて井戸を作り、柄杓《ひしゃく》ですくってまいたものだという。

「きちんと作れば、50年は大丈夫だ」

当時最古参だった菊池銀三郎さんが、50数年前の冬に作った凍みこんを見せてくれた。驚いた。白くきめ細かな肌には、ほんの少しの衰えもない。

その菊池さんも、親子三代１００年続いた家業をたたんで久しい。「こんなきつい仕事、今どきやってくれる人がおらんのです」

数年前に茨城県大子町《だいご》でも凍みこん作りが復活した。

「若い人がはじめてくれて、よかった。私も生きている限りやりますよ」

今年82歳になる中嶋さんのバトンをしかと受け取った頼もしい人がいる。

1

2

3

1／水まきは凍みこん作りの要。こんにゃくをよく凍らせ、こんにゃく凝固剤の消石灰（水酸化カルシウム）を洗い流し、急速に乾いて縮んだりひび割れたりするのを防ぐ。風で飛ぶのを防ぐ役目もする。2／4〜5日間干した後、カードをめくるように一枚ずつ裏返していく。3／約20日間凍結乾燥させた後、納屋で数日陰干しする。包丁で端を切り揃え、40枚を1束に結束して仕上げる。

氷餅 【長野県・茅野市】

とろりと煮たもち米糊が、氷点下で凍っては乾き、雅な滋養食になる

藁をはずして新聞紙の包みを解くと、かさかさの白い麩のようなものが現れる。どんな味がするのか、どうやって食べるのか見当もつかない。

氷餅《こおりもち》は江戸初期から諏訪盆地で作られている、天然凍結乾燥の乾物。藩政時代は旧暦6月、氷の朔日《ついたち》に山国から将軍家へ、毎年氷代わりに献上されていたという、暑気払いの滋養食である。

蒸したもち米粉を煮溶かして糊状にして、氷点下の夜に凍らせる。からっ風にひと月ほど晒《さら》し干した、言うなれば氷の抜け殻みたいなもの。ごく軽くもろく、指先にちょっと力を入れただけで、ほろほろ崩れて粉々になる。和菓子に散らせば、たちどころに雪景色の風情。熱湯を注げば、米の香りが立ちさらっとしたおもゆに。ほのかな米の甘みがあって、梅干しとも相性がいい。和三盆糖を加えて、とろりと甘いおやつにもする。

厳冬の冷え込みを待って、風変わりな氷餅作りがはじまる。

寒空にしゃらしゃらと藁が鳴る。黄ばんだ新聞紙がかさこそ音を立てる。冷たいからっ風に耳がちぎれそうだ。八ヶ岳を望む田んぼの干場の隅から隅まで、藁で編んだ新聞紙の包みが、何万個と風に吹かれている。

経文か何かのまじないにも見える小さな紙包みの、中身は氷である。糊状のもち米液を氷点下の夜に凍らせ、新聞紙で包んで吊るし干す。

これを昼の陽光と寒風に晒して、ひと月ほどじわじわ水分を蒸発させると、つややかな雪の肌になる。紙包みが風で吹き寄せられるくらいの軽さになったら、天然凍結乾燥の氷餅の完成だ。

夜昼の寒暖の差が大きいほど、よい氷餅ができるという。高い青空と身を切るような寒い風の吹く日は、絶好の氷餅日和。吹きすさぶ寒風は、上出来の合図である。

もち米糊の氷の、ほぼ10分の1の重さに干し上がった氷餅の完成品。密閉しておけば1年おいてもびくともしないのは、寒晒しならではの強み。

氷点下の田んぼで作る乾物は
底冷えする諏訪ならではの滋味

諏訪盆地の冬は晴天が続き、放射冷却で信州屈指の寒さになる。

「寒気至極のところとなれば、氷餅の製最上也」

宝暦6年（1756年）に、諏訪高島藩士が著した『諏訪かのこ』に、そんなお国自慢が出てくる。

高島藩は城内に氷餅部屋を設けて、幕府への献上品や諸大名への進物品を製造しており、その製法は、門外不出だった。

その昔宮中では氷の朔日《ついたち》といって、旧暦6月1日に氷《ひ》室《むろ》を開いて臣下に氷を配る習わしがあった。

江戸時代には、この日、諸大名が氷の代わりに氷餅を幕府に献上した。暑気払いに、厳冬の滋味と風流を贈ったのである。暑中にふうふう言ってすすったのか、冷まして食べたものか。いずれにせよ下々の口には入らない、雅な滋味だったらしい。

土地の古老の話では、「藩士の家でも、大病人でもなければ、使わないくらいのものでした」。

軽くて腐らない。野外でも湯を注げば即食べられる。いざという時のための、武士の備えでもあったに違いない。

気象条件に恵まれた諏訪地方で、明治維新後も農家の冬仕事として氷餅作りが続いてきた。

「医者に見放された病人でも、これだけは喉を通ると言ったもんだ」

地元では病気見舞いの品として喜ばれるそうだ。

肝心なのは凍る温度とスピード。
良い氷が佳い氷餅になる

吹きさらしの田んぼで、赤いほっぺのお母さんたちが働いていた。もち米糊を、凍らせる作業だ。

良く凍れば佳《よ》い氷餅になる。

「最初が肝心ですわ。マイナス8℃くらいで、2晩でも糊が凍らないかん」

積算マイナス15℃が理想的。それより暖かくても、冷え込みすぎてもいけない。代々、茅野《ちの》で氷餅を作ってきた小海《こがい》長衛《かずえ》さんにそう伺った。

霜柱のように凍《い》てが縦に入れば上出来の氷。しかし冬が暖かくて、思うようにいかないと浮かない顔だ。

「裏山にうっすら霧がかかるだけで、もういかんでね。

朝起きてみて凍ってなきゃ、その日は休業だわ」

ひと冬、空とにらめっこが続く。

無事氷になったら、夜明け前の気温が低いうちに氷板を取り込んで、短冊状に切り、新聞紙で包んで田んぼの干場に出す。

まだまだ気が抜けない。太陽光で急速に溶けると、糊状になってどろりと流れ落ちてしまう。雨にあたってもいけない。長四角の形にならないのだ。

一気に凍らせ、夜と昼の寒暖の差で、だましだまし水分を逃がしてやる。すると新聞紙包みの中で抜け殻が固まり、どろどろの糊が、氷のままの姿で氷餅になる。まるで手品のよう。誰が思いついたものか。紙で包むという発想がすごかった。

凍結乾燥は昇華といって、固体（氷）からそのまま気体（水蒸気）になって乾く。溶けて液体（水）になったら、氷餅にならない。たった1枚の新聞紙が光を遮り、適度な断熱材になる。しかも通気性があって、水分の気化を妨げることもない。氷餅になるかならないかは紙一重なのである。

「天気がよくて夜冷え込んで、昼は陽ざしが暖かく、風があれば最高だな」


天然凍結乾燥をする茅野の氷餅屋も寒天屋も、西の山の麓に沿って並んでいる。日が早く沈む半日陰と呼ばれる場所だ。午後3時頃山にさっと日が沈むと、すぐに冷え込みが降りてくる。

「ほうだで、氷商売ができるんだわ」

干場に吊るしてざっとひと月。9割方の水分が抜けたら収穫時だ。

「氷ならいいんだけど、ほとんど空気を売っているようなもんだで、グラムで売っても、なんぼにもならん」

小海さんは1枚6kgもある氷板を、4枚重ねで抱えて、白い息をほうと吐いた。

手間とひまをかけ、吹けば飛ぶよな軽さになるまで待って、目方で売るのだからちょっとせつない。

小海さんの田んぼに、明治以来百数回目の氷餅の季節がめぐってきたある冬、小海さんは氷餅作りをおしまいにした。大正時代には、諏訪地方に40軒ほどあったという氷餅屋も、今ではごくわずかだという。

北日本一帯が大雪警報という日、諏訪盆地には抜けるような青空が広がっていた。

絶好の氷餅日和を喜ぶ人たちも、やがていなくなってしまうのだろうか。

How to make 07

氷餅の作り方

1 もち米糊液を煮る

粉にしたもち米に湧き水を加えて4時間ほど湯煎し、かき混ぜながらなめらかな糊状に蒸し煮する。

2 真冬の田で凍らせる

12月。田んぼを囲い、地面に藁を敷き詰めて作業場を作る。氷点下の冷え込みを待ち、もち米糊液をモロブタに注いで夜のうちに凍らせる。氷点下の冷気で2晩ほどで氷になる。

3 凍った餅を短冊に切る

凍った氷板を抜き取って、地下の氷室に運び込み、積み上げておく。外の作業の合間をみて短冊状に切る。昼も氷点下の部屋での立ち仕事だ。

4 新聞紙で包んで、藁ひもで編む

藁をなうのはおばあちゃんの仕事。切断した氷餅を一つひとつ新聞紙で包んで藁ひもを掛け、2本包みに振り分けて編み上げる。

5 約1ヵ月間干す

吹き晒しの竿に吊るして干す。急速に溶けないよう最初の4〜5日はトタン板をかぶせて陰干し。外側が乾いたら日向に出して天日と風に晒す。

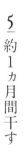

かき餅

寒の水で厳冬の1ヵ月間だけこしらえる、昔作りのおかき

【石川県・白山市】

子どもの頃、冬になると楽しみな煎餅があった。いろんな色をしたセルロイドのカルタのようなもので、ペカペカ乾いた音がした。

薄桃色はほの甘く、薄緑色のは青海苔の香り。豆やゴマも透けて見えるけれど、かちんかちんで歯が立たない。火鉢の網に並べてまめに返しながらあぶると、突如むくむくふくらんで、あれよあれよという間に大煎餅になる。

長らくご無沙汰だったそのむくむく煎餅に、石川県白山市で再会した。

寒作りのかき餅である。

砂糖入りはむくむくに、砂糖なしはふっくらする程度にふくらんで、さくさくの歯ごたえになる。

餅を薄く切って陰干しすれば、かき餅のでき上がり。いたってシンプルだが、これが一筋縄ではいかない。

餅に目のないカビを寄せつけず、ひと月も干して、ひび割れ一つないものに仕上げるのは、至難の業。

雪国の農家に伝わる冬の逸品である。

かき餅は、正月の供え餅の鏡開きに、刃物で切ることを嫌って、手で欠き割ったことにはじまるという。

平安時代にはすでに、あられ餅という菓子が、かき餅の一種として作られていた。かき餅もあられも、餅の保存食から生まれたおやつ。茶飲み友達としては、千年以上の付き合いになる。けれど、餅の保存はやっかいなもので、すぐにカビだらけになるし、乾けばひび割れる。温かい部屋では、ひとたまりもない。

それをひび割れ一つないすべすべ肌に干し上げるのだから、これは容易ならぬことだと察しがつく。

清らかな寒の水と空気でなければできない素肌美人

かき餅の兄弟分の〝あられ〟なら、ひび割れも風合い

米農家の母さんたちが、厳冬の1ヵ月間だけ、原料の米からこしらえるかき餅。ゴマ、青海苔、クチナシなどすべて天然由来の色を使っている。

のうち。煎って仕上げ、砂糖醬油で化粧したりもするから、いくぶん気楽である。

すっぴん勝負のかき餅のすべすべ肌と、あのさくさくの歯ごたえを可能にするのは、寒の水と空気だという。

「昔から、寒の水で作ったものは、腐らんと言ったもんです。それにここらは雪があって、空気の乾き具合がちょうどいいがです」

白山市井関地区で、かき餅作りをする母さんたちが教えてくれた。

かき餅を作るのは、厳冬期の1ヵ月間。餅を搗き、薄く切って、藁で編んで干場に上げる作業がひと月。天井に吊るしてもうひと月。おおかた2月いっぱいで終わる。3月に入って、少しでも春の空気を吸うと、かき餅の質が落ちるのだという。干し餅は、春の兆しをいち早く察知するらしい。

正月すぎ、井関地区18戸の稲作農家が、共同栽培した新米を持ち寄って、かき餅作りがはじまる。

訪ねた作業場は、どんよりした鈍色の空の下、雪化粧した田んぼの真ん中にあった。

白山おろしの寒風が、骨身にしみる。家の中なら少しはましだろうと、逃げ込んだ餅編み作業部屋は、まるで冷蔵庫だった。火の気のない部屋に差し込む、せめてもの陽の光も、カーテンでさえぎられている。

餅に暖気は禁物だ。

「温《ぬく》い部屋だと、すぐに餅がひび割れる。風にも陽にもあてられんがです」

言葉が白い息になる。

編み手たちは、目だけ出る覆面に田植え用帽子、重ね着にカイロ、素手に手甲という完全防寒装備。1日にざっと2万1000枚の切り餅を編み込んでいく。

手袋をしていては、藁がきっちりなえないのだという。ひらひら動く、母さんたちの指先が赤い。

「ひとシーズンにもち米150俵、ざっと9t分の餅を搗きます」

かたや餅搗き方さんたちは、ほくほくと蒸し米の湯気が上がる別天地で、うっすら汗をかいて立ち働いていた。ひと臼2升2合を、毎日10回。米を研ぎ、蒸籠《せいろ》で蒸すのもひと仕事だ。

厳寒の作業場に幾十万もの短冊が舞う

聞けば、編み手と搗き方は、交代制だそうだ。てきぱきと動きまわる姿は、天然冷蔵庫で石のように座っていた人とは、まるきり別人に見える。

搗き上げたばかりのぷにゃぷにゃの餅を、丸め、延べ、なでつけて、かき餅専用の細長い木箱〝とぼ〟に入れて冷まし固める。一昼夜おいて、とぼから抜いた餅は、角の立った長四角形。これを薄暗い部屋に3〜4日間ねかせるのだが、今度は、夜の寒さが油断ならない。

「凍ったら、おしまいだもの」

紙をかぶせて麻袋をのせ、毛布で包む。その上こたつ布団まで重ね掛けしてもらって、所狭しとねかされている様はまるで箱入り娘たちの合宿だ。

固まったら、次は切る作業。

とぼ10本、ひと臼分の餅を3〜4㎜の厚さに切ると、ざっと2100枚になる。1日あたり10臼で、2万1000枚できる計算だ。ひと月でざっと63万枚。これをひと月間、じっくりと陰干しする。

干しっぱなしというわけにはいかない。暖気は味とお肌の大敵だ。暖かい日は窓を少し開けて、外気を入れて寒さを保つ。こまめに面倒をみてやらないと、別嬪《べっぴん》さんには仕上がらない。

「かき餅の干場を見てきまっし。それはそれはきれいだよ」

大豆、青海苔、ゴマ、昆布、クチナシの黄、紅麹の赤色……。幾十万もの色とりどりのかき餅が、中空に舞う千代紙のように、ひっそりと華やぐ。作業場の2階に咲く厳冬の花は、誰に見せるものでもない晴れ姿である。

「うちらの子ども時分はね、家の納屋に吊ってあった。きれいかったよ。親が炭のあんかを入れて、納屋で仕事しおった。そのそばで遊びながら、炭火で焼いてもらって食べた。その味が忘れられんがよ」

平均年齢72歳の女の子たちの顔がほころんだ。

ばあちゃんも、かあちゃんも、代々この地の農家の子どもたちは、そうやって味を記憶に刻んできた。

からっ風が吹く土地では、餅がひび割れる。北陸の雪が潤いを与えて、きめ細かさとさくさく歯ごたえを育む。食は風土。そして人々のうれしい記憶とともに受け継がれてきた。

「ささ、かき餅食べてみまっし」

オーブントースターでこんがり焼いてもらったかき餅の、味わいのなごやかなこと。懐かしいこと。こりりと噛み当てた豆の香ばしいこと。

かき餅作りは、春一番が吹く前まで。去る冬とともに店じまいする。

1

2
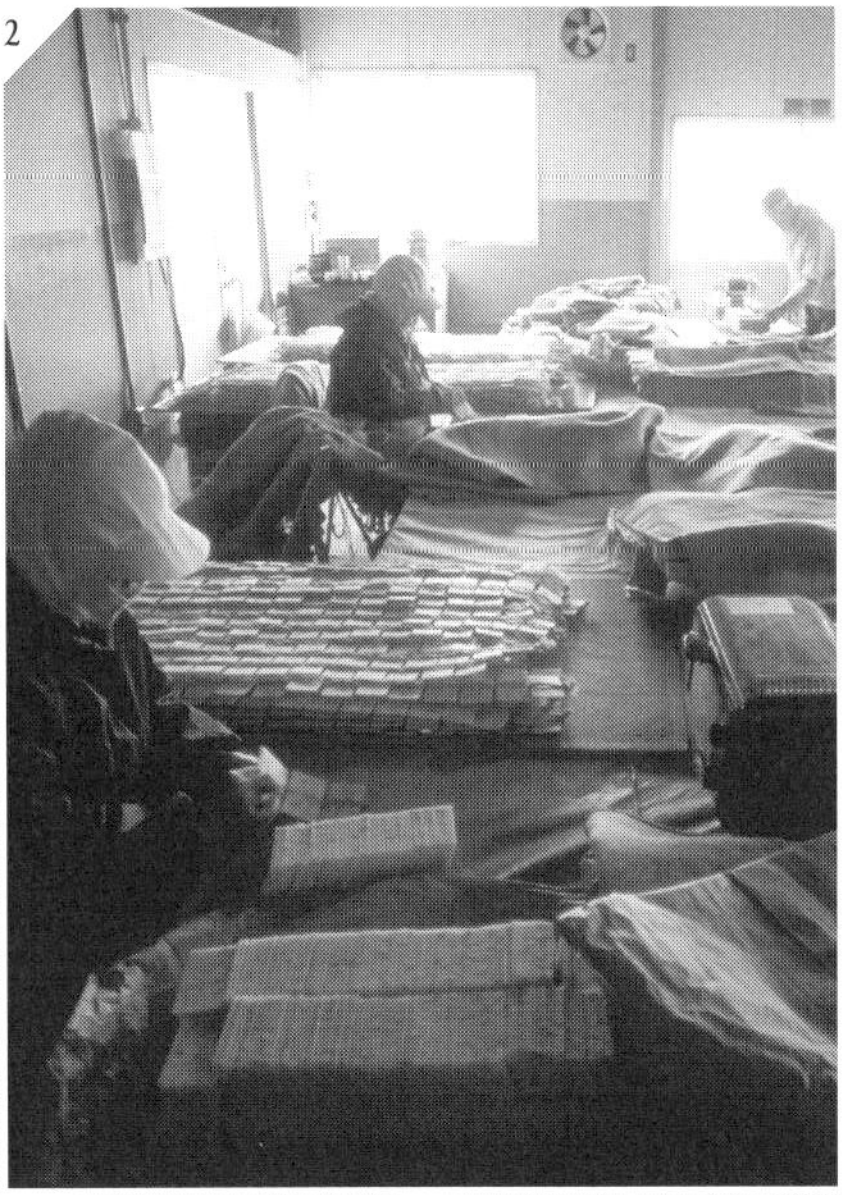
3

4
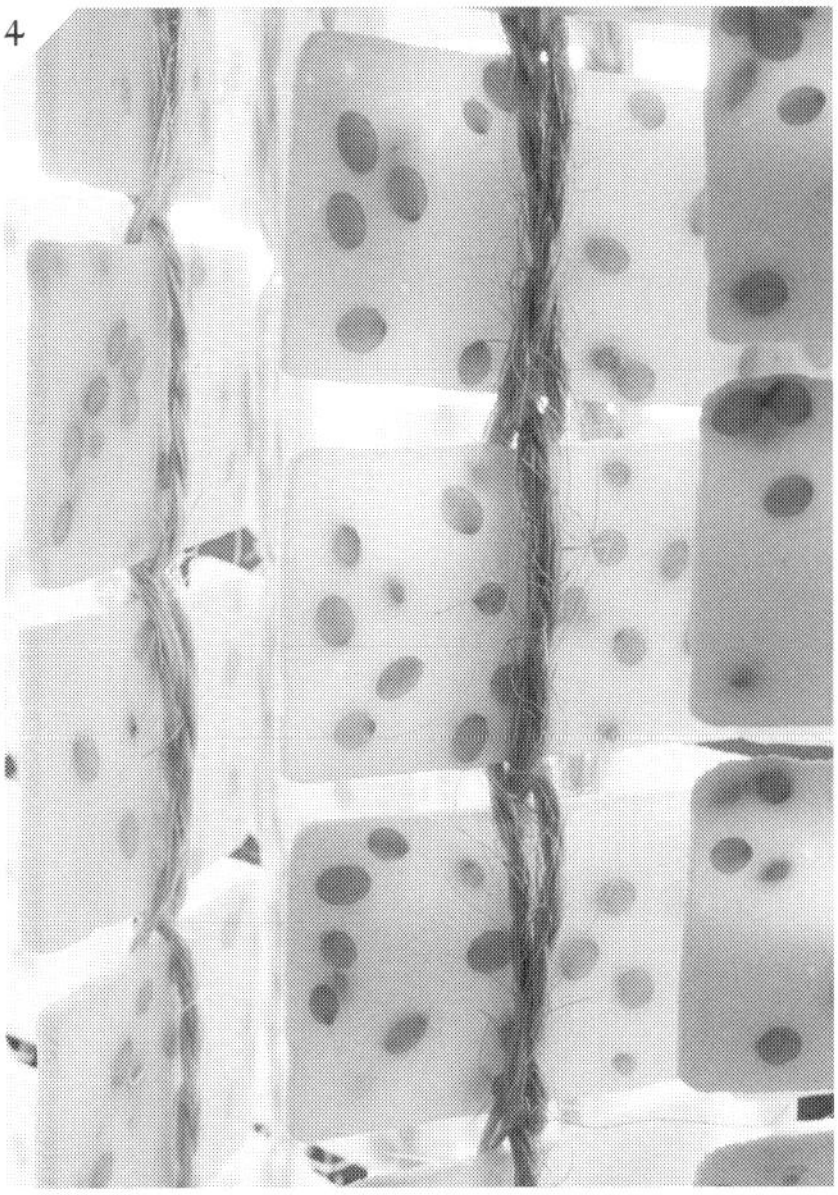

1／搗きたての餅を、“とぼ”と呼ばれる専用の木箱に入れて一晩おく。硬くなったら箱から出して、4昼夜室内にねかせて、芯まで固める。2／固まったら3〜4mmの厚さに切って、一枚一枚藁ひもをないながら、編み込んでいく。作業場は外気温とほぼ同じ寒さ。3／乾いてもずり落ちないよう、きっちり一連に編み込まれたかき餅は、工芸品と呼びたいほど美しい。4／でき上がり。大豆、ゴマ、青海苔、昆布と種類豊富。合成着色料は不使用。オーブントースターでおいしく焼ける。焼きたてより、少し待つとかりっとする。

烏梅

【奈良県・月ヶ瀬村】

古代に妙薬として伝わった〝黒い梅干し〟が、薬食同源の飲みものに

黒い梅干しをご存知だろうか。

しわくちゃに干からびた一粒を、手に取って耳元で振ると、かさこそと種の転がる音がする。これがウメの実だとは、ちょっと見破れない。

半夏生《はんげしょう》（7月2日前後）の頃、完熟したウメの実が自然にぽとんと落ちる。

これを拾い集めて、地中の窯で燻し焼き、20日間天日で干し上げると、「烏梅《うばい》」ができ上がる。姿に似合わないふくよかな香気は、なるほどウメである。

万葉の時代には、烏梅と書いて〝ウメ〟と読んでいる。〝烏〟は黒色を表し、〝梅〟は中国語式に読んで〝メイ〟。黒い梅干しは古代、漢方の妙薬として中国から伝わったという。漢方では今も健胃整腸、下痢止め、咳を鎮め、喉の渇きを癒し、鎮痛にも用いられる。

少し煮出して、好みで砂糖を加えて飲むと、酸っぱくてあと口さっぱり。夏バテによく、解毒作用もあって、二日酔いにも重宝な飲みものになる。

すっかり和の顔をしているけれど、ウメは遠い昔に、人が携えて海を渡ってきたものらしい。

それがいつ頃だったか。諸説あるが、縄文遺跡では見つからないウメの種が、弥生の遺跡から多く出土していることから、稲作がはじまった頃とする説が有力だ。

ウメの木は古くから栽培され、その実は漬物や乾物、調味料として、日本人の薬食同源の暮らしに大いに貢献してきた。

ところが、梅和えやおにぎりになくてはならない赤い梅干しと違って、黒い梅干しの存在はほとんど知られていない。何ものだろう。

黒い梅干しは妙薬として伝わり、薬ばかりか、染色の色止めとして珍重されてきた。

なぜ真っ黒の煤《すす》ウメにするのか。種の音がするまでか

煤をまぶしたウメの実を、手作りの「梅すだれ」に重ならないように並べる。藁むしろをかぶせ、土中の窯で一昼夜燻し焼きした黒ウメ。

らからに干すのか。誰にもわからない。

「昔からの法《ほう》ごと（決まり事）やで」

奈良県の月ヶ瀬で、代々烏梅作りをする中西喜祥《きよし》さんは言う。

梅林で名高い月ヶ瀬の烏梅作りは、伝承によると室町時代にはじまる。

元弘の乱（1331年）の際、後醍醐天皇に従って落ち延びてきた女官の一人、園生姫《そのおひめ》がこの村にとどまり、世話になったお礼に、村人に烏梅の製法を教えたという。

特権階級が身につけた紅花《べにばな》染めの紅色は、この烏梅がなくては染まらない。

江戸後期には、村中が烏梅作りをして、京都の染物屋へ届けていたという。

「32貫（約120kg）の振り分け荷物を馬の背にのせて、多良尾《たらお》山を越え、その後は舟で川を行った。五月川から木津川へ出て、桂川を上って京都に入ったそうや」

帰路は舟を引っ張って浅瀬を歩き、深い淵は乗って戻ってきた。

「お金を持って帰る途中、山賊に襲われたりしてな。先祖さんは命がけだったと聞いとります。スイカをくり抜いてお金を隠し、風呂敷に包んで首に巻いてきたそうや」

古老の話では、当時、烏梅は一駄（馬一頭に背負わせられる分量）が米7俵にもなる高級品。文政年間には一村で、隣の柳生藩の殿様より多くの収益を上げていたそうだ。

明治時代に入ってきた化学染料におされて、紅花染めは衰退。烏梅の作り手は全国でも月ヶ瀬にしかない。それでも今も家庭薬として根強い支持者は少なくないという。望まれて、烏梅作りが山間の村に細々と続いている。

酸味の強い白梅の実と先祖代々の手法で作る妙薬

昔の人のもの作りは実にていねいである。「代々先祖がしてきた通り」に、烏梅作りは、半夏生《はんげしょう》にはじまる。

半夏生は夏至から11日目の7月2日頃。暦の上ではウメの実が熟し、梅雨が明ける頃である。

熟して自然落下する白梅の実を拾い集め、かまどの煤をまぶして燻し、夏の直射日光で干し上げる。

「親木の養分をいっぱい吸って、自然に離実するからこそ、芽も出る。その力が薬になるんですやろか」

黒ウメを焼くのは、実が落ちる半月間。短期間に一気に落ちる、足の早いウメに追いまくられる。

「昔は『朝飯前に梅一荷』といって朝いちばんに、川

ウメの実の乾燥具合を見て適量の水を打ち、ほどよく湿らせる。煤を振りかけ、吊るした箕を揺すってまんべんなくまぶしつける。焼くと中まで浸透する。

沿いの梅林で実を拾って、男は一荷40kgを天秤棒で担いで、急斜面の谷を上がったもんや」

軽トラックになった今も、手で一つひとつ拾い集める。この完熟のウメの実に、まず煤をまぶす。

「かまどの鍋底の煤がいちばんええんです。昔は先を争って、舟で川向こうまで集めにまわったもんです」

近在にかまどを使う家もなくなった。薪で風呂焚きをする家に頼んで、煤をとっておいてもらう。それも薪以外のものを燃やしたら、使えない。

ウメを燻す道具の梅すだれや窯は、おおかた手作りだ。烏梅作りの煤も道具も、暮らしの変化とともに消えていく。伝統製法を守るのは、なまやさしいことではない。

黒光りするウメの実をすだれに並べ、窯《かま》にのせて一昼夜燻す。その火加減が難しい。ぼうぼう燃やしてしまっては、元も子もない。杉の枯れ葉と細い薪で火をおこし、籾殻《もみがら》をかぶせて炎をうずめると、一筋の煙が立つ。

「煙の立ち方を読め」と先代から教わった。黒ウメ焼きの極意である。

窯といっても、地面に四角い穴を掘っただけ。一昼夜火を燃やさず消さず、ほどよい煙を保つのは名人芸だ。

窯に梅すだれをのせ、ぬれむしろをかぶせ、じわじわ蒸し焼きにする。窯の中はまったく見えないが、名人には煙を見れば中の様子がわかるのだ。

翌朝、黒ウメが庭いっぱいに夏の日ざしを浴びていた。

「お天道さんと火を上手に使えと、よう言われたもんです」

ウメの面《つら》をにらみ、空の機嫌をうかがいながら、朝夕出し入れするうちに、やがて梅すだれ一枚分20kgの生ウメが、たった3・5kgの烏梅に仕上がる。

作れば非国民といわれた戦時中も、ダムで梅林の多くが水底に沈んでからも作り続けた中西さんが、村で最後の一軒になって久しい。

半夏生をすぎると、雨が降っても風が吹いても、ポトーンとウメの実が落ちて屋根を叩く。その音を聞いて、今年もそろそろやなと腰を上げる。

「天神さんをお祀《まつ》りするつもりで、ウメを焼け」

先祖の声が聞こえてくる。

烏梅の作り方

1 完熟ウメを収穫する

半夏生(7月2日頃)に、ウメを収穫する。完熟して自然落下する白梅の実を拾い集める。

2 ウメに煤をまぶす

箕にかまどの煤とウメの実を入れ、水を加えながらころころゆすってまんべんなくまぶしつけ、黒ウメにする。

3 黒ウメを焼く

穴窯を作る。梅すだれに並べた黒ウメを窯にのせ、ぬれむしろをかぶせて、籾殻で一昼夜燻す。中央に渡した丸太は、ほどよく煙を逃がす煙突代わりでもある。

一昼夜火を燃やさず消さず、ほどよい煙を保つのは名人芸。

4 半月間土用干しする

燻した黒ウメを梅すだれのまま庭先に出して天日干し。1週間ほどして果肉が硬くなったらむしろに広げ、さらに10日間ほどかけて干し上げる。

5 でき上がり

耳元で振って種の音がするようになるまで、からからに干し上げると、目方は生ウメの6分の1ほどになる。密閉容器に保存すれば数年は持つ。

利尻昆布

最北の短い夏の太陽が、最短1日で干し上げる千年来の旨み 【北海道・利尻島】

硬いカドをだましだましふやかすと、口の中にじんわり海が広がる。よい昆布は、そのまま食べてもおいしい。古くは〝ヒロメ〟、〝エビスメ〟と呼ばれ、千年の時を越えて日本人に愛されてきた旨みの宝庫。

和の料理の枠であるばかりか、「よろこんぶ」といわれて、祝儀や行事になくてはならない縁起物、供え物としても珍重されてきた。

だし昆布の一級品と誉れ高い利尻昆布は、細身だが肉厚で重く、つややかな漆黒。そのコクのある旨みと、清澄なだしは、とくに昆布にうるさい京都で喜ばれるという。

タイやヒラメなど白身魚のおすまし、白肌の冴える千枚漬けにも利尻昆布がその真価を発揮する。

リシリコンブというのはれっきとした学名。北海道・留萌《るもい》や知床半島西岸の冷たい海で採れる。なかでも寒流と暖流がぶつかる利尻、礼文島周辺の天然ものには、最上の折り紙が付く。

利尻富士の長くなだらかな裾野が、そのまま海まで続く。その境界あたりに集落がしがみついている。広々とした山麓は、おおかた草原と原生林だ。

古くからアイヌの人たちが、コンブを採取して暮らしていた利尻島の名は、アイヌ語で「リイシリ」。高い山のある島という意味。「コンブ」という呼び名も、もとはアイヌ語の〝Ｋｏｍｂｕ〟だという。

野山に花が咲き揃う夏は、もっとも美しい季節。コンブ漁もたけなわとなる。けれど最北の海辺の夏の天気は移り気で、丸一日からりと晴れる日はそうそうない。

出漁の条件は海が凪いで丸一日の日照があること

「今年はまだ旗があがらんの」

利尻町仙法志《せんぼうし》のコンブ漁師は浮かない顔だ。

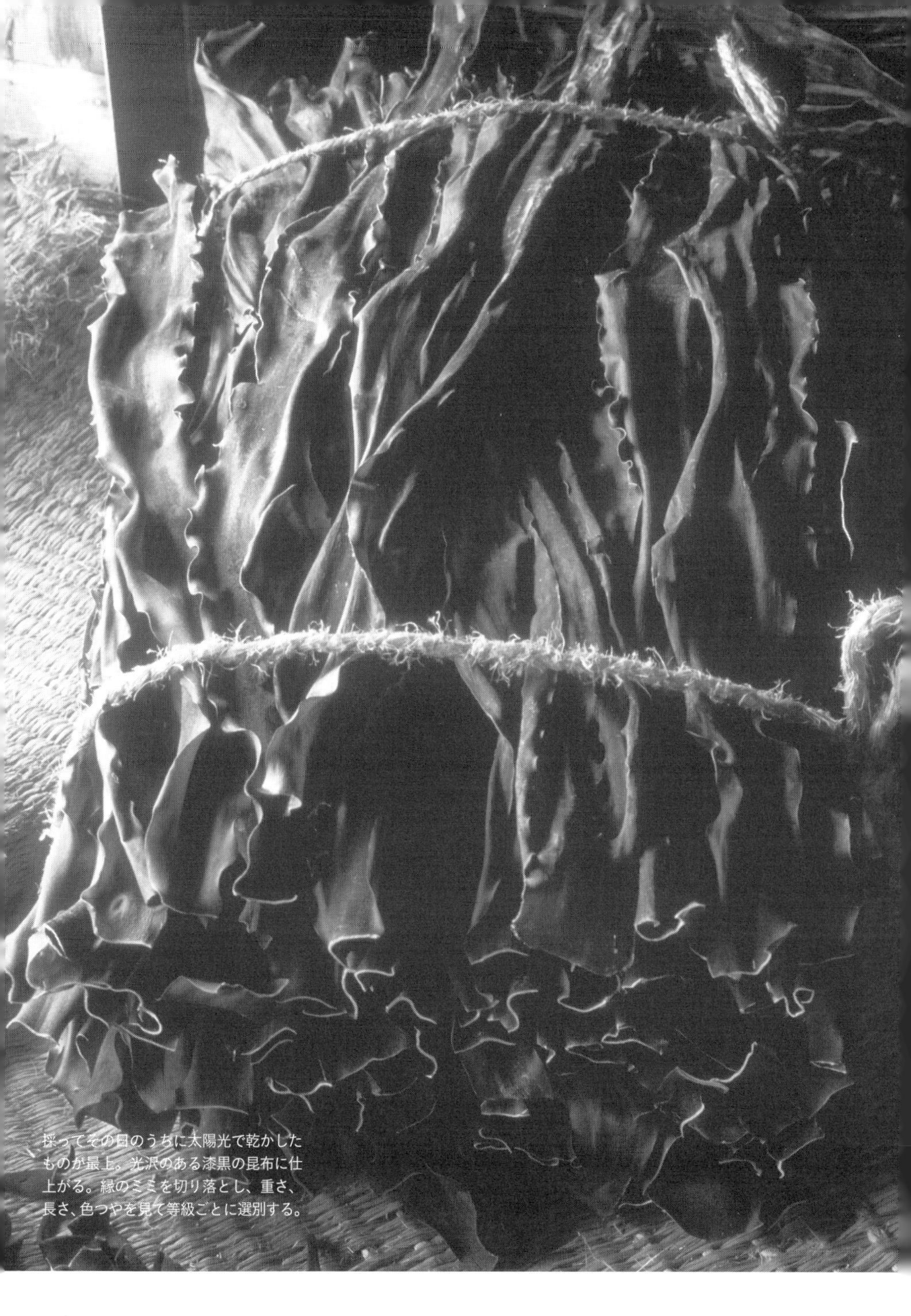

採ってその日のうちに太陽光で乾かしたものが最上。光沢のある漆黒の昆布に仕上がる。縁のミミを切り落とし、重さ、長さ、色つやを見て等級ごとに選別する。

漁期に入って半月近く経つのに、出漁の合図の旗があがらないのだ。

漁期は7月中旬から9月中旬まで。丸2ヵ月間あっても、例年海に出られる日は10日ほどしかない。

出漁の条件は、海が凪いで日照があること。たったこれだけの自然条件が、最北の地では容易にかなわない。

磯に立つと、足元の澄んだ水底に長いコンブがゆらめく。手が届くほど近いところから、ずっと沖合まで豊かなコンブの森が広がっている。

「これは水コンブといって、採取禁止なんだわ」

コンブ漁師が教えてくれた。

素人には見分けがつかないけれど、1年もののコンブだという。未成熟で薄く柔らかい。煮ものにするとおいしいが、だし昆布にするには不足だ。

水コンブの根元から出てくる新芽が、夏には2m以上もある分厚いコンブに育つ。2年目の夏に採る2年ものコンブが、旨みの詰まった上等なだし昆布になるのだ。

「岸に近いほどいいコンブが育つんだわ」

山麓の原生林から養分が運ばれてくるおかげだという。

地上の森が、海底のコンブの森を養うことを、島の長老たちは昔々から知っていた。自然とともに暮らす先人の深い知恵が、千年来の豊かなコンブの森を守ってきたに違いない。

最上級の2年もののコンブが採れるのは、7月上旬から盆すぎまで。8月のコンブは、「走り」と呼ばれ、等級も高くよい値がつく。

それも秋口になって海の水温が下がると、次第に枯れはじめ、9月10日以降のものは「後採り」といって値が安くなる。なんとかベストシーズンに採取したい。

半袖シャツを着るのも、せいぜい5日ほど。空を眺めて気を揉んでいるうちに、利尻の短い夏はそそくさと行ってしまう。

冷たい海に育つコンブが陽光を浴びて漆黒の昆布になる

朝4時30分、仙法志の浜に待望の旗があがった。小高い丘に翻る赤い小旗が、目にしみる。

朝5時の漁開始の合図とともに、朝凪の海に待機していたコンブ採りの舟が、いっせいに作業を開始した。

漁の時間は、その時々の判断によって1時間から2時間。舟に乗るのは一人。機械は使わない。これも採りすぎないための取り決めだという。

1

2

3

1／漁は朝5時開始。箱眼鏡で海中をのぞき、マッカリという長いねじり竿を操って、コンブの根元をねじ切る。浜にとって返し、空船に乗り換えて時間終了間際まで採取を続ける。2／採取したコンブを背負って、舟から干場まで運ぶ。ぬれたコンブでいっぱいの籠は50kg以上にもなる。3／朝7時、家族総出で小石の浜にコンブを天日干しする。太陽光が色よく仕上げてくれる。午後3時頃、寒くなる前に取り入れ、リヤカーで家に運んで仕上げ干しする。100kgあったコンブが、約20kgのだし昆布に干し上がる。

足で櫂《かい》を操り、箱眼鏡で海底をのぞく。ねじり竿で2mもあるコンブを5、6本、根元から一気にねじ切って引き上げる。鎌で一本ずつ刈り取る方法もあるが、いずれにせよ腕力がものをいう。早い人なら、ものの半時間で舟がコンブでいっぱいになる。

終了の合図が鳴ると、海上のコンブ満載の舟は散っていき、浜がにわかに活気づく。コンブ漁の舟が戻ると、浜に腰を下ろしていた数十人の干し手たちが、いっせいに動き出す。

波の音にまじって、ゴム長で踏む浜の小石がちゃらちゃら鳴る。

夏休みで帰省している子や孫たち、じいちゃんばあちゃん一家総動員。背丈より長いコンブが、石ころの浜に手早く敷き詰められていく。

「日がささなければ、だめなんだわ」

漁師が曇り空を見上げて言う。半日でいいからたっぷりの太陽光が欲しい。

晴天なら5時間もあれば、つややかな漆黒に乾く。陽光がないと白い粉が吹いて等級が下がる。にわか雨にあたれば等級外である。

午後になって、雲は厚くなる一方だ。並べたコンブを拾い集めて、各家に運び、ストーブを焚いた乾燥小屋に吊るして干しなおす。

「手間をかけて等級が落ちるんだわ」

色つやを見れば、漁の日の空模様までわかってしまうという。味は変わらないのに、せつない話である。

丸一日、できれば次の日も晴れが続く日を予測して、出漁を決めるのは元旗信号員。通称〝旗あげさん〟である。漁期中毎朝3時半に、判断を下さなければならない。その決定には、全員が異議なしで従う決まり。大役だ。

「夜中に、何回も起きて山を見ます」

風を読むのだという。

周囲63㎞の島の真ん中に1700m級の山がそびえ、山を挟んで島の裏と表とでは、風の吹き方がまるで違う。予想は一筋縄ではいかない。

山に笠がかぶると沖風。海から来る沖風は危険率が高い。山の雲がぱっと晴れれば、山から吹き下ろす〝だし風〟で海は凪。南風が吹くと天気が崩れる。昔の人の言い伝えが心強いという。

「明日天気になりますように」

旗あげさんとコンブ漁師は、祈る気持ちで利尻富士のお山を仰ぐ。

灰干しわかめ

木灰が封じ込める鳴門のワカメの緑と潮香

【徳島県・鳴門市】

褐色の生ワカメを、ぐらぐらの湯に放した瞬間、ぱあっと鮮やかな緑色に変わる。ひらひらと鍋の中で踊るその緑の中に、海の細胞が詰まっている。ワカメはこうでなくちゃいけない。塩わかめは、似て非なるものだと思う。

灰にまみれた鳴門のわかめが、味気ないわかめに馴らされた舌に、痛快な一撃をくらわしてくれた。

速い潮流が、しなやかで弾力のある上等のワカメを育てるという。ごうごうと潮鳴りする渦潮の海で、潮流に揉まれて育つ鳴門のわかめは、奈良時代から神や天皇への供物、御物として献上されていた由緒正しい一級品だ。

鳴門わかめ党だった今東光は『東光雑記』に〈味噌汁に、鳴門わかめを入れて食べる朝の爽快さこそ、天下第一党の味覚だ〉と書いている。朝の味噌汁のわかめの感触に接吻を思い、かの人を思い出してこそ、〈美味はいよいよ味細かになるとしるべし〉と。

東光和尚の愛用したのは灰干しわかめだったろうか。

採りたてワカメに、木灰をまぶして、4～5日天日乾燥すると、真っ黒く干からびる。これを洗うと、生ワカメを湯に放したときと同じ、冴々とした緑色が現れる。ワカメに火を通すこともせず、塩もせずに活きのよさを閉じ込めてしまう鳴門独特の手法だ。

灰干しがはじまったのは、150年ほど前。ワカメ行商の途中、なにかの拍子に荷物が焚火の灰の中にひっくり返った。灰まみれのワカメを拾って帰って洗ってみると、みずみずしい緑色だったたという話だ。

褪せない色香と弾力、海に育ったことを確かに感じさせてくれる風味を、わが家の食卓で味わわせてくれる灰干しわかめは、大喝采したくなる掘出し物である。

黒い灰と白い灰の調合が、灰干しわかめの勘どころ

墨壺から引っ張り出したようなわかめが、砂浜をびっ

昨日の今頃は海の中だった新鮮ワカメが、潮になびく姿をとどめて海の日ざしを浴びている。砂浜に敷き詰められたワカメは、墨染の衣の下に、鮮やかな緑を隠している。

しりと覆っている。風が吹くと、灰が舞い上がる。働く人も真っ黒、砂さえも触ると指先が煤黒くなる。黒々とした影絵の向こうにみずみずしい緑が隠れている。そう思うとシュールな風景だ。

「灰で、軸までかりかりに乾かしておけば、1年でもそのまま持つ。真っ黒になるのが仕事じゃけんな」

それでも灰干しするのは「このほうがにおいも色もええ」からだ。

朝6時、まだ明けきらない海を背に、黙々と灰乾燥の作業が進む。

「ワカメの体に沿って、着物を着せるようにゆっくり灰をまぶさんと」

灰つけ機のドラムをがらんがらんと回しながら、影ぼうしのように真っ黒い人が言う。

鳴門市土佐泊は、紀貫之の『土佐日記』にも出てくる古い港だ。大毛《おおげ》島の東海岸には長い白砂の浜が続き間近に淡路島、遠く墨を引いたような本州の山並み、海峡には小さなワカメ採りの舟が点々と見える。

生ワカメに木灰をまぶして乾かすと、色と風味を封じ込められるのはなぜだろう。仕組みはよくわかっていないが、木灰のほどよいアルカリ性が葉体の酸化を防ぎ、葉緑素の分解を防止しているらしい。

灰のよし悪しで品質に違いが出てくる。アルカリが強すぎても、ワカメを傷める。弱いと腐りやすくなる。灰の調合は、生産者の腕の見せどころだ。枝打ちした杉や檜など針葉樹を完全燃焼させた白い灰と、アルカリ性の弱い灰の粉をほどよく調合する。

色を黒くしたほうが太陽光をよく吸収して、仕上がりもいいという。

「昔はご飯炊きも風呂焚きも薪だったから、木灰はいくらでもあった。それがぱったりないようになってな。練炭の灰を集めたり、韓国まで練炭灰を買いに行きよりました」

結局韓国の灰は、アルカリ性が弱くて使えなかった。灰集めも昔通りというわけにはいかない。

味のいい灰干しのわかめの行き先は、ほとんど料理屋だ。ただ見た目もお世辞にもきれいとはいえないし、戻す時は流し台も黒くなる。

「きしきし揉んで洗わんならんで。真っ黒な水が出るしな」

家庭の奥方には嫌われても仕方ないのかもしれない。

そこで江戸時代の知恵者が、使い勝手のいい糸わかめ

1

2

3

1／9割方が海の畑でできる養殖ワカメ。5月中旬に水槽で胞子を種付けし、11月半ばには流れの速い沖へ出す。2月初旬から新ワカメの収穫。天然もののワカメ採りは、そのあとだ。2／色を出すアルカリ性の度合を調節するために、針葉樹の白い灰と炭の粉を調合して使う。割合は家によってそれぞれ違う。3／1mもある灰干しわかめのすだれが、潮風にさわさわと鳴る。隣り合っていても干し方はさまざま。浜に並べて干す人もあれば吊るして干す家もある。すだれは天日だけで乾燥する。

を編み出した。

　灰干しわかめを海で洗い、さらに真水で手早く洗って、軸の硬いところと葉先を取り除いてから、木綿針で細くわかめを裂いて乾燥する。これなら色もよく風味も逃げず、1分も水に戻せば、そのまますぐ使える。

　1tの生ワカメが、糸わかめにすると40kg。小さく軽くなる。水に戻せばうんとふくらむ。これが喜ばれて、鳴門灰干しの名は、ますます広まった。

　今も花形はこちらだけれど、手間を承知のうえならば、まずは真っ黒けの自然児、灰干しわかめである。

特長ひじき 【長崎県・対馬市】

春の大潮の日に刈り取ってこしらえる海からの贈りもの

4月の大潮の日の朝、長崎・対馬《つしま》鰐浦《わにうら》の港からいっせいに磯舟が出る。漁は年に一日だけ。めざすは背丈ほどもある特長《とくなが》ヒジキだ。

長ヒジキの枝葉を落とし、茎だけを煮て70〜80㎝もある特長の干しひじきに仕上げる。ばりばりに乾いて、みるからに硬そうだけれど。

「柔らこうて、話にならんほど旨か」

上対馬町鰐浦の漁師は胸を張る。

長ひじきは、古くから冠婚葬祭の進物や、贈答用に作られてきた鰐浦の伝統食。行事の人寄せのまかない料理には、今も長ひじきの煮ものがつきものだという。

荒磯に育つ上質なワカメなど海藻類は豊富なのに、なぜかヒジキなのだ。

長めに切って油で炒め、油揚げや椎茸などを入れて、水を加えず甘辛く煮ていただく。

ぷるんと中身が詰まっていて、ぜんまいにも似た歯ごたえ。なるほど、葉っぱばかりのものとは比べようもない。

ばりばりに乾いた針金のような長ひじきを、寝る前に水に浸けておく。

朝起き抜けの寝ぼけ眼で鍋の中をのぞいて、押し合いへし合いしている黒うどんにぎょっとする。

一晩でざっと10倍。しまったと思ってももう遅い。

上等のぜんまいくらい太く、皿から口までつながってまだ余るほど長い。

「特長ひじき」は、玄界灘に浮かぶ長崎・対馬鰐浦の特産品。春先に人の背丈ほどになるヒジキの枝葉を落とし、茎だけを食す贅沢な乾物である。

玄界灘の孤島に春を告げる、
年に一度の長ヒジキ刈り

採りたてヒジキをぐらぐらの湯に入れると、ぱあっと鮮やかな緑色に変わる。束ねるひもは、丈夫ですべらないシュロの葉。昔ながらの知恵だ。さらに鉄の大釜に入れて水を注ぎ、菰を掛け落とし木蓋をして4時間ほどゆでる。ヒジキの引き上げ時が肝心。ゆですぎると黒い表皮がはがれてしまう。逆にゆで足りないと、硬くて、長く水に浸けても柔らかに戻らない。

対馬から韓国まで、海を挟んで50㎞弱。空気の澄んだ夜には、暗い海の彼方に隣国の夜景が見えるという。

対馬の北のはずれにある鰐浦は、朝鮮半島からの中継地点にあって古くから開けた港だ。

鰐浦の「わに」とは大船の別名で、往時、外国に渡る大船が出入りする第一の港だったことを物語る。4世紀、神功皇后がここから朝鮮に向けて出兵したと伝えられている。昔栄えた港も、陸路は中心部からずいぶん遠い。今は険しい山を背負い、入り江に向いてひっそり佇む半農半漁の集落である。

浜のわずかばかりの平地に、味噌小屋、食料小屋、道具小屋など、高床の作業小屋が肩寄せ合って並んでいる。昭和30年代までは、自給自足の生活だったという。海と山の恵みを受け取って、自ら作り出す暮らしが、長らく続いてきた。

長ひじきは海藻類の中でも別格で、冠婚葬祭の進物や、島を離れた子どもたちや親類縁者に贈るためにこしらえる贈答品だという。

手間をかけて作る長ひじきが、いつ頃からあったものか、94歳になる集落の長老に聞いてみたが、「子どもの時もやっとりました」という返事。じいちゃんばあちゃんのしてきた通りに、代々作り続けられてきたということしかわからない。

明治初期の葬式の到来帳を見ると、ひじきと麦が喪主の家に届けられている。「長いから縁起がいい」と結婚式にも贈られたという。ワカメなどの海藻も採れるのに、なぜか長ヒジキは別格だったらしい。

ヒジキ刈りは今も村をあげての共同作業。年に一日。4月の大潮の日に、村中の磯舟が沖へ出る。

集落のどこもかしこもヒジキを煮る磯の香りでいっぱいになる

「ここは私らの宝島です」

くじ引きで漁場が決まると、舟はいっせいに沖の海栗《うに》島へ渡る。島の磯はワカメ、ヒジキなどの海藻類、ウニ、サザエ、アワビ、トコブシが生息する海幸の宝庫だ。

「昔は子どもも学校を休んでいったもんです。舟で沖に出られない年寄りたちには、婆瀬《ばばせ》いうてな、歩いていける磯があるんです」

ここでは、いつでも好きなだけ採っていいことになっている。その代わり、自分で背負える量だけ。

籠を背負った80歳代のおばあちゃんたちも、連れ立っ

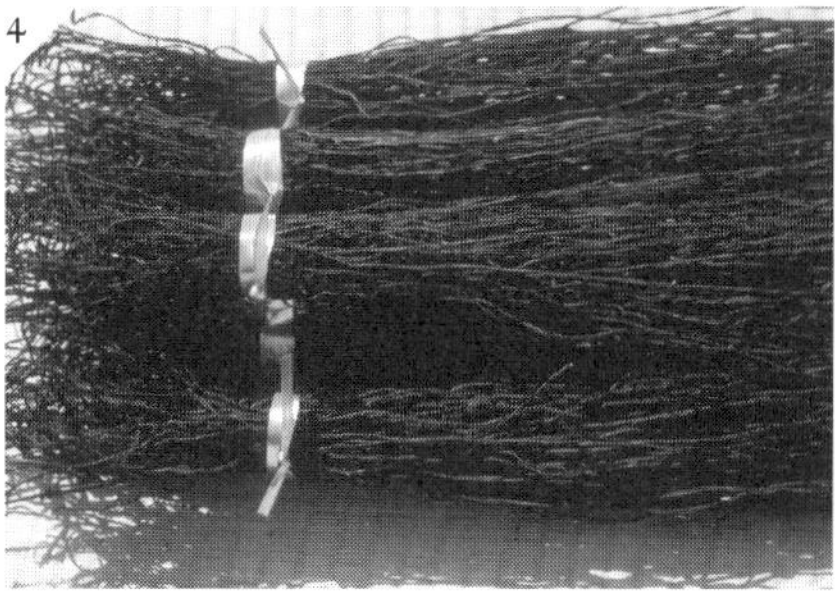

1／年にただ1日、4月の大潮の日の干潮時に、岩場に現れた背丈ほどもある長ヒジキを根元から刈り取る。これが各家均等に分けられる。2／ヒジキにからまった浮玉を木槌で叩いて落とし、枝葉を1本1本しごいて茎だけにするのに、丸1日かかる。枝葉は天日で素干しして製品にする。春の1日。浜小屋の前の空き地も道路も、ヒジキで埋め尽くされる。3／ゆで上げて、木箱に入れて長さを整え、櫛ですいたようにきれいに伸ばして、乾燥機で乾かす。4／乾燥が済むと完成。対馬鰐浦では塩雲丹と同じ値がつく高級品。

て村はずれの磯へ出かけていく。

藻刈り舟に乗せてもらって、島へ渡った。背丈ほどもある長ヒジキが、透き通る海を褐色に染めてたゆたう。

「ヒジキはね、6月の月夜の凪《なぎ》のいい晩に、いっせいに胞子を出すんです。7月には胞子から芽が出て、秋には手で掴めるほどに伸び、春には1～2mの長ヒジキになります」

そう、長ヒジキ刈りの漁師さんが教えてくれた。

海は干満の差が大きく、集落を流れる川の水が干上がってしまうほど。干潮時には、ヒジキも難なく鎌で刈り取れる。かじってみると、シャキシャキの歯ごたえ、かすかなえぐみがある。

2時間ほどで各舟に割当てられた袋数がいっぱいになると、港へ戻って平等に分配する。これがまたひと仕事だ。舟ごとの袋を一山ずつ並べ、どの山を誰がもらうか、くじ引きで決めるのである。

家へ帰る頃には、とっぷりと日が暮れる。黄昏が降りてくる中を、リヤカーを引く父さんと、あと押しする母さんのシルエットが行き交い、浜はいっときリヤカーラッシュになる。

翌朝から、集落はヒジキ一色だ。

浜の作業場、庭先、納屋、玄関先、思い思いの場所で、地べたに座り込んで作業が進む。長ヒジキの枝葉をしごき落とし、シュロの細い葉で束ねて、先端に残った浮き玉を木槌で叩き落とす。しゅっしゅっ、こんこん、村のどこを歩いても、春を告げる密やかな音が聞こえてくる。

次の日は集落中が、ヒジキを煮る。庭先のかまどから上がる薪の煙のにおい、ほくほくと納屋から上がる蒸気。ヒジキの煮える磯の香りが立ち込める。

水洗いした茎を、沸騰した湯に入れると、地味な褐色が鮮やかな真緑に変わった。ヒジキが緑色？

青々とした長ヒジキを鉄の大釜に並べて水を注ぎ、菰《こも》を掛け、落とし木蓋をして4時間ほどでゆで上げる。ここでやっと、つややかな黒装束になる。確かにヒジキである。

「年数が経つと、なお柔らかくおいしくなる。3、4年はおけるよ」

塩も防腐剤も使わず、養分を凝縮し、味と歯ごたえを保存する術が、誰も知らないくらい遠い過去から続いてきた。

山ごもれる海辺の村に、夜の更けるまで明々と電灯が灯っていた。

岩海苔【北海道・せたな町】

人里離れた北の荒磯で、厳冬に摘む寒ノリの〝大判振舞〟

この潮香にまいってしまう。

びりっと破いて汁に落とすと、お椀の中が海になる。さっとあぶれば緑鮮やかな海になる。

岩ノリは荒磯に育つ紅藻類ウシケノリ科アマノリ属の海藻類の総称で、アサクサノリの仲間だ。古くから愛《め》でられたようで、奈良時代には紫菜（ムラサキノリ）と称して、あまたある食用海藻類の中でも、もっとも高価であったという。江戸期からノリ養殖が盛んになってほとんど忘れられてしまったが、天然もののアサクサノリも、こんな野趣豊かな味わいだったに違いない。

道南の日本海沿岸、ニシン漁で栄えた久遠郡せたな町大成区太田に、豪気な岩海苔がある。1袋にたった1枚、115cm×45cmの黒光りする海苔が、折りたたまれて入っている。寒に採る岩ノリを長いまま簀子《すのこ》に打って陽光と風雪で干した、大盤ならぬ大判振舞。

厳しい寒さに磨かれて、北の荒磯の恵みはこれからいよいよおいしくなる。

気の利いた肴を出してくれる函館の居酒屋で、大判岩海苔はないかと尋ねてみた。

「ああ、あれは別格だよ。年に1回くらいは食べたいねえ」

主人が身を乗り出すところを見ると、地元でもおいそれとは手に入らないらしい。

一年でもっとも寒さ厳しい時期に、磯へ出て摘む岩ノリを、真水で洗って庭先で凍れ干《しば》しする。凍れ干しとは、天然凍結乾燥のこと。雪の中に吊るし干しして、海のエッセンスを丸ごと閉じ込めてしまう。こんな海苔はそうそうない。

シベリア寒気団が育む磯の恵み

北海道がシベリア寒気団に覆われて、天然冷凍庫と化

太田の岩海苔は“でっかいどお”。ほらね、この通り。1枚が3尺5寸×1尺5寸(115m×45㎝)。海苔はばりばりに凍りついている。山の茅を編んでこしらえる大簀子も自家製だ。

す1月半ば～2月。いよいよ岩ノリがおいしくなる。ところがちょうど海が荒れる時期と重なって、ノリ採取に出られるのは、ひと冬に多くても10回ほどだという。

「こっちに1週間おっても、ダメかもしれんよ。海のことだもの」

太田の漁師、佐藤幸雄さんにそう釘を刺された。明日の海は凪《なぎ》だろうか。

函館からせたな町大成区まで、雪道を車で飛ばして3時間。大成の町の中心からめざす太田まで、奇岩の続く海沿いの道をさらに30分は走る。

崖下に岩を噛む波が白く渦巻く。途中人家もない。山と海の隙間にへばりついた真っ白な道の果つるところが、岩ノリの産地太田の集落である。

「まんず、牛乳瓶に落っこちたハエみたいだべ」

ほっかむりのノリ摘みさんが、うまいことを言って笑わせる。

雪が上からも下からも降ってくる。こんな荒天で、ノリ摘みに出られるだろうか。

「波が2mなら行くだけんど、3mなら出ねえ。波さ高いとダメだ。波のあるところにノリがあるんだもの」

岩ノリは波荒く、1日1回は潮が引く岩場に生育する。海が荒れれば手も足も出ない。ノリ摘みに行くのは、空模様より海の機嫌次第なのである。

昔から寒のノリ摘みは、女たちの仕事だった。それは今も変わらない。男たちは雪のあるうちに、山へ薪を伐りに入り、海が凪《な》ぐと魚を獲りに小舟で沖へ出た。

「海が凪げば、みんなして遊びにいくみたいに浜さ行くんだ」

太田のお母さんたちが、リンゴみたいなほっぺをほころばせた。

岩ノリの時季が終わる頃には、ワカメ採りがはじまる。他に、アワビやナマコ、タコやホヤも、この磯で採れる。豊かな海が人里離れた集落を養ってきた。

「奥尻地震（1993年7月に起きた北海道南西沖地震）の時は、津波で家が流されたんだよ」

いわれてみれば、新しい家ばかりだ。やさしくて時々恐い海に、しんしんと雪が降る。

冬の薄陽と潮風でゆっくり乾くのがいい

翌朝、粉雪の海に点々とノリ摘みさんたちの姿があった。白く砕けて泡立つ波、これで海のご機嫌がいいのだろうか。私には荒海にしか見えないけれど……。

お母さんたちは、厚手のカッパの上下に長靴といういで立ち。昔は足袋《たび》に草鞋《わらじ》履きで浜に出たという。すべりやすい岩場で転んだら、カッパに水が入って、自力では立ち上がれない。波に流されて、真冬の海で泳ぐはめになる。ひと冬に一度くらいは、そんな一大事が起こるという。

「遊びにいくみたいに」

と笑い飛ばす北の母さんたちは、凛々しくたくましい。

浜から戻ると、ノリ打ちにかかる。

岩ノリは長さ20㎝ほど。ひらひらした暗い紫色のリボンのようなものだ。これを真水で洗い、水を打つ要領で、長いまま手製の大簀子《すのこ》にぱっぱっと飛ばしていく。無造作にやっているようでいて、生ノリは隙間なく確実に打ち重なる。目分量で1枚60g。何枚作ってもほぼ狂わない。さすがの腕前である。

「何十年もやってるんだもの」

さらに、細かく刻んだ生ノリを薄い部分に振りかけて、乾いて縮んでも穴があかないようていねいに仕上げていく。

「二人がかりで、1日4~5枚できれば上等だな」

これをしばらく庭先に置き、ばりばりに凍ったら、家を囲む風除けの冬囲いに吊るす。

「凍《しば》れさせる（凍らせる）と、茅の簀子にひっついて風で飛ばんし、いい按配《あんばい》に乾く」

雪の日は裏向き、天気のいい日は外に向けて3日間ほどでしんなり乾く。

「冷たい風でじわじわ乾くのがいいんだな。冬の薄陽ならいいけど、春の陽ざしで急に乾かすと、縮んで穴があく」

凍ったまま、氷点下の風で水分が蒸発すれば、水が滴ることもなく乾いて風味を逃がさない。北海道ならではの天然フリーズドライの強みである。

この岩海苔で海苔弁当を作ったら、さぞや旨かろう。

「岩海苔弁当なんか、いたましくて食べたことないよ」

いたましいとは、土地の言葉で〝もったいない〟ということらしい。

「失敗すれば食べるけど、この頃は失敗もせんでなあ」

ほとんど自分の口に入ることのない摘んだばかりの生ノリを、ストーブの上で焼いてくれた。味も香りも頼りない生ノリが、あぶるとがぜん本領を発揮する。

あ、海がとび込んできた。

1／岩ノリ摘みは1月半ば〜2月まで。専用の道具「マギリ」で、岩にこびりついたノリをはいで採取する。ノリ摘みは昔から女の仕事だ。2／真水で洗いすぐにノリ打ち作業にかかる。ぱっぱっと勢いよく飛ばさないと、生ノリが真っすぐきれいにのびない。まんべんなく均一に、乾いて縮む分も計算に入れて打つ。達人の技。3／戸外で3〜4日間凍結乾燥したら、室内に取り込んで仕上げ乾燥する。ノリが乾いたらその上からビール瓶を転がして砂や貝のかけらなどを落とし、大判1枚を折りたたんで袋に詰めする。

松藻【宮城県・南三陸町】

厳寒の荒磯に育つ海藻を天日に干し、天然の底力を封じ込める

冷たく澄んだ海で早春真っ先に萌える新芽の〝一番摘み〟に、春の兆しと海の冥利が詰まっている。

枯れたフリをして、どこにあの華やかさを隠しているのか。

黒くぱりっと乾いた松藻を、焦がさないよう心して遠火にかざすと、じわじわと緑色が広がり、息を吹き返したように磯の香りが立つ。

まずは、そのままいただく。何よりこのかぐわしさ。そして荒磯育ちのしなやかな歯ごたえ。かすかなとろみと寒海の塩気がほどよくまじり合って、酒を呼ぶ。

軽く揉んで炊きたてご飯に散らしてよし、冷やご飯ならお茶漬けで決まりだ。あぶらずにざっとちぎって熱々を注ぐと、一瞬にして目の覚めるような緑色に変化する。

「この色と香りがいいんだな」

マツモを干すおばあちゃんが、ぽそっと言う。

海藻食いのわがご先祖たちは、古来海藻を浜菜《はまな》とも呼んで親しんできた。

回遊する魚と違って、荒磯にへばりついている海藻は、その土地独特のものも少なくない。

春先のまだ冷たい北の海は、海藻の芽吹き時。つまり、今が味わい時。旅先で思いがけず旨い地浜菜に出会えるかもしれない。

ときおり雪のちらつく三陸海岸の居酒屋で、松藻《まつも》を初めて食べて一目惚れ、いや一口惚れした。早春の三陸海岸で採れる新芽の天日干しだという。

初々しい緑、口に広がる海の香り。柔らかでいてこりこりした歯ごたえ、かすかに粘る感じも好もしい。

マツモは北日本の太平洋岸だけに育つ緑色の海藻。細い針のような葉がみっしりついた姿は、松の小枝にそっくりだ。北の町では、お彼岸にこれをご先祖に供え、ともに賞味するという。

ノリ打ちして、天日に干された生マツモ。四角い木枠内に隙間なくマツモを敷き込み、すだれに返して干場に出す。風のある晴天の下で速やかに乾かすほど、黒く香り高い上質の板状松藻ができる。ぱりっと乾くと、生の時の10分の1ほどの重さになる。

北の国の春は、マツモの緑とともにやってくる。

雪がちらつく頃に引き潮の荒磯で採取する、天然の美味

古来日本人は、海藻を好んで食してきた。奈良時代の文書には、数十種もの食用海藻の名が出てくる。いまもざっと70種近くが食用とされているというから、全国にはまだまだ埋もれた地浜菜があるのかもしれない。奈良時代の『養老律令』（720年頃）や、平安時代の『延喜式』（967年）によると、大和朝廷は各地から海藻を納めさせていたことがわかる。

貴族好みではなかったのか、それとも朝廷に納めるほど採れなかったか、古い文献に松藻の名は見あたらない。

明治初期の書物に、陸中陸前の産物として松藻の名があるから、江戸時代には少しは知られていたようだ。

マツモの素性を知るべく、牧野富太郎の植物大図鑑で調べてみた。

千島列島から北海道、三陸海岸、犬吠埼あたりまでの、外海に面した荒磯に育つ。15㎝から30㎝ほどになる。松に似ており、冬に繁殖する。といったひと通りの説明のあとに、〈採リテ食用トナス。頗る美味ナリ〉とつけ加えられている。

「いちばん寒い時季に採れる、糸みたいに細いのが旨いんだよ」

地元南三陸町歌津《うたつ》の藻刈り漁師は言う。

南三陸海岸の歌津を訪ねた年、2月下旬のマツモ漁解禁日は、めずらしく猛吹雪だった。

磯に出てみると、降りしきる雪の向こうに、点々と藻刈りの人の姿が見える。

「吹雪だろうが、海が凪いでいれば、磯草刈りに出るよ。夢中だもの、ちぃとも寒いことない」

いちばんおいしい時季を逃すわけにはいかない。7枚も8枚も重ね着したふくよかなお母さんたちは、肌をさす寒さの中でころころと笑った。

マツモ刈りの潮時は、大潮の日を挟んで、前後5日間ほど。干潮時を待って磯に出る。長靴を履いて磯を歩いて採る人もいれば、舟で離れ島へ行って手刈りする人もいる。

海中から顔を出した岩に、フノリや岩ノリにまじって、緑色のマツモがびっしりついている。これを手で摘むか、鮑貝でひっかくか切り取るか。採取法はきわめて原始的。よく採れて一人10㎏ほど。

1／複雑に入り組んだリアス式海岸の景観が美しい南三陸歌津の磯。太平洋の外海に面した磯の荒波が、上質のマツモを育てる。採取時期は2月末〜3月。厳しい寒さの中、外海に面した荒波の岩場を歩いてマツモを採取する。細く柔らかい新芽の“一番摘み”が最上品。2／木枠にひとつまみのマツモを薄くムラなくのばし、竹すだれに返して干す。几帳面さと熟練がいる。乾くと目方は約1割に減る。3／3月大潮の引き潮の頃、歌津の防波堤にずらりとマツモ干しの竹簀子が並ぶ。太陽をたっぷり浴びると黒く香りよく仕上がる。

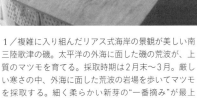

「月1回、男磯《おとこいそ》と女磯《おんないそ》があっての、磯によって採る場を決めるの。男磯はあんまり潮が引かんが女磯はよう引く」

太陽と月と地球が一直線に並ぶ新月と満月には、潮を引く力が強く、潮の干満の差が大きくなる。満月の潮回りを男磯。新月の大潮回りを女磯と呼ぶ。

藻刈り作業の段取りは、天空のはるか彼方で決まるのである。

海辺の人から山国の人に届けられる春の色と香り

磯草採りは、外海の荒波砕ける岩場が狙い目だという。夢中で採っていると、太平洋の大波にどんと背中を押される。油断すると足をすくわれる。半世紀近く海に出ているというベテラン揃いでも、日に一人や二人は厳寒の海で泳いでしまう。3月の海の中はまだ真冬だ。

磯から戻ると、「のりぶち」作業にかかる。その日のうちに一本一本根を切り落として、ノリ打ちする。

ノリ打ちとは、海苔作りに使う20㎝角の木枠内にマツモをまんべんなく敷き広げ、すだれにひっくり返して干すこと。天気がよければ、1日、2日で黒く香りよく板海苔状に仕上がる。

海藻の中でも最高級品だという松藻海苔を待っているのは、海辺の人たちばかりではないらしい。

秋田県内陸地方の豪雪地帯、大曲や横手あたりでは、彼岸になくてはならないお供えのひとつだそうだ。

「彼岸に仏様にあげるんだよ」

歌津と、秋田県の内陸地方の付き合いは、もう70年以上になるという。

秋田県横手市の旧家では、毎年初物の松藻を、仏壇のご先祖さんにあげるという。月命日には、朱ぬりの小さなお膳に煮豆、豆腐とともに松藻料理を一品供えるそうだ。

松藻の家庭料理を教わった。

緑松藻のおひたし。貝と松藻の酢のもの。昆布とカツオのだし汁に、味噌と溶き卵を入れ、半熟の卵味噌にして松藻と刻み長ネギを散らす。

「タイなどの白身魚を使った春のお吸いものには、緑色のきれいな松藻を使います。毎年、初物が待ち遠しいんですよ」

目にしみる松藻の緑は、待ちわびた春の訪れを、先祖とともに喜ぶ雪国の人々の〝気持ち〟なのである。

太平洋の荒磯に芽吹くマツモが、雪国に長い冬の終焉と、春の訪れを告げる。

川茸（スイゼンジノリ）【福岡県・朝倉市】

清冽な寒の水からすくい採った、生きた化石〝蛙子藻〟で作られる淡水ノリ

なんて奇妙なものだろう。浅い小川の水草に引っかかっているぷわぷわの黒っぽい浮遊物は、とても食べものには見えない。これが清流を漂いながら、スリッパくらいの大きさになるそうだから、どうやら生きているらしい。

川茸というのは通称で、和名をスイゼンジノリという。生の川茸は蛙の卵に似ていることから、地元では〝蛙《かえる》子《こ》藻《も》〟とも呼ばれる。今から二十数億年前、光合成で地球上に酸素を送り出した、藍藻類の一種だといわれている。

とてつもない時間を生き延びてきたしぶといやつだが、清い水にしか生きられない、儚い命でもある。今では最後の自生地となった福岡県朝倉市の黄金川でも、その存在が危ぶまれている。

清冽《せいれつ》な流れからすくい採った生の川茸を、土器にぬりつけて乾かすと、淡水ノリに仕上がる。江戸時代は将軍家への献上品でもあった。稀有な淡水ノリに、淡く清涼な風味とぷるんとした原始の舌触りが閉じ込められている。

とんと食欲の湧かない生の川茸を塩漬けした後、熱湯をかけると鮮やかな緑色に透き通る。これだけでいきなり食べものに変身。これはそのまま酢のものでいただく。ぷるんとした舌触り、風味は淡く深山の水のよう。

乾燥した川茸は、煮ものや和えもの、茶碗蒸し、汁ものにあしらえば、普段のおかずがちょっとよそいきのご馳走になる。甘く味つけしてお菓子にしても喜ばれ、古くから精進料理や茶懐石にも使われてきた。

鉄分やカルシウム、ビタミンA、ビタミンB群を豊富に含む元気食。乾物になっても消えないその弾力が、川茸の身上である。

直射日光にあたらないよう、素焼きの谷瓦に川茸を貼りつけ、屋外に伏せて陰干しに。朝出して夕方しまい、自然にはがれ落ちるまで待つ。

二十数億年清流に生きている原始の単細胞生物で作る

藍藻類の仲間である生の川茸（スイゼンジノリ）は、きれいな流水にしか生息しない。もちろん水道水では生きられない。川茸はそんな繊細微妙な生物で作る、稀少な淡水ノリである。

太古さながらのぷるぷるした姿も奇妙だが、生態も風変わりだ。小さいうちは川底に沈んでおり、育つと細胞内に気泡を抱き込んで川面に浮かび上がる。流れのままに漂って、セリや菖蒲などの水草に引っかかり、ゆらゆらするうちに単細胞がちぎれて細胞分裂する。これをくり返して殖《ふ》えていく。人類が影も形もない大昔からさしたる進化もせず、せっせと酸素を地球上に送り出して二十数億年も生き延びてきた健気なやつなのである。

天然記念物に指定されている熊本県水前寺江津湖《えづこ》に生息するスイゼンジノリは、絶滅に近い状況でとても口には入らない。しかしうれしいことに、福岡県朝倉市（旧甘木市）の黄金川上流に生の川茸が生息している。この地で江戸中期から川茸を製造する老舗も健在だ。

黄金川のほとりの「遠藤金川堂」に伝わる文書によると、宝暦13年（1763年）に遠藤家の6代目がノリ加工を試みるが成らず、7代目が寛政5年（1793年）に蛙《かえる》子《こ》藻《も》（川茸）のノリ加工に成功したとある。秋月藩主に10枚のノリを献上し、やがて将軍家へ献上されるまでになる。

遠藤家には、その製法を事細かに書き記した長い巻物が遺されている。

「人間が作りえないものですから、川の環境をいかに原始の状況に戻してやるかが私たちの仕事です」

川茸の圃場《ほじょう》を守るのは代々当主の務めだと、先代の16代目遠藤秀雄さんに伺った。

以前、熊本や久留米にも生息していた生の川茸はいつのまにか消滅した。今では黄金川が最後のとりでである。その現実が、川の環境破壊が待ったなしで進んでいること、さまざまな水生の生物が絶滅の危機に瀕していることを気づかせてくれる。

川茸の揺りかごを守る

黄金川は筑後川の支流佐田川の伏流水が湧き出して流れる幅8m、深さ30㎝、全長3・5㎞の小川である。

水辺にはクレソンやセリが自生し、ガラス張りの水槽のように水底の隅々まで透けて見える。それでも生の川茸は、源泉に近い上流にしか育たない。

改良治水と称して、川の自然環境が安易に破壊されていく時勢に、川茸の揺りかごを守るのは容易ではない。

「水質だけでなく、流れが大切なんです。昨今は水量が減り、どちらも思わしくないです」

源泉からポンプで水を上げ、毎秒0・5m以下で、揺りかごを揺らすようにゆっくり流してやる。漂う生の川茸が引っかかりやすいよう、圃場には種を落とさず根のしっかりした菖蒲を植える。光合成を妨げる雑藻を取り除き、川底の泥をさらう。仕事は山ほどある。川が浅く、夏は湯のようになるため、川茸の質も落ちる。真夏は休業である。

製法は今も先祖がやっていた通り。作業行程は二つ。純なノリにするためにくり返す選別の水洗いと、黒くつややかに仕上げるための乾燥の技だ。

選別は、生の川茸を入れたザルを水に浮かべ、タワシですくっては、目を凝らして不純物を取り除く作業。自然の川だからいろんなものが混ざる。味噌汁に旨い巻貝。蛍の餌になるカワニナ、ゆがいて干すとおいしい川エビなども見逃さず、指でつまみ出す。

「小さくてザルの目から落ちた川茸は、川に返してやっとです。4ヵ月もしたらまた大きくなる」

真冬の選別は、一日中手を水に浸して働く作業だ。

「湧き水だから、見とらっしゃるほど冷たくなかですよ」

働く母さん方はなんとも頼もしい。

さて、乾燥作業もかなり難儀だ。

直射日光にあてると、縮んで亀裂が入る。無理にはがそうとすると破れる。雨が続くとカビが生える。芯まで干し上げるのは、容易ではない。

まず、どろどろに粉砕した生の川茸を、素焼きの平瓦にぬりつけて干す。水気がきれたら谷瓦に貼りなおして、天気のいい日に戸外に伏せて干す。

「平瓦だけでは水を吸いきらん。風通しのいい谷瓦で背中から温めながら、自分でぱらっと落ちるまで干すと。お天道さまが出とらっしゃれば3日で乾くけんど、1週間かかることもある。お天道さまの具合次第ですたいね」

ひたすら洗っては乾かし、貼ってははがし、生の川茸1kgから32cm×20cmの紙のような川茸が1枚できる。

川茸は水に1時間浸けて、約5mmの厚さに戻してから調理。熱湯にくぐらせて冷やして酢のものに。ワサビ醤油でもよい。今宵は悠久の感触を愛でるとしますか。

川茸は藍藻類の仲間で、学名は「Aphanothece sacrum」。1872年にオランダの植物学者が、藻の生息場所の水の清らかさに感嘆し、「サクルム(神聖なる)」という言葉を学名に入れたという。寒の時季が旬。朝いちばんに、黄金川上流の1・5haの圃場で採取。水草に引っかかった藻を、「せんごく」という網ですくい採る。

How to make 09

川茸（スイゼンジノリ）の作り方

1 生の川茸を採取する

湧き水の源泉に近い川の上流で、生の川茸をすくい採る。寒の時季の生の川茸がもっとも上質。黒くつややかな最上の川茸になる。

2 選別、水洗いして、不純物を取り除く

水に浮かべてまじっている巻貝や川エビ、木の葉などを除く。4回くり返して徹底的に不純物を取り除く。作業には丸一日かかる。上質な川茸にするための重要なポイント。

3 生の川茸を平瓦と、谷瓦で陰干しする

細かく粉砕した生の川茸を、素焼きの平瓦にコテで約1cmの厚さにぬりのばして屋内で2日間陰干し。次に丸みのある谷瓦に貼りつけ、屋外の干場で3日〜1週間陰干しする。

4 板に貼って半日陰干しし、仕上げ干し

板に貼って半日陰に干す。乾いたらぬれたさらし木綿で両面を磨く。黒光りする弾力のある川茸（乾燥ノリ）に仕上がる。平らに並べ、一晩仕上げ干し。

ジュンサイ【秋田県・三種町】

古人も愛でた初夏の池沼の珍味は、水質とぷるぷるの触感が命

水草を分けて光る軌跡のずっと向こう。まばゆい光の中に、ぽつんぽつんと箱舟が浮かんでいる。5月中旬、秋田県三種町のジュンサイ採りが最盛期に入る。

ジュンサイは、もともと水のきれいな池沼《ちしょう》に自生するスイレンの仲間。春先、水底から細い茎を伸ばして新芽をつけ、水面に届くと太陽に向かって楕円形の葉を開く。長い茎をするするとたぐり寄せて摘むのは、まだ水中にある新芽。透き通るゼリー状のぬめりに包まれた初々しい巻き葉である。幼葉は小さいほどぬめりは硬く、葉が分厚いほど珍重される。

ジュンサイは古くから池沼の珍味として愛《め》でられ、『古事記』の歌謡にも「蓴《ぬなわ》繰《ぐ》り」という言葉が出てくる。ヌナワ（ハ）とは、ジュンサイ（蓴菜《じゅんさい》）の古名。〈沼に生じて、縄の如し……〉というのがその名の由来。

〃ぷるぷる〃もろとも口の中を滑る感触と、かすかに甘い水の味わい……。

今宵は初夏の風趣を肴に一献。

初夏を告げるジュンサイは、かつて日本各地の池沼に邪魔っけなくらい繁茂していたという。水辺に見える涼しい味わいのジュンサイは、今よりずっと身近な存在だったに違いない。

わが国最古の歌集『万葉集』（759年）の第7巻・1352首に、ジュンサイを詠んだ歌がある。

〈わがこころ　ゆたにたゆたに　浮蓴《うきぬなわ》辺《へ》にも沖にも寄りかつましじ〉

岸辺にも沖にも寄れぬと、古人《いにしえびと》が蓴菜《じゅんさい》の浮葉にたとえた揺れる心は、恋心だったのだろうか。

長い茎をたぐり寄せて摘む、きれいな水に育つ珍味

沼を吹き渡る涼風に、無数の丸い葉が揺れざわめく。ジュンサイの採り子たちは、平底の木舟を巧みに操って、

スイレンに似た楕円形の葉がびっしり池沼の表面を覆う。5月中旬～6月中旬がジュンサイ採りの最盛期。採取するのは葉の下にある新芽。秋田県三種町山本地区のジュンサイ採りは、8月末まで続く。

するすると水面を移動していく。左手に持った竹竿１本で、前進と方向転換は自由自在。作業中は沼の底に突き立てて碇《いかり》にもする。水中に長く伸びた細い茎をゆっくりたぐり寄せ、新芽を探して一つひとつ摘む。見ているだけで眠くなるほどのどかな初夏の昼下がり。竹竿を手に蓴舟《ぬなわぶね》で沼に出た。もちろん摘む気満々である。

ところが見るとやるとでは大違い。ぷるぷるの新芽は、ぬるりと逃げて採りづらい。水の中にあって見えないものを、やたらたぐり寄せても新芽に当たるとは限らない。というか、おおかたはずれ。

おまけに舟底が真っ平らで、やたら安定が悪い。バランスを崩せば、沼で服を着たまま泳ぐことになる。

へっぴり腰で苦戦するど素人を尻目に、採り子さんたちはさすが鮮やかな腕前。ひとたび茎を掴んだら、素早く確実に数個はものにする。この勢いで最盛期には１日に40kgも摘むという。

「新しいきれいな葉っぱの下に、いいのがあるんだよ。これも長年のカンよ」

余裕の笑みを浮かべながら、ぱっと開いてみせた手の親指に、ブリキの爪がきらりと光った。

早いはずだ。秘密兵器ですっぱすっぱと切り取っていたのである。

「摘んでも摘んでも、後から後から新芽が出てくる。ありがたいねえ」

採り子さんがぬれてふやけた手に、山盛りの珍味をのっけて見せてくれた。

それほど生命力の強い水草だが、水質汚染にはからきし弱い。農地の除草剤や農薬、家庭の合成洗剤などが沼に流れ込むと、あっけなく枯れて消滅してしまう。ジュンサイは水が命。日本中の池沼にあった自生のジュンサイは、姿を消しつつある。

「以前は角助堤《かくすけつつみ》（農業用の溜め池）に、ジュンサイ採りの舟が１５０近くもあって、村長が鳴らす鐘を合図に、ヨーイドンでいっせいに舟を出したもんです」

秋田県三種町山本地区の古老は、活気にあふれていた沼を懐かしむ。

白神山地から流れ出る水に恵まれたこの町でも、昭和50年代から減反の田んぼでジュンサイの栽培がはじまり、今は栽培ものが主流になっている。

「25年くらい前、ジュンサイの値段は米の10倍だったですよ。どこも家族総出で、嫁にいった娘まで帰ってきて摘んだもんですね。これで学校に出してもらった子も多かった」

水面に浮かぶ葉っぱを、小舟に見立てて〈小判がうようよ　蔵が建つ〉と地元のジュンサイ音頭にも歌われている。そんな時代もあったけれど、今は輸入ものに押されて、栽培農家も減っているという。

魚醤仕立ての夏の鍋は、大粒の巻き葉が主役

「ジュンサイ採りが華やかだった頃は、沼の提で火を焚いてね。ぐらぐらの湯にイサジャを溶いて、ナスや採れたてのジュンサイを入れて作る鍋が昼飯だった。これが旨いんだわ」

地元の人なら誰もがうなずく夏の鍋である。

ジュンサイは、小さいほど高級とされている。しかし、地元では断然大粒派。

「食べたら、大きいほうがおいしいですもんね。この辺では昔から小さいのは食わないですよ」

地元では、ジュンサイも旬の野菜感覚。惜しげもなく鍋にして、ヌルヌルとした触感もろとも食べる。あのヌルヌルは多糖類。つまり食物繊維でお肌にもいいらしい。

沼の提で食べた、大粒のジュンサイ山盛りの夏の鍋は、つくづく旨かった。

ただ残念ながら、この鍋は地元の食事処でも、まず食べられない。すばらしく臭うのだ。というのも、イサジャは八郎潟で獲れるイサザアミを塩漬け発酵させた魚醤で、しょっつるの一種。地元ならたいていどこの家でも常備している、クセになる調味料である。これがあればだし魚も不要。淡白なジュンサイに、海の香りと濃厚なコクが加わっておいしいが、はた迷惑になるというので店では御法度。わが家か野外でのお楽しみ。夏の臭〜い鍋はこの地この時、一期一会の贅沢である。

「天然ものは、切った触感でわかります。ヌルの硬さと弾力が違います」

地元のジュンサイ加工屋の金山松男さんは話す。

珍味といっても、これといった味があるわけでもない。それでも千年余も珍重されてきたのは、いつの世にもあのぷるぷる触感と、山の水の涼感を愛でる人がいたからである。

ジュンサイが自生できる水を、これから千年守れるだろうか……。夏の終わり、水面がジュンサイの花畑になる頃、山間の水辺に静寂が戻ってくる。

1

2

3

1／「きれいな葉の下に、いい新芽がある」。舟尾にしゃがみ、葉の下に隠れて見えない新芽を摘む採り子さん。朝から晩まで摘んで1日40kgほどになる。2／葉陰にあるジュンサイの幼葉を探して、素手で一つひとつ摘む。1〜2㎝ほどのサイズが最高級品。葉は小さく、ぬめりが硬くて分厚いほど上質とされる。3／大粒の生のジュンサイを山盛り入れて作るイサジャ仕立てのジュンサイ地鶏鍋。最盛期にしか味わえない贅沢だ。ジュンサイは煮すぎないのがコツ。

寒天

田んぼを真っ白に埋め尽くす、凍てつく空の下の生天干し

【長野県・諏訪市】

夏暑い盛りの幼なじみ、みつ豆のミカンやさくらんぼの下で、緑の下の力持ちしていたのは、喉をひんやりと下りていく寒天だった。

歯ごたえのあるあの寒天に、最近なかなかめぐり会わない。

今の寒天には、6割方オゴノリなど輸入ものの原藻が配合されている。溶けやすくて使いやすいけれど、固める力も弱い。特優クラスの国産天草100％の寒天が、わずかだが和菓子舗向けに、特注で作られている。

冬の晴天が続き、放射冷却で天然冷蔵庫となる諏訪盆地は、全国でただ1ヵ所の角寒天産地である。

12月半ばすぎ、氷点下の寒気を待って、稲を刈り取ったあとの田んぼに藁を敷き、茅で囲って寒天干しがはじまる。生天を凍らせて乾燥する。江戸時代以来の天然フリーズドライ製法だ。

天草を煮て寒天質を抽出し、絞ってモロブタに移す。これが冷えて固まったものが生天、ところてんである。長四角に切って田んぼで凍らせたものを、10日〜2週間かけてゆっくりと溶かして乾燥する。半透明の生天が、日光に晒されて白くからからに乾いて透明感が出れば完成だ。

心太（ところてん）は盛夏には暑気を払い、厳冬には寒気に耐えると古くから言い伝えられ、日本人の食卓に四季を問わず用いられてきた。平安時代に編まれた日本最古の漢和辞典『和名抄《わみょうしょう》』には、天草を凝海草といい、「俗に心太の二字を用ふ　こころぶとと云ふ」と記載がある。平安京の下町には心太を売る小店もあったらしい。

心太の干物、寒天ができたのは天保年間、冬の山城伏見の本陣でのこと。残りものの心太料理が、寒さで凍って干からびた。宿の主人が煮なおして冷ましたところ、前よりももっと透明な心太ができたという。

しっかり干し上げてあれば、常温で何年もおける。海

生天をモロフタから出して凍干場に出す「天出し」作業。よく凍らせるために、細釘をいっぱい打ちつけた道具で、生天に穴をあける。この穴から氷が食い込んできれいな氷柱ができる。

草臭がなく、無色透明。常温で固まる。甘みを添えればお菓子に、味噌などに漬ければおかずにも酒の肴にもなる。薄味のだし汁の寒天寄せも箸休めにいける。

寒天のカルシウムの成分量は生天よりずっと多く、食物繊維含有率はレタスの約１００倍にもなる。

数字ではぴんとこないが、腸内の老廃物の掃除役として注目されている繊維が、お腹すっきりに威力を発揮したことは、確かである。

生天の表面に咲く繊細な氷花の模様を見れば、寒天の仕上がりが読める

雲ひとつない夕焼けの山の端に、陽が隠れるやいなや、音もなく凍《し》みがやってくる。夕空を映してかすかにあかい生天の表面に、瞬く間にうっすらと氷の花が咲く。

そんな日は、寒天日和。一晩で生天の角で手が切れるほど鋭い長四角の氷になる。

「天出し（生天干し）をした最初の晩、凍らせるその晩の寒気が勝負です。いい氷の花が咲けば、いい寒天になります」

八ヶ岳の伏流水が潤沢に湧く茅野市坂室《さかむろ》で、国産天草の寒天を作る天屋の親方伊藤常好さんは、夕暮に咲く氷の花模様ひとつも見逃さない。

寒天を陽に透かすと、氷柱の脱け殻が凍っていた時のままの姿で、整然と立ち並んでいる。氷点下の星明かりにきらめく氷花が、陽の光と風で昇華するのだ。

いい寒天を作るには、日照が短く夜昼の寒暖の差が大きいほどいい。

代々天屋の仕事場は、西側に山が屏風のように立ちはだかり、夕方4時には陽が暮れる「半日村」と呼ばれる山裾にある。諏訪盆地の冬は、雪も少なく晴天が続く。

毎年12月、諏訪湖に薄氷が張る頃、北海道から天屋衆がやってくる。酒造りの杜氏と同じで、ひと冬泊り込んで、寒天作りいっさいを取り仕切る。

天草を煮る釜場をあずかるのは、熟練の釜長である。伊豆、徳島など黒潮の荒磯で育つ天草を厳選し、湧き水で3昼夜晒して大釜で煮る。10ｔもの湯がぐらぐら煮立つ大釜には、素人ではおっかなくて近寄れない。

「天草を煮るときは、山が噴火するかと思うほど、蒸気がびゅーびゅー吹いてな、煮えるまでがえらい騒ぎさ。釜から吹き出した蒸気で、重い木蓋も木の葉みたいに吹っ飛ぶこともあるよ」

1

2

3

1／伊豆半島、伊豆七島、徳島、大分など黒潮の海で春から夏にかけて採れた天草。湧き水の流水に3昼夜充分晒し、洗って、塩気やゴミを取って使う。2／天草を大釜で約3時間煮、さらに8時間蒸らしてのりを出す。釜の底が焦げつかないように丸太棒でかき混ぜる。もうもうと湯気の立つ釜場で、棒立ての作業をする天屋衆の釜長。3／日が暮れるとほとんど同時に、生天の表面が凍り、美しい氷の文様を描く。天屋衆が氷の花と呼ぶこの模様で、凍みの按配がわかるという。

北の国からやってくる寒天衆が、ひと冬泊まり込みで作る

起床朝3時。4時には、釜に火を入れ、天草をぐらぐらと約3時間煮る。蓋をしてさらに8時間ほど蒸らして、天草ののり（寒天質）を出す。

釜底に焦げつかせないよう、背丈よりも長い丸太棒でかき混ぜる。どろりと重たい、この感触でのりの濃度を計り、蒸らし時間を加減する。

原藻に含まれる寒天質は、年によって違う。質の一定しない原藻から同じ濃度の寒天液を作り、均一の形、大きさの角寒天に仕上げるのが、釜長の腕の見せどころだ。

寒天製造をはじめる前に、その年の天草で千分の一のミニ製造をやってみてから、本番にかかるという。

ひと釜、ひと釜が真剣勝負である。

漉し袋で濾過して、モロブタに移し、冷えて固まると生天になる。

天出し作業は、庭長の長年の経験がものをいう。混ぜものなしの天草だけの生天は、凍りにくいという。

庭と呼ばれる干場に、角に切った生天を太陽を背にして並べ、凍みが素早く通るように、剣山のような道具で穴をあけて、氷点下の夜を待つ。

雲ひとつない、晴天の夜空が理想的だが、そうは問屋がおろさない。天気次第で毎晩作業が違う。

寒気の強い晩は、氷を誘う水をかけ、薄氷なら板で叩き締める。雪が降ると積もった雪が、毛布代わりになって凍りづらい。吹き飛ばすか、水をまいて消さなければならない。

寒さがゆるむと製氷機で作った氷を砕いてのせる。雨は生天を腐らせる。すぐさま寒天台を重ね、しまう。まるで過保護の箱入り娘だ。

曇っても霧でも寒さが足りない。天屋衆は暖冬に泣く。「寒さが貴重だもんで。一晩一晩の寒さを拾っていかんならん」

氷点下7～8℃の寒気で固く凍ったら、寒天台をお天道さんに向けて並べ替えてやる。凍っては溶けしながらゆっくり乾いて、寒天になる。

寒気団とともに北海道からやってきて、異郷の冬を過ごす天屋衆は、凍てつく満天の星空を見上げて、やっと機嫌よく酒を酌むのである。

いごねり【新潟県・佐渡市】

日本海の荒磯に育つ海藻の、海の息吹をつるんと凝縮する

ぷるんと透き通るこの巻きものは、佐渡ではおなじみのおかず。夏の土用に、佐渡の荒磯外《そと》海《かい》府《ふ》で採れる上質のエゴノリを煮溶かして、固めたものが「えごねり」。佐渡ではエゴノリを「いご草」と呼ぶので、地元では「いごねり」である。

薄くのばしてくるくるっと巻き、蕎麦のように細く切って醤油をたらし、ネギとショウガの薬味でいただく。ひんやりつるんとした触感は、ところてんに似ているが、磯の香りはずっと高く、ひとすすりで口中が海景色になる。

見るべき栄養価なしと冷遇された時代もあったけれど、島のお母さんたちは見捨てることはなかった。ミネラルや食物繊維が豊富、しかもノンカロリー。今や元気美人の星である。

佐渡行きフェリーは大揺れだった。

「荒海や……」と芭蕉が詠んだ時代も今も、新潟から佐渡島へは荒波を越えていく。

この荒海が身の詰まった旨い海藻を育むという。夏の土用の頃、外海府で上質ないご草（エゴノリ）が採れる。

「海の凪と空模様を見て、組合長さんが口開けを決めなさるのですよ」

海の人たちは漁の初日を「海の口が開く」と言う。この日ばかりは、仕事も休んで海に出る。ところが荒海に阻まれて、なかなか海の口が開かない。

「海のことだもの。しかたないさね」

人間の都合に合わせてくれるはずはないけれど、波を鎮めるてるてる坊主はないものか。やきもきするのはよそ者だけ。地元の人たちは、少し待てばよい日和がめぐってくることをちゃんと知っている。

真夏に採るいご草で作る、秋冬の冠婚葬祭の定番

エゴノリを煮溶かして作るいごねり。佐渡では秋冬の冠婚葬祭のご馳走だ。醤油や酢醤油、ゴマ和えなど好みの味つけで酒の肴にもご飯のおかずにも。

翌日、外海府の海は青い空を映してうそのように静まり返っていた。空と海の間に笹舟のようないご草採りの舟が、点々と浮かんでいる。

矢柄《やがら》集落の浜にはブルーシートのテント小屋が建ち、紅色や赤紫色の毛玉みたいなもじゃもじゃが、すだれや美しい刺子の大風呂敷の上で夏の日を浴びている。作業小屋では、いご草とホンダラワなどの海藻を選り分け、小石や貝殻を取り除く根気仕事の真っ最中。

「いい時に来たね。今年はいごが少なくてね。今日一日でおしまいだよ」

漁師のお母さんたちの話では、果樹や作物に豊作不作年があるように、いご草の豊作はおおかた3年サイクルでめぐってくるそうだ。

地元では、いご草を採りに出ることを「いごを巻きにいく」と言う。

磯舟から箱眼鏡で海底をのぞき、背丈の数倍もある長竿の「ヤス」をぐるぐる回していご草を巻き取る。名人芸だ。波さえなければ水深10m以上は見通せるから、アワビもサザエもこのヤス1本で間に合う。きれいな海のおかげである。

「いごは、藻の上に生えとるの」

草の先端にある鈎《かぎ》で、ホンダワラにからみついて生育する根なし草だ。

「土用に海が荒れると、鈎がはずれて海岸に寄ってくる。『寄りいご』が畳2、3枚分もつながってくることもあってね。その時はみんなが、いご拾いに浜へ走ります」

土産を携えてやってくる土用の高波を、「いご寄り時《し》化《け》」と呼ぶ。

さりげない呼び名に、行く夏の贈りものを受け取り、海に寄り添って生きてきた島の人たちの思いがにじむ。

腕力にものをいわせて練り上げる、おふくろの味

「特別おいしいってもんでもないけど、やっぱり恋しいなあ」

いごねりのことを聞くと、佐渡出身の知人のほっぺたが緩んだ。毎日でも飽きない、幼なじみみたいな存在らしい。

ひんやりつるんとした触感は心地よく、夏向きの食べものだと思っていたが、佐渡では秋から冬にかけての冠婚葬祭の定番料理だったそうだ。

「昔からお盆にはテングサのところてん、秋祭りや正月は〝いごねり〟と決まっていたもんです」

冠婚葬祭には隣近所が集まって作ったものだと、漁師の母さん方は言う。

佐渡では、エゴノリを「作る」でも「煮る」でもなく、「練る」と言う。

天日干しのいご草を水で戻して、とろとろと煮溶かすのだが、これが思いのほか力仕事らしい。なにせ焦げつきやすい。どんどん重くなっていく鍋の中を、40分間ひたすら練り混ぜ続けなければならない。

熱いうちに漉し、板にコテで厚さ2㎜ほどにのばしておくと、秋冬は室温で固まる。これをくるくるっと丸めてでき上がり。

「蕎麦みたいに細切りにして、醤油でもいいし、山で採ってきたクルミで和えると、そりゃあ旨いな」

それにしてもどうして、夏はところてん、冬秋はいごねりなのだろう。

「暑いとアイスクリームみたいに溶けちゃうんです」

佐渡市沢根のいごねり屋中川定次さんの話では、クーラーのない時代は6～9月まで夏期休業だったという。

冬場の副業だったいごねり作りが、今は本業だ。手作りする家が少なくなっても、食べたい人は一向に減らないらしい。


「原料はいごと水だけ。何も難しいことはないですけど、シンプルなだけにごまかしがきかん。いいものを作るには、原料を厳選するしかないんですわ」

エゴノリは、原料の値段がテングサの10倍近くもする高級品だという。中でも外海府産は最高値がつくそうだ。

「不漁でまったく採れない年もあるから、秋田の男鹿《おが》半島や能登の舳倉島《へぐらじま》産も含め、2年分くらいはストックしています。家屋敷を担保に入れてね（笑）」

いごねりは佐渡のみならず、新潟市や海のない長野県でもなじみ深い食べもの。しかし、新潟方面へ出すのは、地元向けと形が違って厚みのある長方形。長野県北西部のものも、こんにゃく形だそうだ。

おもしろいことに、佐渡の巻きものの形は、福岡の「おきゅうと」に近い。

江戸期の佐渡は金山で栄えた幕府直轄の天領であり、海のルートで全国各地と密接につながっていた。いごねり屋のある旧佐和田町は、大正期になっても廻船問屋が盛業で花街も賑わう港町だったという。巻きもののいごねりは、潮流にのって海の道を北上してきたのだろうか。荒海を隔てた新潟は、今よりずっと遠かったのかもしれない。

1

2

3

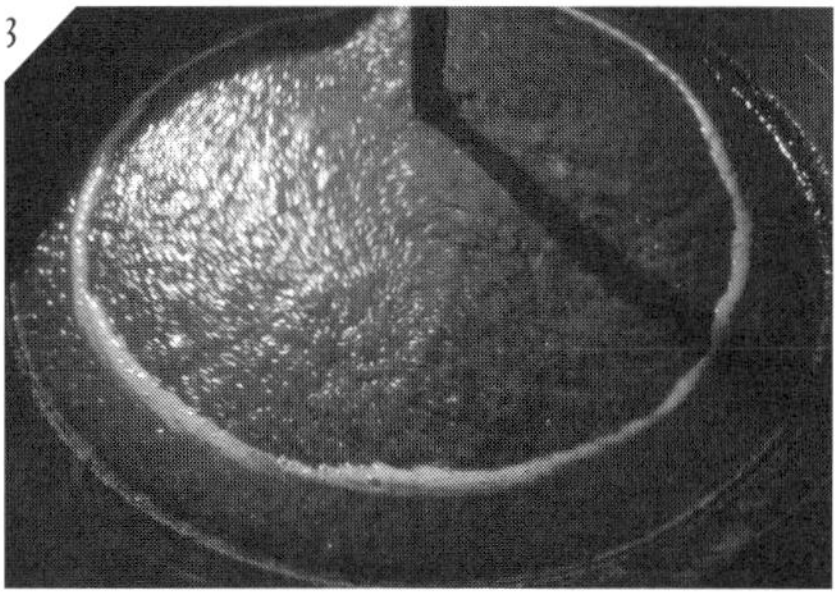

4

1／磯舟から箱眼鏡「かがみ」で海底をのぞいてエゴノリを探し、7mもの長竿の先端のヤスにエゴノリを巻きつけて採取。2／すだれに並べ、夏の土用の強い日ざしで干し上げる。その後、海藻についた貝殻や石灰分を取り除く（塵とり）。3／水で洗って戻し、鉄釜で煮溶かす。絶えずヘラでかき混ぜながら40分間ほどかけて練り上げることから、「いごねり」と呼ばれる。4／煮溶かしたエゴノリに水を加えて濃度を調整し、布袋また目の細かいザルで漉す。木型に流し込んで2㎜ほどに薄さにのばし、冷蔵庫で固める。

浜名納豆

自然の麹菌を呼び寄せて醸す、中世から生き続ける古刹《こさつ》の滋味

【静岡県・浜松市】

納豆といってもねばねばしないし、糸も引かない。さらっと乾いた黒っぽい豆粒を噛み潰すと、じっくり醸された旨みが、口いっぱいに広がる。

はじめて食べたのに、なにやら懐かしい。豆味噌に似た味わいで、ご飯や粥とも相性がいい。

浜名納豆は、徳川家康の時代から、浜名湖に近い浜松市三ヶ日町の古刹、大福寺で造られている寺納豆である。

留学僧が古代中国から製法を持ち帰ったといわれる寺納豆は、肉食を禁じた仏門の僧侶たちの滋養食。千利休以来多くの茶人にも好まれ、数多くの茶会の茶菓子として珍重されてきた。中でも、食にうるさい家康のお気に入りだったのが、この浜名納豆。家康が、「浜名の納豆はまだか」と首を長くして待っていたことから、浜名納豆と名がついたという。

暑い盛りに仕込んで2ヵ月半ねかせ、秋の陽ざしで干し上げる。今も住職の手で、昔さながらに造られている。

江戸元禄期にまとめられた本草書物『本朝食鑑《ほんちょうしょっかん》』の浜名納豆の項に、こうある。〈その昔家康が駿府城におわしたとき、遠州浜名の大福寺と、摩迦耶寺の僧に造らせたもの〉と説明し、〈その製法は二寺が深く秘めて外に漏らさないので、知る者は少ないであろう〉と。

寺の滋味は、庶民の口に入るはずもない、秘伝の珍味だったのである。

麹菌が活発になる時季に合わせて、夏の初めに納豆造りがはじまる

糸引き納豆と浜名納豆、同じ大豆原料を使うのに、味も香りも姿形も大きく異なるのは、発酵にかかわる菌が違うからだ。

糸引き納豆は、純粋培養した納豆菌を、ゆで大豆や蒸し大豆に植えつけ、発酵させて大量に生産される。

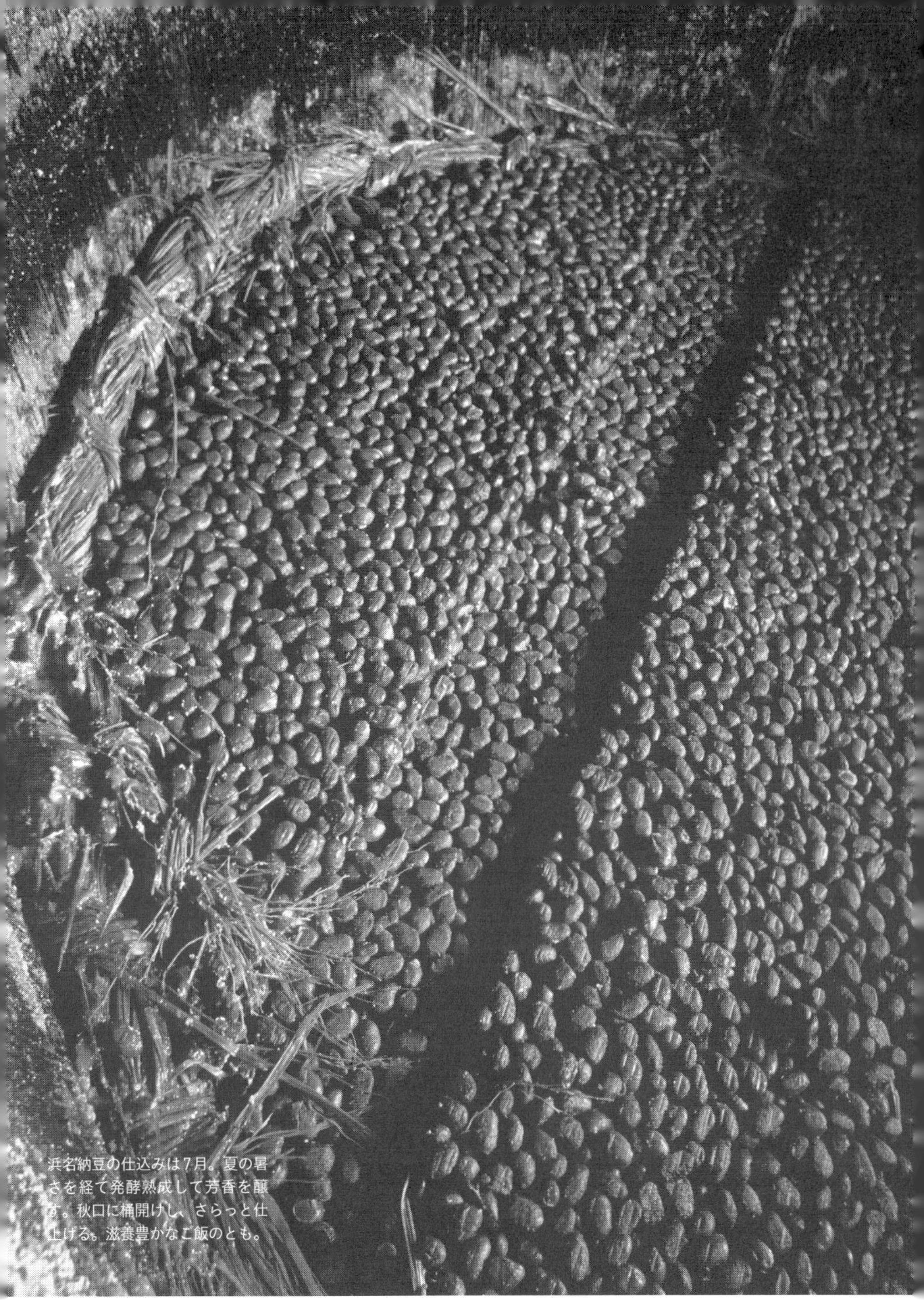

浜名納豆の仕込みは7月。夏の暑さを経て発酵熟成して芳香を醸す。秋口に桶開けし、さらっと仕上げる。滋養豊かなご飯のとも。

浜名納豆は今も昔通り。自然の麹菌の到来を待ち、微生物のペースに合わせてじっくり醸される。

強い納豆菌に負けると、糸引き納豆になりかねない。首尾よく麹菌だけを繁殖させなければならない。

「仕込み時季を間違うと、大変なことになります」

大福寺の住職、堀口憲昭さんは言う。

寒い時季にはなりをひそめている納豆菌も、夏はかなり手強い。寒さに強い麹菌を使う醸造は、冬のほうがずっとやりやすい。酒や味噌が寒に仕込まれるのはそのためだ。夏の寺納豆造りは、かなり難易度が高いのである。

仕込み時は、先祖からの申し送り通り、6月に香辛料の辛皮《からかわ》の塩漬け。7月中旬から納豆造りがはじまる。

朝5時30分、朝勤行を終えた住職の堀口さんが、蝉時雨の中作業にかかる。ぐらぐらの熱湯に、150kgの大豆を入れてさっとゆで、アクを抜く。

「もたもたしとると芽が出ちゃうで」

大釜の中で、大豆が表皮を破って芽を出すというからびっくりだ。

芯が硬く青臭みが残るくらいで上げ、蒸籠《せいろ》に移して、熾火《おきび》で蒸し上げる。作業場はもうもうと立つ湯気で、まるで蒸し風呂。バケツで水をかぶったくらい汗をかく。夏の納豆造りも、修行のうちなのかもしれない。

蒸し上がったら、藁菰《わらこも》をかぶせて、朝まで蒸らしておく。さて、これからが納豆造りのヤマ場である。

目に見えない麹菌を、花と咲かせて豆麹にする

豆麹にする作業を、「花をつける」という。大豆やはったい粉(大麦を煎った粉)のにおいに誘われてきた、野生の麹菌が豆をすっぽり覆うと、豆麹になる。この「花」が、納豆の味を左右するという。

蒸した大豆にはったい粉をまぶし、浅い木箱、ロジ(麹蓋)に分け入れて、室に入れる。げんこつ飴のようなはったい粉の、ほの甘いにおいに誘われて、どこからともなくミツバチが飛んでくる。微生物も同じらしい。

これを餌に、野生の麹菌をおびき寄せるのだ。

空気中や室の壁や天井、麹蓋にも、代々の麹菌が棲みついている。室《むろ》や麹蓋は、安易に新しいものには替えられないという。

室に入れて2日もすると、麹菌が増えはじめる。目には見えないけれど、熱くなるからすぐに察しがつく。

温度が上がりすぎると、たちまち雑菌につけ込まれ、黒ずんで味を落とす。花になるためには、雑菌に打ち勝

はったい粉をまぶした大豆を、浅い木箱、ロジに分け入れる。長年使い込まれたロジには、天然の麹菌が棲みついており、速やかに繁殖して、豆麹造りにひと役かっている。

ってもらわなければならない。

人の仕事は、麹菌を見守り、応援してやること。熱を出さないよう、朝晩手返しして、なだめ冷ましてやる。

室の中でも、床と天井では、温度差がある。麹蓋の上段、下段を積み替え、暑い日には扉を開けて適温を保ってやる。10日もすると、黄緑色の麹菌が、豆をすっぽり包み込む。「いい花がついた」という言葉に、造り手の安堵と愛情がにじむ。

「放ったらかしにすると、だめになっちゃう。生きものだものね」

麹が気になって、夏の間は家を離れられないと、住職の奥さんの瑠璃子さんは言う。

豆麹、塩水、辛皮を一緒に木桶に仕込んで、秋風が吹くまでねかせておく。秋晴れの、天日に干してでき上がり。

しっとり乾いた浜名納豆の中に、たまさか涼しいヒリヒリを噛みあてる。

「木屑みたいなおかしなものが入っとる。噛んだら口がしびれてきた」と苦情がくることがあるそうだ。

おかしなものの正体は、山椒の木の皮。確かに、木屑といえなくもない。１００年前に絶滅したといわれる、幻の香辛料「辛皮」である。

「山椒は小粒でもぴりりと辛い」というけれど、木の皮はそれを上回る。ほんのひとかけらで、目が覚める。木肌まで辛いとは、驚きの山椒の木である。

山椒の幹と枝を釜ゆでして、つるりと皮をはぎ、表皮の粗皮を木ベラでこそげとって、薄皮をひと月の間、甕《かめ》に塩漬けする。

「一日中やっていると、指がしびれて感覚がなくなります」

やめてしまおうかとも思う。

「待っていてくれる人がいるから」と思いなおす。

酷暑にどれほどの手が、汗まみれで造り継いできたことか。宝物殿に鎮座するお宝よりも、数百年来の汗と重みが詰まった、見栄えのしない浜名納豆こそ、古刹の宝と呼ぶにふさわしい。

How to make 10　浜名納豆の作り方

1 辛皮の塩漬けを作る

6月初旬に辛皮(山椒の木の皮)の塩漬け作りがはじまる。山椒の木をゆでて皮を取り、表皮を削り落として塩漬けする。仕込む前にせん切りにし、再度ゆでて塩抜きして使う。

2 大豆を蒸す

大豆を熱湯でさっとゆでる。芯が硬いくらいでザルに上げ、熾火で蒸し上げる。竹束を挿すのは、まんべんなく蒸気をまわす知恵。

3 はったい粉をまぶす

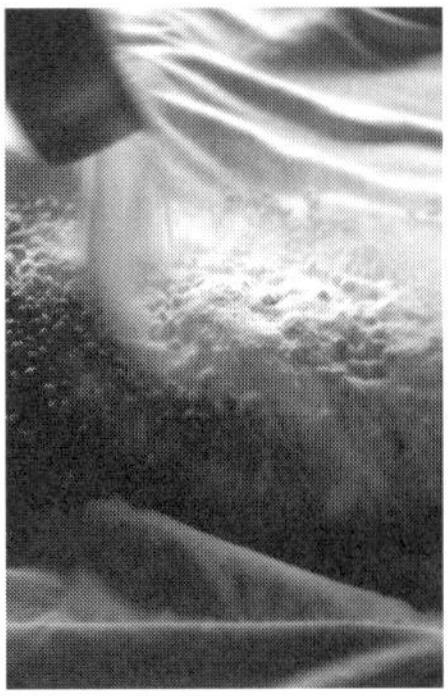

蒸し大豆が温かいうちに、はったい粉をまぶす。はったい粉は大麦を煎って粉にしたもの。香ばしいにおいに誘われてミツバチが集まってくる。

4 室で豆麹を作る

浅い木箱の「ロジ」に分け入れ、あら熱をとって室に積み上げる。10日間ほどで黄緑色の天然麹菌が、大豆をくまなく覆うと豆麹になる。

5 桶で2ヵ月半ねかせる

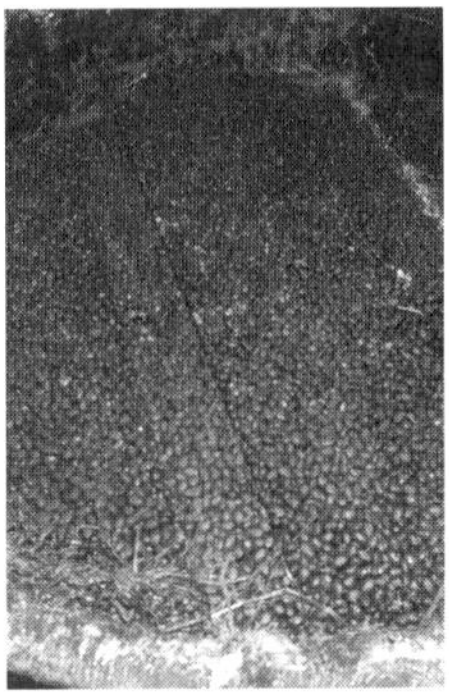

木桶の底に袋入りの辛皮を入れ、豆麹を仕込んで重石をする。塩水を注ぎ入れてねかせる。口伝の分量は「十豆、三塩、水九、麦六(じゅうず、さんえん、すいく、ばくろく)」。

6 干して、辛皮と混ぜる

10月の晴天の日に桶から出して天日干し。藁むしろに納豆を広げ、手返ししながら1日で表さらっと、内側しっとりと干し上げる。辛皮も天日に干して納豆と混ぜる。

大徳寺納豆【京都府・北区】

一休和尚が伝えた、５００年前の製法そのままに作る禅寺の伝統食

不揃いの黒っぽい粒つぶは、ちっとも旨そうには見えないが、その香りに誘われてついつまんでみたくなる。しっかり塩辛い。が、やがてコクのある旨みと甘みが、じんわり口中に広がる。白いご飯が欲しくなるこの味わいには、どこか親しみがある。

茶人にも喜ばれ、今も茶会の茶菓子に使われる。緑茶や抹茶とも相性がよさそうだ。

梅雨明けから納豆作りにとりかかり、炎天下にじりじりとひと月半。日に何度となく櫂《かい》を入れて、かき回し続けると、あぶり出しのように香りが立ちのぼり、味わい深い納豆に仕上がる。

古刹《こさつ》が伝えた納豆は、見てくれも素っ気ないが、味もとっつきがいいとは言い難い。

「ひと粒試食して、店を出たとたんに捨てはる人もありますかと思うと、5分ほどして『今頃味が出てきた』と戻ってこられる人もいはります」

京都紫野の大徳寺の門前で、明治維新以来納豆作りをする「磯田」のご主人、磯田忠悟さんは言う。

味わいはひと呼吸おいてから、ひたひたと口中に広がっていく。

古来中国から伝わる滋味豊かで、質実の納豆

大陸からの渡来物、唐納豆《からなっとう》の製法を大徳寺に伝えたのは、晩年に大徳寺第47世住持を務めた禅僧、一休宗純《いっきゅうそうじゅん》だといわれている。

あの一休さんである。

京都の風俗行事について書かれた江戸期の書物『雍州《ようしゅう》府志《ふし》』（１６８６年）には、〈大徳寺中、真珠庵の製するところのものは、一休和尚の製法に倣ふ故に一休納豆といふ〉と記されている。

一休禅師を開祖とする大徳寺の塔頭《たっちゅう》、真珠庵では、納

梅雨明けの7月初旬頃、浅い半切り桶(「はんぼ」桶)に、豆麹と塩水を入れてよく混ぜ合わせる。この後桶を直射日光のあたる屋外に並べ、かき混ぜながら発酵熟成、乾燥させて仕上げる。

豆作りは夏の伝統行事。今も５００年前と変わらぬ製法で作られている。室や桶には、代々生き長らえてきた麹菌が棲みついているらしい。

唐から渡来したものという意味だろうか、ここでは大徳寺納豆でも一休納豆でもなく、唐納豆《からなっとう》と呼ぶ。

「炎天下の納豆作りは修行の一つ」

真珠庵の先代ご住職に、そう伺ったことがある。

古来の習わし通り、炎天に修行僧が手塩にかけて作る唐納豆は、盆や正月の挨拶におつかい物として配られる。お粥によし、お茶請けによし、味噌汁に数粒すって入れると味とコクと奥行きが出る。禅僧の日々の食事になくてはならない滋味である。

梅雨明けから納豆作りにかかり、９月には仕上がる。これを壺に入れてねかせ、正月頃まで待つと、熟成してさらなる旨みが醸される。

「作って食べるのも日々是修行」

いわば無心を体得する作務として、修行僧の手から手へ受け継がれてきた、禅寺の質実の伝統食である。

一年でもっとも暑い時季に炎天でひたすらかき混ぜる

「豆を炊くにおい。日に干した甘いにおい。はったい粉のにおい。これがわが家の夏のにおいです」

朝夕、大徳寺の鐘の音が聞こえる「磯田」の暖簾をくぐると、味噌に似たほの甘い香りが漂う。

代々大徳寺の寺侍だった磯田さんのご先祖が、明治維新で寺を出る際、生計が立つようにと、門外不出の納豆の製法を教わったという。

大徳寺納豆は、一年でいちばん暑い時季に作られる。奥深い京の町家のずっと奥、中庭のかんかん照りに、納豆の半切り桶が所狭しと並んでいた。

桶からゆらゆらと陽炎が立ちのぼり、幾筋もの目に見えない川が天に向かって流れているかのようだ。

夜のうちにゆでた大豆に、早朝はったい粉をまぶし、浅い木箱（麹蓋）に入れて、麹室《こうじむろ》に積み上げる。はったい粉は、大麦を煎って粉にしたもの。懐かしい麦焦がしの香りだ。

納豆作りの要は、麹作りである。大豆は足が早い。腐敗菌に打ち勝つために大事なのは、麹菌の好む温度、湿度を保つこと、つまり麹室の温度管理だという。

目に見えないほど小さいとはいえ、生きものが相手、目が離せない。

1
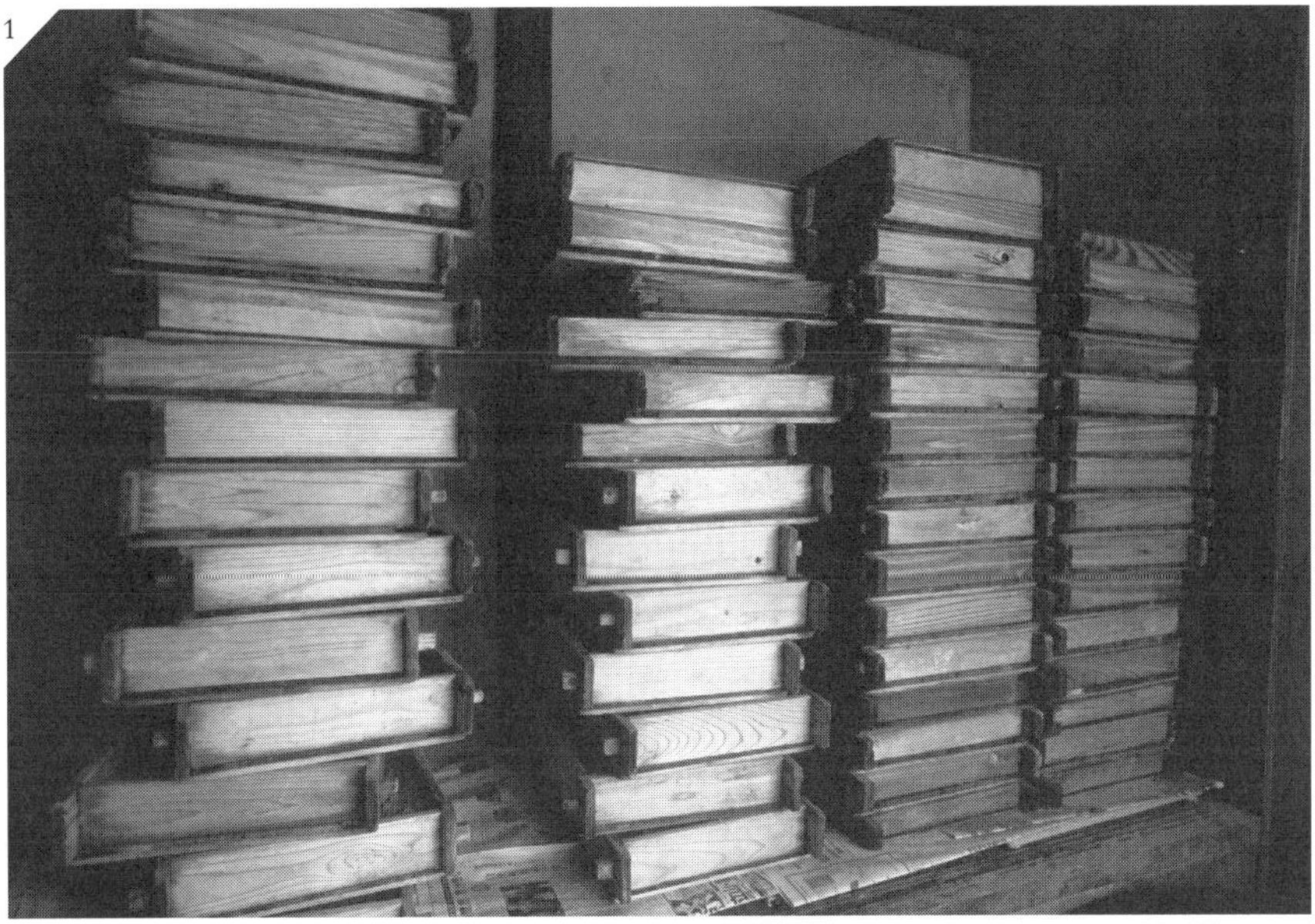

2

3

1／夜のうちに大豆を4〜5時間かけて煮る。翌朝、まだ温かみが残る大豆にはったい粉をまぶし、麹蓋に入れて、麹室に積み上げる。温度を均一に保って4〜5日間ねかせ、豆麹にする。2／豆麹と塩水を混ぜ、日々ひたすら櫂で回し込んで、麹菌に空気を送ってやる。夏の光と空気をたっぷり吸って、徐々に納豆に仕上がっていく。3／納豆にひと通り櫂を入れ終えるのに、1時間かかる。1日に数回、ひと夏かき混ぜ続けると、気候にもよるが1ヵ月半ほどで、濃褐色の納豆になる。

麹室の中は、のぞいただけでもどっさり汗をかく、まるで蒸し風呂状態。

それでも室の上と下では、温度が違う。積み上げた麹蓋の厚みや重なりによって、微妙に温度差が出る。微生物にとってはその差も大きく、均一に仕上がらない。

時々麹蓋の上下を積み換え、暑すぎないよう、3つの小窓を開閉して風量を調整する。小窓の開閉ひとつで、温度管理をやってのけるのだ。

麹菌にとって、その時季の自然の風が最良なのだという。

「麹作りがうまくいかないと、後で修正がきかしません」

4~5日して麹カビがすっぽり豆を包み込んだら「麹あけ」。室から麹を出して、仕込みにかかる。

板底にへばりついている豆麹を、木ベラではがすたびに、ぼうっとケムが飛ぶ。麹カビの胞子だ。

「これで育ててもろうたんです」

頭にかぶった手ぬぐいにケムを積もらせながら、跡取り息子さんが言う。

滴る汗で絞れるほどのTシャツにも、麹カビのケムがへばりつく。長いこと室にいたら、豆麹ならぬ人間麹になりそうだ。

豆麹を塩水とともに「はんぼ」桶に入れ、炎天下の干場に出して1ヵ月半、ひたすらかき混ぜる仕事が続く。

1日目は1時間おきに、素手で隅々までかき混ぜる。最初の数日はどろどろだから、櫂《かい》も楽に回る。1週間もすると「回す」が「返す」になり、しまいに「押す」になる。

毎日4~5回、表面が乾くたびに入れる櫂は、どんどん重くなる。ぐるぐる回して夏の光と空気を送ってやることで、首尾よく発酵熟成し、晴れて納豆になる。

酷暑の中庭にいると、たまに吹く生ぬるい風さえ、涼しくありがたい。

「易きにいくと、どこかでしっぺがかえってくる。しんどいめしてできるものだけが、長く続いていけるんやと思います」

俗世にあっても、炎天の修行であることに変わりはない。

塩納豆

雪国の台所で生まれた納豆と糀の組合せの妙

【山形県・酒田市】

半世紀前はわが郷里の愛知で納豆といえば、砂糖をまぶした甘納豆。今や全国区の糸を引く納豆は、子ども心に臭いものでしかなかった。

納豆のあのにおいが嫌という納豆文化圏外の人でも、この塩納豆ならいけるかもしれない。

甘くてしょっぱくて、ねばねば、もったりした風変りな味わい。糀（米麹）の甘さと切り昆布の旨みで納豆を包んだ、納豆の糀漬けである。

雪深い東北地方に古くから伝わる越冬食であり、呼び名も土地によってさまざま。山形県庄内地方の酒田では塩納豆。福島県会津では納豆ひしお。こうじ納豆と呼ぶ地方もある。

昔は冬に漬けて、時々かき混ぜて面倒をみながら、初夏の田植え頃まで毎日のように食べたという。

発酵を進める糀に、発酵を抑える納豆が加わることで、ゆっくり発酵が進む。味わいも、じわりじわり深まっていく。

ご飯にとろりとかけるもよし、酒のアテにもよし。雪が来る前に、北国の農家の台所であたりまえに作られてきたお母さんの味である。

東北を旅する楽しみの一つは、漬物上手のお母さんたちに出会うことである。

農家の縁側でお茶する時など、茶菓子代わりの漬物がどんぶりに山盛り出てきて、よもやま話に花が咲く。

自家製野菜を使って腕によりをかけた漬物の味には、何かしら作り手のアイデアや工夫があり、目新しい漬物が旨いとなれば情報はすぐに近所中に伝わる。それがいつのまにか、その村ならではの味になっていく。かつてはどの地域にも、一目置かれる漬物の達人がいたのだ。

それにしても、納豆まで漬物にしてしまうとは、なかなかのつわものである。

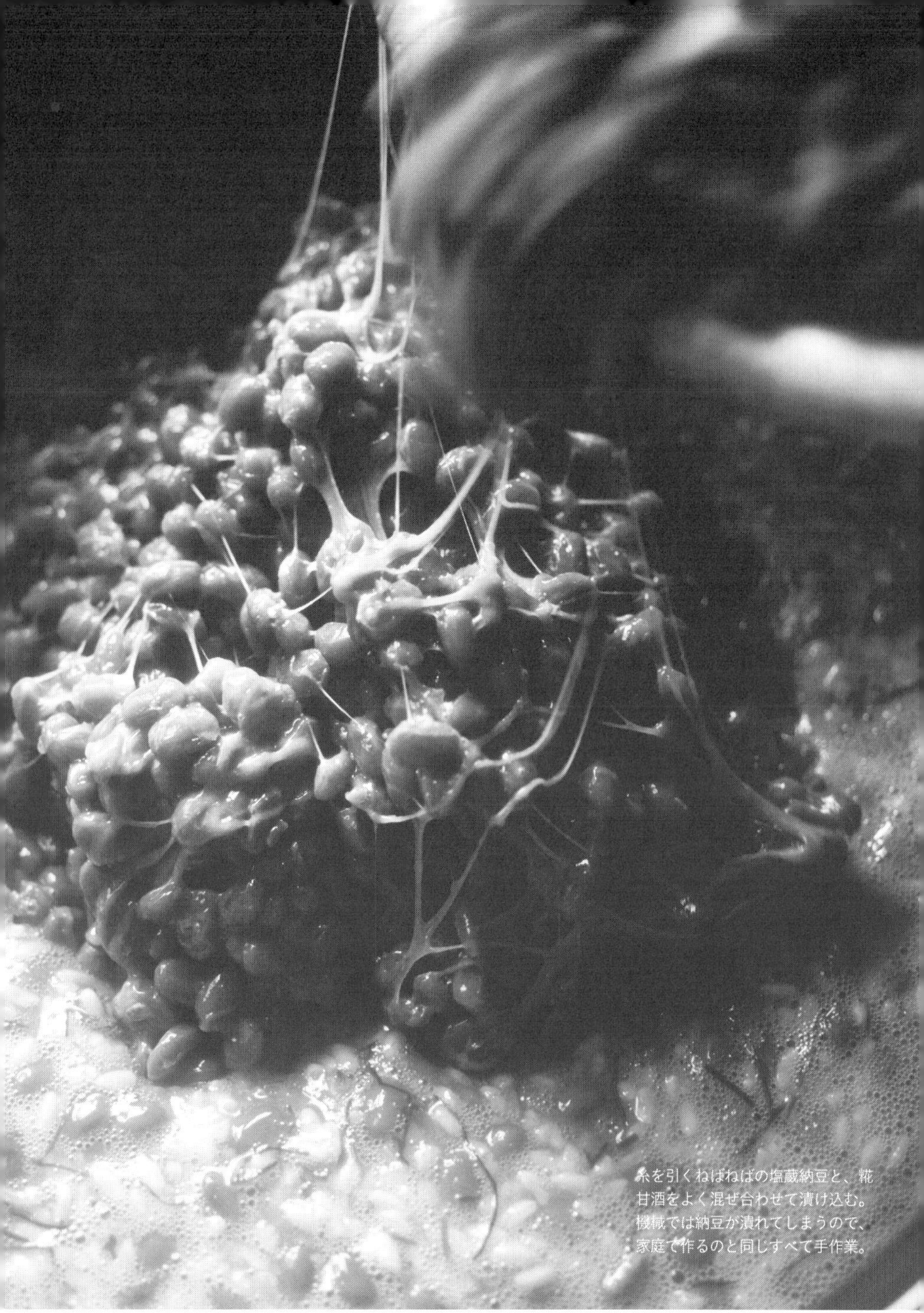

糸を引くねばねばの塩蔵納豆と、糀甘酒をよく混ぜ合わせて漬け込む。機械では納豆が潰れてしまうので、家庭で作るのと同じすべて手作業。

納豆菌と麹菌、2つの有用菌が醸す風味

米どころ庄内平野の海の玄関口酒田で、いつから塩納豆が作られていたのか。

雪が来る前に母たちの手で作られ、伝承されてきたもののゆえ、記録があるわけでもなく、確かなことはわからない。

江戸時代中期から続く酒田の納豆屋、加藤敬太郎商店のご主人によると、家の冬のおかずだった塩納豆を製品化したのは、明治時代後半のことだそうだ。

庄内の農家では、稲刈りと大豆の収穫が終わると、大豆を煮て稲藁に詰め、自家製の自然発酵納豆を作った。旨い納豆になるためには、稲藁にいる野生の納豆菌がもろもろの雑菌との戦いに勝たなければならない。

稲藁を天日に干し、藁苞《わらづと》に熱々の煮大豆を入れれば、熱に弱い菌はほぼ退治できる。熱に強い納豆菌は胞子に姿を変えて身を守り、他の菌を抑えて生き残る。

藁苞の中の熾烈な戦いを援護するために、藁布団を掛け、夜中も囲炉裏《いろり》に薪をくべて温めて、納豆菌の好む温度を保ってやる。さらに、首尾よく旨い納豆ができますようにと、「嫁」と呼ばれる藁で編んだおまじないを入れた。

大正時代に、純粋培養の菌で通年生産できるようになるまで、温度管理の難しい納豆は、寒い時季にしかできないものだった。気温が高いと、有害菌に負けてしまう恐れがあるのだ。

糀をねかせるのも、手前味噌造りも、ひと世代前の農家の母さんたちならお手のものだったに違いない。

地元では風邪や腹痛には、納豆を食べるそうだ。100gに1000億個もいるという納豆菌が、大腸内の善玉菌とともに消化吸収を助けてくれる。願ったり叶ったりの家庭薬でもあった。

「年越し納豆」で正月を迎える

庄内地方では、年越しに蕎麦ではなく、納豆を食べる。「1年間まめに暮らせました。次の年も引き続きまめでありますようにと願って、糸引き納豆を食べるんです」

納豆屋の7代目、加藤さんの話では、師走晦日には、餅搗きをして納豆餅。大晦日は納豆汁。元旦の夜は納豆かけご飯と続くという。

昭和30年代頃まで、庄内の農家では師走に納豆を山ほ

ど作って、親類や知り合いに配ったものだという。自宅で作らなくなっても、納豆を食べる習慣は残っていて、庄内中が納豆を買いに走る。年末の納豆屋は、てんてこ舞いだそうだ。

「昔は正月すぎてから、塩納豆を漬けたよ。糀一升（1・5kg）に納豆を2kgほど入れて混ぜ、真っ白くなるほど塩を振った。でないと夏まで持たんからの。硬くて混ぜるのに難儀でな。雪囲いに吹き寄せた雪をすくってきて入れてゆるめたもんだ。漆ぬりの匙3杯で、どんぶり飯が食えた」

酒田の古老の話では、それぐらい塩辛いものだったらしい。

今は糀甘酒を作り、塩蔵納豆と細切り昆布を混ぜ合わせたもので、減塩甘口。昔ほど時間をかけず、1ヵ月ほどで食べ頃になる。

塩納豆の要《かなめ》となるのは糀造りである。

一晩水に浸けてうるかした米を、木の蒸籠《せいろ》で硬めに蒸して冷まし、種麹菌をつけて室《むろ》にねかす。3日目、米粒はふわふわの真っ白な毛に包まれた猫柳みたいな糀になる。「花がついた」と作り手たちは目を細め、米の花、糀という字が生まれた。

「今は糀甘酒を作って混ぜ合わせますが、先代の頃までは糀で仕込んでいました」

時間はかかるが、長時間熟成で味わいはまろやかになるという。

「3ヵ月以上熟成すると、塩かどがとれ、納豆はほとんど糸を引かなくなり、糀のほのかな甘みが納豆にしみ込みます」

それにしても、醸造のエース麹菌と強力な納豆菌を一つ甕に仕込んだら、いったいどういうことになるのだろう。

菌たちは互いに縄張り争いをするのか、それとも平和共存しているのか。見た目には、ほとんど変化はないそうだから、両軍相対して、じっとにらめっこでもしているのかもしれない。

1

2

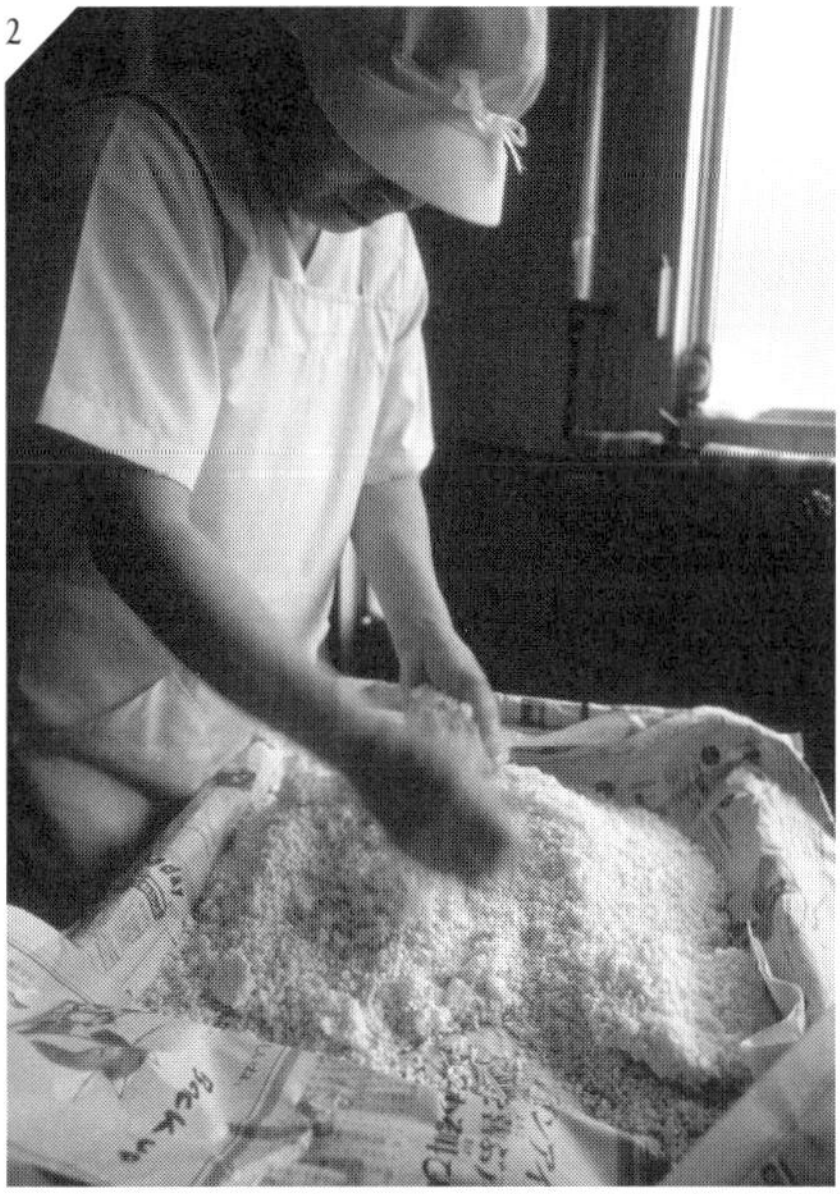

3

4

1／原料は山形県産大豆「アヤコガネ」。晩秋から初冬まで畑におき、立ち枯れ自然乾燥したものを収穫する。2／糀を作る。種麹をつけた蒸米を手で軽く揉んで、麹菌が繁殖しやすいようにする。藁菰や麻袋に包んで保温して室にねかす。3／煮た大豆に納豆菌をつけ、40℃の室で1日発酵。できた納豆を厳選した自然塩で2〜3ヵ月間塩蔵する。4／細切り昆布を混ぜた糀甘酒と、ほぼ同量の糸引き塩蔵納豆を混ぜ合わせて、1ヵ月間熟成。ほとんど糸を引かず、まろやかな味わいになる。

豆腐味噌漬け

落人伝説の山里に伝わる、醍醐の味

【熊本県・八代市】

黙って出されたら、ちょっと見破れない。めずらしいチーズだと言われればころっと騙されそうだ。もったりしたナチュラルチーズの触感に、純和風の風味。一瞬口中に生まれる違和感に誘われて、つい酒がすすむ。

豆腐味噌漬けは、九州の中央山岳地の奥深くにある平家伝説の里、五家荘《ごかのしょう》に伝わる保存食である。

ハレの日の食べものだった豆腐を、味噌に漬けてひと月ねかせると、独特の触感と旨みが醸され、まるで別ものに生まれ変わる。

今も昔も豆腐は、庶民に人気の食べものの一つ。江戸時代の料理本のベストセラー、『豆腐百珍』に紹介されている100種の豆腐料理の中で、「奇品」の項に「味噌漬豆腐」が登場している。しかしこれは一夜漬けらしい。腐りやすい豆腐をひと月以上味噌に漬け込んで、羊羹みたいに固める発想はなかったようだ。

10年ほど前まで五家荘の久連子《くれこ》に、自ら育てた大豆で味噌を醸し豆腐を作って、長期熟成の味噌漬けを作るおばあちゃんがいた。種まきにはじまる味噌漬けをご紹介しよう。

見た目はちっとも似ていないけれど、味噌と豆腐は兄弟分。むろん相性がいい。豆腐の味噌田楽は室町時代以来の人気の一品だし、味噌汁に豆腐は定番の組合せ。豆腐の味噌漬けもなじみの味だろうと食べてみて、あっさり裏切られた。

豆腐は、少し前までは、毎日豆腐屋で買ってその日のうちにすぐに食べるものだった。軟らかくて腐りやすい豆腐を首尾よく長期熟成させるには、ちょっと技がいる。

熊本・八代市の東部にある五家荘の豆腐は、もともと蔓《かずら》豆腐といって、里の人によると「蔓で縛って担いでくるほど」堅いものだったそうだ。今も近在の豆腐屋は、味噌漬け用の豆腐は堅く、すぐに食べるものは軟らかく

火入れ滅菌していない自家製生味噌に、赤トウガラシ、ショウガなどの薬味を入れて混ぜて漬け床にし、豆腐を長期間漬け込み熟成させる。自給自足の暮らしが育んだ奥深い味わい。

と、お客の注文に応じて作ると聞く。

九州の中央山岳地帯の中央西側に位置する山深い平家落人伝説の里、五家荘久連子《くれこ》に、いつから豆腐の味噌漬けがあったのか。

土地の古老に尋ねてみたが、確かなのは「ひいばあさんが作っていた」ということまで。あとはわからない。

豆腐は中国から伝来。日本では、奈良・春日若宮の神主の日記の中で、寿永2年（1183年）正月に「唐符《とうふ》」とあるものがもっとも古い記録だとされている。平家が壇ノ浦の戦いに敗れてほろんだのは、その2年後の文治元年のこと。

久連子には、平清経の孫が隠れ住んでいたと言い伝えられている。今も里の人は、狩衣《かりぎぬ》と袴を纏い、カネと太鼓を打ち鳴らして久連子古代踊り（平家の落人たちが、都を偲んで舞ったといわれる踊り。平家踊りともいう）を舞い、その装束になくてはならない長い尾羽を調達するために、熊本県の天然記念物である久連子鶏を飼っている。

平安時代の調味料は、味噌と塩と酢と梅干し、干し鰹くらいのものだったから、当時堅豆腐を味噌に漬けて保存したとしても不思議ではない。

もしかして、この地に隠れ住んだご先祖たちも食べていたかもしれない。と里の人たちのロマンはふくらむ。いわれてみれば、鄙《ひな》にはまれな古式ゆかしき香りがしないでもない。

清らかな山の湧き水と自家栽培の大豆で作る

「昭和30年頃までは、電気も道路もなかった。山の松根を割って松明《たいまつ》の明かりにして、塩も米も背中に背負って6里（約24㎞）の山道を、草鞋《わらじ》で歩いたとです。水も、川へくみにいかんばならんかった。子どもん頃は明かり役で、松明を持って朝も晩も川へ行きよったと。……今思えばおとぎ話ですたいね」

長く自給自足の暮らしが続いてきた久連子の里で、豆腐の味噌漬けを作っていた仲川マスミさんは、そう語ってくれた。

打ち重なる山々の斜面にへばりつくように家々が点在する、日本昔話に出てくるような隠れ里。10年ほど前にマスミさんを訪ねた時には23戸あった家も、今では15戸になっている。

味噌搗きをするのは、まだ寒い3月初旬。自家製の大豆を煮て、熱いうちに石臼で搗き潰す。翌日、麹と塩と

豆腐の水気をしっかり抜き、
キツネ色の厚揚げふうになる
まで、乾燥機と天日で乾かす。

煮汁を加えて杵でよく搗き混ぜ、桶に仕込むと、秋には色香りよく熟す。これが漬け床になる。

寒の湧き水で仕込む味噌は、2年、3年とねかせられるという。寒の水には雑菌が非常に少なく、腐敗しにくい。春に向かって活性化する麹菌と冷水が、旨い味噌にしてくれる。その時季を、里の人なら誰でも知っている。

昔は囲炉裏《いろり》の上に吊るした火棚に堅豆腐を並べ、3日間ほどあぶって水分を抜いたという。キツネ色に乾いた豆腐に塩をすり込み、丸一日重石をして、さらに硬く締めてから味噌に漬け込んだ。

味噌を作った菌と塩梅が、ひと役かっているらしい。塩には、濃度によってタンパク質を「凝固」あるいは「溶解」させる、相反する作用がある。昔の人は、塩梅ひとつでこの作用を使い分けてきた。たとえば蒲鉾《かまぼこ》の、魚を煮ても焼いても生まれないあの弾力は、薄塩が魚のタンパク質を溶かす作用を利用している。塩鮭などをたっぷりの塩に漬けるのは、水分を除いて身を締めるためで、腐敗防止にもなる。

生味噌の塩梅が、豆腐のタンパク質を溶かして独特の弾力を生み、麹菌や乳酸菌などが、長い熟成の間にのんびりタンパク質を分解して、さらにうま味成分を生成。乳酸菌は最大の敵である腐敗菌を抑え、ほのかな酸味で風味も深めてくれる。動物性か植物性かの違いはあるが、豆腐の味噌漬けにもチーズに似た独特の触感が生まれる。

単に味噌の味が豆腐にしみ込むのではなく、醍醐の味には、背後に微生物たちの見えざる攻防があったのである。

久連子の里のはずれに、古老たちが「山の神さん」と呼ぶ老大木がある。山の中腹の斜面のこの木の根元から、突然伏流水が流れ出して、音高く沢に落ちている。

隠れ里の人々は、深い山々が育む「神さんの水」を守り抜いて暮らしてきた。豆腐味噌漬けも、この甘露な水のおかげさまなのである。

豆腐味噌漬けの作り方

1 自家製味噌を作る

大豆を一晩寒の水に浸けてふやかし、半日煮る。温かいうちに潰す。一晩冷まし、塩と麹と煮汁少々を加えて、さらによく搗き混ぜ、ざっと丸めて桶に仕込む。

2 堅い豆腐を作る

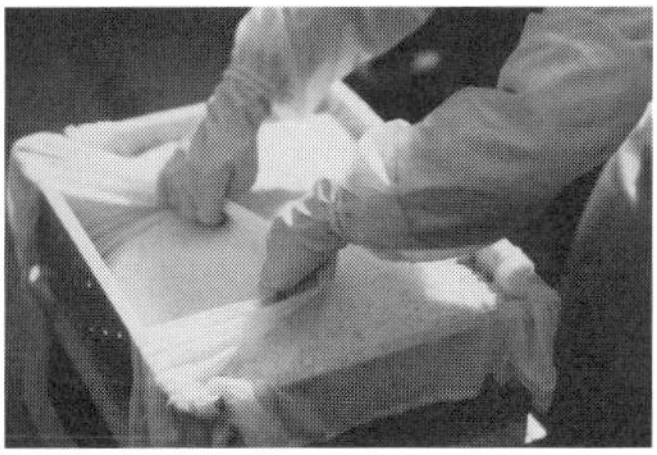

豆乳ににがりを加え、ほろほろと固まってきたら木箱に入れ、重石をして1時間ほどおく。豆乳とにがり、そして水分の量を調整し、重石を強めにして堅豆腐にする。

3 豆腐を干し、調味した味噌に漬ける

堅豆腐を薄く切り分け、乾燥機で表面がキツネ色になるまで乾燥。さらに天日で干す。

塩分控えめの味噌は、長期保存が難しい。抗菌力のある焼酎、赤トウガラシ、ショウガ、淡口醤油少々を混ぜ合わせて漬け床の味噌を作り、乾いた豆腐を一つずつガーゼに包んで漬ける。

湯葉【滋賀県・彦根市】

大豆の滋味の詰まった薄皮は、禅寺伝統の栄養源

地元客で賑わうマレーシアの精進料理店でのこと。メニューを開くと、肉野菜炒めやチョリソ、ステーキまで写真入りで載っている。出てきたのは、見た目それなりだが、実のところ野菜と肉もどきの炒めもの。ステーキも同じくそっくりさんだった。歯ごたえも味も悪くはない。肉に化けていたのは、湯葉である。

鎌倉期に禅僧が中国から持ち帰ったといわれる湯葉は、禅寺の精進料理に重用されてきた豆腐の兄弟分。

大豆をすり潰し、煮て搾りおからと分けて豆乳にし、にがりを混ぜ固めれば豆腐になる。にがりなしの豆乳を温め、表面に生じる皮膜をくみ上げたものが湯葉だ。

牛乳を温めた時に張る邪魔っけな薄皮と、動物性か植物性かの違いはあるが同じようなものだ。

あの薄皮を乾物にしようとは、よくぞ考えたものだが、これこそ大豆のエッセンスである良質のタンパク質と脂肪を主成分とする優れもの。

豆腐と違ってなんなく乾き、栄養分も保存できる。先人の遺してくれた食べものには唸るしかない。

かさかさに乾いた湯葉を水に放つと、3分でふわりとほどける。煮る、焼く、揚げる……調理によって感触も風味も変幻自在だ。

そのまま吸いものにして、しこっとした歯ごたえ。噛みしめるほどに、大豆の香りと甘みが広がる。煮ものは煮汁を含んでしっとり舌に親しみ、砂糖、醤油をつけてパリッとあぶれば、ほろほろ崩れる湯葉煎餅に変身する。揚げものは弾力に富んで歯切れよくコクがあって、これならなんなく肉のフリができそうだ。

豆乳をじんわり温めると、大豆のタンパク質と脂肪がさざ波のように固まって、表面に薄い皮膜ができる。これを一枚一枚竹串でくみ上げ、陰干ししたものが湯葉。今も近江地方の冠婚葬祭を彩る、美しい淡黄色の乾物で

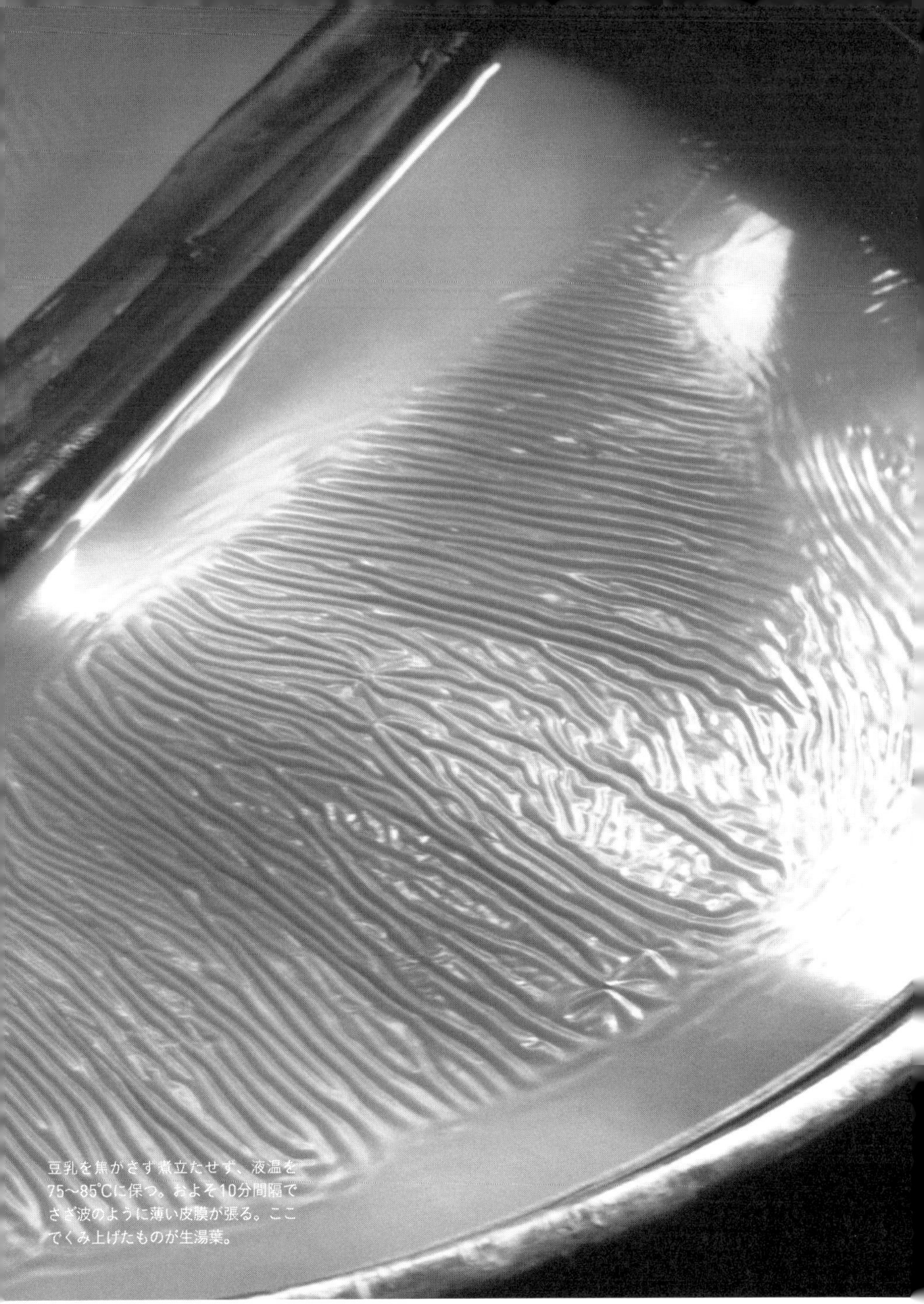

豆乳を焦がさず煮立たせず、液温を75〜85℃に保つ。およそ10分間隔でさざ波のように薄い皮膜が張る。ここでくみ上げたものが生湯葉。

ある。

もともとの中国名は「豆腐皮《ドウフゥピイ》」と明快だ。けれど、和名の「ゆば」というのが何やらよくわからない。

古くは「豆腐上物《うわもの》」と呼んでいたようで、上物の「うは」がつづまって「うば」となり、さらになまって「ゆば」になったという説がひとつ。

一方、『和漢三才図会《わかんさんさいずえ》』（1712年）には、シワだらけの皮膜がばあさんのようだから「姥《うば》」とある。

この貴重なタンパク源の語源は、豆腐かそれともばあちゃんか。いずれにせよ、安土桃山時代の茶会記には「うば」と記され、茶懐石に登場している。江戸時代中期以降になると、「ゆば」と呼ばれるようになる。

漢字で「湯葉」と書くが、その命名者は、茶人として名高い松江藩主、松平不昧《ふまい》公だったという。ちょっと乳臭いようなかそけき甘さは、数寄者の好みに合ったのかもしれない。

明治時代に入ってすき焼き屋が流行るようになると、牛肉に人気を奪われ、湯葉屋はさびれていった。

戦前までは5〜6軒あったという近江彦根の専業湯葉製造家は、今では梶田正喜さんの「大半」ただ一軒になった。

6軒長屋の間口3間の店構えも、94歳まで現役だった祖父直伝の湯葉作りも、石臼が大豆粉砕器に変わったくらいで、かたくなに昔のまま。

かまどに薪をくべ、くど（竈）の炭火で温めた豆乳の銅鍋に張り付いて、1日ざっと500枚の湯葉をくみ上げる。

祖父から受け継いだ伝統の湯葉作り

「湯葉屋がしんどなったら、豆腐屋やんなはれ」

101歳まで達者だった梶田さんの祖父は、家族を案じてそう言いのこしたそうだ。

「冬は暗いうちからはじめて、終わると真っ暗や」

湯葉屋も豆腐屋も朝暗いうちから働くのは同じだが、豆腐屋は豆乳を煮てにがりを加えて固めたらおしまい。朝飯前にかたがつく。湯葉屋は豆乳になってからが、長いのである。

朝8時、祖父の代に泥と藁をこねてしつらえたくどに火種をつぐ。ピチピチと密かに炭の熾《お》きる音がして、豆乳をたたえた丸銅鍋からほくほくと湯気が立つ。表面に細かな縮緬《ちりめん》ジワのような皮が張りはじめ、ほぼ10分間隔で最後の一枚を引き上げるまで、ざっと8〜9時間の長

1
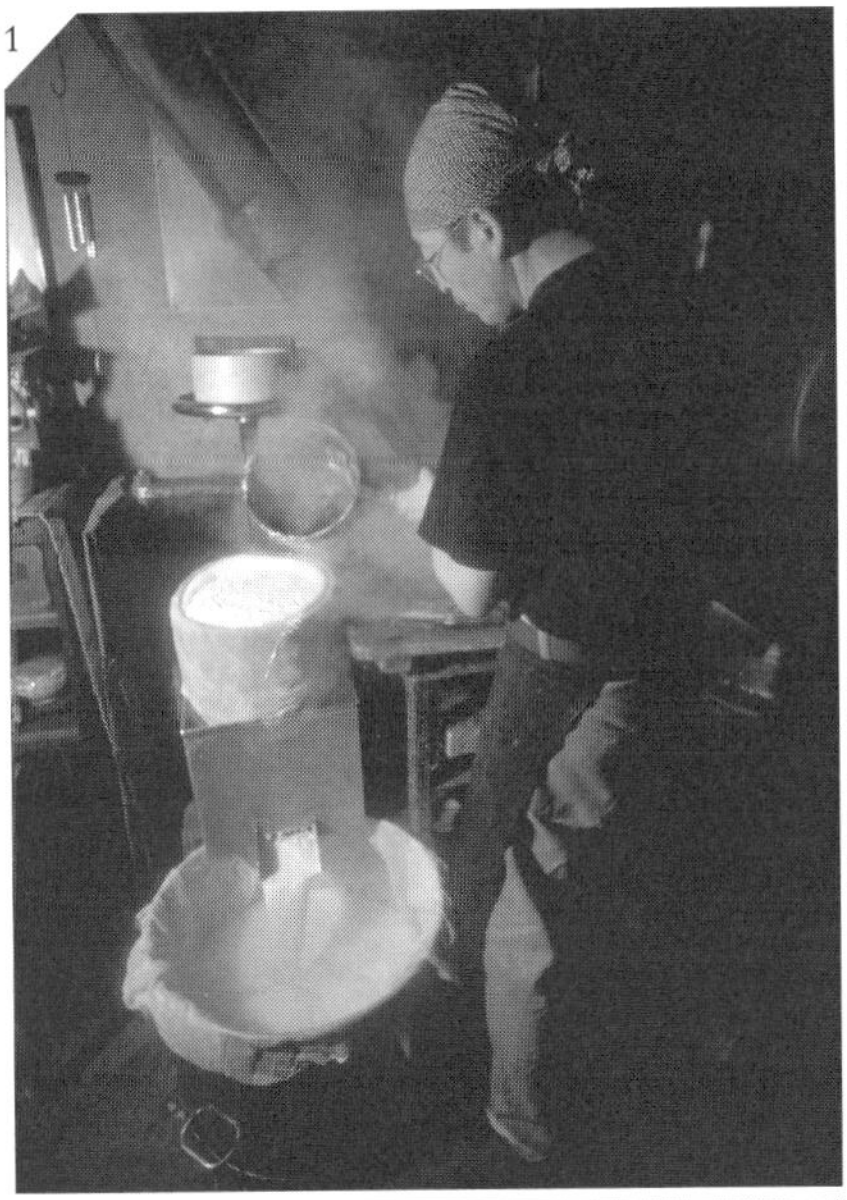
2
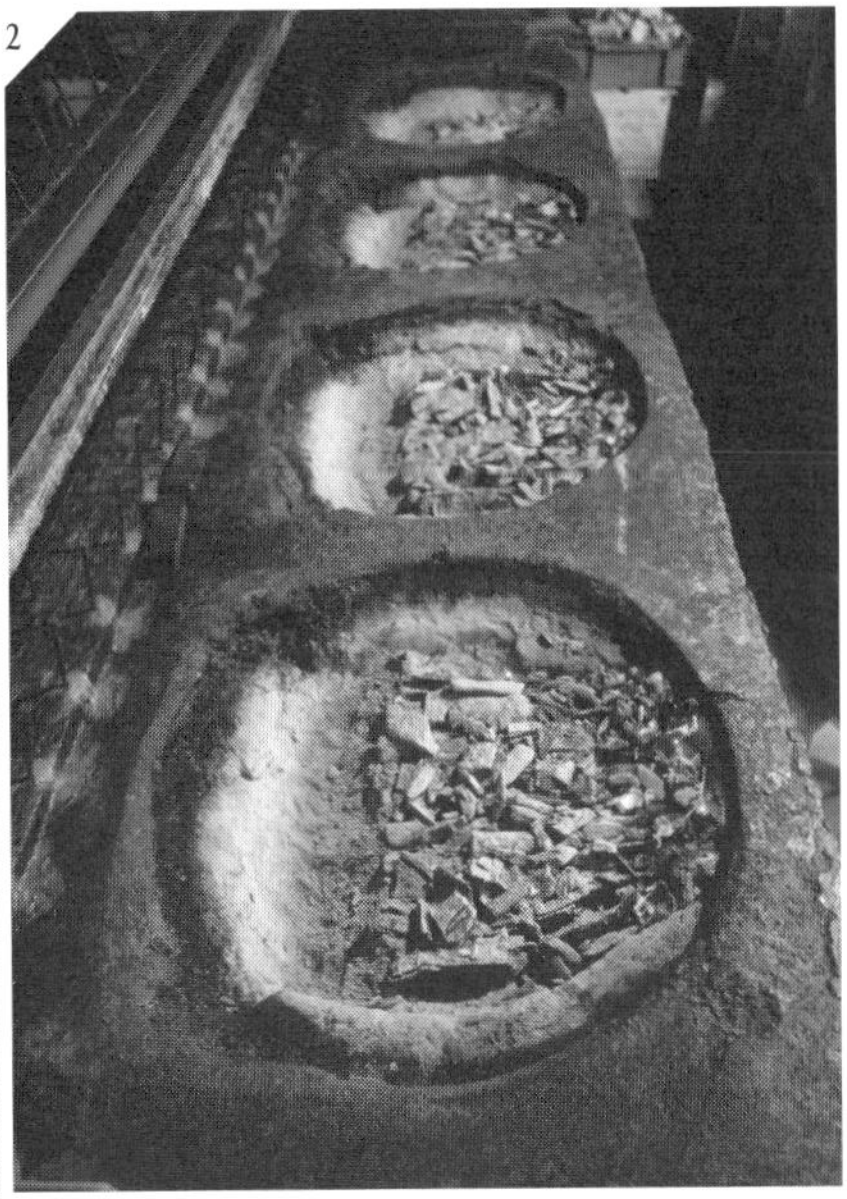
3

4
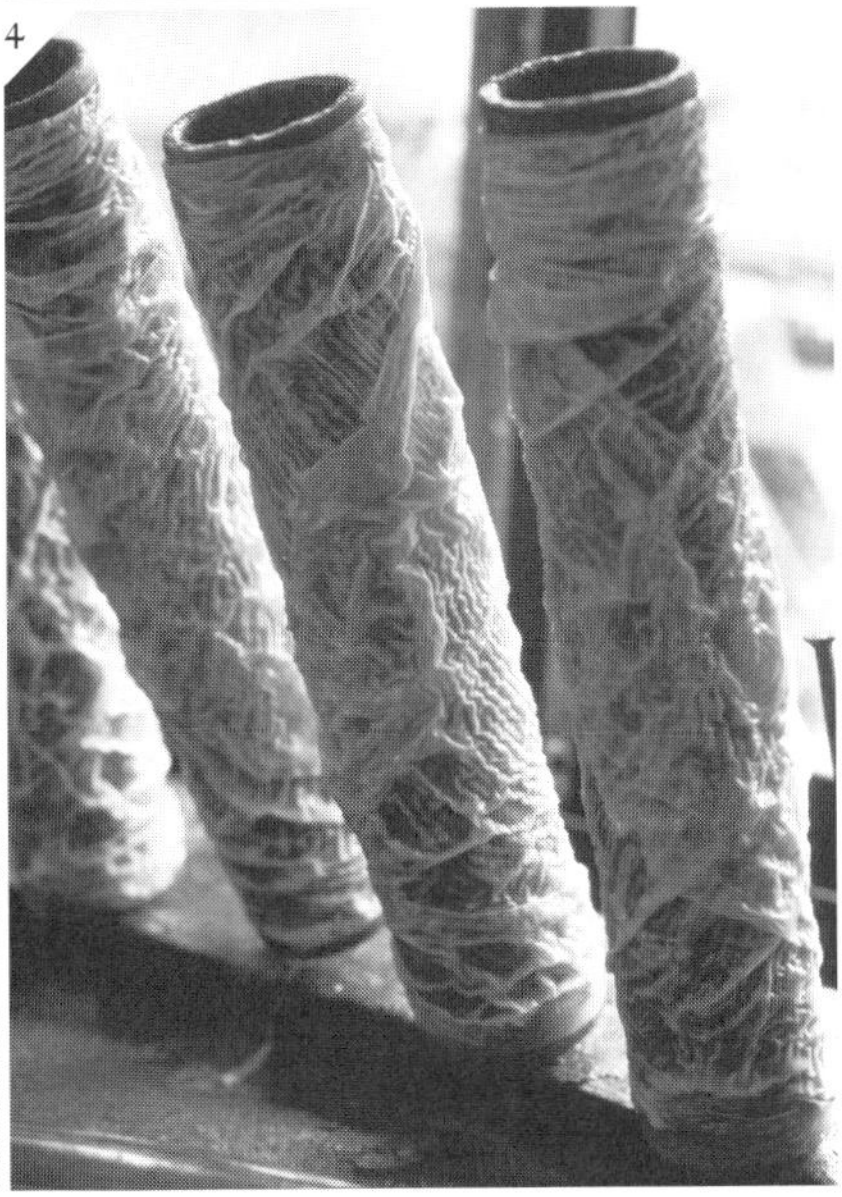

1／国産大豆を粉砕した「呉」を煮る。泡が吹きこぼれないよう、絶えず棒でかき混ぜながら煮たら、布袋で漉して搾る。2／祖父の時代に土と藁を混ぜてこしらえた薪のくど。炭火に直にのせた鍋の豆乳を、焦がさず一日中一定温度に保つ。くどの炭火のくべ方には、周到な技がある。3／豆乳の表面に湧き上がる薄い皮膜を、竹串で根気よくくみ上げる梶田正喜さん。4／くみ上げた湯葉を竹筒に二重に巻き取り、3日がかりで乾かして仕上げる筒湯葉。筒湯葉を抜き取り、たたんだものは「ひしぎ湯葉」。

丁場だ。

「気は短いほうですけど、湯葉には苦にならんと付き合えますなあ」

汲み上げ湯葉にはじまり、つまみ上げ、筒湯葉と続き、甘みの多い甘湯葉で締めくくる。つまみ上げまでが生湯葉。3日がかりで仕上げる筒湯葉と、甘湯葉は乾燥湯葉にする。

豆乳が60℃以上に温まると生じる薄い皮膜は、タンパク質が微小な油滴を取り込んで固まったもので、脂肪分は酸化しにくく保存がきく。最初の汲み上げ湯葉の主成分は、タンパク質と脂肪で、美しい淡黄色。何枚も上げるうちにタンパク質は減っていき、蔗糖《しょとう》が増えて、甘みの勝った淡褐色の甘湯葉に。そしてついには膜を張らなくなる。最初と最後では、湯葉の味も成分も違うのだ。

一般的には、豆乳を湯煎して湯葉をくみ上げる。これなら失敗も少ない。梶田さんは炭の直火にかける。焦げやすく気が抜けないが、湯葉に勢いがあるという。

炭の火加減は、一発勝負の名人技である。朝火種をついだら、夕方最後の一枚を引き上げるまで、炭をつがず、煮立たせず、火を消さず、9時間近く鍋の温度を一定に保つのである。

熱すぎると茶碗蒸しのようにとろんと固まってしまう。熱の伝わり方が均等でないと、ムラが出る。

炭の上に直に鍋をのせるから火が消えやすい。が、豆乳に灰が舞うので炭火にはいっさい触れられない。一日中安定して燃えるよう、点火前に周到に按配《あんばい》してある。決め手は灰だという。堅炭と柔らかい雑木の炭を組み合わせて配置し、空気口近くの早く燃えるところは厚めに、奥に行くほど薄く灰をかぶせる。

その微妙なさじ加減は、20数年肩を並べて湯葉をくんだ祖父《じい》さん直伝。

昔気質の湯葉屋の家宝である。

ばっきゃ味噌

堅い残雪を割って顔を出す春の兆しの香りとほろ苦さ

【岩手県・西和賀町】

山国の春は、ずいぶんとのんびりやってくる。

奥羽山脈の山懐にある、和賀郡西和賀町沢内《さわうち》の雪が消えるのは、4月下旬から5月上旬。しびれを切らした桃や桜、カタクリの花がいっぺんに咲いて、百花繚乱の春になる。「ばっきゃ」はその先ぶれ。雪の中から真っ先に顔を出す。

沢内ではフキノトウを「ばっきゃ」、その花を「ぼんぼらっこ」と呼ぶ。

「雪の下でぺちゃんこになって、春を待ってるんだもの。一日千秋の思いなんだよ」

それはそのまま里人の思い。

真っ白い地面に、半年ぶりに萌える若緑が目にしみる、と山菜採りのばあさまたちは言う。

雪解けにばっきゃを採取して、その鮮烈な香りとほろ苦さを、甘い自家製味噌に封じ込める。

初夏に向かう山には、ウド、ミズ、タラの芽など、おなじみの山菜がひかえている。ばっきゃも白い花が咲いたらおしまい。芽吹きの、ほんのいっときの初々しさを楽しむのである。

5月初旬に、残雪の山で採る早春のフキノトウは香り高くほろ苦い。

雪国の山里に春を告げるその香りは、古くから愛《め》でられていたようで、奈良時代にはすでに栽培されていたという。

食べるだけではなく、薬としても重宝されていたようで、つぼみは咳や肺疾患、目の薬として用いられていた。雪の下でつぼみをつけ、堅い氷雪をかち割って出てくる生命力の強さが喜ばれたのか、長寿の薬草ともいわれている。

日本原産の植物であり、もともと各地の野山に自生していたものだから、土地によって呼び名もそれぞれだ。

残雪の山で採取する春一番のフキノトウを、自家製大豆と米で醸した甘めの味噌に和えてこしらえる。母から娘へ受け継がれてきた西和賀町沢内流のばっきゃ味噌。水きりした葉を細かく刻み、ガク7に対して米麹味噌と調味料3の割合で合わせて、20〜30分間煮る。山里は甘めの味つけだが、好みで加減する。

岩手県の西和賀町沢内（旧沢内村）では「ばっきゃ」と呼ばれるが、どういう意味だろう。西和賀町の人に尋ねてみた。まずは正確な発音から……。

ところがこれがなかなか難問で、「ぱっきゃ」とも「ばっけ」とも聞こえる。

何度も聞き返すものだから、聞かれたほうもくり返すうちに「あれ、どっちだべな」と笑い出す。

隣の秋田県には、つぼみがフキに化けるから「ばっけ（＝化け）」だろうという説があって、有力候補だが……。

「そうでねえ、この辺ではばあちゃんのことを〝ばっけ〟と言うもんね。〝フキのばあちゃん〟という意味だべさ」

と、西和賀の古老が反論する。

ちなみにじいさまのことは「じっけ」と言うそうだ。つぼみなのに、ばあちゃんというのも変なものだけど。

「だって、ばっきゃの後には、必ずフキが出てくるんだもの。ばっきゃはフキの親だべ」

と、たたみかける。

江戸時代の百科事典『和漢三才図会《わかんさんさいずえ》』を紐解いてみると、あらら、「ふきのとうは、俗にフキのしゅうとめという」とある。別の書物には、なんと「ふきのじい」というものまである。

どうやら、ばあちゃん説に軍配が上がりそうだ。

つぼみのうちに摘み、花はむしって捨ててしまう

「雪の中にあるばっきゃが、いちばんいいな。つぼみがふくらんどっても、柔らかいよ」

西和賀町沢内の採取時期は、雪の居座り具合にもよるが、4月の末頃から5月の連休すぎ頃まで。雪解けの早い里から順番に摘んでいき、連休頃には他の山菜摘みも兼ねて山に入る。

「あの白い山あたりが、秋田県境だな。人間が行けるところでねえ。クマが歩くとこだもの」

沢内の元マタギ、吉田従支郎さんが、屏風のようにそそり立つ和賀山塊の頂を指差して言う。5月になっても、白い峰々はまだ凍てついたまま。

マタギとは、代々狩猟を生業としてきた山の民。山をわが庭のように歩く、クマも恐れる猟師だ。

旧沢内村の森林の7割を占めるブナ林は、まだ裸木のままだが、足元には水芭蕉の白い花が咲いている。

残雪に足をとられながら登る道すがら、どこにいてもせせらぎの音が聞こえる。山全体から滴る雪解けの水が、崖を下り、草の葉や木の根を伝って、高きから低きへと

流れ集まり渓流へと注ぐ。

春の足音を聞きながらばっきゃを採り、ウドやタラの芽なども一緒に摘む。人は何千年も、こうして春の恵みを受け取り、山から命をもらって生きてきたのだなあとあらためて思う。

ウドやタラの芽は塩漬けしたり、アクを抜いて天日に干して保存し、冬の食料にする。けれどフキノトウは、味噌炊きする。塩漬けでは香りが抜けてしまうのだという。

沢内のお母さん流、ばっきゃ味噌の作り方を見せてもらった。

まずは、フキノトウのつぼみの部分を、手でむしり取る。食べるのは、つぼみを包んでいる外側のガクだけ。つぼみは苦みが強いからだというけれど、これでは摘んだ分の半分にもならない。

さっと熱湯に通して冷水に放す。色鮮やかな若緑の葉を細かく刻み、自家製の味噌、砂糖など好みの調味料を加えて、コトコト煮る。それだけ。

味は各家の好みでいいし、難しいことは一つもない。誰にでもできそうでいて、かなりレベルが高い。

山里のお母さんたちの腕前は、長年の自給自足の暮らしに鍛えられている。原料の大豆も米も、農薬を使わずに栽培した自前である。麹作りもお手のもの、買うのは種麹だけだという。なにしろ、山里のばっきゃ味噌作りは、種まきからはじまるのである。

どこの家でも作るけれど、早春の野山を楽しむ程度しか仕込まない。山菜も同じで、けっして採り尽くすことはない。それが山の人たちの、昔々からの決まり事。また来年も楽しむための知恵が、今日まで山や森の豊かさを守ってきたのである。

江戸時代の本草書『本朝食鑑《ほんちょうしょっかん》』のフキノトウの項に、中国明代の書物『本草綱目』の引用として、こう書かれている。

〈百草の中、ただこれだけが氷雪を顧みず、最も春に先んじる。そこで世間では鑽凍《さんとう》という〉

鑽凍の鑽はうがつ。凍は氷の意味。あんなにも柔らかな花芽が、春に促されて、鋭い錐のように氷に穴をうがち、雪を突き抜ける。先人はその驚異的なパワーを、食べたのかもしれない。

白いご飯党だけでなく、酒飲みにも、等しくよろこびを与えてくれる。早春のこの香りを、100年後も味わえますように。

1

2

3

1／海抜1440mの和賀岳南麓にある西和賀町沢内は、有数の豪雪地帯。ブナ林を縫って清冽な雪解け水が流れる和賀川源流の集落だ。5月上旬になっても、山の風は冷たい。残雪の沢で、つぼみの固い新芽を選んで摘む。2／採取した香り高いフキノトウ。天ぷら、和えもの、酢のものにしてもおいしい。沢内の里では、どの料理にもつぼみは使わない。3／花の部分を取り除く。使うのはガクの部分のみ(ほろ苦い味わいにしたい場合は、花を入れてもいい)。よく水で洗って、熱湯でさっと色よくゆで、冷たい山の湧き水に晒す。

径山寺味噌【和歌山県・湯浅町】

大陸から伝わった手法で、夏野菜を秋冬に食べる禅寺の滋味

歯ごたえのいいウリと柔らかなナス、ほんのりシソの香り……。味噌に埋もれていても、しかと夏野菜の活力が伝わってくる。あと口に麹が醸す甘さがほんのり残る。ご飯とも酒とも相性がよく、調味料としても重宝する。

夏の活力入り径山寺《きんざんじ》味噌は、鎌倉時代に、宋の径山寺から伝わったとされる禅寺の滋味。地元紀州の湯浅町では「お粥さんのおかず」として親しまれている。

夏は冷たく、冬は温かくして食べる。茶粥によし、開いた魚にこの味噌を詰めて焼いても香ばしい。大根おろしと和えてさっぱりいただくのもいい。

径山寺味噌の仕込みは、暑い盛り。醸造には難儀な時季だが、夏の太陽をたっぷり吸った露地の真桑《まくわ》ウリが、ひと月余で飴色に透き通る。その味わいは秋とともに深まり、冬には完熟のまろやかな味わいを醸す。

江戸初期から伝家の手法を守る径山寺味噌蔵が、今も湯浅町に健在だ。

江戸中期、径山寺味噌は紀州の名物として全国に知れ渡っていたものらしい。

幕末に刊行された『紀伊国名所図絵《きいのくにめいしょずえ》』の、径山寺味噌の項には〈この味、実に未曾有なり〉とある。

和歌山県湯浅町に、その未曾有の味を、家宝のように守る径山寺味噌醸造蔵がある。

「いい水を求めて、江戸時代の初め頃に、先祖がこの地に来て味噌造りをはじめました。玉のような水が湧く井戸だというので、名を玉井としたと聞いています」

湯浅町の径山寺味噌蔵玉井の15代目北村 功さんにそう伺った。藩政時代は、紀州藩御用達の径山寺味噌蔵。創業以来当代まで、その製法は門外不出だったという。

あと口ふわりと甘いのが本来の味

径山寺味噌を伝えたのは、鎌倉時代の禅僧法燈《ほっとう》国師。宋の径山寺で習い覚えた製法を持ち帰り、紀州由良の

最初の樽の仕上がり。覆われた葉を開くと、明るい色の味噌が現れた。大豆は丸いまま。飴色に透き通った真桑ウリは、ぺちゃんこになっても歯ごたえを失わない。秋の寒さを経て、さらにまろやかに熟す。

禅寺興国寺で造ったのがはじまりとされている。

興国寺にほど近い湯浅町は、熊野詣での街道筋にあって古くから栄えた土地。旨い水に恵まれ、海に近く水運も盛んだったことから、江戸中期には町の住人の、約一割が醤油屋という醤油醸造の町だった。

玉井醤は、藩政時代は湯浅でただ一軒の径山寺味噌蔵だったという。跡を継ぐものだけに伝えられる一子相伝の製法は、「先祖のしていた通り」。今も創業以来の「玉のような水」で仕込まれている。

伝家の秘技とは、塩梅。つまり塩加減である。塩をするのは代々主人の仕事。それも深夜、家族が寝静まってからの作業だったという。

「親父と長年一緒にやってきて、実際に塩蔵で塩加減を教えてもらったのは、亡くなる数ヵ月前でした」

「塩の味がわからんかったら、海へ聞きにいけ。汗水たらして働いて、自分の腕を舐めてみろ」

それが頑固じいさんの誉れ高かった先代の口癖だった。

塩はその年の野菜の出来、熟れ具合、仕込み時期の天候、湿度や気温によって、微妙に塩梅される。

「口に入れた時はしょっぱいけど、あと味がふわっと甘い。それが径山寺味噌本来の味です」

昨今は砂糖で味つけされた径山寺味噌が大半だが、昔通り甘みはいっさい加えない。あくまでも麹が醸すほのかな甘みでなければならないと一徹者は言う。

味噌麹の出来のよし悪しが、径山寺味噌の味の決め手

毎年5月の声を聞くと、一家4人で大豆の準備に取りかかる。焙烙《ほうろく》で煎って、石臼で挽き、とおみで皮を飛ばす。焦げたものや皮の残ったものは、一粒一粒拾って除けていく。1年分40斗の大豆に、丸ふた月かかりっきりだ。

蒸した大豆、麦、米に、種麹菌を振りかけて、室にねかせて待つこと2晩と3日。首尾よく発酵した味噌麹は、さらさらしたきれいな黄色。この味噌麹の出来が、味の決め手になる。温度管理された室《むろ》なら、容易に平均点の味噌麹ができる。しかし断固、自然にまかせて作る麹でなければならん、とその一徹も先代から受け継いだ。

味噌や酒造りは、普通雑菌の少ない冬場が最盛期。夏は腐敗菌などの雑菌たちも元気そのもの。ひとつ間違うと、あっという間にだめになる。発酵熱で、自滅してしまうこともある。

持ち味と歯ごたえを失わないよう、真桑ウリと硬い丸ナスを、ざっくり大きめに切る。これに味噌麹と塩をよく混ぜ合わせて一晩おいてなじませ、杉樽に仕込んでがっちり重石をする。

1

2

3

1／米、麦、大豆に麹菌をつけ、自然の室にねかせて味噌麹を作る。麹の出来で味が決まるという。暑い時期の麹造りは難しく、高い技が要求される。2／原料は7種類の野菜と穀物と塩、麹菌だけ。それぞれの持つ風味が絶妙に調和して、奥深い味わいを醸し出す。

3／早いものは約1ヵ月後から食べられる。発酵熟成は移り変わる季節とともに、ゆっくり11月まで続く。樽の口開けの時期に合わせて、各樽の塩加減も微妙に違う。

「麹が気がかりで、ひと夏うたた寝の夜が続きます」

真桑ウリと丸ナス、塩と味噌麹を混ぜ合わせ、翌朝4斗樽に仕込むと、4日目にはぶくぶくとわきはじめる。

「11月に鎮まるまでは、夜中に蔵へ行くと、ぶつぶつ文句を言いよるように聞こえます」

手抜かりはないか。朝晩このつぶやきに耳を傾ける。樽に吹き上がる泡を舐めて、樽の中の様子を確かめる。

「この夏は、暑くて雨が少なかったので、野菜の出来がいまひとつです」

9月中旬、気を揉んでいた味噌樽の口開けの日に再び蔵を訪ねた。

木蓋を開けると、樽のへりから芳香が滑り出す。葉っぱの覆いの下で、味噌はしっとりと山吹色に光っている。いい出来だ。北村さんの顔にそう書いてあった。

翌朝、3月から店の外に掛けられていた〝売り切れ〟の看板もはずれた。

「本来の完熟の味になるのは、11月に入ってからですが、お客さんが待ってくれんのですわ」

盛夏に仕込んだ分が売り切れれば、それでおしまい。味噌屋に半年近く、売る味噌がないのである。店の宣伝はいっさいしないが、年一回広告を出す。

その文面は「売り切れました」

簡素な店には、味噌樽がひとつぽつねんと置いてあるだけ。包み置きはせず、量り売りである。味噌には、樽の中がいちばん快適。極力味をそこねないように、というのがその理由だ。

「25〜6℃で発酵するかしないかという程度に、菌を生かしてあります」

生きている味噌は甕《かめ》に入れ、できれば重石をのせて、涼しいところに置けば、春までおいしく食べられる。

暗く静かな熟成蔵に、大きな味噌樽が40個、どかっと重石がのせられて並んでいる。「これが手と目の届く量だから」と樽の数は増やさない。

創業当初から使っている御影石《みかげいし》の重石は、1個40kg余。樽の大きさに対して、重石はぴたりと最適な重さに作られている。これより軽くても重すぎてもうまくいかない。角の丸まった御影石と、一徹者の手塩の重みが、玉のような径山寺味噌をこしらえる。

柚べし

冬の陽を浴び、山の風に吹かれて滋味満載の保存食になる

【奈良県・十津川村】

ユズが色づく頃、山深い奈良県の吉野郡十津川村《とつかわむら》を訪ねた。どの家の庭先にも、たわわに実るユズの木があり、冬枯れの山里に灯りをともしていた。

黄金色の実はおいしそうに見えて、酸っぱい。でもそれが、ユズの取り柄。果汁は酢の代わりになるし、鮮烈な香りはほんのひとかけらで料理を引き立てる。

青く未熟なうちは鋭く、熟していくらか甘みを帯びるその香りは、驚くべきしぶとさ。煮ても蒸しても、塩に1年間漬け込んでも、天日にひと月干しても頑として消えない。これぞユズの底力。里人のお目当ても中身より皮、この香りらしい。

酸っぱすぎる果実を、丸ごと食べてしまう知恵

ユズと日本人の付き合いは古く、奈良時代までには中国から渡来していたといわれている。熟しても、酸っぱくて食べられない。おまけにトゲだらけで収穫もしづらい。

そんなユズが、１０００年余も愛されてきたのは、その芳香と鮮烈な酸っぱさのおかげだろう。果汁は酢に、皮は香味素材や香り豊かな器として、重宝されてきた。

ユズの実を丸ごとくり抜いて、味噌や甘い餅を詰めて蒸し、じっくり干し上げると柚《ゆ》べしになる。

もとはすりゴマやクルミ、ソバ粉やコメ粉、ショウガなどを味噌と混ぜて詰めた、滋味満載の食べもの。高級菓子として知られる石川県能登輪島の「丸柚餅子《まるゆべし》」は、甘い求肥《ぎゅうひ》餅をユズの皮に詰めて寒風で干し上げたものだ。

柚べしはいったん乾けば1年おいても腐らず、香りも失《う》せない。軽くて小さく、そのまま食べられる。穀類を入れれば腹持ちもする。戦の兵糧《ひょうろう》や旅人の携行食、薬代わりにもなった長寿の保存食だ。思えば、偉大な発明である。

ユズに詰まっているのは8種類の滋味。蒸し上がったら熱いうちに形を整えて板に並べ、硬くなるまで天日に干す。

酸っぱすぎる柑橘類が１０００年を生き延びてきたのは、並外れた個性とそれを生かす知恵があったからに違いない。もともとの名は、「柚《ゆう》」。村の人は今も、そう呼んでいる。それが、酢として使われたことから、「柚《ゆ》酢《ず》」と呼ばれたともいわれている。

室町時代以前から作られている料理に、「柚子味噌」という香り豊かな一品がある。ユズをくり抜いて器代わりにし、味噌やゴマ、クルミ、ショウガを粉状にしたものなどを詰めて、手あぶりの炭火で焼く。じゅくじゅくと煮立つくらいの熱々を、ふうふういただく。

ユズの時季だけの佳肴《かこう》である。

いつも食べたい——と酒飲みたちは知恵を絞った、のかもしれない。

柚子味噌を蒸して、軒下にひと月も吊るしておくと、冬の陽ざしと寒風でじわじわ乾いて飴色の柚べしになる。

里人の山仕事の携行食だった柚べしは、空腹を満たすばかりか、香り高い丸薬でもあったらしい。

ユズ皮の薬効は、古くから知られている。江戸時代初期の草本書『本朝食鑑《ほんちょうしょっかん》』には、ユズの皮は〈食欲を増し、胃を健やかにし、五味を和《わ》し、酒および魚の毒を散らし、鬱《うつ》を開く〉とある。漢方では、疲労回復の生薬として用いられる。

薬になる皮を、みすみす捨ててしまうのはもったいない。柚べしなら、器にした皮ごと食べられる。

自家栽培の健やかな素材で、昔ながらに作る香りの保存食

家によって皮に詰める中身はそれぞれだが、味噌にコメ粉、ソバ粉、柿の皮、ゴマ、シソ、ショウガ、クルミ、昆布、鰹節、椎茸などを混ぜ込む。そのどれもが、栄養価、防腐効果、薬効に優れた指折りの薬味だ。

『本朝食鑑』に〈僧家で盛んに作っている〉とあるところをみると、もともとは仏門の知恵だったのかもしれない。

「できたての、柔《やわ》いのがおいしいなあ」と言う母さん。

「カチカチになったやつを、ノミでこちこち削って、酒のアテにするんがええな」と言うじいちゃん。

柚べしの食べ頃は勝手気まま。賞味期限も自分で決める。この自由度、種から育てた原料と自然の力で作る良質。それが味に出ないはずはなく。身体が喜ばないはずもない。

和歌山県のほぼ全域と奈良県・三重県の南部が含まれ

ユズをくり抜く作業は柚べし作りにおいていちばんの手間仕事。白い部分もできるだけ取り除く。切り口がとても破れやすいため、柚べしを作り続けてきた熟練の母さんも真剣な面持ち。

る紀伊半島。このおよそ中央に位置する吉野郡十津川村は、かつて陸の孤島と呼ばれた奥山である。奈良県の5分の1を占める広大な村に、平地はわずか3%。打ち重なる山あいに、数戸〜数十戸からなる50余の集落が点在している。この村では、小石を積み上げた段々畑を耕し、山の恵みを受け取って、手ずから作り出す暮らしが長く続いてきた。

「柚べしに入れるのは、おおかた家で採れるもので間に合います」

柚べし作りの達人、中谷知子さんの作り方をお伝えしよう。

ユズのヘタのまわりを切り取って果肉をくり抜き、薬味を混ぜた味噌を詰めて、ヘタで蓋をして蒸す。熱いうちに形を整えて、数日間天日に干す。さらにひと月間、軒先に吊るしておく。

「あたりまえに作っているだけで、難しいことは何もないんです」

中谷さんはこともなげに言うけれど、まず真似はできない。

中谷さんの柚べしの原料になるのは、自家栽培の大豆で作る手製の麦麹味噌と米麹味噌。ハザ干し（刈り取った稲を天日干しすること）したもち米とうるち米。霜の来る前に刈り取ったソバ、ゴマ、椎茸、トウガラシもすべて、天日に干したもの。

材料は、「香りがとんでしまうから」と、作る直前に挽いて粉状にする。すべてを混ぜ合わせ、鰹節を加えてよくこねて混ぜる。

風通しのいい軒下に吊るされた柚べしは、冬の陽を浴び、山の風を吸って、飴色に仕上がる。

ユズの香りに和して、ソバが香る。噛むほどににじむ甘さは、新米か麹味噌だろうか。酒の肴ばかりでなく、ご飯のおかずや細かく刻んで茶漬けや茶粥に。味噌汁に散らしても芳《かぐわ》しい。

中谷さんの柚べし作りは、春の種まきにはじまり、冬の自然乾燥で終わる。ほぼ1年がかりなのだった。

森林が育む旨い水、山を吹き渡る清い風、わが手で育てた健やかな材料が、旨い柚べしをこしらえる。食べものは環境そのものなのだと、気づかされる。

自給自足の暮らしに磨かれた母さんの手が作る、このかけがえのない柚べしこそ、医食同源の食べものと呼ぶにふさわしい。

柚べしの作り方

1 ユズの果肉をくり抜く

ヘタの部分を切り取り、穴をあけないように果肉をくり抜く。切り口が裂けやすく、ていねいな仕事が求められる。

2 調味味噌をユズに詰める

味噌に混ぜるのは、ソバ、ゴマ、コメ、椎茸、一味トウガラシ、鰹節の6種類。これらは香りがとばないよう、味噌と合わせる直前に粉末にする。

用いる味噌は、甘みのある米麹味噌と香りのよい麦麹味噌の2種。上記の6種類の材料と混ぜ、ユズに詰める。

3 蒸す

味噌を詰めたユズを蒸籠で2時間ほど蒸し上げる。ユズに詰める味噌は八分目にとどめるが、それでも味噌があふれ出るほどにふっくらと仕上がる。

4 1ヵ月間風干しする

蒸し上がったら熱く柔らかいうちに形を整え、木箱に並べて2〜3日間天日に干す。その後、風通しのいい軒下に吊るして寒風にあてて干し上げる。

5 でき上がり

冬期は涼しい場所に吊るしておけば保存がきく。切ったら密閉容器に入れて、冷蔵庫へ。酒の肴、ご飯のおかず、そして味噌汁に散らしても、その風味が楽しめる。

揚げ麩

みちのくのお盆にしか作らない、冷たくてなおよい精進もの

【山形県・東根市】

これといった味のない麩を、それまで旨いと思ったことはなかった。ところがある夏、揚げ麩を食べて、あっさり心変わりしてしまった。

とっぷりとだしを吸った麩の、柔らかくなめらかな触感と味わい。ひんやりつるんとして、素麺ともすこぶる相性がいい。

生麩をキツネ色に揚げたものが、揚げ麩。つまり油揚げである。

麩は小麦粉からデンプンを洗い流して取り出す不溶性のタンパク質、グルテンの塊。製法は平安時代に、中国から伝わったといわれている。

当初は僧侶の食べもので、肉を禁じた仏門の貴重なタンパク源。今も精進料理には欠かせない存在だ。

古文献に「あぶらふ」の名があるところをみると、揚げた麩も伝来当初からあったらしい。どこからどう伝わったものか、子どもの握りこぶしほどもある丸い揚げ麩が蒸し暑いお盆の時期にだけ、みちのくで作られている。

毎年お盆の時期に、心待ちにしているものがある。

一本の藁に、まん丸の麩が6個数珠つなぎになった姿もなんとも愛らしい。山形県東根《ひがしね》市六田《ろくた》で新暦のお盆から旧盆まで作られる、夏だけの揚げ麩だ。

東根の麩屋さんで教わった夕顔と揚げ麩の煮物は、わが家の夏の定番である。

ご先祖さんを迎えるご馳走は夏を乗りきる元気食〝グルテン〟

羽州《うしゅう》街道の宿場町東根市六田は、原料の小麦と豊かな湧き水に恵まれ、古くから麩作りの盛んな土地。江戸後期には、街道の名物土産として知られていた。旧街道筋には今も麩屋が何軒かあり、江戸期から続く老舗も健在だ。おくのほそ道の旅の途中、芭蕉もここを訪れている。

良質のナタネ油で揚げる揚げ麩。
小指の頭ほどの生麩が、みるみる
うちにまん丸にふくらむ。丸い形
にするには、少々技がいる。

麺類好きだったという芭蕉翁も、六田の宿で旅の元気食を賞味したかもしれない。

麩のもとは、小麦に含まれるタンパク質、グルテン。乾くと、トリモチみたいにべたべたくっつき、ガムのように噛んでも噛んでもなくならない。麩自体にはこれといった味はなく、煮ても焼いても揚げても、あんこを包んでお菓子にしてもよい。いわば変幻自在の食材だ。

精進料理には欠かせない貴重なタンパク源であり、ベジタリアンの店では肉に化けたりもする。

盆の揚げ麩は、毎年夏に家へ戻ってくるご先祖さんを迎えるご馳走として長年作られてきた。これはきっと夏を元気に乗りきる仏門の知恵だったに違いない。

昔はこれに藁を通して結わえ、北側の窓辺に吊るしておいた。そのうち、適当に油もきれる。ただ、油で揚げたものは、焼き麩などと違って味が変わりやすい。冷蔵庫に保存して、早めに食べるに越したことはない。

焼き麩は各地にあるが、丸い揚げ麩はめずらしい。油をたっぷり使って揚げる麩は、かつては贅沢なもの。いつ頃から作られていたのだろう。

「うちでは、ひいじいさんの頃から作っています。近在の尾花沢や大石田では、お盆のお供えになくてはならんものですから」

待っていてくれる人がいるからと、麩屋の主《あるじ》の大山峰昭さんは、毎夏、親譲りの盆の揚げ麩を作る。

昔ながらにグルテン作りから手がけている麩製造家は、全国でも数少なくなった。

先代譲りの旧式こね機と旨い水が良質の生麩を作る

「揚げ麩は、まん丸にふくらまんと、食べた時のつるつる感が出んのです」

毎日同じようにやっていても、ふくらまないことがあると大山さんは言う。

小麦粉の配合や天候、気温、湿度も微妙に影響するらしい。

「雨降りは餅（グルテン）がダレるから、塩を少し多めに塩梅します」

この塩がグルテンを引き締める役目をする。それでもだめなら、初めからやりなおしだという。

六田では、グルテンを取ることを「餅をすすぐ」という。「餅すすぎ」は主の大山さんの仕事。親譲りの旧式こね機が相棒である。動力は、リタイアしたボンネット

1

2

3
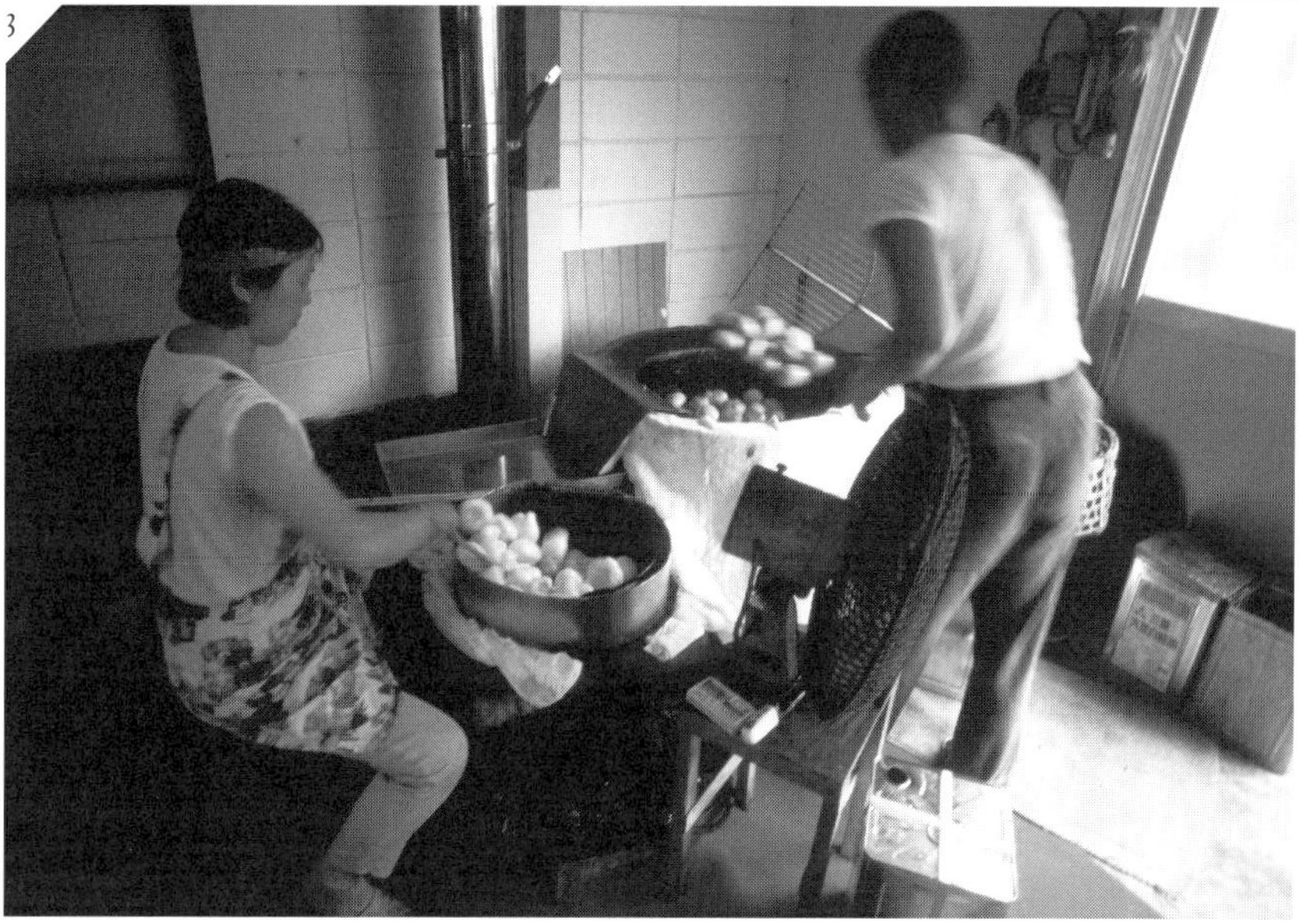

1／小麦粉をこねてはやすませ、20回以上水洗いしてグルテンを取り出す。デンプンが溶けた白い水は、タンクにおいて沈澱させ、乾燥してデンプン粉に。2／よくこねた生麩を空気が入らないように丸め、小さくちぎって種麩にする。手のひらで作る丸みが、そのままきれいなまん丸にふくらむ。3／真夏に熱い油の鍋につきっきりの作業は、まるで我慢大会。少量ずつ低温の油で下揚げ(写真手前)した後、高温の油で本揚げする(写真奥)。下揚げの油を低温に保つための温度調整がポイント。

バスのギア付きエンジン。最初はローでゆっくり、セカンド、サードと徐々にこねるスピードを上げていく仕掛け。

小麦粉に塩少々を加えて塩梅し、水を注いでこね混ぜて、しばらくねかせておく。

これからが本番だ。

デンプンの溶け出した白い水が透き通るまで、何度となく水を替えながらこねては流し、ざっと3時間。サード・ギアからトップに入る頃には、デンプン質はほぼ洗い流されて、不溶性のタンパク質グルテンが姿を現す。取れるグルテンは、小麦粉のおよそ半量。洗い流した白い水は、タンクに貯蔵して沈澱を待ち、晒し干してデンプン粉にする。

湧き水と手作業で作られる混ざりっけなしのデンプン粉を、長年の得意先のお菓子屋さんが待っている。

強靭なグルテンは、引っ張ってもちぎれない。包丁で切りながらこねなければならないから、大山さんはこね機に付ききっきりだ。毎日変速をくり返しながら、旧い相棒は60年間で、どれだけ走ったことになるのだろう。「世界一周くらいはしたんだべな」

ギアの持ち手が、まあるくすり減っている。


さて、まん丸にふくらんだ揚げ麩は、姿ばかりか、舌触りもいい。しかし、丸く揚げるのは一筋縄ではいかないらしい。真夏に熱い鍋に付ききっきり、汗だくで頑張る揚げ方の腕の見せどころである。「以前は小麦を杵で搗いて粉にしよりました。ナタネもうちで搾っておった。ナタネ油のいい香りがしたもんです」

おばあちゃんの話を聞き入れて、一部国産ナタネの圧搾油に切り替えた。

親指大にちぎって丸めた種麩を、まずは、小鍋のぬるめの油で、かき混ぜながら下揚げする。少しふくらませてから大鍋の熱い油に移すと、見る間にふくらんで、大鍋の中が押し合いへし合いになる。

グルテンを包丁で切ると、角が残ってしまう。種麩に少しでも空気が入れば、表面がしわしわになる。いきなり熱い油に入れたら、そのまま固まってしまう。ふくらし粉を入れれば苦労はないが、淡々と「親のやっていた通り」を貫く。

1日3人がかりで1200個。流れる汗とこまやかな技が積み重り、ナタネの香りのする揚げ麩ができ上がる。

ぜんまい

急峻な岩山の斜面に育つ奥山の味わい

【新潟県・東浦原郡】

ふっくらとした茎を噛みしめた時のあの奥山の香りと、独特の柔らかさがぜんまいの身上である。

ところが、摘みたてをかじってもゆでたてをつまんでも、筋っぽく、苦みが強くていただけない。そのまま天日に干したのでは、戻しても固くて歯が立たない。

手強い山菜から、あのもっちり歯ごたえを引き出すには、ひと仕事ある。

さっとゆでたぜんまいを、藁むしろに広げて、ひたすら揉むのである。繊維を揉みほぐし、水分をじわじわ押し出しながら、ちりちりに縮むまで天日で干して、初めてあの柔らかさが出る。茎にたっぷり身の詰まった太めが上物だ。

それも、口に入るのは、雌ばかりなのだそうだ。

ぜんまいは花がなく、実葉から胞子を飛ばして増える。土地の人が「花」と呼ぶ黄色い粟粒のような羽片を、びっしりつけているのが実葉で、オトコぜんまい。胎内に生命を宿すかのように、新芽を綿帽子にくるんで出てくる裸葉が、オンナぜんまいである。

早春の岩山に、まず雄ぜんまいが伸び、それを取り巻くように雌ぜんまいが出てくる。

「オトコぜんまいを採ると、オンナが太うならんで。そのうち株そのものがなくなってしまう」

と室谷《むろや》の人はけっして採らない。

飯豊《いいで》山岳地帯から流れる室谷川に沿って、一路山に向かうと、どんづまりの山懐に、室谷の集落がある。

戦前戦後を通じて、全国の相場を左右したという、有数のぜんまいの産地である。

10数年前までは小屋がけして、1ヵ月間山奥に泊まり込んで、100貫目ほどのぜんまいを作った。

「石を組んで4mもあるかまどを作って、一日中生木を燃やして燻《いぶ》した。煙で目をやられてね。山を下りてもしばらくはぼおと霞んどった。山で作るのは、青干しと

藁のむしろの上で転がすように円を描いて、揉むほどに、柔らかくなる。おばあちゃんのていねいな仕事が、極上ものを作る。石田いまさん。手元に届いたら、天気のよい日に土用干しすると風味を保つ。

いってさ、水で戻すときれいな緑色になる。これなら根元まで柔《やわ》いし、虫も食わん。10年以上も行ってないから、ぜんまいも太うなっとるだろうな」

目に浮かぶけれど、小屋がけをする気は、もうないと室谷の人は言う。

藁むしろの上で何十回と揉んで、ほぐす

ぜんまいは、岩場の急峻な北斜面や広葉樹林の縁、沢筋で朝夕に川霧が立ち込める山岳地帯に育つ。

「崖の縁で柴につかまってさ、命がけだものね。昔は1ヵ所で、1日分採れただけれど、今はいくつも沢を渡って、山駆けて採らねばなんね」

ぬれた地下足袋のままぜんまいを背負って、道もない山を一日に40㎞は歩くという。

村から見える山は、すべて室谷の仲間山。ぜんまいは村の共有物だが、誰が、何処の山に入るか、長年の暗黙の了解で決まっている。

陽ざしが強さを増す5月初旬、山の窪にへばりついている残雪を、がしがし踏んで、朝暗いうちに山へ入る。背中が袋になっているぜんまいもっこに5尺大風呂敷、地下足袋に金かんじき。腰に握り飯、手に灯りというい で立ち。一人で入ることはなく、夫婦ひと組である。

夜明けとともに雪解けの沢から、霧が上ってくる。新緑のうぶ毛にくるまった山々が、朝露にぬれて光る。

崖の上の岩に針山のまち針のように、つんつんとぜんまいが顔を出している。ここからが素早い。

夫婦が上手と下手に分かれて崖を上り、横伝いに両端から攻めていく。

「採るのは、30㎝以上のぜんまいだけ。2日待てば、太うなるで」

前屈《こご》みだからいいようなものの、腰をのばせば、後ろへ転げ落ちそうな急斜面。足元は朝露にぬれてつるつる滑る。もっこはどんどん重くなっていくのに、身のこなしのすばしこさたるや、まるで忍者か猿である。

昼前には40㎏の風呂敷包みを背負って、山道を下りてくる。

帰りつくと昼飯もそこそこに、綿を取って、ゆでにかかる。

ぐらぐらの湯で2～3分さっとゆで上げ、簀子《すのこ》に広げて、水きりをしておく。ゆですぎると歯ごたえが失せ、足りないと、揉んでも筋っぽさが残る。そこは、名人の間合いである。

1

2

3

1／ぜんまいこぎの時期は、5月初旬から梅雨入り前まで。直射日光のあたらない岩山の北斜面に生育する、綿帽子にくるまった雌ぜんまいの新芽だけを摘む。上着の背に、ぜんまい袋がある。2／火力の強い薪で充分に沸騰させた湯に2〜3分くぐらせて、弾力を失わないように、きれいな緑色にゆで上げる。これを天日に干すと赤色に変わる。赤干し。3／ぜんまいは山菜の中でも別格で、昔から貴重品として扱われてきた。藁むしろの上で、何十回となく揉み縮めた、最高品質のぜんまい。

翌朝庭先のむしろに広げ、押しつけるように揉む。水分がじわっとにじんで手のひらがしとっとする。

2日目に、両手に入るくらいの玉にする。ここからは目が離せない。

「かんかん照りだと、細いところがすぐに乾きすぎて、折れてしまう」

その前に頃合いの手加減で、ぎゅうと縮めて玉にしてはほぐす。このくり返し。揉むほどに、柔くなる。


近隣の集落の庭先の自家用ぜんまいを見れば、その差がひと目でわかる。山に自生する同じ草なのに、室谷のぜんまいの、光沢と色、縮れ、仕上がりの美しさは、見事なものだ。

水からゆでて、清水に一昼夜浸け、ふっくらシワがのびたら食べ頃である。初夏の陽ざしが封じ込めた、奥山の味わいが、戻ってくる。

岩茸【高知県・土佐郡】

霞たなびく絶壁で採る、深山幽谷の滋味

その干からびた姿は、どう見ても旨そうじゃないし、薄っぺらで、腹の足しになりそうもない。

こんなへんてこなやつを、食べてみる気になった人の気が知れない。

とはいえ、古くから珍重されてきた高級素材らしく、戦国時代の茶会記の献立には「ナマス・いはたけ」とある。その後も、公家の日記や江戸時代の料理書、本草書などにも、しばしば登場している。

「岩茸」という字をあてるが、〝キノコ〟ではなく、人の気配のない深山の岩につく〝コケ〟、地衣類だという。

断崖絶壁に宙吊りになって、一つひとつ素手でもぎ取るイワタケ採りは、昔も今も命綱頼りの荒技である。

奥山の絶壁で、命がけで採取されるコケとは何ものだろう。

古い書物にいわく「菜として食らえば美なり、久しく服すれば年を延べ色をます」

さては長寿と美貌？を手に入れる妙薬だったか。

採りたてのイワタケは、ほのかに深山の香りがする。薄緑色の表皮は、なめし皮のようにしっとりとした肌触り。裏を返すと、びっしりと黒毛（擬根）が生えている。

昔の人の言葉通り、幽谷の滋味は酢のものにして佳く、汁の実や和えもの、煮もの、五目ご飯や雑炊に炊き込んでも、孤高の存在感を失わない。

たなびく霞を食って、極限に生きるコケの生命力

中国の故事にいわく〈深山の霊気は雲と化し、霞となる。仙人はそれを吸って長寿を保ち、超能力を含蓄する〉。仙人は深山の霊気を吸って、神通力を得るという。

霞たなびく深山幽谷の絶壁といえば、夏は直射日光をさえぎるものもない、かんかん照り。冬は北風の吹きさらしだ。

イワタケは、山岳地帯の花崗岩や古生層地帯の結晶片岩、珪岩などに、へそのような石づきでくっついている地衣類の仲間。薄い楕円形で、直径10〜15cmほど。大きいものは30cmにもなる。

イワタケはそんな過酷な状況を生き抜く強靭な生命力を持ち、光と霞を食って生きている。まるで仙人みたいなコケなのである。

それにしても、イワタケはなぜわざわざ、そんな極限環境を選んだのだろうか？

生命力は強いが、大気汚染にはからきし弱い。そのうえ、生長がきわめて遅く、1年に1㎝伸びるかどうか。他の生物となわばり争いをしたら、勝ち目はない。争いを避けて、他の生物が育ちそうもない過酷な、日当たりのよい絶壁にくっついて、朝夕たなびく霧霞から水分を補給して生きているというわけなのだ。

養分もない岩にかじりついて生き延びる。その生命力には、巧妙な仕掛けがあるらしい。

地衣類博士は言う。

「普通菌類は、栄養分を他の生物に依存しています。ところが、イワタケのような地衣類の菌類は、体の中に別の生きものである藻類を飼っているんです。彼らに光合成をさせて、養分を賄っているわけです」

イワタケは、岩に生えているのではなく、くっついているだけなのだった。

日照りが続くと、カサカサに乾いて死んだフリをしているが、ひとたび雨が降ると、水を含んでたちまち10倍もの重さに復活する。

山の霊気を吸って生きるイワタケの、驚くべき生命力が、仙人並みと考えられたとしても不思議ではない。

近年、それもまんざら的外れでないことがわかってきた。イワタケの炭水化物に抗腫瘍性があり、抗癌剤として有効性があることが、実験レベルでは証明されているという。

「ところが、実験室で培養したイワタケには、その物質が見つからないんです」と、地衣類博士は、首をかしげる。

山の霞を食って育ったものにしか、神通力がなかったのである。

1年に1回食べれば病気知らず。地元流神通力の食し方

梅雨に入ると、イワタケ採りがはじまる。乾燥期のイワタケは〝生きた干物〟状態。手を触れれば、ばらばらに壊れてしまう。梅雨の合間の、雨上がりが狙い目だ。

イワタケ採りさんについて、霊峰石鎚山麓の森に入る。

「四国は山が険しいけんね」

1

2

3

1／四国山地は急峻な岩山が多い。採り子はザイルにヘルメットという、ロッククライミングのいでたち。道具は今様になったが、命綱頼みの採取法は昔と変わらない。2／晴天続きのイワタケは、カサカサに乾き、掴むと粉々に砕けてしまう。梅雨の時期の雨上がりに、山へ入り、雨を吸って柔らかくなったものを採取する。3／熱湯で戻した干しイワタケを、よく揉んで洗い下ごしらえする。何度も水を替えながら揉み洗いする。黒いアクが流れ出て、茶色っぽい表皮が青灰色になるまでが目安。

急な斜面に、道らしい道もない。素人はブナ林の木の根を掴み、岩にすがりつつよじのぼる他ない。

岩山の頂上に立つと眼下に、打ち重なる青い山々が広がる。一歩踏み出せば、断崖絶壁を真っ逆さまだ。

そこをロープ1本で、するすると下りていく。もちろん私は見学組だ。今はナイロンザイルになっているが、以前は命綱を自分の手で作ったという。

「裏山に、シュロを植えていました」

シュロ皮の丈夫な繊維で縄をない、これを2本重ねて、等間隔に結び目を作る。そこがイワタケ採りの椅子になり、縄梯子にもなる優れものである。

縄を振り子のように揺らし、横飛びして、イワタケを採る。そんな荒っぽい使い方をしても、父子2代は使えるという強靭さだ。事故は皆無。あれば命はない。命を托せるシュロ縄を作る技は、かつては村共有の知恵だったという。作れる人はもう村にはいない。なぜシュロなのか。どの部分で、どうなえば最強の縄になるのか。それも今では忘れられてしまった。

西日本の最高峰石鎚山は、修験道の修行の地だ。イワタケは、厳しい行中にある行者たちの食べものでもあった。

東南麓にあるイワタケの産地、面河村《おもご》のばあちゃんに、食べ方を教わった。

「昔からここらでは、1回食べれば、1年病気せんと言ったもんです。修行者の方たちも、毎年食べなさるんですよ。子どもの頃は、お父さんが採ってきたイワタケを、酢のものやバラずしにしたり、ジャガイモと煮つけたりしました」

下ごしらえにたっぷり手がかかる。干しイワタケを一晩水に浸けるか、熱湯に1時間ほどふやかして戻す。石づきを取り除き、黒いアクが出なくなるまで、水を替えながらよく揉み洗いする。茶色っぽい表皮が、空色になれば完成。黒い水がたっぷり出るのに、裏皮の黒さはますます冴えるのが不思議だ。

これを10～15分間ほどゆでると、ぬめりが出る。つるりと舌を滑る独特の触感と、深山のかそけき風味は、海のものとも山のものとも相性がいい。

山の神通力を、お愉しみあれ。

葛粉 【奈良県・吉野郡】

底冷えする吉野の風土が育む純白。葛粉作りはひたすら水で清める仕事

日本で古くから親しまれてきた上質なデンプン、葛粉。その葛粉を作る時季は12月～翌3月。厳冬の水仕事である。

山の木々が葉を落とす頃、寒さに備えて養分を蓄えた葛の冬根を掘り出し、寒さを待ってこれを砕き、水に晒《さら》して、デンプンを取り出す。葛が次の春に芽を出し、蔓を伸ばすために根に蓄えていた養分をいただいてしまうのだ。

古くから、吉野に産するものは全国随一と謳われ、「吉野」といえば、葛粉のこと。なぜ吉野なのか。

寒中に行なう水晒しの作業を〃寒晒し〃という。吉野の作業場に立つと、足元から刺すような冷えが這い上がってくる。一年でもっとも寒い時季に、火の気を遠ざけた作業場で、ひたすら水晒しをくり返す。良質できめ細かいデンプンを得るには、水は清く冷たいほどいい。

吉野の冬の厳しい冷え込みと、寒《かん》の水、清めの儀式さながらの手作業が、純白のこよなき葛粉を生み出す。

料理やお菓子に活用される葛粉。薬効素材としての歴史も古い

思えば幼い頃は、風邪をひいてもお腹をこわしても、葛湯の出番だった。湯呑み茶碗に入れ、熱々のお湯を注いで一気にかき混ぜれば、ぽってりと透き通る。その手軽さが、またうれしい。

寒の水で晒し干した葛粉は、5年やそこらおいても、びくともしない。軽くて腐らず、水で煮溶かすだけで、たちまち滋養ゆたかな食べものになる。

使い勝手のよさもさることながら、その真価は、葛そのもののパワーにあるらしい。各地の山野に自生する葛

木桶に入れた粗葛に水を注ぎ、櫂棒《かいぼう》で撹拌する。軽い木粉は表面に浮き、中層にはデンプン。重い土や砂はいちばん底に沈殿するのを待つ。沈殿したものが混ざり合わないよう、そっと桶を傾けて上水を捨てる。「粗切り」と3〜4回の「中切り」をくり返して、徐々に不純物を取り除く。

は、雑草をおしのけて延びはびこり、夏には大木もすっぽり覆ってしまうほど生命力の強い植物。その根っこ、それも養分を蓄えて太った冬根から取り出す葛粉は、いわば旺盛な生命力のおすそ分け。漢方では生薬の一つとされ、古くから料理やお菓子ばかりでなく、庶民の家庭薬としても重宝されてきた。

４００年の歴史を誇る吉野の葛。良水と寒さが支える、変わらぬ上質

葛をひいた料理を「吉野仕立て」という。料理名に冠されるほど上質の葛粉が作られてきたのは、吉野の清冽な水と、厳しい冷え込みのおかげだった。

江戸初期の元和年間、黒川道安という人が、よい水と冬の寒さを求めて同地の大宇陀《おおうだ》に移り住み、初めて吉野で葛粉を作った。

大宇陀は、奈良市から山越えをして、車で1時間ほどのところにある。南北朝時代から吉野の要地として開け、物資の集散地として栄えた。黒川家初代の眼鏡にかなった、底冷えのする盆地である。

落ち着いた町並みに、昔ながらの葛製造家が今も何軒かある。いずれも、間口が狭く奥が深い。店のずっと奥に天日干しをする中庭があり、そのまた奥に寒晒しの作業場がある。

11代目の黒川重之さんの話では、初代が同地に住んでから４００年。製法はほとんど変わっていないという。しかし、ここへきて頭の痛いことがある。

「葛の根が少なくなっているんです」

吉野周辺だけでは、間に合わない。全国から集めているが、先が見えない。中国、韓国にも原料を求めてみたが、葛自体が違っていて使えない。

山へ行けば葛そのものは、邪魔になるほどあるのに、根っこの掘り手、山方《やまかた》が減っているのだという。

山に分け入って、地上に伸びる蔓にちょんと鎌を当てるだけで、土中の根のよし悪しを見分ける。地下１ｍも伸びる根を、そっくり掘り出すなんて芸当は、その道の達人にしかできない。

山から葛根を担ぎ下ろし、砕いて繊維にし、水中で揉み絞って、ちょっと苦みのある粗葛《あらくず》にする。ここまでの下ごしらえが、山方の領分。そして土まじりのこの粗葛を、純白に仕上げるのが、黒川さんの仕事である。

確かな葛粉は、60日間かけて作る

1

2

3

4
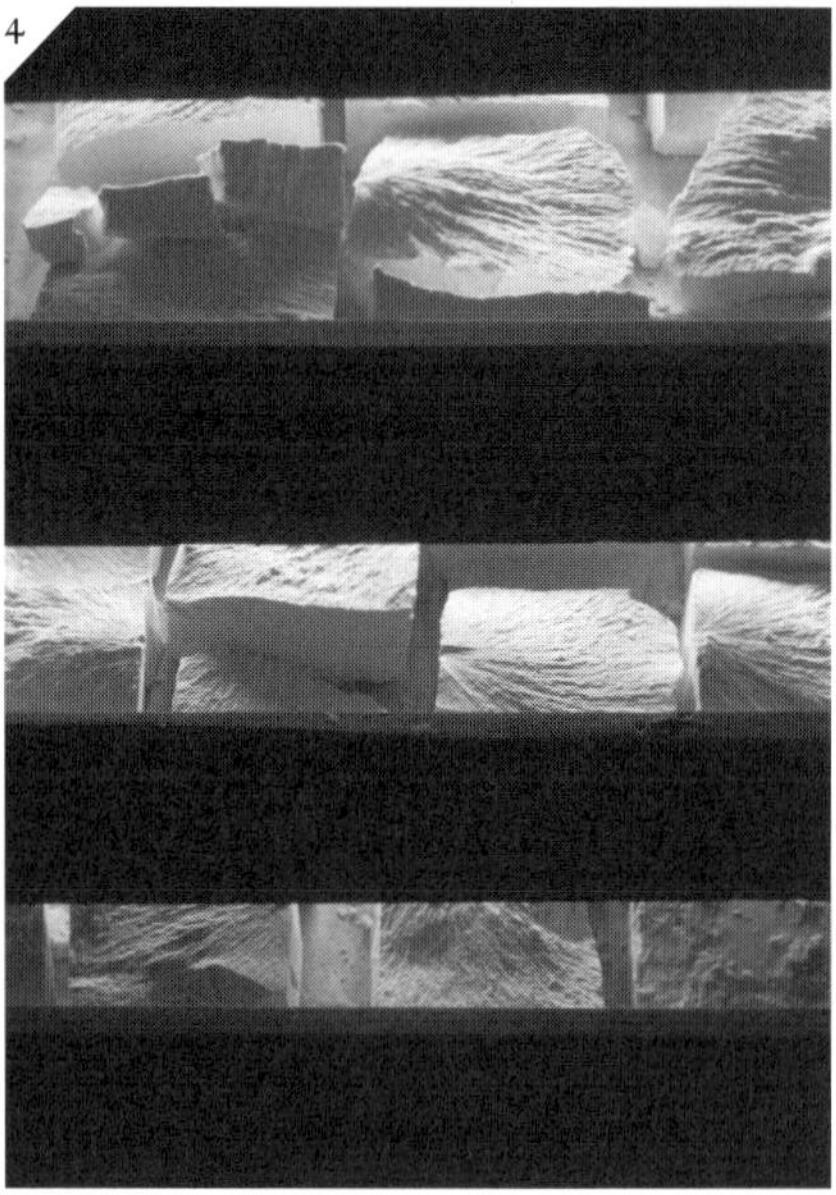

1／葛粉の原料になる、マメ科の蔓性多年草、葛の根。デンプンをたっぷり蓄えて太った冬根を使う。採取時季は晩秋。葉が落ちてから、木の芽を吹く前まで。2／水晒しを終え、桶底に沈殿した真っ白な葛粉を切り出す。葛の底の砂まじりの部分を、包丁で切り落とす粗切りと呼ばれる作業を行なう。切り落としたものはもう一度粗葛と一緒に水晒しする。3／一つずつ手で割り、半日ほど天日に干してざっと乾かす。太陽光にあてるとさらに白くなる。4／その後風通しのよい校《あぜ》倉造《くらづくり》の干場で、50日間陰干しする。完成間近の葛粉。

火の気のない作業場は、足踏みせずにはいられない寒さ。整然と並ぶ年代物の木桶の中で、白い水が音もなく回っている。これは、粗葛と水を木桶で撹拌し、渦巻くまで放置して自然に沈殿させる作業の最中の風景だ。一昼夜、36時間ほどで沈殿するので、そうしたら桶をそっと傾けて上水を捨てる。

桶の中で、根くずなどの軽い不純物は浮き、土や砂などの重い不純物がまず沈む。その上にゆっくりと葛粉が降り積もる。上下を除き、中層の葛粉のみを桶に戻し、再度水で晒して純粋な葛粉に近づけていく。

「最近はいくぶん温かくなりましたけど、昔は氷をかち割って、水を捨てておったです」と、黒川さん。

井戸水は冬でも10℃ほどあるが、木桶にくむと、みるみる薄氷が張った。

「寒の水でなかったら、ええもんができません」

一年でいちばん寒い時季、寒中は、空気中にも水中にもほとんど雑菌がいない。清らかな空気と水で作られる葛粉は上質で、劣化しにくく、一年ねかせるとさらに風味を増し、透明感が出るという。

木桶の中の葛を、順繰りに櫂棒《かいぼう》でかき混ぜて、デンプンの沈殿を待つ。木桶を傾けて、上水を捨てる。終日このくり返し。10日ほどで、土色の粗葛が純白の葛粉になる。

この後は、乾燥の工程。まずは半日ほど天日に干してざっと乾かす。冬のからっ風に晒されて、しっとりとしていた肌がみるみる乾いていく。太陽光にあてるとさらに白く仕上がるという。これを風通しのよい部屋に移して、50日間かけてじっくり陰干しする。

こうして、ざっとふた月かかって、ごつい枯木のような葛根10kgが、1kg弱の葛粉に仕上がる。

お湯を注いでものの1分。とろりと葛湯ができ上がる。究極のファーストフードは、60日間プラス1分という、超スローな食べものなのだった。

梅肉エキス

青ウメをとことん煮詰めたひどく酸っぱい元気のもと

【和歌山県・田辺市】

「ウメはその日の難逃れ」と、祖母はよく言っていた。おかげでわが家では、風邪をひいてもお腹をこわしても、梅干しの出番だった。昔の梅干しは、しょっぱくて、酸っぱくて、見るだけでも唾が湧いてきた。

しかし、これには到底かなわない。これが食べものかと疑うほど真っ黒け。もはや旨いまずいを超越している。青ウメの搾り汁をトロトロと漆黒になるまで煮詰める。サトウキビの汁なら、とっくに黒糖になっているところだが、こちらは小さじ半分で、顔がくしゃくしゃになるほど酸っぱい。かすかに渋みもある。

稲妻のような酸味が消えると、口の中に夕立の後の爽快さが広がる。お腹のモヤモヤまですっきりするから、懲りずにまた舐める気になる。

私は和蜂の蜂蜜と梅肉エキスをぬるま湯で溶いて、風邪予防薬にしている。食欲のない時、お腹の調子が悪い時にも重宝する。煮ものに少々加えれば味がキリッと締まり、傷みにくくなる。

昔の人がくれた体をいたわる知恵を、生かさない手はない。

梅雨に入ると、そろそろウメの作業がはじまる。まず青ウメで梅肉エキスを作り、少し熟すのを待って梅干しを漬ける。代々お母さんたちが、手間ひまかけて作ってきたこの酸っぱいものたちは、どうもただの保存食ではないらしい。

江戸時代中期の書物『本朝食鑑《ほんちょうしょっかん》』には、「梅の酸鹹《さんかん》は、胃腸の毒を下して、疫邪を駆逐する」とある。

昔のお母さんたちは、ウメの持つ解毒、殺菌の力を、梅干しや梅肉エキスという食べものにして保存常備していたのだ。

ご飯を腐りにくくするばかりか、おかずにもなる梅干しは、今も握り飯や弁当箱の真ん中でにらみをきかせて

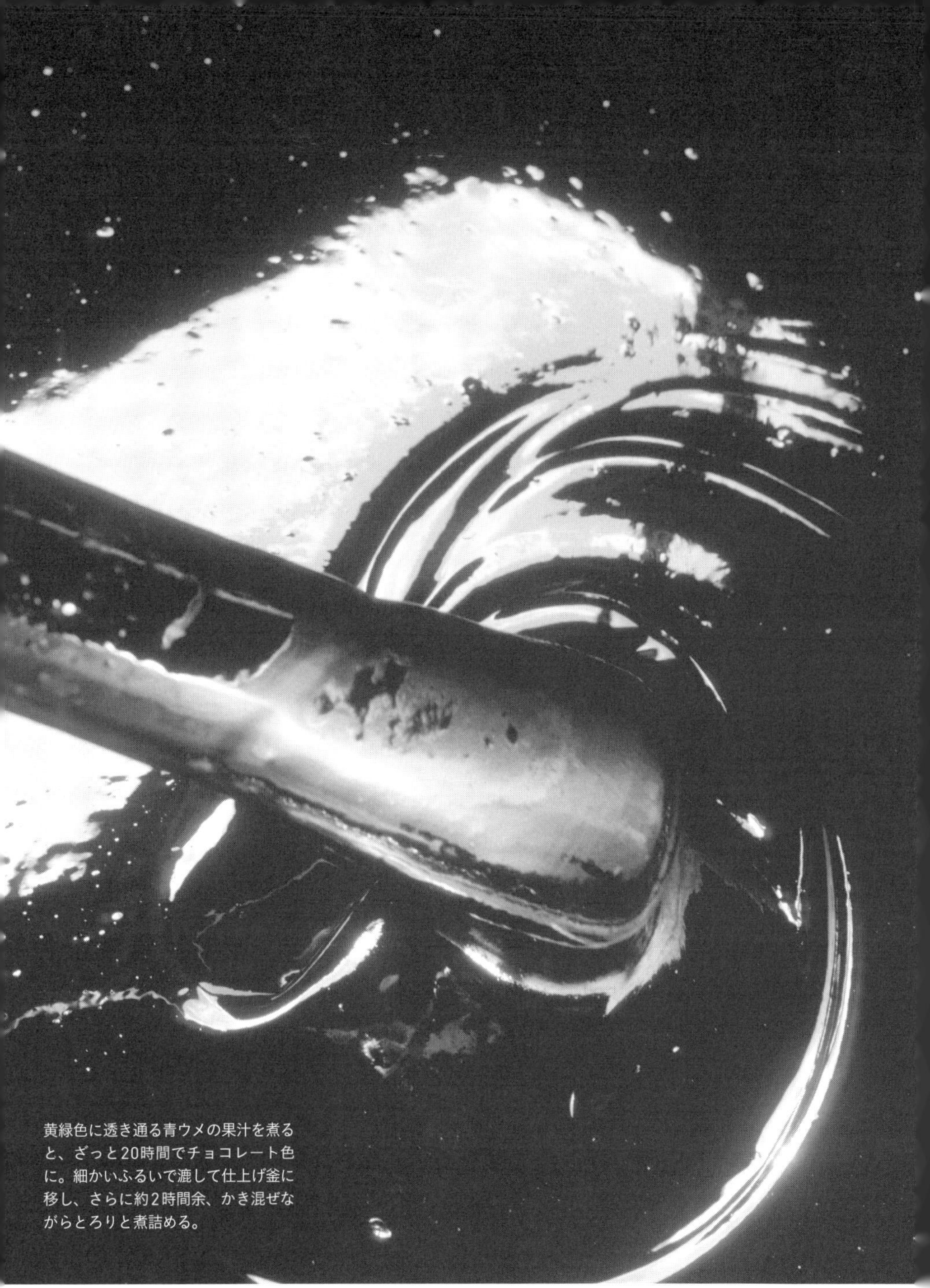

黄緑色に透き通る青ウメの果汁を煮ると、ざっと20時間でチョコレート色に。細かいふるいで漉して仕上げ釜に移し、さらに約2時間余、かき混ぜながらとろりと煮詰める。

いる。お腹をこわした時、夏バテで食欲のない時、二日酔いの朝の頼みの綱でもある。

それもこれもあの酸っぱさ、クエン酸などの殺菌力を持つ有機酸のおかげだ。疲労回復にも力を発揮する。

梅干しよりさらに強力な梅肉エキスは、食べものというより家庭薬として頼りにされてきた。風邪気味かなと思っても、胃を荒らす風邪薬は飲みたくない。そんな時に胃を守りつつ、風邪から穏やかに守ってくれる。「効いた」という実感がなければ、こんな手間なもの、長年作り続けられるはずがない。

なにしろ、やる気、根気がいるのだ。作り方は単純。青いウメの実をすりおろして搾り、果汁を、アク取りしながらとろ火で煮詰めればいい。2日がかりで作ってみたけれど、根性のない私は一度で懲りた。

紀州梅の産地、みなべ町の古老の話によると、昭和初期には梅肉エキスを量産していたという。

「明治生まれの父親が、油を搾る玉締め機の石臼でウメの実を搾っとりました。籾殻《もみがら》を混ぜると、種も潰れんと美しゅう搾れますんや。馬毛のふるいで漉して、ホーローの鍋をいくつも並べて、松の薪で焚いとりました」

当時はこれを、軍と製薬会社に納めていたという。軍は外地の戦場へ行く兵士に、梅肉エキスを持たせたそうだ。

「戦後は新薬が流行って、見向きもされんかった」

伝統的に行なわれてきた日本人の処方は、一時期、ほぼ迷信の類と片づけられたのだ。ところがどっこい、しばらく空白の期間を経てまた注文が増えているという。体験に裏打ちされた元気のもとは、やはりしぶとい。

自然育ちの青ウメに治癒力がある

「ほら、消毒せんでも、こんなにいいウメが採れる」

ウメの木の間から、弾んだ声がする。

紀州日高川の源流域、田辺市龍神村の豊かな自然に囲まれた梅林に、健やかなウメの実が鈴なりだ。

「採っても採っても、のうならん」

青ウメの実は一つひとつ手でもぐ。黄色く熟して落ちたものは使わない。はち切れそうな青ウメには、ちらほら褐色の斑点がある。ソバカス美人である。これを市場に出荷しても二束三文で、手間賃にもならないという。

「消毒したら、何でも見場のいいものができる。薬をやめるのは、なかなかできんことや」

老練のウメもぎ娘たちは、そう言って胸を張る。

1

2

3

4

1／青ウメを一個一個手摘みする。消毒していないので手は荒れない。1本の木におよそ1t、約5000個の実がなる。2／6月下旬に収穫された自然栽培の青ウメ。農薬をかけないウメの実には、ホシと呼ばれる斑点がちらほら見える。3／種を取り除いて粉砕し、木綿袋に詰めて圧搾する。酸っぱいにおいがさわやか。搾りかすは堆肥にする。4／アクを取りながら20時間ほどかけて煮詰めた後、櫂を入れながら2時間以上仕上げ煮する。冷めると硬くなるので、鍋の余熱も計算に入れてとろみを加減する。

龍神村で梅肉エキスや梅干しなどウメの加工をする寒川殖夫さんは、いっさい梅林の消毒をしない。化学肥料もやらない。枝の剪定と下草刈り、収穫後に有機肥料のお礼肥《れいごえ》をするだけだ。年によって豊作不作の差はあるけれど、収穫量を上げようと無理をすれば、病気が出るという。

「放置栽培ですわ。このあたりは自然が残っとるから、害虫の天敵もおる。ウメの木も強うなる。虫を殺すことを考えるより、虫に負けない作物を作ることです」

無農薬、有機肥料で米を作って40年余になる稲は、病気に強い。台風で倒れても起き上がる。そして旨い。ウメの木も同じだという。経験に裏づけられた寒川さんの持論である。

近在に100軒ほどある契約農家の無農薬ウメは、小さかろうとソバカスだろうと、すべて普通の値段で引き取る。斑点の少ないものは梅干しに、他はジュースや梅肉エキスにすればいい。

作業場からウメの果汁を煮る甘酸っぱいにおいが漂ってくる。窓の下を流れる青く澄んだ日高川に、アユ釣りの竿が光る。青ウメの時期はほんのいっとき。龍神村は山地なのでいくらか遅く、6月末の10日くらいの間に青ウメが集中する。朝5時から夜遅くまで、てんてこ舞いだ。

青ウメを粉砕して搾り、黄緑色の果汁が黒くなるまで煮ておく。大忙しの時期がすぎてから、じっくり仕上げにかかる。絶えずかき混ぜながら煮て、細かい泡がプツプツわき、粘ってきたらそろそろだ。

焦がせば、ひと釜だめになる。煮詰めすぎればカチンカチン。釜の底に残る最後の数cmが真剣勝負である。

「初めは何回も失敗しました。えらい授業料払ろたから、骨身にしみとります」

奥さんの賀代さんはそう振り返る。

今は息子の善夫さんが受け継ぐ。1t分の青ウメ果汁から、梅肉エキスが32kgほどできる。とことん濃縮するものだから、健やかなウメがありがたい。

阿波番茶

四国の山里に伝わる、ほのかに酸っぱい農家自家製の乳酸発酵茶

【徳島県・上勝町】

最初はなんか違うぞと思う。お茶なのに、ほのかに酸っぱくて、独特の香りがある。飲みつけると、あと口涼しくちょっとクセになる。

阿波番茶は、徳島の山里、上勝町《かみかつ》に代々伝わる農家の自家製茶である。

「番茶」と呼ばれるが、いわゆる摘み残りの葉で作る番茶とはわけが違う。

5月の新芽は摘まない。7月中旬に充分に成長した葉を摘む。それも年1回しか摘まない、一番茶だ。

摘む時期が遅いことから、「晩茶」といったものらしい。

山野に自生する山茶を育てた茶畑には、農薬も化学肥料もまかない。刈り込むこともしない。ぼさぼさと野放図《のほうず》に育った枝から、茶葉を一枚残らずしごき取る。茶摘み後の茶畑は丸坊主だ。

緑濃い茶葉をゆで、木桶に半月間漬け込んで乳酸発酵させる。お茶でありながら、お腹にやさしい乳酸飲料。

古式発酵茶が、四国の山間地にひっそりと生き続けている。

棚田や段々畑が、山の斜面を刻んで谷底へと続く。阿波番茶のふるさと上勝町は、勝浦川上流、1000m級の連山に囲まれた山里である。

7月、山のネムノキに薄桃色の花が咲く頃、神田《じでん》集落の茶摘みがはじまる。

農家の庭先はどこもかしこも製茶場となり、茶の香りでいっぱいになる。伝家の製茶法は、今もじいちゃん、ばあちゃんのしていた通り。茶の煮汁のしみた道具も、炎天下に緑濃い成葉を摘むのも、昔から変わらない。

スダチを一滴落としたくらいのほのかな酸味と独特の香気を楽しむ。

農家自家製の番茶は、めずらしい発酵茶なのである。

7月中旬に、よく成長した山茶の葉を摘んで大釜でゆでて殺青し、葉の酸化酵素の働きを止める。茶の煮汁は漬け込みの必需品。常に煮汁を足して漬け込む。

山里に生き続けている、大陸伝来の風味と古式製法

緑茶を作るには、葉を摘んですぐに殺青《さっせい》しなければならない。蒸すか煎るかして酵素活性を殺しておくのだ。茶葉は摘んだ後も生きており、山積みにしておくと、酵素の働きで分解発酵が進んで色や味が変わってしまう。紅茶やウーロン茶は、これを利用した発酵茶だ。

しかし阿波番茶は、それとも違う。微生物のしわざなのである。茶葉についている自然の乳酸菌や酢酸菌が、空気を遮断した木桶の中で雑菌を抑えて増殖。一種独特の香りと酸味を醸し出す。

どこでつながっているのか、これと酷似した発酵茶が、中国・雲南省やタイの山間地の少数民族の間にもあるという。木桶の代わりに竹筒に茶葉を詰め、土中に埋めて乳酸発酵させる。かの地では飲みものではなく、客人やハレの日に供す食べもの。賞味した人の話では、風味もそっくりだそうだ。

山里の住人は類まれなるお茶を、毎日ごくあたりまえに飲んでいる。

「番茶がなかったら、ご飯が進まん」

上勝町でお会いした90歳になるおばあちゃんは、酸っぱくない番茶を知らなかった。

四国山間で愛飲されたのは、江戸時代以前からのことらしい。17世紀初期の古記録には、町から買いにくる人があったと記されているという。

酸っぱい番茶を待っていたのは、香川の塩飽《しわく》諸島の人たち。茶粥になくてはならない番茶は、塩と物々交換だった。

塩飽諸島といえば、倭寇《わこう》で知られる塩飽水軍の根拠地。航海技術が買われて、豊臣秀吉の朝鮮出兵の際にも活躍した船乗りたちの故郷だ。

水を選ばず、長期保存でまろやかになる発酵茶は、長い航海にはうってつけだった。

大陸の製茶技術は、彼らの船で海を渡り、川を遡って、四国の山奥にたどり着いたのかもしれない。

目に見えない微生物を操って真夏に作る茶葉の漬物

「山の大木を伐《き》り倒すと、どうせんでも一面に茶の木が生えてくる」

神田の古老は言う。

温暖で雨の多い山里は、茶木には願ってもない環境ら

しい。

「実入りのいい葉でないと、味が出んのです。茶摘みは夏の土用と、昔から決まったもんです」

摘んだ茶葉を一晩おいて萎《しお》れさせ、庭先の大釜で5分間ほどゆでる。真夏の暑いさなかに、汗だくの作業が続く。次に、ゆでた茶葉を旧式木製茶すり機でする。

「舟をこぐようにジャバラを押したり引いたり。100回はすらんといかん」

「茶すり」は、首尾よく発酵させるための大事な工程だ。葉の細胞を壊すことで、自然の乳酸菌や酢酸菌、酵母など数十種もの菌が入り込む。

有用菌が速やかに殖《ふ》えれば、旨い発酵茶になり、逆に有害菌がのさばると腐敗する。発酵と腐敗は表裏一体。どう呼ぶかは人間の都合である。

発酵の主役となるのが、空気の嫌いな乳酸菌。すった茶葉を杵《きね》で固く搗き込んで、桶の中の空気を遮断する。翌日にはぶくぶくと発酵がはじまる。桶開けまで10日から半月ほど。漬け込みの期間は、家によって違う。

「遠いところにおっても、あの家は茶を干しかけたなとわかるんです」

長く漬ければ酸味が増し、独特の香りも強くなる。2日間でカリッと乾けば上出来だ。

この後にもうひと仕事ある。「夜露をとる」のだ。カサカサに乾いた葉は、崩れて粉になってしまう。だから取り入れる前に、夜露にあてて少し湿気を含ませる。

「雨にあてるとカビが生える。霧吹きで水をまいてもだめ」

夜露でなければならない。

空はまだほの明るい藍色。くっきりと西の空の稜線が見える。一番星の空から、音もなく夜露が降る。手に触れる茶葉の音が少し、重くなってきた。

頃合いはすぐわかる。夜露を受けた茶葉が、息を吹き返したように、ふわりと香り立つのである。

暮れなずむ山里に、数百年来の香りが満ちてきた。

阿波番茶の作り方

1 茶葉を釜ゆでする

庭先のかまどで湯を沸かし、茶葉を沸騰した湯に浸けてさっとゆでる「籠ゆで」。殺青するのは、加熱して葉の酸性酵素の働きを止めるため。

2 茶葉をすり、搗き固める

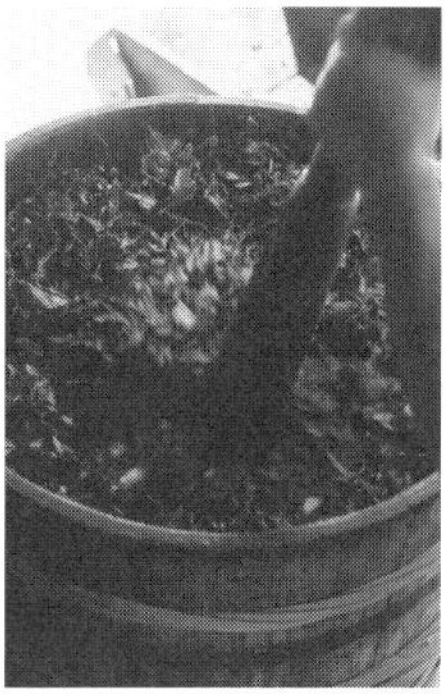

茶葉を木製の揉捻機《じゅうねんき》の舟に入れ、洗濯板のようなジャバラで100回すり潰す。菌を寄せ、発酵を促す大事な工程。

すり潰した茶葉を1石2斗桶に杵で搗き込み、踏み込んで固く詰める。阿波番茶作りに不可欠な桶は、江戸末期に作られたものが使われている。

3 茶葉を漬ける

雑菌が入らないように茶葉のゆで汁をたっぷり注ぎ、芭蕉の葉で落とし蓋をした上に重石をのせる。この状態で10日~半月間漬け込む。

4 約2日間天日に干す

早朝、むしろに広げて天日に干し、昼には天地を返す。夏の強い日ざしで、カラッと乾けば上出来。夜露にあて、しんなりさせてから取り込む。

碁石茶【高知県・大豊町】

梅雨時に茶葉を蒸して踏んで漬け込む、乳酸発酵の黒茶

かちっと乾いた黒い塊を手に取ってよく見ると、木の葉がそのまま幾重にもみっちり重なっている。ほのかに酸っぱい香りのするこのお茶は、緑茶でもなく紅茶とも違う。どんな味がするのか、ちょっと見当がつかない。

四国三郎とよばれる吉野川の上流、山々が打ち重なる高知県の山里に、幻の茶といわれた発酵茶、碁石茶がある。

姿も見えず、どこにいるかもわからない微生物を自在におびき寄せ、夏の強い日ざしで一気に干して、さわやかな飲みものに仕立てる。先祖代々山里に暮らす凄腕カビ使いの仕事である。

塊を一個急須に入れて熱湯を注ぎ、しばらく待って、葉がふわっとほぐれたらいただく。乳酸菌のほのかな酸味と山茶の渋みと甘さ、あと口の清涼感が喉を潤す。冷やしてもいけそうだ。

江戸時代から、高知の山奥で人知れず作り続けられてきた碁石茶が、一体どこからどうやってこの山里にたどり着いたものか。

お茶好きの国の住人である私たちは、「お茶は緑色」と思い込んでいるフシがある。文字通り茶色のお茶、発酵茶にあまりなじみがない。が、発酵茶を知らなかったわけではないらしい。

その昔、仏教伝来の頃に日本人がはじめて出会った茶は、針のような玉露でもさらさらの抹茶でもなく、かちんと固まった発酵茶（団茶）だった。

もしかしたら四国の山奥で作られている碁石茶も、遣唐使のお坊さんと一緒に海を越えてきたのかもしれない。

四国山地に根づいた乳酸発酵茶

発酵茶には生葉を発酵させるものと、熱を加えてから発酵させるものがある。紅茶や烏龍茶は前者。碁石茶は

茶葉の形そのままに乾いた碁石茶は、雨が少なくて暑い夏ほど、色よくつややかな上物に仕上がる。タンニン、カフェインをほとんど含まないので、寝る前に飲んでも大丈夫。

後者。二段階発酵させる手の込んだもので、月日もかかるし、技の難易度も高い。

中国・雲南省の少数民族やミャンマーと中国国境あたりの山岳民族の村に、碁石茶とそっくりの発酵茶があるらしい。現地調査をした碁石茶研究者の宮川金次郎氏にそう聞いたことがある。といってもこのお茶は、飲みものではなく食べもの。いわばお茶の漬物。苦くて酸っぱい味が喉の渇きを癒し、お腹の具合の悪い時の薬代わりにもするそうだ。

瓜二つの発酵茶が、雲南省の山岳地帯から、いったいどうやって四国山地の奥深く、吉野川最上流の大豊町までやってきたのだろう。

13世紀から16世紀にかけて、朝鮮や中国沿岸に出没した瀬戸内や北九州の水軍、倭寇が持ち帰ったのではなかろうか、と宮川さんは推測する。

水を選ばず湿気に強い発酵茶は、長い航海には重宝したはず。しかも塩飽《しわく》水軍の本拠地だった瀬戸内海の塩飽諸島では、今も酸っぱい発酵茶で炊いた茶粥を食べる習慣がある。

土佐藩の歴史書『南路志《なんろし》』(1815年)によると、「碁石茶上品也」とあり、当時は200軒もの生産農家があったと記されている。

ところが高知県では10数年前まで、その存在すら知られていなかった。

今は数軒に増えたが、当時大豊《おおとよ》町の碁石茶農家は、小笠原正春さんただ一軒きり。伝統の製法を残したいと踏ん張っておられた。

「今でもなくてはならん方々がいるんです。茶粥の味を絶やさないでと、香川から訪ねてくれた人もいます」

小笠原さんは晴れやかな顔で、ちょっと胸を張った。

碁石茶は、香りと酸味が丸くなって和らぐ2年もの、3年ものがいちばん喜ばれる。梅雨を越すとひとたまりもない緑茶と違って、熟すほどに旨みを増す。うまく年をとれるのが発酵茶の強みなのだ。

梅雨の湿気で醸し、真夏の太陽で乾かす

茶葉が大きくなる頃に、カビ菌たちの大好きな梅雨がやってくる。6月後半、成葉を刈り取って、碁石茶作りがはじまる。梅雨のじめじめが発酵には都合がいい。

工程はすべて人力の手作業。茶葉を刈る、蒸す、ねかせる、踏む、漬け込む、切断して天日干しと続く。

山の茶畑はどこへ行くにも急坂ばかり。手ぶらでもき

朝5時。深い朝霧の中で干しはじめ、8割方並べ終わる9時頃には、霧が晴れて、夏の日ざしが照りつける。日よけむしろを掛けていても背中がじりじり焼ける。

つい坂を、茶葉が山盛りの背負子《しょいこ》を背負って運び上げるのはひと仕事だ。

　小枝ごと木桶のかまどに詰めて蒸し、葉だけを「ねかせ部屋」の床にふかふかに重ね、むしろの布団をかぶせてカビが来るのを待つ。このカビつけが勘どころ。このカビ次第で茶の風味が決まる。発酵が早すぎても、遅れてもいけない。3日間で湯気が立つほど発酵してくる。

「風呂の湯加減をみるように、葉に手を突っ込んで温かいうちはよし。熱いと感じたらすぐに足で踏んで、発酵を抑えてやらんと」

　なだめつつ1週間もすると、待望の卵とじにしたようなカビがつく。

　次にこれを大桶に入れて固く踏み込み、がっちり重石をして空気を遮断。「3日でぶくぶくじゃわじゃわ発酵して、600kgの重石を持ち上げます」

　そして半月ほどで騒ぎがおさまったら、切り出し。朝に並べ、夕方しまって干し上げるのだ。

「暑くて暑くて、おられんくらい、日があたらんといかんのです」

　天日干し作業中のお母さんが言う。厚みのある茶を芯までかっちり乾かすには、少しでも長く日照が欲しい。朝5時には作業開始。濃い朝霧の流れる中、碁石茶を一つひとつむしろに並べていく。

　夏の強い日ざしが、黒光りする上質の碁石茶に仕上げてくれる。

　干してすぐの雨は大敵だ。腐りやすく、味を落とす。3～4日間晴天が続く日を見計らわなければならない。

　小笠原さんの天気予報の極意は、先人からの申し送り通り。川霧が下流に流れると雨。夏の夕焼けは要注意。茶の木の蜘蛛の巣が白く見えたら晴れ……。山や空を仰ぎ、霧の流れを見て天気を読む。

　何百年前と同じ。いかにも素朴な製法だが、その実やっていることはすごい。好気性のカビと嫌気性のバクテリア、異なる性格の微生物を使い分け、旨い茶にするのだ。空気を好むカビには空気を送り、空気を嫌うバクテリアには桶に固く踏み込んで、重石できっちり空気を遮断する。環境さえ整えてやれば、菌は機嫌よく働く。酸っぱい味を醸すのは、おなじみのお腹にやさしい乳酸菌である。

　微生物とうまく付き合う方法が、ここで忘れられていいはずがない。思わずぎゃっと言いそうになる黄色いカビに、目を細める小笠原さんの意地もそこにある。

碁石茶の作り方

1─茶葉を約2時間かまどで蒸す

6月末頃、充分に育った自生の山茶と無農薬栽培のやぶきた茶の成葉を刈り取る。

天日干しが梅雨明けになるよう逆算し、蒸し作業をはじめる。山の茶畑から背負ってきた茶葉を蒸し桶にぎっちり詰め、薪火で蒸す。蒸し汁は漬け込みに使う。

2─1週間ねかせる

蒸し上がった茶葉を、むしろに広げて冷ます。小枝と葉を分け、ねかせ部屋(発酵室)の床に60㎝の厚さに葉を敷き詰めて、むしろをかぶせて温度を調節し、一次発酵。

発酵の首尾はねかせの按配《あんばい》ひとつで決まる。手で触って温度を測りながら、カビが好む温度を保つ。卵とじのようなカビがついたら上出来。

3─約15日間嫌気性菌発酵

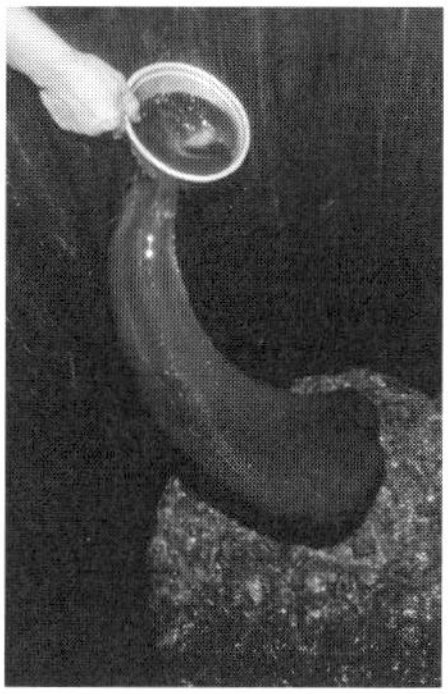

杉桶に10㎝の厚さになるよう茶葉を固く踏み込んで、茶葉の蒸し汁をかけながら何段にも漬け込む。茶葉と同重量の重石をのせて空気を遮断。10～15日間で発酵を終える。

4─裁断し、天日干しする

発酵を終えた茶葉を包丁で切り出し、3㎝角に切って、4～5日間天日干し。昔はこれをさらに石臼で搗き砕いて、碁石のように丸めて干していた。芯まで乾いたら完成。

笹巻き

【山形県・鶴岡市越沢】

山里の端午の節句の粽は、厄を除け幸せを呼ぶ黄金色の三角

開けてみるまで、何が出てくるかわからない。それが包みもののささやかなお楽しみ。

藺草《いぐさ》の帯ひもを解いて笹の葉をはがすと、白い笹餅ならぬ、黄金色の三角が現れる。

「ぷるぷるしとるが、食べても大丈夫か」

そう言ってくる人もあるそうだが、無理もない。見た目も奇抜だが、味も一風変わっている。とっつきにくいのだ。でも、クセになりそうな独特な香り。ぷるんと舌に触れる感触。甘いきな粉をまぶしていただく、その味は捨てがたい。

山形・越沢《こえさわ》の山里では、端午の節句にこの三角笹巻きを食べる風習がある。黄金色は古来、太陽の色として幸せを呼ぶ神聖な色。子どもらを守る厄除けの祈りが込められている。色粉で着色したみたいに鮮やかな、その黄金色の秘密は、灰汁である。

もち米を灰汁に浸してから煮ると、米の粒々がくっつき合い、ゼリー状になって黄金色に透き通る。見なれた米とは思えぬ華麗なる変身ぶり。山里のハレの日を飾るご馳走である。

とうの昔に鯉のぼりは揚げなくなったけれど、端午の節句の粽《ちまき》だけは毎年欠かしたことがない。するりと笹の葉を脱がせて、笹の香りを吸い込み、甘くとろけるつややかなもち肌にかぶりつく。このささやかな幸せを捨てられようか。

節句の粽はずいぶん古くからあるもので、紀元前3〜4世紀頃の中国では、すでに食べられていたらしい。白い粽だったのだろうか。6世紀に著された現存する最古の農業書『斉民要術《せいみんようじゅつ》』に記された、粽の作り方によれば、灰汁で煮るとある。

時代は下って、江戸時代の医者人見必大《ひとみひつだい》が著した『本朝食鑑《ほんちょうしょっかん》』にも、「粽はまこもの葉で米を包み、灰汁で煮る。

端午の節句にこしらえる厄除けの笹巻き。灰汁に一晩浸けた薄い黄色のもち米が、笹の葉で巻いて煮ると目の覚めるような黄金色に透き通る。灰汁の不思議。甘いきな粉やゴマ入りのきな粉をたっぷりつけていただく。

5月5日にくらう」と古文献の引用文が出てくる。ということは黄金色であったわけだ。

もともと端午の節句の粽は、男の子が健やかに育つようにと願いを込めて作られた。とはいえ、わざわざひと手間かけて、黄金色にしたのはなぜだろう。ただの飾りや装いではなかったらしい。

灰が水に溶けると、強いアルカリ性の液になる。腐敗菌などの微生物は、これを嫌って寄りつかない。そのうえ抗菌作用のある葉で巻けば、さらに腐りにくくなる。白い米の粽より日持ちがいい。

旧暦5月の節句の頃は、新暦では6月の梅雨時。むしむしする気候は、カビどもの天国だ。お供えのお下がりも、黄金色なら心配無用。食あたりを防ぐのも、厄除けのご利益の一つである。

どうやら黄金色の笹巻きは、現代の白い粽の元祖だったらしい。古来の粽がなぜ、山形県の越沢集落にあるのか。その起源を村の古老に尋ねてみた。

「150年近く前に、この村とこの先の関川という村の境で、戊辰戦争の戦《いくさ》があってな。その時に薩摩から伝わってきたという人もあるが」

定かなことはわからない。

確かに鹿児島では、今も節句には厄除けの三角の黄色い粽（灰汁巻き）を作る。西郷隆盛が戦に赴く時、母親が日持ちのする灰汁巻きをこしらえて、弁当を持たせたという話を地元で聞いたことがある。はるか昔に大陸から伝わった黄金の三角粽が、維新の戦を機に日本列島の南のはずれからはるばる運ばれ、植物の種のように、北の山里に根を下ろしたのかもしれない。

灰汁独特の風味と熊笹のさわやかな香り

「5月から6月の旧節句までは、大忙しだの」

山形県鶴岡市越沢の農家野尻七一郎さんは、毎春、奥さんのさくみさんと2人でどっさり笹巻きを作る。

山の田んぼに育つもち米を灰汁に浸し、夏に山に入って採る青々とした熊笹の葉で巻く。おおかたは鶴岡あたりの、町の人たちからの注文だそうだ。

温海の閑静な温泉街から、川に沿って上流に向かうと、離れ小島のように山あいの集落が点在している。今はひと冬に2～3回で済むが、昔は7回も屋根の雪下ろしをしたという豪雪地帯である。

越沢の集落に入ると、道端の空き地に薪が整然と積み上げられていた。家々の軒下、庭先の小屋、家の中にま

1

2

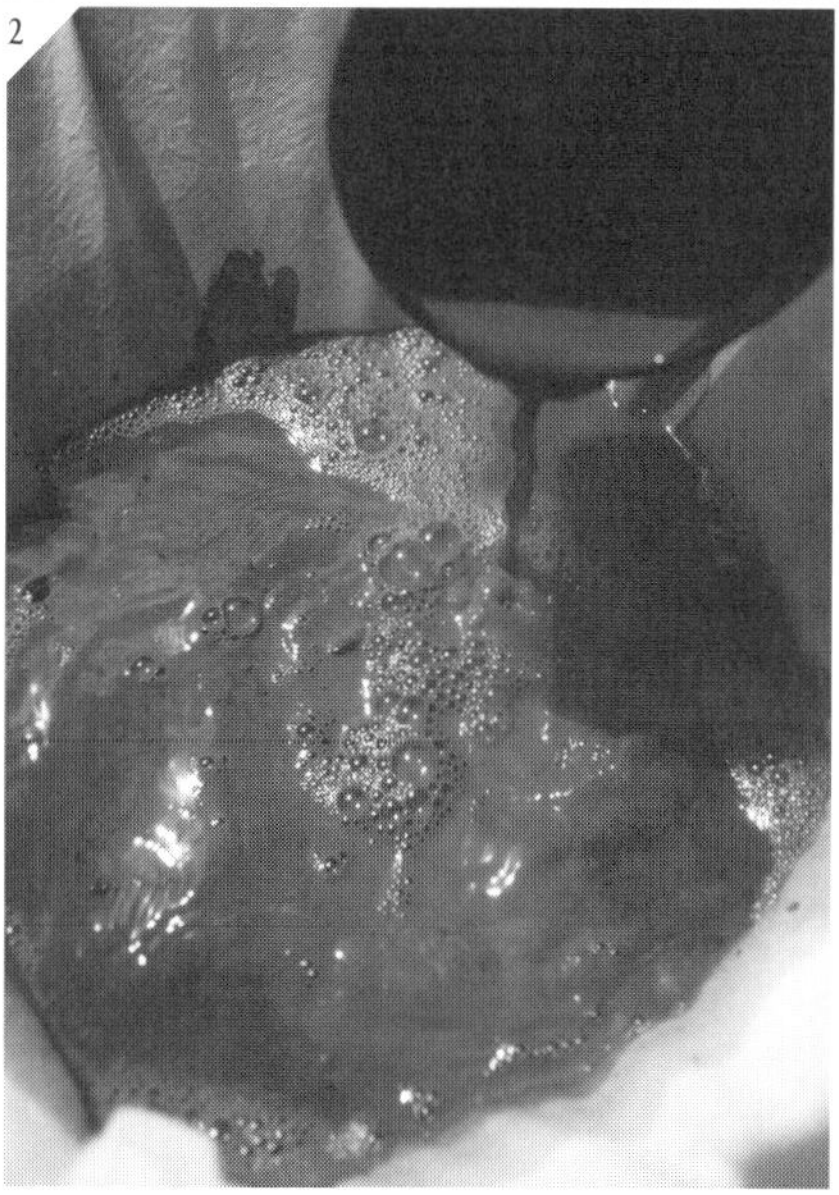

3

4

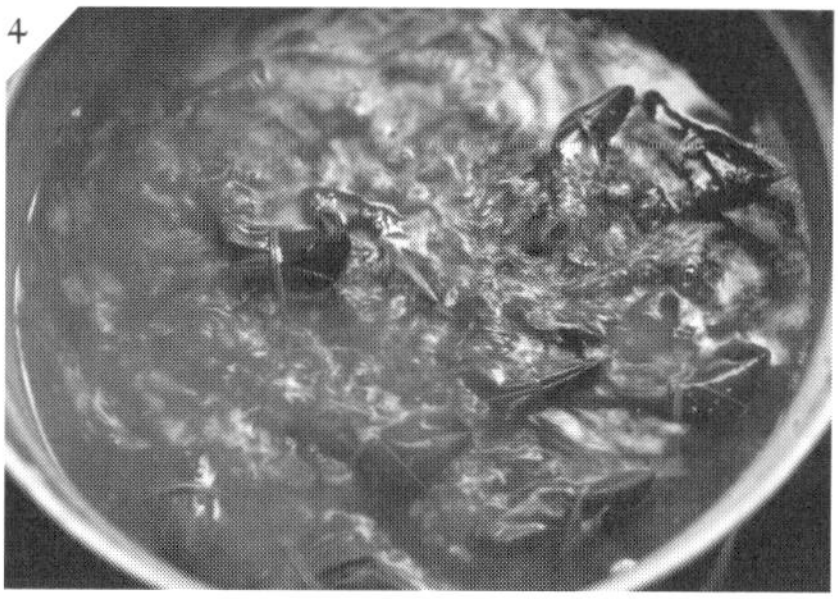

1／7月15日すぎから9月まで、山に入って青々とした熊笹の葉を採取。約1週間天日乾燥しておく。写真はびっしりと吊るされた1年分の笹の葉。これを紙箱に保存する。2／沸騰した湯に木灰を入れて数分間煮立て、布で漉して灰汁をとる。3／乾燥笹葉を水洗いして、葉の付け根を切り揃え、10分ほどゆがいて青々とした葉に戻す。葉を2枚重ねて丸め、灰汁に浸けたもち米を入れて三角に包む。4／笹巻きを3～4時間ぐらぐら煮て火から下し、鍋の中で一晩冷ます。急冷すると笹の葉が萎《しな》びてしまう。

で薪部屋がある。ここではまだ薪ストーブが、冬の茶の間の主役らしい。

村の人は灰のことを、「あく」と言う。灰も灰汁《あく》も一緒だから、ややこしい。ひと冬分のストーブの灰をためて灰汁をとり、山菜のアクを抜き、トチノキの実の渋を抜き、笹巻きをこしらえる。灰は生活必需品である。

「薪にはナラ、サクラ、クヌギといった堅い木がいいです。中でもナラの灰汁がいちばんだの。清酒と間違うくらいの、透明な灰汁がとれます」

クリの木は黒い灰汁、ブナは赤い醤油のような灰汁。木によって色も力も違う。堅木の灰は火力が強く、力があって濃い灰汁がとれるという。木はすごい。燃え尽きて灰になってなお、自らを失わない。

灰汁のとり方は、家によって少しずつ違う。野尻さんの家では、沸騰した湯に灰を入れ、落とし蓋をして2～3分ぐらぐら煮る。漉した灰汁を舐めてみると、舌にびりびりっとくる。刺激が強く、いかにもききそうだ。

もち米を灰汁に一晩浸けてうるかし、翌日2枚の笹の葉で巻く。

「ザラザラどうしを合わせて、つるつるを表にしてね。どっから見ても三角になるように巻くの。角のぴしっととがった正三角には、なかなかならねえな。もっときれいに、おいしそうにと心の中で言いながら巻くんです」

米一升で50個ほど。手なれたもので、目分量で米をすくって笹に詰め、ほとんど同じ大きさになる。笹の葉の大きさもすべて違うのに、よくきっちり数を合わせられるものだと感心する。

なんなくできそうでいて、そうはいかない。三角形どころか、米がぼろぼろこぼれて口を閉じることさえ難しい。なんとか封をしても、煮るとすぐにバレる。米がふくらんではみ出してしまうのだ。熟練の技のすごさを思い知る。

越沢には節句以外にも、7歳の七つ祝いと88歳の米寿の祝いに笹巻きを贈る習慣があるそうだ。この時は三角ではなく筍形。1個に笹の葉を30枚も使うという見事な笹巻きである。

「7歳はすくすく育つように、膝まであるでっかい筍。米寿はあんまりのびても困るで、その半分くらい（笑）。ここらの子は、皆作ってもらったんだよ。もう1回もらえる人もあるな」

息災を祈って節目節目に作られてきた笹巻きに、山に暮らす人の心根と神通力が詰まっている。

かんころ餅

餅と風干ししたイモを搗《つ》いてこしらえる幼なじみの味

【長崎県・五島列島】

長崎県五島列島の福江島を歩くと、一家に一つ「かんころ棚」というものがある。竹簀子《すのこ》の床にトタン屋根があるかないかの簡素な干し台で、たいてい日当たり・風通し抜群の庭先や畑の隅に作られている。

簀子の上に並ぶのは、季節によって魚だったり大根やクリ、ツバキの実だったり、いわば自家製乾物製造台。これが冷たい北風が吹く頃には「かんころ」の独壇場になる。

かんころとは、サツマイモを2～3㎜の薄切りにしてゆで、カリカリになるまで風干ししたもの。ただし、ただの干し芋ではない。これさえあれば、いろんな品ができる優れものだ。保存もきき、いつでも好きなものにして食べられる。水で戻して蒸せば、ほくほくのご飯代わり。デンプンをとって芋団子にもできるし、麦芽を加えて煮詰めればとろりとした水飴、発酵・蒸留して芋焼酎を造ることも。また餅に搗き込めば、おやつの「かんころ餅」となる。

子どもからじいちゃんばあちゃんまで皆のわがままに応え、一年を通して大活躍するのがかんころである。

長崎県五島列島の福江島でお会いしたおばあちゃんが、こんな話をしてくれた。

「この間まで、朝と昼は塩イワシと蒸したイモかかんころ。夕食だけが麦飯たい。うちの子どもらは皆これで育ったとです」

彼女が言う「この間」とは、現在60歳すぎの息子が子どもだった頃のこと。当時米は食べられず、サツマイモで作るかんころが主食だった。今もこの地域では、正月には餅とかんころを混ぜて搗いた「かんころ餅」を食べる。

イモだけだとほっくりさっくりだが、もち米が合わさるとほっくりもっちりになる。その歯ごたえが、米をし

地元で穫れたもち米を蒸して、餅を搗く。その餅を、一晩水に浸して戻したかんころと一緒に蒸し上げ、さらに搗き混ぜる。あぶって香ばしい五島列島のおふくろさんの味だ。

かと感じさせるご馳走だった。少しあぶると香ばしく柔らかになって、イモと米のやさしい甘さが一緒にふくらむ。

サツマイモはありがたい作物である。サツマイモのあるところ飢餓なしといわれ、育ち盛りを抱える一家の口を養った。中南米原産のサツマイモが、琉球に伝わったのは1600年代のこと。以降、薩摩で盛んに栽培されるようになり、江戸期享保年間（1716〜1735年）には京都に焼き芋屋もあったそうだ。

その後、江戸中期8代将軍徳川吉宗の命を受けた青木昆陽《こんよう》が、西日本では知られていたサツマイモの栽培を江戸で試し、成功させて全国に広まっていく。甘く栄養価の高いイモは、すぐに江戸っ子の胃袋をつかんだようで、江戸時代後期には料理書『甘藷《いも》百珍』が出版されている。

今は様変わりしているが、ひと昔前まで焼き芋といえば、女たちの大好物。お腹も快調、肌がキレイになるという女子の直感、実感はかなり鋭い。

国立研究機関・農研機構のレポートによると、白米も焼き芋もエネルギー量は大きく変わらないが、焼き芋100g中の食物繊維は白米のおにぎりの10倍余。かつて栄養価もないと冷遇されていた食物繊維が、今は重金属などの発癌性物質や脂肪といった健康阻害因子を吸着して体外へ排出してくれる存在として注目されている。ミネラル、ビタミンも含まれていて、カルシウムは白米の10倍余。カリウムも約18倍。さらに白米にはない、抗酸化作用のあるポリフェノール、ビタミンCやビタミンEなども含有する。野菜と穀物のいいとこ取りといえそうだ。

とはいえ、素材の機能性成分はあくまでも基本知識。効能ばかり気にしていては、食事が味気ない。あたりまえのことだけれど、昔からいわれているように、日々おいしくいただくのがいちばんである。

北風が吹く頃、かんころ作りがはじまる

小石の石垣でぐるりを囲んだイモ畑に立つと、紺碧の東シナ海が見える。畑の脇のかんころ棚には、広げたばかりの黄金色のイモがほこほこと白い湯気を上げている。どの棚も太陽に向き、背後から北風を受けるように傾斜している。庭先は黄色や紫色のかんころの花盛りだ。

「天気の安定する今のうちに、かんころを作っとかんと」

収穫の秋、五島列島福江島のサツマイモ農家は、イモ掘りとかんころ作りの最盛期を迎える。

1

2

3

1／薄切りにして硬めにゆでたサツマイモを重ならないようかんころ棚に広げ、約2日間天日と北風で乾かす。かんころ棚は、傾斜がきついほど背後から吹き抜ける北風の通りがよく、乾きも早い。2／さらに乾燥機で乾かせば、かんころの完成。3／もち米を蒸して餅を搗く。水に浸けて戻したかんころを混ぜて蒸籠《せいろ》で蒸す。砂糖を加え、餅搗き機でよく搗き混ぜる。柔らかいうちに手早く丸めのばして長四角形に切り、形を整える。普通のサツマイモとムラサキイモで作るものの他、緑色のヨモギ入りなどもある。

郵 便 は が き

料金受取人払郵便

本郷局承認

5452

差出有効期間
2024年5月
31日まで
(切手不要)

113-8790

(受取人)

東京都文京区湯島3-26-9
イヤサカビル3F

株式会社 柴 田 書 店

書籍編集部　愛読者係行

フリガナ 芳　名	年齢 歳
自宅住所 〒　　☎	
勤務先名　　☎	
勤務先住所 〒	

● 該当事項を○で囲んでください。

【A】業界　1.飲食業　2.菓子店　3.パン店　4.ホテル　5.旅館　6.ペンション　7.民宿　8.その他の宿泊業　9.食品メーカー　10.食品卸業　11.食品小売業　12.厨房製造・販売業　13.建築・設計　14.店舗内装業　15.その他（　　　　　）

【B】Aで15. その他とお答えの方　1.自由業　2.公務員　3.学生　4.主婦　5.その他の製造販売・サービス業　6.その他

【C】Aで1. 飲食業とお答えの方、業種は？　1.総合食堂　2.給食　3.ファストフード　4.日本料理　5.フランス料理　6.イタリア料理　7.中国料理　8.その他の各国料理　9.居酒屋　10.すし　11.そば・うどん　12.うなぎ　13.喫茶店・カフェ　14.バー　15.ラーメン　16.カレー　17.デリ・惣菜　18.ファミリーレストラン　19.その他

【D】職務　1.管理・運営　2.企画・開発　3.営業・販売　4.宣伝・広報　5.調理　6.設計・デザイン　7.商品管理・流通　8.接客サービス　9.オーナーシェフ　10.その他

【E】役職　1.社長　2.役員　3.管理職　4.専門職　5.社員職員　6.パートアルバイト　7.その他

ご愛読ありがとうございます。今後の参考といたしますので、アンケートにご協力お願いいたします。

◆お買い求めいただいた【本の題名＝タイトル】を教えて下さい

◆何でこの本をお知りになりましたか？

1．新聞広告（新聞名　　　　　　）　2．雑誌広告（雑誌名　　　　　　）

3．書店店頭実物　　　　　　　　　　4．ダイレクトメール

5．そ の 他 ＿＿＿＿＿＿＿＿＿＿＿＿

◆お買い求めいただいた方法は？

1．書店　地区　　　　　　県・書店名 ＿＿＿＿＿＿

2．柴田書店直接　　　3．その他 ＿＿＿＿＿＿

◆お買い求めいただいた本についてのご意見をお聞かせ下さい

◆柴田書店の本で、すでにご購入いただいているものは？

◆定期購読をしている新聞や雑誌はなんですか？

◆今後、どんな内容または著者の本をご希望ですか？

◆柴田書店の図書目録を希望しますか？　1．希望する　2．希望しない

ホームページをご覧ください。URL=https://www.shibatashoten.co.jp
新刊をご案内するメールマガジンの会員登録（無料）ができます。

記入された個人情報は、顧客分析と御希望者への図書目録発送のみに使用させていただきます。

「天気頼みの作業だから、晴天続きがありがたいやら、うらめしいやら」

サツマイモ農家兼かんころ餅屋の入口誠さんはそう言って汗をぬぐった。入口さんはもともと農家だが、ある時母のミトさんが野菜の行商のついでに持っていったら手製のかんころ餅がお客に喜ばれ、いつのまにか本業になった。

「イモは日照りに強いし、台風で地上の作物がやられても地下のイモは無事。この土地に合っとるんでしょう。小学校までは弁当もおやつもサツマイモだったです」

台風銀座で畑を耕す誠さんは、イモで育った世代である。

「子どもの頃は、収穫後の畑に残ったイモは、誰が拾ってもいいことになっとった」

厳しい暮らしをしてきた島人たちの、暗黙の心遣いだった。

材料のかんころさえ作っておけば、かんころ餅はぼちぼち作ればいい。農薬を使わずに自家栽培したサツマイモを、掘ったらすぐ表面の泥を洗い落とし、皮をむいて薄くスライスして、かまどの大釜でぐらぐらゆでる。薪の煙と湯気がもうもうと立ち込める中、朝から夕方まで誠さんは人間燻製となって頑張る。

硬めにゆでてかんころ棚に広げ、約2日間風干しした後、乾燥機で仕上げれば、かんころのでき上がり。これと搗いた餅を蒸して搗き混ぜ、かんころ餅とする。

「1月11日の下げ餅の日からは、地元のお客さんが持っておいでるお鏡さんと、かんころで作ることもあります」

今も地元は原料持ち込みが多く、各家の好みで鏡餅とかんころの割合が違う。注文に応じてゴマやショウガ入りも作る。

「昔は大ナマコみたいな形に作って、竹の籠に入れて風通しのいい軒下に吊るしとった。干して硬うなったのを、焼いて食べたですたい」

貧しかった時代が過ぎ、なんでも手に入るようになっても、11月、12月は寝る間も惜しむ忙しさだという。昔なじみの味は、どこまでも甘く懐かしい。

栃餅

【滋賀県・高島市朽木】

苦い実と数千年来のアク抜き法で作る、山家のハレの日の伝統食

「こんな苦いもん、誰が食べられるようにしたんやろ。昔の人はえらいもんやなあ」

滋賀県高島市朽木《くつき》の奥山、雲洞谷《うとだに》で栃餅を作る山本隆男さんが言う。

雲洞谷では、正月の祝いに栃餅の雑煮を食べる。以前は「やりもち」といって、遠くの親類縁者にも配っていたという。今も祝い事には欠かせない。

トチノキの実（トチの実とも呼ばれる）はつややかな暗褐色の大粒。クリに似ていていかにもおいしそう。ところがとても食べられた代物じゃない。煮ても焼いても消えないひどい苦みを、首尾よく抜いて初めて食べた「昔の人」は、縄文人だったらしい。

なぜか縄文前期にはないトチノキの実の皮が、後期の遺跡から大量に出土しているという。そのまま食べられるクリやクルミと違って、食えないものを食べものにするには、発見と技がいる。

数千年前に編み出されたトチの実食いの画期的技法は、忘れられることなく各地の山里に続いている。

滋賀県高島市朽木（旧・朽木村）は若狭から京都へ至る古道沿いにあって、その9割が山林という山深い在所である。

小さな集落が山ひだに点在し、住人は代々炭焼きと林業で暮らしを立ててきた。中でも奥山の雲洞谷では、正月の祝い餅、大寒の時季の寒餅《かんもち》、節句の菱餅と、年に3度栃餅を搗く。

もちろんトチの実の採取からすべて自家製。その保存法、アクを抜いて食べられるようにする技法を、集落の住人なら誰でも知っている。

それにしてもなぜ、正月や節句の祝いに、手のかかる栃餅を食べる決まりになっているのだろう。

「飢饉に備えよ、という先祖さんの教えやわね」

もち米にその4分の1量ほどのトチの実を入れて搗く栃餅。わずかに酸味のある、野趣豊かな風味。初めてなのに、懐かしい気がする味わいだ。

雲洞谷の古老はさらっと言う。

行事に栃餅を作る決まりは、苦い実を食べものにする技を、子々孫々まで忘れさせないための知恵だったのかもしれない。昔の人はやっぱりえらいなあ。自分の代しか見えていない今どきの人間とは、出来が違う。

ケモノ道をたどってトチノキの実を拾いにいく

山のてっぺんから紅葉がはじまる頃、空に向いて、巫女の持つ鈴のように実をつける。

「山の上から見ると、遠くからでも葉の色で、実がなっとるかどうかわかる。9月半ばすぎても、葉が青々しとったらダメ。紅葉しておればなっとる」

トチノキの大木があるのは、おおかた山奥である。村の衆は背負子《しょいこ》に籠、地下足袋、腰に鉈《なた》という山仕事のいで立ちで、トチの実拾いに出かける。

里からいちばん近いトチノキまで、ケモノ道を上ること40分間。天を突く大木にたどり着いた。

樹齢500年になろうかという森の主は、沢の流れにうねる太い根を突っ込むように立っていた。

高い沢音、葉をすり抜ける風、湿潤な森のにおい。降り積もったふかふかの朽葉の上に、トチノキの林ができても不思議はないほど、たくさんの実が落ちている。

トチの実は硬い外皮で守られていて、20mもある木のてっぺんから落ちても割れない。それが落ちて3日もすると、自然に3つに割れて実がこぼれる。斜面をころころ転がって沢に落ち、遠くへ流れ運ばれて根を下ろす。

このひと粒が、やがて森を圧倒する大木に育ち、デンプン質たっぷりの実をどっさり落として山の生きものや村人たちを養ってくれるのだ。

「落ちた実は、ほっとけんの。虫は食うし、イノシシやシカに先を越される。この頃じゃ、以前は食わなんだ外側の硬い皮まで食いよる」

広葉樹が伐採されて山に食いものがないんやろなと、村の衆はつけ加えた。

採り尽くさぬが、山の流儀である。

苦い実を食べものにするアク抜きの極意

山から帰ると、すぐに実を水に浸けて3、4日間おく。こうして虫出しして、陽のあたる軒下で数ヵ月間、からからに干し上げる。

「機械乾燥すると実が嫌がってな。皮がむきにくいんや。昔は囲炉裏《いろり》の上に、細竹で編んだ簀子《すのこ》を渡して、トチの

山奥の沢のほとりにある、樹齢約500年の大トチノキ。毎秋たくさんの実を落として山の生きものを養う。「紅葉がはじまる頃は猪や鹿と競争」。雲洞谷では9月上旬からトチの実拾いがはじまる。

実を置いてあった。下で薪を焚くから、煙でカビも虫もつかんの」

理にかなった保存法で、これなら数年はらくに貯蔵できたという。

12月に入ると、すぐに正月の餅の下ごしらえがはじまる。乾燥トチの実を1週間流水に浸けてもとの大きさに戻し、ぬるま湯でふやかす。一つひとつ「とちへし」で鬼皮をむき、さらに数日間、山の清流に晒《さら》すと、「灰合わせ」(アク抜き) の準備が整う。その極意は、灰の質と湯の温度だという。

熱湯にくぐらせた実と木灰を桶に入れてぬるま湯より少し熱めの湯を注ぐ。熱すぎは禁物。トチの実が溶けてしまう。手早く棒でかき混ぜると、ぶくぶく泡が立つ。

「この泡が吹かなんだらあかんのや」

この泡こそ苦みのもと、サポニン、タンニン。一晩おいて灰の中から掘り出して食べてみると、苦みは消え、舌にぴりぴりっときた。これで上出来。

灰を合わせると、10kgの実が8kgに目減りする。渋が抜けていなければ、やりなおし。ヘタするとトチの実が灰汁で溶けて、10分の1に減ってしまう。

「一にも二にも灰やわ」

ナラなど堅木の灰がいちばんだ。よい灰を手に入れるのに難儀したと、雲洞谷栃餅保存会の面々は言う。

雲洞谷に保存会ができたのは、二十数年前のこと。炭焼きと林業が衰退し、跡取りのいなくなった村を守りたいと、集落の中堅衆が話し合いを重ねてはじまった。伝家の栃餅を、旧朽木村役場近くの朝市に出すことにしたのだ。

「各家持ち回りで、庭に臼を並べて餅搗きしとったんやけどな。家ん中じゃ明治生まれの親父さんが、鉄火になって怒っとる」

栃餅は本来親戚や近所に配るもので、お金をもらうのは恥だ、と年寄りたちは反対した。

「けど3年目には、黙って手伝ってくれるようになりました」

山の衆が、自家製のもち米とトチの実を持ち寄って作る栃餅は、朝市で真っ先に売り切れる売れっ子だ。

土地の人たちのお勧めは、醤油味より甘いあんこ。さっとあぶってぜんざいに入れると。野趣豊かにして独特の風味がぐっと引き立つ。

縄文人のくれたトチノキの餅、ちょっとクセになりそうだ。

栃餅の作り方

1 トチノキの実を拾う

9月中旬頃から山に入ってトチノキの実を拾い集める。実を水に浸けて虫抜きした後、2〜3ヵ月間、からからになるまで干して保存する。

2 鬼皮をむく

流水に1週間浸けて戻し、「とちへし」という道具で鬼皮をむく。さらに3日間流水に浸けてザルにあげ、熱湯にくぐらせる。

3 木灰でアクを抜く

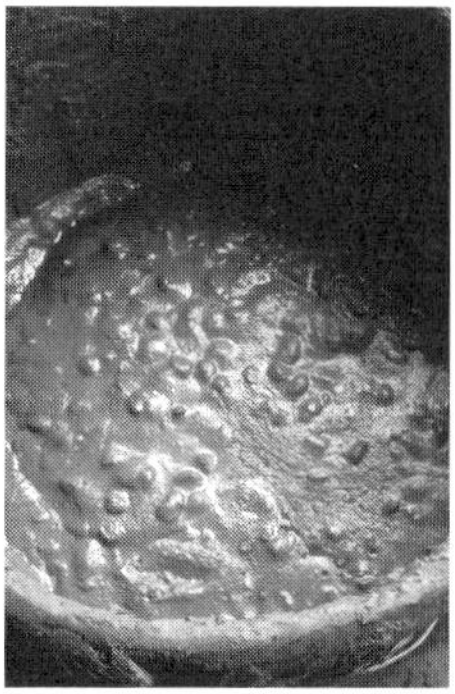

木桶に、熱湯にくぐらせたトチノキの実1升と、堅木の木灰2升を入れてぬるめの湯を注ぐ。よくかき混ぜて一晩おくと、しぶとい苦みが消え失せる。

4 流水で灰を洗い流す

翌朝渋みが抜けたら、流水に晒して灰を洗い落とす。

5 餅を搗く

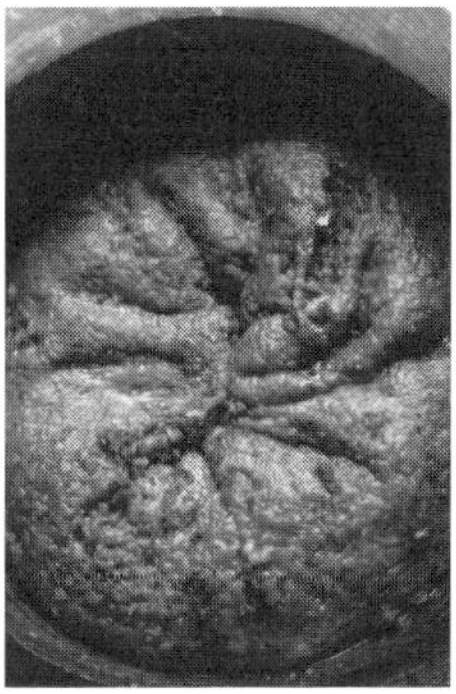

敷き布をした蒸し器にもち米2升とトチの実600gを入れ、敷き布で包んで2時間以上蒸す。蒸し上がったら臼に移し、杵で搗いて餅にする。

6 でき上がり

手で丸め、もち粉をまぶしてでき上がり。完成までに20日ほどかかる。柔らかいうちに冷凍保存すると風味がそのままに保たれる。

松皮餅

【秋田県・由利本荘市】

松の皮を餅に搗《つ》き込んで食べてしまう。鳥海山北麓に伝わる旧節句の祝い餅

どこにでもありそうに見えて、これほど独創的な食べものもちょっとめずらしい。餅をこしらえるために、樹齢40〜50年の赤松の木を伐《き》り倒し、その木の皮板を、大福餅にして食べてしまうのである。

もちろんあのごわごわの皮のままでは、歯が立たない。半日ぐらぐら煮て、木槌で辛抱強く叩き潰し、繊維にして餅に搗き込む。搗きたてにあんを包んで丸めてでき上がる。

とんでもない手間をかけて、皮板を食べようなどと誰が思いついたものか。鳥海山北麓《ちょうかいさんほくろく》の矢島町や鳥海町では、近年まで旧暦3月の節句に、松皮餅を搗く習わしがあった。赤い松皮餅、緑色のよもぎ餅、白い餅を菱形に切り重ね、菱餅にしてひな壇に供えて祝ったという。

古来、常磐の松は慶事の象徴。赤は、厄を除《よ》けるとされる祝儀の色。松の木から引き出す赤色で染めた餅は、雪国のめでたいづくしである。

言い伝えによると松皮餅は、秋田県北のクマ撃ち猟師・マタギの里に古くから伝わるものだという。

あんなに手間ひまをかけて、木の皮まで食うとは、よっぽどひもじい思いをしたものかと普通は考える。天明・天保の大飢饉の救荒食《きゅうこうしょく》だという説もある。けれど「背に腹かえられずに食った」というのとも、私は違うような気がする。仕方なく嫌々食べたのなら、飢饉が過ぎれば忘れてしまっても不思議ではない。

祝い餅を染める松皮の赤い色と数々の薬効

ふくふくした餅は、飢饉の悲壮感の漂うものには見えない。

古くから祝い事に喜ばれてきた赤い松皮餅の大福。人工着色料の出現で一時途絶えていたが、矢島町の農家のお母さんたちの手で息を吹き返した。

春祭りや節句の餅を作る時の、小豆を煮る甘いにおい、餅搗きの音、手伝う子どもらの笑い声……。そんなどことなくうきうきした気分を感じる。

古来、祝い事に赤はつきもの。赤色そのものに、邪を払い厄を除《よ》ける力があると信じられてきた。山に生きる人たちは、松皮で祝い餅を赤く染めて、無事を祈ったに違いない。

それも、単に赤色がつくばかりでなく、カビの発生を抑え、硬くなりにくく、日持ちもよくなるのだという。松皮に何らかの抗菌成分が含まれているらしい。漢方では、風邪薬や火傷の治療に用いられていた。

手軽にきれいな色のつく人工着色料の出現で、松皮の赤は次第に廃れ、やがて消えていった。

秋田県の鳥海山北麓にある矢島町の古老に伺った話では、戦後10年ほどの間は、旧節句の時期になると、集落の雑貨屋で「松皮玉」というものを売っていたそうだ。

「松皮の繊維を握りこぶしくらいに丸めた、真っ黒い饅頭みたいなもんだ。これを混ぜて旧節句の餅を搗いたんだよ。囲炉裏《いろり》で焼いて食べたら、そりゃ旨かったさぁ。ご馳走だもの」

手間をかけたものこそご馳走だった。懐かしむ声を受けて、矢島町の農家の佐藤和子さんと数人のお母さんたちが、30数年前に松皮の餅作りに取り組んだ。

「以前、松皮玉を作っていたという80歳、90歳の方々を尋ねて歩きました。その方々がおいでなんだら、とてもできなかったです」

佐藤さんは振り返る。

着手して10年後、おばあちゃんたちの記憶の片隅に眠っていた松皮の赤が蘇《よみがえ》った。

表皮の下の白皮に秘められた、目に見えない赤色を取り出す技

毎年雪が消えると、佐藤さん夫婦は杉の間伐を兼ねて、松皮餅に使う赤松を伐りに山へ入る。

静かな杉山に、コーンコーンと楔《くさび》を打つ音が響く。チェーンソーがうなり、高さ10数mの赤松があっけなく倒れた。

「冬は皮が木にしっかりくっついていてはぎづらいの。春はずっと楽です」

奥さんの和子さんが、皮をはぎにかかると、松やにの爽快なにおいが立ち込める。木を伐るのは男の仕事。皮はぎは女の仕事だ。

1

2

3

4

1／桧皮葺《ひわだぶ》き用の鎌で、倒したばかりの赤松の皮をはぐ。顔全体をすっぽり覆うほっかむりは、矢島の女性の山仕事の装束だ。内側の薄皮だけにした「白皮板」を、一晩水に浸して柔らかくする。2／ドラム缶のかまどで、半日つきっきりで松皮を煮る。今は灰汁の代わりに重曹を加えて煮た後、水を替えて仕上げる。3／「手きぎ」と呼ばれる木槌で、皮が潰れるまで叩いて繊維にする。ぼろぼろになったら、さらに包丁で叩き潰す。4／餅搗きの途中で松皮を加え、さらに搗き混ぜる。搗きたてに自家製あんを包んで丸める。

「昔は冬に木を伐りに山へ入って、春になって雪が締まると、木材を馬橇《ばそり》で出しました。赤松が出ると、村のばっちゃん方が皮はぎにいくんです。松皮だけは、誰が取ってもいいことになっていたんです」

松皮玉の作り手たちが健在だった頃の話である。

「こんな手間ばかりかかる仕事、今どきの人はしませんよ」

そのうえ、ひどく効率が悪い。

松の木を1本倒しても、根元から2～3mは硬すぎてだめ。先端の細い部分も、皮が薄くて使いものにならない。ものになるのはたった3分の1。ひと釜分でしかない。しかも、松なら何でもよいわけではなく、赤松でないとあの赤色が出ないのだという。

濃褐色のごわごわの表皮の下に、華やかな赤を隠していることを、いったい誰が見破ったのだろう。

黒松より木肌は明るいけれど、赤松の表皮は褐色。表皮をこそげ取り、その下の1㎜から2㎜厚の薄皮を使うが、それもただの白っぽい皮。めざす赤色は、どこにも見あたらないのである。

ところがこれを魔法の汁で煮ると、目の覚めるような赤紫色になる。魔法のタネは灰。灰を水で漉して作る灰汁である。

「この色が出るようになるまで、10年かかったんです」

と和子さんは言う。

さて、松皮餅作りに取りかかろう。

まず、はいだ皮を一晩水に浸けておく。翌朝いちばんで、庭先にしつらえたかまどの大釜で、半日ほどぐらぐら煮る。薪の強火でここまで煮ると、煮汁は濃い赤色を通り越して真っ黒。さすがに木の皮もくたくたになる。でもまだ硬くて歯が立たない。

次に木槌と包丁で、ぼろぼろの綿のようになるまで叩き潰す。

「手で引っ張ってみて、すっと細かくちぎれればでき上がり」

これをこぶし大に丸めて松皮玉にしておく。

餅がほぼ搗き上がったところで、松皮を入れると、白肌がみるみるきれいな桃色に変わっていく。ほのかに松の香りがするけれど、松皮餅にはこれといった味はない。丸1日がかりで作る松皮玉は、やはり何よりこの赤い色を手に入れるためだったのか。

つい今朝方まで杉山に立っていた松の木がくれた赤い大福を、手を合わせていただく。

仏手柑甘露煮

糖蜜でべっこう色に炊いて、半年以上ねかせて、なお芳しい香果

【和歌山県・高野町高野山】

じゃんけんのグーもあればパーもある。何とも奇妙な姿をしているが、冴えた黄色は美しく、かぶりつきたくなるほどいい香りがする。

英語名はずばり「フィンガー・シトロン」。わが先祖さんたちはこの芳しい黄金色の果実を「仏手柑《ぶっしゅかん》」と呼んで、観賞したり、薬にして珍重してきた。

仏手柑の産地の和歌山県有田地方では、正月の床飾《とこかざ》りにも使われるそうだ。

「部屋に飾っておくと次の間までええにおいがします。香りが薄なったら、皮の端を少し削ると、また香りが立つ」

酸っぱくてさわやかな香りは、鎧のような厚い皮の奥に、さぞやみずみずしい実を隠しているだろうと思わせる。ところが二つに割ってみると、中身は真っ白なワタだけ。果汁も実も種もない。ただ苦くてえぐいばかり。

そのままでは食べられない仏手柑を、糖蜜で透き通るまで煮ると、甘露な滋味に仕上がる。真言密教の聖地、高野山門前町の、甘い珍味である。

印《いん》を結んでいるように見える仏手柑を一つもいで半分に切ってみると、まるで白煙しかない玉手箱。香りばかりでとんと酸っぱくもなく、かなりな苦みが口に残る。高野山の古老の話では、これを細かく刻んで風邪薬にしたそうだ。

甘露煮なら、刻んで熱い湯を注ぎ、ふうふう言いながら飲んでみたい。

年中白い花を咲かせる香果の「グー」だけが甘露煮になる

仏手柑はインド北東部原産の柑橘類で、ザボンやダイダイの仲間。江戸初期頃に中国経由で伝来したといわれており、後期には和歌山で栽培がはじまっている。

柑橘類が初めて日本の文献に登場するのは、『日本書紀』(720年)。紀元前から在位したという垂仁《すいにん》天皇の命により、田道間守《たじまのもり》が非時香菓《ときじくのかぐのこのみ》(いつでも香りを放つ木の実。不老不死の薬とされていた)を求めに行き、常世国《とこよのくに》でようやく見つけて持ち帰るが、天皇はすでに亡く、嘆き悲しんだという話だ。

天皇が待ちわびていた時なし(非時)に実る香りの果実とは、何か。タチバナか、小ミカンか、それともダイダイなのか。諸説ある。もしかして仏手柑だったら、と空想してみる。ミカンと違って、白い花が年中咲く。寒さのせいか、春の花しか実を結ばないそうだが、暖かい国なら年中、時知らずに実るはず。

田道間守が香果を見つけた常世の国とは、仏手柑と仏教の原産国、天竺《てんじく》だったのではなかろうか。

香果と呼ぶにふさわしい仏手柑の強い香気は、ひと月水にさらし、ひと月以上煮て、さらに甕《かめ》に2年以上ねかせても消え失せない。大陸や半島からさまざまな文物が渡来した時代に、手の形をした天竺の香果が紛れ込んできても不思議ではない……。

と、ここまできて、はたと挫折した。当時の人々は、まだ仏さんを知らないのだった。

仏手柑はどんな木だろう。実際に実がなっているところを見に行こう。

和歌山県有田のミカン山の急坂を上ると、眼下に海が開けた。遠くの影のような淡路島、四国の山々を浮かべたまばゆい海が、大きな反射板のように南斜面のミカン畑に光を送ってくる。

仏手柑は、なんとミカンの木に実っていた。熱帯生まれの木には、寒すぎるのだろう、樹勢の強いミカンの木に、接ぎ木をして育てるのだという。見事な金仏の御手が、細い枝をしなわせている。あちこち指差していたり、クロスさせていたり、仏の手はさまざまな表情で見飽きない。

「人の指紋と同じで、一つひとつ全部形が違うんですよ」とミカン畑で聞いた。

年中咲く白い可憐な花が実るのは、3~5月の花だけだという。それも、なぜか3月頃の花は指を開いた手。5月頃に咲く花は閉じた実になるという。

「紅葉と同じ。昼夜の温度差がないと、きれいな色がつきません」

黄色がいちだんと鮮やかになる、12~1月が収穫時である。

苦くて生食に向かない仏手柑が2ヵ月間かかって、美しいべっこう色に透き通る。このままでもおいしそうだが、さらに糖蜜の中でねかせると、甘みがまろやかに。

苦い実を約1年かけて甘露なお菓子にする

高野山は、平安時代の僧、弘法大師空海が修行の場として開いた、標高800mにある真言密教の聖地。山内には100以上もの寺があり、今も僧侶たちの修行の場である。門前町もあるけれど、俗世とはかけ離れた、凛とした空気が山全体を包んでいる。

仏手柑甘露煮を作っているのは、高野山門前の菓子舗「かさ國」。先代の小林博さんが、和歌山市の老舗和菓子舗に修業に行って習い覚え、この地で作りはじめて70年以上になるという。

あのまずい!柑橘を、お菓子にするのは、一筋縄ではいかない。

まず、1時間水煮した後、水を替えながら1ヵ月間水にさらして、渋み・苦みとえぐみを抜く。これを1ヵ月間かけて、10回に分けてだんだんに糖度を上げながら炊き上げる。ミカンほどの甘さからはじめて、糖度が上がるたびに表面の光沢が増し、やがて飴色に透き通る。

まだまだ完成しない。これを糖蜜に浸けて翌年の秋まででおき、さらに一つひとつ仕上げ炊きをする。

一気に煮ると、芯まで味がしみないうちに、表面がぐしゃぐしゃに崩れてしまうのだという。

「昭和の初め頃は、小さいのが二つで3円やったんです。当時の大工二人半の日当分や。高いもんやでな、下っ端には炊かせてもらえなんだ」

もちろん今はそこまで高くはないけれど、確かに安いものではない。

「作ってもそんなに高いもん、そうそう売れませんわ。高価な材料買うて、毎年アホみたいに炊いとります。向こうが透けるような、惚れ惚れするのが、時々できますねん」

腕のいい菓子職人もおり、息子の順一さんが跡を継いでからも、その仏手柑見たさに博さんは炊き続けた。甕《かめ》は増える一方だが、やめようと思ったことは、いっぺんもないという。

「仏手柑甘露煮はわが仕事や思うとります。商売ゆうんは金儲けだけやないわな。人さんに喜んでもらい後世に残るもんを作りたい。職人の意地みたいなもんやわな」

蔵の甕の中で、糖蜜が発酵して、酒になってしまうこともあるという。

シトロンの香りのお酒か。それも悪くないな。

「仏手柑は、香りが味や」

1

2

3

4

1／ミカンの木に接ぎ木した仏手柑。和歌山県有田地方のミカン畑で、手を握った形のものだけを収穫する。2／水から1時間ほど煮た後、2日に1回水を替えながら、1ヵ月間水にさらして、渋み・苦みとえぐみを抜く。3／糖蜜を加えて煮ては冷まし、10回に分けて徐々に糖度を上げながら炊く。甕にねかせておいた後、仕上げ炊き。赤(銅)鍋で砂糖水をとろりと煮詰め、仏手柑を一つひとつ入れて炊く。芯まで甘露に仕上がる。4／砂糖をまぶしてでき上がり。茶事でも珍重される一品で、スライスしたものは渋茶によく合う。

凝煎飴 【香川県・三木町】

寒に芽を出した讃岐の麦芽が、白米を甘い黄金色の飴に変える

丈夫が取り柄の子どもだった頃、風邪をひくのが楽しみだった。お目当ては、バナナととろりと甘い水飴と、いつになくやさしいお母さん。戦後の甘いものの少ない時代、水飴は子どもらのささやかなオアシスだった。

米と麦芽で作る麦芽水飴との付き合いは古く、平安時代に編纂された『延喜式』にも出てくる。当時、まだ砂糖はないに等しく、日本人がその甘みを知る以前から、甘党を喜ばせてきた。

讃岐の麦芽水飴、凝煎飴《ぎょうせんあめ》は、かつてはお母さんが手作りするおやつだったという。消化がよく、喉の痛みや咳をやわらげてくれる家庭薬でもあった。

寒の水に浸して、ぷっくりふくらんだ小麦の種籾《たねもみ》を、藁むしろに包んで発芽させ、天日でからからに干すと麦のモヤシになる。これが麦芽である。

これを米のお粥に混ぜ込みながら、半日とろとろに煮詰めると、ちっとも甘くない米と麦から、甘くとろける千年来の甘党の友が生まれる。

高松市にほど近い、木田郡三木町の旧こんぴら街道沿いに、江戸享保年間（1716〜1736年）から農家の副業として作り続けられてきた麦芽水飴、凝煎飴がある。

「以前は看板もなく、『婆ガ池の麦藁屋根の家』で通ってました」

飴屋の主《あるじ》、三原紀子さんは言う。近所の人なら誰でも知っている。最近は遠方から訪ねてくるお客さんが増えたそうで、今は「あめ」と手書きした見落としそうな看板が、店の入口に釘で打ち付けてある。

店には待ち合いの椅子と、飴の壺と秤《はかり》が一つあるだけ。凝煎飴は、昔通りの量り売りだ。

江戸享保年間から、代々女たちの
手で守られてきた讃岐の凝煎飴。
「病気すると、親が舐めさせてく
れた」薬代わりでもあった。

2日かけて炊き上げる飴は、2年経ってもおいしい〝とっておき〟

「子どもの頃、飴屋のおつかいが楽しみでねえ。容れ物を渡すと、壺の中の飴を、長い竹にくるくると巻きつけて入れてくれるの。見ててわくわくしましたよ」

たまたま店に顔を出したおなじみさんが、ニコニコ顔で話してくれた。昭和の中頃までは、お金でなく、材料の米と交換だったという。

「母が持たせてくれた重い米の袋を渡すと、飴がちょっとしかこなかった」

子ども心に高級品なんだなと思ったと、振り返る。戦後間もない頃で、加工賃の分を差し引いた飴は、米の3割ほどの量。特別なことでもない限り、なかなか口に入るものではなかった。

近在の家庭で田植前に作る「おいり」というお菓子がある。小さく四角に切った餅を干して、油で揚げ、熱いうちに飴をからめて食べる。今は作る家もまれだが、農家の苗代《なわしろ》の時季には欠かせないご馳走だった。

子育てに常備薬にハレの日の楽しみにと、凝煎飴は江戸時代から暮らしに寄り添う必需品だった。農家の副業として300年近く生き延びてきたのも、用あってこそである。

「男は野良仕事。女は飴炊き。飴作りは代々女の仕事です」

古くから日本有数の小麦の産地として知られる讃岐で、農家の姑から嫁へと代々受け継がれてきた麦芽飴作りは、現在の紀子さんで9代目になる。

「一緒に働いて教えられた通り」の飴作りは、石臼が粉砕機に、水くみ桶が蛇口に変わったくらいで、江戸時代からほとんど変わっていないという。

甘くも辛くもない米と小麦から、とろりと甘い飴を作り出す技

甘いサトウキビから砂糖ができ、塩辛い海水から塩ができる。甘くも辛くもない米と小麦から、なぜあんなに甘い飴ができるのだろう。もちろん砂糖はいっさい加えない。魔法のように甘みを作り出す鍵は、麦芽。ウイスキーでおなじみのモルトである。麦芽の酵素が、米のデンプン質を甘い液に変える。そこで煮詰めると飴になり、甘い液に酵母菌がやってきて発酵すると酒になる。

巧妙な自然の仕組みを利用して、千年来の甘みを作り

出してきたのだ。

麦芽の酵素は、ご存知、消化薬にも使われるジアスターゼなど。種籾《たねもみ》が芽を出し、伸びていくためには養分（糖分）が必要だ。籾に蓄えられたデンプン質を糖化するために、酵素の活性がいちだんと高まるのが芽を出す時。その瞬間をつかまえるのだ。雑菌の少ない寒のうちに発芽させ、酵素活性の高くなったところで、天日乾燥して動きを止めてしまう。こうしておくことで保存もきく。

時季さえはずさなければ、麦芽作りには、大がかりな設備も電気などのエネルギーもいらない。種籾の入った木箱を、藁むしろで幾重にも包んで土間で保存しておくだけでいいのである。

自然の作用を見抜いて、それを巧みに活用する昔の人の知恵には、おそれ入る。エネルギーをふんだんに使わなければ、何もできないわれら現代人とは、わけが違うのである。

さて、2日がかりの飴炊きは、釜にこびりつこうとする粥との格闘だ。ただただかき混ぜることに終始する。

なにせ相手は75kgの米と、8分目まで水が入った五右衛門風呂みたいな大釜である。釜のまわりを回りながら「かいな」と呼ばれる樫の棒で、もったりと粘る粥を混ぜ返す。これが重労働だ。ぐっと体がしなって、全身の力がかいなに集中する。堅い樫棒が折れることもあるそうだ。麦芽を入れる間合いが肝心だ。粉に挽いた麦芽を少しずつ、3時間ほどかけて粥に混ぜ込んでいく。

しばらくするとかいなの音が、しゃばしゃば水をかく音に変わった。糊状だった粥はさらさら。あ、甘い。

「いちだんとかいなが軽くなったら」1日目の作業は終了。紀子さんは釜の液の表面に、指先で十字を切った。

「母もこうしてました。じっと指を入れていられるのでは、ぬるすぎる。指を入れられないほど熱くてもいけないんです」

翌朝、暗いうちに、一晩寝て甘みを増した飴汁を麻袋に入れて搾り、再び半日がかりで煮詰めていく。

小雪がちらつく作業場の窓から白い湯気がほくほくと立ちのぼり、甘いにおいが道まで流れ漂う。

「泡がだんだん大きくなって、あんぱんくらいになったら火を止めます」

大きくふくらんではじける泡の大騒ぎが静まると、釜底にちんまりと黄金色に透き通る飴が残った。まだ温かい飴を舐めてみた。割烹着のにおいのするなごやかな甘さが口にとろけた。

凝煎飴の作り方

1 小麦を発芽させて麦芽を作る

讃岐産小麦の種籾を、寒中の地下水に二昼夜浸けてふやかす。ザルに上げて水をきる。

小麦の種籾を入れた木箱を6段に積み上げ、藁むしろで幾重にも包んで保温。発芽させる。春だとカビが生えてしまうため、寒中に1年分を作っておく。

7〜10日保温し小麦種籾に白い根と芽が見えたら、伸びないうちに藁むしろに広げて、半月ほど天日でからからに干す。粉砕して粗い粉にして使う。

2 もち米を糊状に炊き、麦芽を混ぜる

沸騰した湯にもち米を入れ、かき混ぜながら粒の残る糊状に炊く。60℃くらいに冷まし、麦芽を10回ほどに分けて混ぜ込み、一晩糖化させる。

3 糖化した液を搾り、煮詰める

櫂を入れながら6時間ほど強火で煮る。最後の1時間は焦げやすく、気が抜けない。褐色に変化し、泡が大きくなったら火を止める。煮詰めすぎは禁物。冷えると固まってしまう。

Gallery
1

風と太陽がつくる

氷餅

新聞紙に包み、藁ひもで編んだ短冊は、もち米糊の氷塊。これを溶かさずドリップさせず、水分だけ蒸発させて氷餅にする。吹きすさぶ寒風は、上出来の合図である。

切り干し大根

風の通り道に、風上の西に向けて作られた大根干し棚。雲一つない東の空に、月がぽっかり浮かんだ。絶好の切り干し日和だ。

干し菊

上天気の日に、稲刈り後の田んぼで天日で仕上げ干し。南部町相内の晩秋の風物詩も、最近では見かけなくなった。

かき餅(上)

大豆、青海苔、ゴマ、昆布、クチナシの黄、紅麹の赤色……。幾十万もの色とりどりのかき餅が、中空に舞う千代紙のように、ひっそりと華やぐ。

半田そうめん(下)

庭先に並ぶ寒干しの素麺すだれは、素麺の里、半田の冬の風物詩。ハタ(干し台)の向きは、時間やその日の風の強さ、風向きによって微妙に調整する。

柚べし

いったん乾けば1年おいても腐らず、香りも失せない。冬の陽を浴び、山の風に吹かれて滋味満載の保存食になる。

棒鱈(上)

冬は強い季節風が吹き、海も荒れる。海辺の干場に、びっしりと吊るされた真ダラ。3ヵ月間、烈風に晒し干す。「電線がひゅうひゅう唸ると、いい風だなあ、干したタラが喜んでるなあとわかるんですよ。恵みの風です」

焼きあご(下)

あご(トビウオ)を、串に刺して香ばしく焼いた後、いくぶんやわらいだ秋の陽ざしと潮風で干し上げる。空飛ぶ魚が、祝い事に欠かせない上質なだしになる。

利尻昆布

晴天なら5時間もあれば、つややかな漆黒に乾く。陽光がないと白い粉が吹いて等級が下がる。にわか雨にあたれば等級外である。

塩とにがり

海水をまき、乾かし、「沼井《ぬい》」に鹹《しおから》い砂を寄せる。塩田に描かれた模様は、風紋のようでもあり、美しく掃き清められた石庭を思わせる。

動物性食品

氷下魚の凍れ干し

氷点下の烈風で生きながらに凍った、大いなる冬の恵み

【北海道・根室市】

根室の乾物屋で、氷下魚《こまい》の凍《しば》れ干しをいただいた。これがまるで石か木切れ。そのままでは歯が立たない。

まずはトンカチで叩きほぐし、ストーブであぶって、熱々をべりべりっと割き、口に入れてしばらくすると、ふやけてじわっと味がにじみ出る。

少々ひまのかかる食べものなのだった。

「なんも、炭火であぶって、背中んとこを押すと、ほれ二つに割れるでっしょ。骨をはずしてかぶればいいんさ」

ほくほく湯気の立つ真っ白な身は、淡白ながら味わい濃く、厳冬の海の甘み、滋味が口に広がる。

根室の海も凍る1月、2月。汽水湖の湖底に集まる産卵期のコマイを氷下待網《こおりしたまちあみ》で獲る。氷上で生きたまま凍ったコマイの、頭とはらわたを取り、ひと塩して、氷点下の寒風に晒《さら》して乾かす。

堅く干し上げたものは、長期保存用。コマイ漁師が食すのは、「焼けばじゅーっと汁の出る」七分《ぶ》干しだという。

厳冬期の今が食べ時である。

こんな面倒くさい食べものが、昔ならいざ知らず、冷凍技術も流通も進歩した今でも生き延びて、乾物屋の店先に並んでいるのは、あっぱれである。それもひとえに、大海を思わせるコマイの味わいのおかげ。手間ひまかけても食べたいという、根強いファンが健在なのだ。

コマイは湖の氷の厚さに比例しておいしくなる

厳冬期の根室、温根沼《おんねとう》の氷下待網、通称氷網《こおりあみ》では、チカ、カレイ、キュウリウオ、コマイなど、いろんな魚が獲れる。それなのに「氷下魚」と書くのは、コマイしかない。厳冬に氷上で待つ、漁師の狙いはこの魚らしい。

「コマイは氷が張ると、腹が黄色くなって味がのるんさね」

汽水湖の真水を飲んだ、産卵期の旨いやつだけが、干

氷点下の庭先で、生きたまま凍ったコマイを天然凍結乾燥。簀子に並んだコマイが、冬の陽ざしを受けてまぶしい。厳冬のコマイ干しは根室・温根沼の風物詩。

物になるのだという。コマイはオホーツク沿岸の深海に棲むタラ科の魚で、英語名はサフランコッド。サフラン色のタラである。

小さいながら、真ダラそっくりの大口、頭でっかち。背中の斑《まだら》も、下顎にひげをたくわえた愛嬌のある風貌も、ひと目で親戚筋だとわかる。

大振りのものはサバほどになるそうだが、干物にする「ごたっぺ」と呼ばれるものは、体長20㎝くらい。

小振りながら「たらふく（鱈腹《たらふく》）食う」の文字通りの大食らい。ぷっくりふくらんだ腹の中には、エビやオキアミ、ヤドカリまで、ごっちゃり入っているという。

「腹ん中がやばっちくて、丸干しにできんのです」

「やばっちい」とは、根室弁で、ぬかるみのぐちゃぐちゃをいうそうだ。

それにひきかえ、透き通る白身は、氷の厚さに比例して旨くなる。

外気で生きながらに凍ったコマイの頭とはらわたを取り、ひと塩して寒風に晒して凍れ干し（凍結乾燥）する。

朝干すとカチカチに凍る。夕方納屋に取り込み、翌朝また外に出して天日干しするうちに、徐々に水分が抜ける。3日目にはしんなり乾き、5日目には、干し柿のように白粉が吹いてカチンカチンの堅干しに仕上がる。

漁師が自家用に食べるのは、七分《ぶ》干し。上品で、ほろりと身離れのいい白身は、冬魚の雄《ゆう》、タラ科の魚ならでは。

これは日持ちしないので、氷の下で獲れる時季にしか食べられない。くだんの堅干しは、さらに水分をとばして、旨みを凝縮した長期保存用である。

もっとも冷え込む明け方の氷原でしか獲れない絶品

明けの明星が輝きを失い、東の空が白んできた。原生林に囲まれた温根沼は、しんと静まっている。

明るくなると氷の上に、けっこう賑やかに生きものの通った形跡がある。一本線の点線はキタキツネ。深いハート形はエゾシカの一行。オジロワシやトンビやカモメたちの大小の足跡が、行き交い交差して点々と雪原に模様を描く。

「今朝は温《ぬく》いな。5、6℃ある」

氷点下の話である。

それでも足踏みしてないと、足先から凍りつきそうだ。

氷原の吹きっさらしは氷点下20℃、いや30℃にはなるだ

1

2

3

1／厚さ30cmにもなる氷を切って湖面に穴を作り、氷下待網を仕掛ける。水から揚げた魚が、すぐに凍りついてしまう。近年は不漁が続き、コマイも貴重な魚になった。2／1日で張る薄氷を、氷が締まる夜明け前の寒さの中、ツルハシでかち割って網を起こす。オジロワシや森の生きものたちのために、いらない魚は氷上に残しておく。3／普段は100mの深海に棲むタラ科のコマイ。海で獲れるものは見向きもされないが、氷の下の汽水湖で真水を飲むと、驚くほどおいしくなる。

ろう。防寒装備のカメラのシャッターも動かなくなった。氷原がもっとも冷え込む夜明け前に網を揚げる。氷が丈夫で安全なのだ。

薄氷をかち割って、氷の下に仕掛けた網を起こすと、ふわりと湯気が立つ。たちまち網は白く凍てつき、愛想程度に尾を振る魚も、見る間に端から凍《い》りついてぴかぴか光る。

1月に入ると、周囲13・6km、面積500haの温根沼に、温根沼地区の漁家が、100以上の氷下待網を入れる。

原生林から12本もの川が流れ込み、湖底には川が蛇行しているという。

「川がカーブするよどみの深い淵に、魚がつきやすいんです」

今は抽選になっているが、昭和30年頃までは、「ヨーイドン」で場所取りをしたという。

「氷が強くなる朝2時頃まで待ってな。犬が歩いても落ちるような薄氷の上を、タル木を履いて、竿で氷をかつんかつん叩きながら行くんさ。防寒帽なんかかぶっとれん。氷のきしむ音が聞こえんと危ない。万一落ちた時のことを考えて、陸に火を焚いて行った」命がけの漁をしてきた古老の頭の中には、湖底を流れる川や潮の道の地図が刻み込まれている。

「老練者がみな獲ってしまうで、若いもんがいい場所をもらったんだわ」

早い者勝ちは、未熟な後輩をいたわり育てる長老の知恵でもあった。

大資本のサケマス漁業で栄えた根室では、コマイ漁はささやかなもので、根室漁業史にもほとんど出てこない。それでも湖が凍れば、舟がなくても漁ができる。大いなる冬の恵みだった。

大型底引船の操業が休止された戦時中は、100貫(約375kg)、200貫ものコマイが獲れたという。

「国道44号線まで行くと、馬橇《ばそり》からこぼれたコマイで、手籠がいっぱいになった。道で魚が獲れたんだわ」

それも、昭和後期の大漁が最後で、今は昔の語り種《ぐさ》。

厳しすぎる冬を、温根沼小唄にこううたう。〈冬はうれしや/見渡すかぎりは氷の原で/馬橇馳せ交う海の上/松が雪着てねむる朝/ほんに大漁の氷網/ひやひや〉

棒鱈

【北海道・稚内市】

最北端の地に吹く真冬の烈風が、豪快な干物に仕立て上げる

茫々《ぼうぼう》と広がる海を背に、びっしりと真ダラが吊るされている。北海道・稚内の厳冬期の風物詩、〝鱈すだれ〟だ。

稚内港に水揚げされる真ダラの頭と骨を取り除き、3ヵ月間氷点下の烈風に晒《さら》すと、からからに乾いて棒鱈になる。痩せても枯れても、重さ1kg、長さ1mもある豪快な干物だ。

「天気がよくて強いからっ風が吹く土地でないと、いい棒鱈にならないんです。根室や釧路でもタラが揚がるけど、霧が多くてダメなんだわ」

棒鱈作りの秋元正智さんは言う。

それにしても、なんという硬さだろう。魚の干物で「釘が打てる」。

そんなトンカチみたいなものを、寒《かん》の水で戻し、気長にコトコト30時間もかけて炊くと、口の中でほろほろほどけるようになる。

棒鱈は今も、京都や北陸の正月や祝い事には、なくてはならないご馳走だ。しかし、ここまで技と根気を要求する食べものも、そうそうない。

ほっぺたをひっぱたくようなからっ風が吹く。こんな日は棒鱈日和だ。

「電線がひゅうひゅう唸ると、いい風だなあ、干したタラが喜んでるなあとわかるんですよ。恵みの風です」

吹きさらしの棒鱈干場で、秋元正智さんが顔をほころばせた。

北海道・稚内《わっかない》沖で真ダラが獲れるのは、厳寒期の3〜4ヵ月間。ちょうどこの時季に、おあつらえむきの強い季節風が吹く。このしばれる風のおかげで、日本最北端の町、稚内は、全国一の棒鱈産地である。

氷点下のからっ風に吹かれて
旨みの詰まった棒鱈になる

棒鱈の重さは、生ダラの10分の1。
枯れた姿も美しく、豪快な干物に仕上がった。カマの部分が飴色に透き通っていれば最高の出来。

雪のちらつく頃、深海に棲む真ダラが、産卵のために沿岸に寄ってくる。海の恵みは何より鮮度が勝負。早朝の稚内湾に揚がった真ダラは、切り子たちの待つ加工場へ直行する。

大物だと10kg以上にもなる太っちょの真ダラは、頭でっかちの大口。顎ひげを持つ愛嬌のある面構え。「たらふく（鱈腹《たらふく》）食べる」の語源になるほどの大食らいで、突き出た腹もなかなかの貫禄だ。

「胃袋にカレイが8匹も入っていたり、鳥が出てきたこともあるんだよ。喉まで尻尾がはみ出すような、大きな魚を食っていて、それが胃の中で半分溶けていたりする」

切り子さんたちは透き通ったエビやイカ、カレイやスケトウダラを、手品のように取り出してみせる。

手早く白子（精巣）と真子（卵巣）を出し、頭を落として三枚におろす。さすが20年、30年選手の母さんたち、手にした刃渡り30cmもある大鱈包丁が、無駄なく軽やかに動く。その鮮やかなこと。透き通るような白身の旨そうなこと。

「タラは、捨てるところがないんです」歯ごたえのある類の肉は、甘味噌に酢をたらしてぬたに。フライや唐揚げも旨い。胃袋はさっと湯引きして肝和えや、塩辛にもする。

お宝の白子と真子は、料理屋へ。口と胃袋はつながったまま、〝タラチュー〟という不思議な干物になって、九州方面へ出荷される。

頭は肥料会社、骨は養殖魚や鶏の餌になり、肝は肝油用に薬品会社へと、それぞれに引き取られていく。

「一尾3～4kgくらいのものは、鍋用として生で出荷。それより大きい5～10kg以上のものが、棒鱈になります」

さて、干し方はもっぱら男の仕事だ。乾燥室である程度乾かし、しばらくは常温の室内に吊って水分を抜く。そのまま外へ干すと、肉が凍ってスポンジ状になり、味をそこねる。

浜の干場は二階家の屋根ほどの高さ。少しでも強い風を受けるためだという。丸太を組んであるだけで、風をさえぎる床も張らない。烈風に吹き飛ばされそうだ。

ひと月間風干しして下ろし、さらに2ヵ月間、井桁に組んで屋外にねかせておく。3ヵ月かかって、10kgのタラがたった1kgの棒鱈に仕上がる。

「自然の風でないと、この色つやが出んのです。こればかりは人間の力では、どうすることもできません」

最善を尽くして、恵みの風を待つ。極寒に働く人たちの思いに応えて、日本最北端の地に吹くからっ風が、棒鱈をきりりと磨き上げる。

技がないと食べられない、正月や祭りの祝い肴

それにしてもこのカチンカチンの棒鱈を、どうやって食べるのか。

江戸時代の『本草書』には、〈炙《あぶ》って木の杵《きね》でつき、手で揉むと、白糸が乱れたような細軟になり、味は極めて美《うま》い。煮て食べてもやはりよい〉と書かれている。

その硬さには当時の人も手を焼いたらしく、〈戻し水にエノキの葉や皮を加えて、鱈をやわらげるべし〉などと、戻し方のコツを説明する本もあっておもしろい。

一筋縄ではいかないうえに、かなり値も張る。こんな厄介な食べものを、誰が待っているのか。

最大の得意先は、京都だという。江戸時代には、北前《きたまえ》船《ぶね》で蝦夷から北陸へ運ばれ、ここから陸路と琵琶湖を経て京都へ届けられていた。

その街道筋にあたる福井や石川あたりでも、棒鱈の煮しめは、今も祭りや正月にはなくてはならないご馳走だ。

京都の卸商の話では、「少々高かろうが手間だろうが、食べないと年が越せないのが京都人」だそうで、全国生産量の3分の2が京都に集まるという。

戻した棒鱈とエビイモを炊く、300年伝家の料理、「いもぼう」の味を守る京都の「平野家本家」で、炊き方を見せてもらった。

「釘が打てるぐらい硬いんですわ。朝晩水を換えながら、3～4日間氷を浮かした水で戻さんとあきまへん」

ご主人は言う。

戻した水は、かなり鼻つまみ。ヘタすると家中におう。1m近くもあっては、戻す場所もままならない。切ろうにも、包丁では歯が立たない。

「ある程度柔らかく戻してから、出刃包丁で一口大に切り分けます」

戻しの加減が肝心だ。足らないと木切れを噛むようだし、過ぎれば味が流れてしまう。旨みを逃さず戻して、サトイモの一種であるエビイモと、一緒に30時間もコトコトと炊く。

イモは煮崩れもせず、ほっくり。さすがの棒鱈も、口にほろほろほぐれる。炊くのも技だと思い知る。

生ダラが容易に手に入る時代になっても、棒鱈でなければ納得しない。そんな頑固な舌が、なんとも厄介な棒鱈食いの文化を支えているのかもしれない。

1

2

3

1／二階家の屋根ほどの高さの、納屋と呼ばれる干場。風がよく通るよう、高い位置に丸太を組んで作られている。風をさえぎらないように床はなく、丸太の上をつたい歩きしての干し作業が続く。2／干し上がりは、中サイズで長さ約70㎝。大は1m以上ある。写真右の奇怪な姿をしたものは、胃袋の干物“タラチュー”。どちらも食べる芸術品。3／3〜4日間かけて戻し、エビイモと一緒に30時間かけて炊いた京都の「いもぼう」。棒鱈の膠質によって、エビイモも煮崩れない。

ふかひれ

ひと月以上寒風に晒《さら》すと、垂涎《すいぜん》の食材になる

【宮城県・気仙沼市】

金色の透き通る糸の隙間にしみ込んだスープの深い味わい。こりこりぷるぷるの歯触り。するりと舌を滑って喉元を落ちていくあの感触。

ふかひれと聞けばよだれがたれそうだが、サメのヒレと言われてもあまりそそられない。宮城県気仙沼漁港にサメが多く揚がると聞いても、すぐにはピンとこなかった。サメは、関西ではフカ、山陰地方ではワニと呼ばれたりもする。

ふかひれは江戸時代中期に煎海鼠《いりこ》、干鮑《ほしあわび》とともに重要な交易品の「俵物三品」として、長崎の港から清国（現・中国）へ輸出されており、珍重されていた。それで、当時から長崎で呼ばれていた「ふかひれ」が定着したのだろう。

現在、日本一のふかひれの産地は気仙沼。寒い時季に1ヵ月以上太陽光と寒風に晒し、カチカチに干し上げられる。見た目はしわしわで、まったく食欲の湧かない乾物である。

30年ほど前までは、99％が輸出向けで、サメのヒレを干していても、気仙沼では誰も食べるものだとは思わなかったそうだ。

中国にはこんなジョークがある。

「四つ足で食べないものは机だけ。空を飛ぶもので食べないものは飛行機だけ」。

「食在広州」として知られる広東省広州人のことを言うらしい。ちなみに中国語で飛行機は〝飛机〟である。確かに、広州の市場は小動物園みたいだし、道端では食用のサソリまで売っている。

ふかひれ料理は、明の時代（1368〜1644年）にはじまったとされている。それが清の時代（1636〜1912年）には広東省潮州、広州あたりで広まり、ツバメの巣に次ぐ最高級もてなし料理の一つとして珍重

寒干ししたふかひれに雪が降り積もる。凍って溶けて、寒風が水分を吹きとばす。1ヵ月以上かけて、からからに乾かす。

されてきた。

日本人もサメとの付き合いは長く、平城京跡で発掘された木簡に、朝廷への献上品として三河国・篠島からサメの身の細切りの干物が贈られたという記録がある。

身は食べているが、ヒレはどうしたものやら。

味も身もない部位に着目し、口の肥えた客の胃袋をつかんで、「高級健康食」と呼ばれるまでに仕立て上げた料理人の才には頭が下がる。

サメの軟骨やヒレに含まれるコンドロイチンという物質は、関節の痛みの緩和、目の疲労回復の医薬品としても使われる。

コラーゲンも豊富で肌にもいいらしいと女性たちの注目を集めているが、効き目のほどはいかがだろう。

世界の海に500種ほどいるサメは、約4億年も生き延びているという、風変わりな魚である。

タイやマグロのような硬い骨を持たない軟骨魚で、ウロコも浮き袋もなく、三角背ビレも折りたためない。魚なのに、子どもを産む（卵を産む種類もあるが）。海の中にサメを襲うものはほとんどなく、取って食うのは人間くらいのものである。

1尾に8枚あるヒレのうち、食用にするのは、胸ビレ2枚と背ビレと尾ビレの計4枚。中でも尾ビレは、繊維の筋糸が太く、きれいな姿煮になる。

サメを余すところなく使いきる ふかひれ加工の町、気仙沼

宮城県気仙沼はサメの水揚げ日本一の漁業の町。江戸末期以来の歴史的な技術を持つふかひれ加工の町でもある。ここで加工されるのは、主にヨシキリザメとモウカザメ。水揚げの多いヨシキリザメは、主にマグロの延縄《はえなわ》漁の副産物として捕獲される。

夏のモウカザメ漁の時季になると、朝3時から、何千本という血まみれのモウカザメが魚市場の床を埋め尽くす。大物を扱う港らしく、魚市場には女性の姿はほとんどなく、まさに海の男たちの世界だ。

モウカザメ漁は6月初旬に千葉県銚子沖からはじまり、北上する群れを追って北海道まで行き、9月には終わる。「親潮と黒潮の境目を、背ビレを出して泳いどる」サメをモリで突く、「突きんぼ船」という漁船も、数は少ないがまだあるそうだ。

果敢な漁師とサメの一対一の勇壮な漁が、目に浮かぶようだ。

1

2

3

4
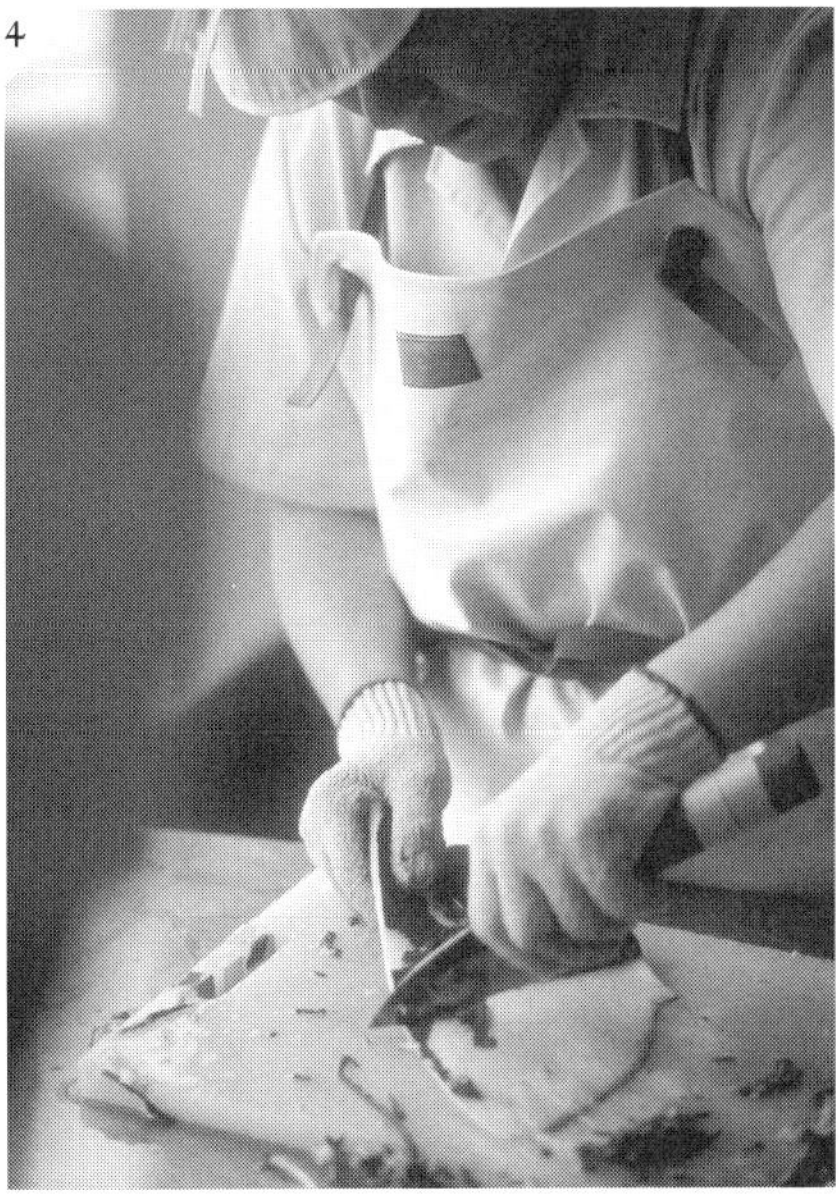

1／魚市場で競り、その場で鮫切人がさばいてヒレを切り落とす。尾ビレの上半分には骨があるので、下半分が加工される。2／皮付きのまま、寒風に晒して素干しする。縮んで丸まったら型に入れ、4〜5日間重石をのせて形を整える。これで素干し品が完成。3／素干ししたふかひれを、一晩水に浸けて戻し、熱湯でぐらぐら煮る。よく櫂を入れてかき混ぜないと、皮がはがれにくい。4／皮をはぎ、骨と皮の間にある筋糸をていねいに取り出す。これを、臭みが抜けるまで煮て、乾燥させる。

捕らえたサメは、ほぼ捨てるところなく使われる。

入札が終わるやいなや、包丁を手にした10数人の男たちが、解体にかかる。サメの腹を開いて内臓を取り出し、瞬く間にヒレをはずしていく。1尾あたり60秒の早業である。

身は蒲鉾《かまぼこ》工場、皮はハンドバッグ製造場、肝臓は化粧品会社、骨は薬品会社へとそれぞれ引き取られていく。

ふかひれの製造は11月、寒風を待ってはじまる。1ヵ月以上太陽と風に晒して、カチカチに干し上げる（室内で乾燥させる場合もある）。

「中国には太陽を食べると体にいい、という考え方があって、輸出向けはほどんど天日干しの骨皮付きです」

気仙沼でふかひれ加工を手がける、福寿水産の臼井弘さんの加工場を見せてもらった。

加工場に入ると、サメのアンモニア臭がつんと鼻をさす。

素干しのふかひれは石みたいな乾物だから、すんなりとは食べられない。

骨皮付きのふかひれを一晩水に浸けて戻す。これを熱湯で煮て皮をはぎ、真っ白な繊維の筋糸を取り出す。

さらに、ショウガとネギと紹興酒を加えた水でコトコト煮る。ヒレについている脂肪なども根気よく取り除き、アンモニア臭が抜けるまで水を替えてくり返す。

ここまでが加工場で行なわれる下ごしらえ。料理にとりかかるのはそれからである。

気仙沼のふかひれ加工は、東日本大震災後いち早く復興。伝統の技術は今も脈々と受け継がれている。

昨今ふかひれに、サメを絶滅に追いやりかねないという抗議の声が挙がっている。ヒレだけ切り取って海に捨ててしまう、なりふり構わぬサメ漁が世界の海で横行している現実もある。

海の命を頂戴するなら、突きんぼ漁師のように果敢に挑み、手を尽くして調理し、手を合わせていただきたい。

鰯の焼き干し

秋風と太陽が、透き通るイワシの滋味を丸ごと干し上げる

【青森県・九艘泊】

脂ののった春のイワシは、焼き干しには不向きだという。

下北半島と津軽半島に囲まれる陸奥湾で秋イワシが獲れる9月から10月半ばまでが、下北半島九艘泊《くそうどまり》の焼き干し作りの最盛期だ。この頃には、5月に湾内で生まれた子イワシも、10㎝から20㎝のほどよい大きさに育つ。

夜明け前に目の前の海で水揚げしたイワシの頭と内臓を取り除き、日の出とともに天日に半日干す。この生干しを竹串に刺して、炭火でこんがり焼く。焼く前に生干しにするのは、生のまま焼くと、銀色の皮がはがれてしまうからだという。

香ばしい炭火焼きは、一つつまみぐいすると止まらなくなる。水煮しないから、旨みが目減りすることなく、しっぽの先までギュッと詰まっている。

かちんと干してしまうのがもったいないほどのぴかぴかのイワシを、吹き渡る北国の秋の風と日の光が、極上のだしの素に仕上げてくれる。

朝の一杯の味噌汁は、元気のもと。だし汁に味噌を溶くだけでできる手軽さも、室町時代以来の国民的食べものになった理由の一つかもしれない。

あるお宅でいただいた味噌汁があまりにおいしかったので、失礼を顧みず聞いてみた。そして、その味噌汁に使われていたのが、下北半島の焼き干しだった。夜寝る前に数匹の焼き干しを水に泳がせておけば、翌朝の味噌汁は完璧だ。煮干しとも違う、赤味噌にも貫禄負けしない旨みが楽しめる。

下北半島陸奥湾で獲れるカタクチイワシの炭火焼き

鉞形《まさかり》をした下北半島の、鉞の柄にあたる部分から陸奥湾に沿って北上、左へ折れて鉞の刃の下の端まで行くと、

熾火《おきび》で、こんがり芯まで火を通す。薄いしっぽが焦げないように、隣のイワシの先端としっぽが少し重なるように串を立てるのがコツだという。

道はそこで終わり。その先は手つかずの原生林。日本北限の猿たちのすみかだ。そのどん詰まりの集落が、焼き干し作りの集落、青森県・九艘泊である。

9月は、秋の子イワシで作る焼き干しの最盛期。山と海の狭間に漁師の家や船小屋が肩を寄せ合い、わずかな平地いっぱいに、銀色の笹の葉みたいな小魚が、秋の陽ざしを浴びている。

「ここは陸奥湾の出入り口だから、春に湾内へ入る魚も、秋に出ていく魚も、往復獲れる」

漁師が胸を張る、豊かな漁場だ。

5月になると、産卵のためにイワシの大群が湾内に入ってくる。それを追って、カツオやブリ、サバ、イルカもやってくる。

イワシは、〝魚偏に弱い〟と書くくらいで、めっぽう弱い。自分は魚を食べないのに、食べられるばかり。孵《ふ》化《か》したばかりの時はプランクトンにさえ食われてしまう。だから、他の魚を養う海のミルクともいわれている。

しかしイワシだって、むざむざ食べられてはたまらない。危険を察知すると、何万尾と固まって円陣を組み、大きく見せてカツオやブリをひるませる。

「突然海面に黒い塊が湧いて、ぐるぐる回りながら、すごいスピードで浜に突進してくる。浜一面銀色になって、それは美しかった。大人も子どもも無我夢中で、手掴みで獲ったものな」

そんな海の快事件も、コンクリート護岸ができて、昔語りになった。

漁場まで5分。鮮度抜群の子イワシで作る

「今日はイワシさ、入っとるな」

網を上げる前から、漁師たちは機嫌がいい。定置網は、目と鼻の先。網起こし船でものの5分だ。

大漁を知らせるのは、カモメたち。夜明け前から、定置網の縁の浮きという浮きに、びっしり整列している。

「こらさーで、こらさーで」

かけ声とともに、引く網がだんだん狭まっていく。はがれたウロコの銀色が、暗い海に吹雪のように舞う。イワシの姿がおぼろげに見えてくると、カモメの声がいちだんと高くなる。待ちきれず飛び込む大胆なやつも続出。夜明け前の海は大騒ぎになる。

船が岸に戻ると、焼き干しを作る〝焼き子〟たちが、すぐさま浜で仕事にかかる。ぴちぴちの子イワシをむんずと掴んで頭をもぎ取り、内臓を出す。腹に白い脂のあ

るものは除《よ》けて、大きさ、種類ごとに選別する。

焼き干しにするイワシは3種類あり、だしの味も微妙に違うという。横腹に黒い斑点のあるものが、真イワシ。ヒラゴともいうし、斑点が七つ以上あることからナナツボシとも呼ぶ。目が大きく潤んだように見えるのは、ウルメイワシ。そして、背が黒いのでセグロとも呼ばれるのが、上顎ばかり大きいカタクチイワシだ。

「以前はヒラゴに限るといったもんだが、一時期獲れんようになって味も忘れられたんでしょう。今はセグロがいちばんの人気です」

下ごしらえの済んだカタクチイワシが干場にびっしり並ぶ頃、やっと朝日が山の端から昇る。太陽を目いっぱい活用するために暗いうちからはじめ、ここまで朝飯前にやってしまうのだ。

半日干してしんなり生乾きになった子イワシを取り入れ、竹串に刺して、炭火焼きにかかる。これが豪快だ。焼き子たちは、ほっかむり、口あて、長袖シャツに手甲、軍手、そのうえ厚手の綿入れを後ろ前に着込んだ完全武装。あおぎにあおいで、炭火を熾《お》こす。火の粉が花火のように舞い上がる。


熾火《おきび》になるまで待って、火のぐるりにイワシを刺した串を立てると、すぐに香ばしいにおいが漂ってくる。海の塩味、ほんのり焦げ色がついたイワシの、鮮烈な旨さは忘れられない。

翌日の日の出とともに、浜の干場に出して天日干し。いい天気なら、4～5日間でぱきっと乾く。

「お天道さんだけじゃだめなの」

陸奥湾を吹き渡る海風も手伝って、旨さをしっかり閉じ込める。

焼き子たちの手間賃は、昔から現物支給と決まっているのだという。親方の手伝いが終わると、イワシを家に持ち帰って、自家用の焼き干しを作る。イワシは、足の早い魚。その日のうちに片づけてしまわなければいけない。大漁の晩は遅くまで各家に明かりが灯り、村中に香ばしいにおいが漂う。

「山から吹く風だと、10km沖にいても、焼き干しのにおいがするよ」

雪が来る前の、いっときの風物詩だ。

10月末には、焼き干し作りもおしまい。イワシも秋の深まりとともに、陸奥湾を後に南下していく。

頭と内臓を取り除き、半日間天日に干して生干しにしたカタクチイワシを、一本一本竹串に刺して炭火焼きに備える。さすがは熟練の手、目覚ましい速さだが、きれいに頭が揃っている。

鰯の焼き干しの作り方

1 定置網で獲る

網起こしの船は、夜明け前の暗いうちに出港。定置網までものの5分だ。ずっしり重い網を引き上げると、船内は子イワシであふれて足の踏み場もない。

2 頭と内臓を除く

岸に戻ると、すぐにイワシの頭と内臓を取り除く。鮮度抜群のため、魚肉が透き通っている。よく振り洗いしてウロコを落とし、天日干しの準備が完了。

3 半日間天日に干す

下ごしらえしたイワシを、くっつかないようにすだれの上にばらばらとまき散らして、半日間ほど干す。ここでは、しんなり半乾きの状態に干し上げる。

4 竹串に刺す

生干しにしたイワシを、45㎝の竹串に20尾ずつ刺していく。すごい速さだが、串からはずした時に身がばらばらにならないよう工夫がある。

5 炭火で焼く

熾火で、こんがり芯まで火を通す。薄いしっぽが焦げないように、隣のイワシの先端としっぽが少し重なるように、串を立てるのがコツだという。

6 4〜5日間天日に干す

日当たりと風通しのよい場所に簀子を広げ、その上にイワシを串に刺したまま並べる。カチカチになるまで、4〜5日間干し上げる。

焼きあご

【長崎県・新上五島町】

空飛ぶ魚が祝い事に欠かせない上質なだしになる

「焼きあごがないと、正月が来んと」

長崎や福岡では、雑煮のだしは、鰹節でもイワシの煮干しでもなく、あごの焼き干しでなくてはならないらしい。

「あご」とはトビウオのこと。透き通る羽のような長いヒレを光らせて、海面を滑空する、美しくもへんてこな魚である。背の青い魚にしては脂肪分が少なく、刺身の味も淡白。大量に獲れるから値段も手頃。夏に旬を迎えるあごの刺身は実に旨い。

焼きあごは、串に刺して炭火で香ばしく焼き、いくぶんやわらいだ秋の陽ざしと潮風で干し上げる。

上五島には焼きあごの他にも、塩漬けして背が透き通るほど、カチンカチンに干した塩あごがある。

半乾きの焼きあごもいい肴になるけれど、トンカチで叩いて身をほぐし、軽くあぶりながら、晩酌の肴にする塩あごの味わいも捨て難い。

昔々から約束事のように上五島にやってくるあごの群れは、秋の海からの贈りもの。漁師のお母さんたちは、故郷の海への想いを焼きあごに閉じ込めて、家族の帰省を待つ。

「正月の雑煮はこれ！」

福岡に住む知人はそう断言する。あごは、ハレの日とっておきの〝だし魚〟。その上品な味わいは、麺類にもよく合う。

味をしめて、素うどんに凝ったことがある。調味料は控えめ、具は刻みネギを散らす程度にしておく。まず、汁をすする。ふわっと広がる旨みが、口の中にしみわたる。それでいて頼りないくらいすっきり消えて、しつこさを残さない。飲み干すのも……と思いつつ、最後の一滴までおいしい。

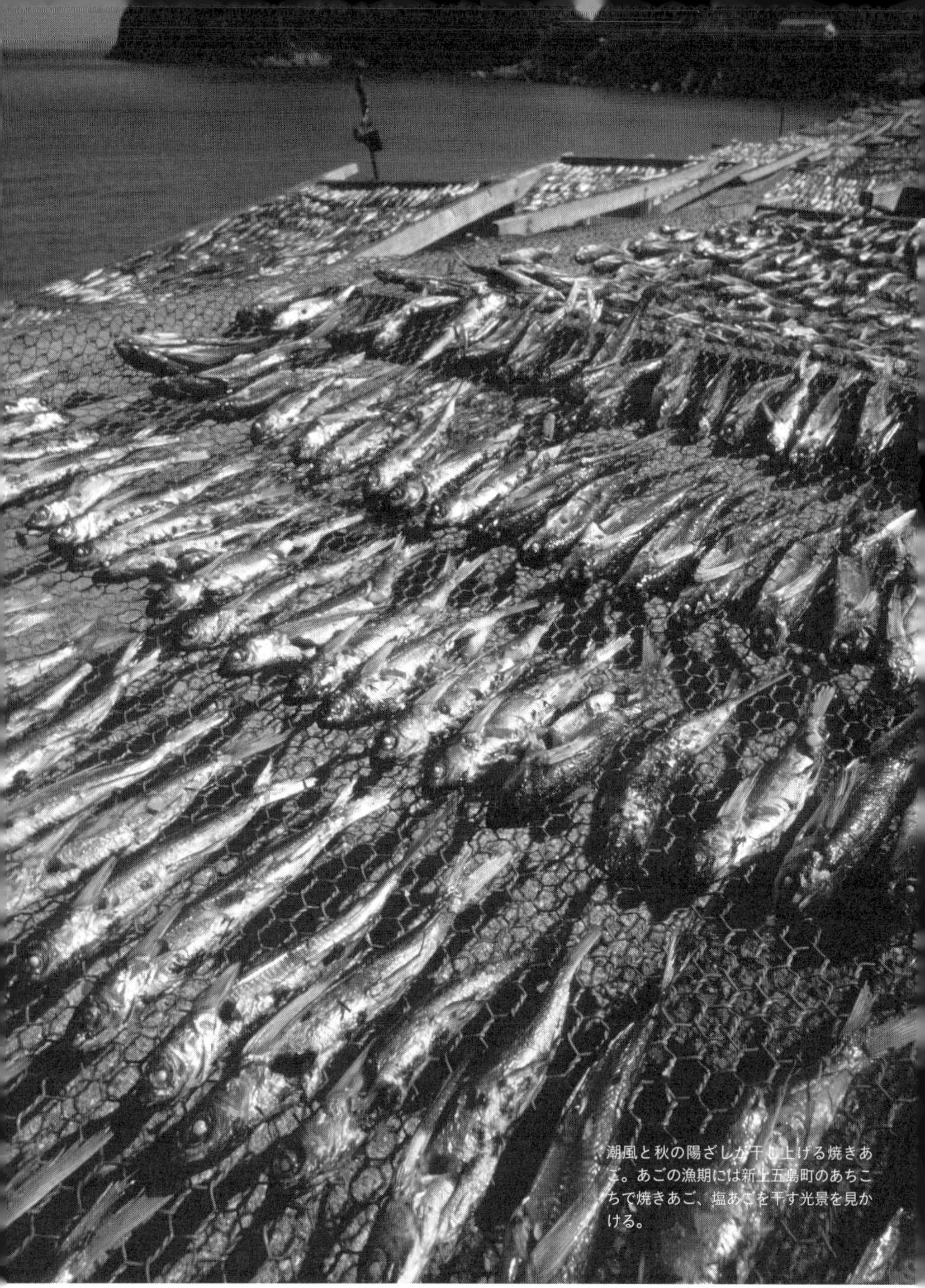

潮風と秋の陽ざしが干し上げる焼きあご。あごの漁期には新上五島町のあちこちで焼きあご、塩あごを干す光景を見かける。

北風にのってくる
空飛ぶ〝だし魚〟

長崎県の五島列島では、トビウオを「あご」と呼ぶ。五島独自の方言ではなく、海流に沿って島根、鳥取、能登あたりまで同じ名で呼ばれている。

焼くか、煮るか、蒸すかの違いはあるが、どこも天日に干してだし魚にする。海の道が、魚の使い道も運んできたのかもしれない。

お盆すぎから10月中頃にかけて、南下するあごが上五島へ回遊してくる。上五島でも湾の口が北向きの有川湾内でしか獲れないそうだ。男たちは海へ、女たちは庭先に火を熾《おこ》して待ち構える。江戸末期から、毎年くり返されてきた光景だ。

40年ほど前までは、「ヒワン」という5丁艪だての足の速いあご船に、10人が乗り組んで漁に出た。舳先に魚見が立ち、海面に飛ぶあごを見つけるや、すぐに裸で飛び込んだ。群れの泳ぐ方向を見定めて網をかけ、海面を叩き、石を投げて群れを追い込んだという。

「七分袖のドンザという刺し子の上着を羽織って、藁縄を帯にしとった。それをぱっと脱いで、褌《ふんどし》もせんと飛び込んだ」

朝暗いうちから、夕方暗くなるまで一日中泳ぐ。この時期の漁師は痩せてギョロ目になり、人相まで変わったと老漁師が語ってくれた。

漁師の報酬は魚。船主4と乗り子6に分配され、各家で加工。足の早い魚だから、大至急だ。親戚や近所の人が加勢にきて、夜中まであごを焼いた。

島外から行商人が来て、焼きあごと生活必需品とを物々交換していった。貴重な現金収入にもなった。

「真剣勝負たい。あごは海が時化《しけ》んと獲れん。命がけたいね」

あごの群れが上五島に
正月を連れてくる

今も昔通り、秋口の北風が吹くとあごがやってくる。2艘ひと組の漁船で、朝まだ暗い海へ出る。

「風も吹いてちょうどよか按配《あんばい》」という漁師の言葉通り、港を出ると船は木の葉のように揺れる。

暗い波間に、船の灯りが散らばっている。東の空がほんのり白む頃、長さ5間の網を入れ、舳先をロープで結んだ2艘の船が、網を曳いて1時間ほど走る。

「あごの飛び方で、群れの泳ぐ方向がわかると。あとはカンたい」

この暗さで、海面に飛ぶあごが見えるという。どういう目をしているのだろう。

朝6時30分。島影から火の玉のような太陽が顔を出した。厳かな深紅が海にこぼれる。群れの鼻先に網を下ろした2艘が、茜色の海を切り裂いて走る。

あごがしきりに飛ぶ。網を飛び越えて難を逃れる一団もあるが、悲しいかな船のスピードにはかなわない。船底がいっぱいになると港へ戻って下ろし、すぐに漁場へとって返す。何度も港へ戻る日は大漁である。

島とはいえ、上五島は山が海からそそり立つ断崖絶壁の続く山国。急斜面に建つ家々の庭先のわずかばかりの平地に、かんころ棚と呼ばれる干し台がある。時期によってあごが干してあったり、薄切りサツマイモ（かんころ）だったり、椿油にするツバキの実だったり。夏の夕べには海を見晴るかす絶景の涼み台にもなる。湾内の海は大河のごとく流れ、白いあご漁船が玩具みたいに見える。


あご漁師の母さんたちは、10月から、自家用の焼きあご作りにかかる。

「あごんきれいか。きらきらしよう」

尾まで届く透き通った〝ハネ〟。背と腹の間には鮮やかなコバルトブルー。銀色の腹に、自分の顔が映りそうだ。

近所から加勢にやってきたおばちゃんたちは、口も手も休めず賑やかに手際よく仕事を片づけていく。

あごのハネの付け根に、金串を刺して炭火にのせる。チリチリと焼ける音。たまらなく胃袋を刺激するにおい。炭火の上に整列したあごの背は、まだ青々と光っている。

焦げ目がつくほどしっかり焼き、干し台に出して3日間。藁縄やひもで編み、もう3日間吊るして、芯までからからに仕上げる。あごを連れてきた北風が、焼きあごすだれを揺らして吹き抜ける。

実は焼きあごが漁師の口に入るようになったのは、最近のことだという。以前は、真新しい畳表や服に変わったのだ。

あごが来れば正月もやってきた。

1／有川湾内で1時間ほどあご網を流すと、“ハネ”のある魚もこの通り。海面の波立ちで、豊漁かどうかひと目でわかるという。2／長い金串に20尾ほど刺し、炭火で焦げ目がつくほどしっかり焼く。3／太陽光と潮風で芯まで干し上げる。晴天に3日間干したら一度取り入れ、形を真っすぐに整えてから、さらに3日間吊るして干す。4／まだ半乾きの状態で焼きあごを取り込み、叩いて柔らかくした4本の藁で15尾ずつ編んで吊るし干し。藁が短くなったこともあり、今では見かけなくなった風景だ。

くさや【東京都・新島】

数百年使い続けた家宝の塩汁が、クセになるにおいと旨みを醸し出す

食べたいけれど、肩身が狭い。家では女房に、飲み屋では隣の客に気を使うと、くさや好き派は嘆く。「くせいや」と言われて、その名がついたというくらいだからしょうがない。嫌いな人には我慢ならないこのにおい。たまには大目に見ていただけまいか。

くさやは、伊豆諸島に伝わる風変わりな干物である。秋口、新島近海に回遊してくる青魚を、伝家の塩汁《しょっつる》に浸けて干し上げる。

たった一晩浸けておくだけで、塩だけの干物よりうま味成分のアミノ酸などが増すばかりか、おいしさも2倍長持ちすることがわかっている。微生物が腐敗菌に対抗するのだという。

そんな離れ業をやってのけるのは、〝コリネバクテリウム・クサヤ〟という学名を持つ、新島発祥のバクテリアだ。数百年間くり返し使われてきた塩汁に、いつしか棲みついた目に見えない生きものたちが、えもいわれぬにおいと旨みを醸し出す。

「少々の傷なら、しょっちるに触っていれば治ってしまうよ」

新島のくさや加工場で働くお母さん方が口々に言う。島でしょっちると呼ばれる塩汁は、くさや汁のこと。これさえあれば、たちどころに臭くて旨い、しかも腐りにくい青魚の干物、くさやになる。

そんなことができるのは、発酵の底力。塩汁の中にいる新島生まれの小さな生きものが、腐敗菌を退治して、青魚の旨みをさらにグレードアップして保存してくれるのだ。

何百年も受け継がれてきた家宝の〝塩汁〟

新島の漁家には、各家秘伝の塩汁があるという。嫁入り道具に持っていく以外は門外不出だそうだ。旧家なら

おろしたアオムロアジを、水で洗って
血抜きした後、塩をして、塩汁に一晩、
15時間ほど浸けておく。塩汁から竹
ザルに上げて水をきり、水を張った桶
で水洗いする。

数百年になろうかという家宝である。

「汁を絶対なくさないように。地震、洪水や火事の時は、真っ先に持って逃げろと、親から言われています」

新島北端の若郷集落で、長年くさや作りに携わってきた磯部フミ子さんにそう伺った。

黒潮の潮流真っただ中にある新島は、晩秋～冬にかけて、強い季節風が吹き、冬は海に出られない日が続く。そのため冬が来る前に塩干し魚にして、越冬食を確保しなければならなかった。

大漁の時は塩をした魚を天井裏に上げておき、囲炉裏《いろり》の煙でからからに干して保存した。ただ、山ほど魚が獲れても、塩が足りなかった。塩を節約したのが、くさやのはじまりだという。

山奥ならいざ知らず、海に囲まれているのに塩が足りない？

天領だった新島で製塩された塩は、幕府が一括で買い上げていた。わずかな塩を隠しても、打ち首になるほど厳しい規制があったという。そこで干物の塩水をくり返し使った。１００年もするうちに、腐敗に強い菌が棲みついて塩汁ができた。つまり塩汁（＝くさや汁）は、冬を生き抜くための用から生まれたのだ。

明治中頃まで「しょっちる干し」として、東京・日本橋の魚河岸では、普通の干物より安く売られていたそうだ。

島の人の家宝を「くせいや」なんて言ったのは、おおかた口の悪い江戸っ子だろうが、おかげで「くさや」と呼ばれるようになって、めずらしがられて株を上げたそうだ。

伝統の刺し網漁で獲る、くさやムロの手塩もん

群青色の黒潮にのって、８月下旬～10月頃まで、アオムロアジが新島近海へ回遊してくる。

くさやにするのは、トビウオ、サンマ、アジなどの青魚だが、中でもアオムロアジはくさやに最適。地元で〝くさやムロ〟と呼ばれている。

伝統漁法の刺し網漁をする、アオムロ漁船にのせてもらった。

漁港を出てほどなく、漁師たちの動きが機敏になった。アオムロアジの群れを見つけたのだ。海面の色とさざ波の立ち方で魚の居所がわかるという。

網が下ろされ、漁師たちが次々に海へ飛び込んでいく。酸素ボンベを担いだ２人は、魚を深く潜らせないよう、

1

2

3

4

1／塩汁は生きもの。使わない日も、欠かさず撹拌して空気を送ってやる。2／一晩塩汁に浸けて、引き上げたアオムロアジ。背の青さが残っているのは、魚の鮮度がよい証し。それにしてもすばらしく、臭い。3／新鮮なアオムロアジほど、身が反り返ってしまう。そっとなでて平らにして竹簀子に並べる。秋の涼しい西風が、芯まで色つやよく干し上げてくれるのだ。3／中干しは天日に2日間干して柔らかめに、常干しは約5日間干して硬めに仕上げる。簀子に並ぶアオムロアジは鮮度抜群。つややかな身は透き通るようだ。

下から群れを追い上げる。素潜りの数人は、海面を叩いて、群れを網に追い込む役目だ。

船首と船尾で引く網は、赤色と青色。赤色で魚を脅し、海色の網に追い込んで一網打尽にする作戦だ。ほんの数分で勝負がつく。

魚は鮮度が命。特に青魚は足が早い。港に揚がったその晩のうちにおろして、塩汁に浸けるところまでやってしまう。

簀子《すのこ》に並んだアオムロアジの身は、透き通るようだ。

「以前は獲れた魚を分けあって、漁師が自家用に浸けていました。漁師だった私の実家のしょっちるも、何百年か経っていると聞いています」

磯部さんに作り方を見せてもらった。

おろしたアオムロアジを湧き水で洗って血抜きし、塩をして、一晩とっぷりと塩水に浸けておく。翌朝竹ザルに上げ、水を張った桶で洗う。

その水は捨てず、塩を足して塩汁に戻してやる。その一滴に小さな生きものがたくさんいることを、親からの申し伝えで知っているのだ。

「毎日かわいがってやらんとね」

連続して魚を浸けると、微生物が疲れて味が薄くなる。かといって、放っておけば、死んでしまう。使わなくても毎日撹拌して空気を送り、時々魚の切り身も入れてやる。目に見えない微生物に餌をやるのである。

翌朝、庭先で干しの作業にかかる。

「肌に涼しい西風がそよそよと吹くくらいが、ちょうどいいんです」

夏の直射日光があたると、魚が煮えたようになって品質が落ちるので、真夏の2ヵ月間はお休みする。

9月に入ると、旬のアオムロアジでくさや作りがはじまる。新鮮な魚ほど、身が反り返ってしまう。一枚一枚なでつけて簀子に並べ、朝方外に干して日中は日陰に入れる。昼は冷風の乾燥室で涼ませ、夕方また日向に出す。

「お天道さんに干すと、仕上がりにつやと甘さが出るの。昔の人のやる通りにするのがいちばんです」

最後まで天日干しを通した磯部さんも、高齢で数年前に加工場を閉めた。島の加工屋は、今ではほとんどが機械乾燥になっている。昔ながらに天日干しするのは、漁家の自家製くらいらしい。

作り手が手塩にかけてこしらえると、味のいい別嬪《べっぴん》さんに仕上がる。島人は昔、くさやを「てしおむん（手塩もの）」と呼んだそうだ。

干し海鼠 【石川県・七尾市】

1・5kgの大ナマコがたった30gに。黒くトゲだらけに乾いた不老食

干からびた海鼠《なまこ》ときたら、不細工不気味で、お世辞にも褒めようがない。

どう見ても食欲の湧かないやつを、古代貴族たちはいたく愛《め》でたものらしい。全国から納めさせて、客の饗応や神の供物、贈答品にと珍重している。

古来中国では、〝海の朝鮮人参〟といわれる滋養強壮食。干し鮑と並ぶ高級食材だ。江戸時代は長崎貿易の輸出品として、幕府のドル箱だった。

ナマコの名産地、石川・能登の七尾《ななお》湾周辺では、干し海鼠を「きんこ」と呼ぶ。金に値するから「金海鼠」だろうともいわれている。

「高価なもんだったで。もったいのうて、食べられんかった」

きんこ屋の口にも入らないもので、地元の家庭料理もほとんど伝わっていない。そのきんこが、最近なぜか、珍味このわたや、このこをしのぐ人気だそうだ。黒くてトゲだらけの奇怪なやつのどこかに、有無を言わせぬ妙味が秘められているのかもしれない。

ふにゃりとした背中にトゲトゲ。見れば見るほど食欲が湧かない姿。

ナマコを初めて食べたのは、どんな人間だったろう。

美食を究めた北大路魯山人は、「歴史家たちが無理にでっち上げた英雄よりも、愉快な人間であったと思える」と語っている。

ナマコと日本人との付き合いは、優に1000年を超すらしい。

古事記の時代は、「海鼠」と書いて「こ」。生食のナマコを「なまこ」、干し海鼠を「ほしこ」といった。

奈良時代の宮人たちは、海鼠食いだったようで、能登国はじめ全国から納めさせている。

遠路はるばる都へ運ばれたわけで、生のナマコではな

江戸幕府の指導は、「棘立ちよろしく」干し上げるようにというものだった。丸くころんと仕上がった上等なきんこは、触ると痛いほどのトゲ。

く、ワタの塩辛このわたや、小さく軽い干し海鼠（ほしこ）だったろう。

江戸幕府の外貨の稼ぎ頭は、今も世界最高級の品質

江戸時代の干し海鼠は、干し鮑、ふかひれ、昆布などとともに俵物《たわらもの》と呼ばれ、長崎貿易屈指の輸出品だった。

金銀や銅などに代わる貴重な財源だったことから、幕府はナマコの生売りや、干し海鼠を一般市場へ出すことを禁じていたという。

一方、干し海鼠作りを全国に奨励。能登七尾《ななお》湾周辺もその一つだった。加賀藩の記録には、さまざまな干し海鼠が出てくる。火を入れてから干した「いりこ」。大物1匹ずつを吊るし干しした「ぶらこ」。中サイズを何匹か串に刺して干した「くしこ」。細縄に通した小振りの「つなぎこ」――。呼称で、干し海鼠のサイズまでわかるようになっていた。

「棘立《いら》ちよろしく干し上げよ」と、幕府は事細かに指導している。

そのおかげか、日本の干し海鼠は今も香港市場で世界一の折り紙が付くそうだ。

能登七尾湾周辺では、湾内で獲れる真ナマコを煮て干したものを「きんこ」と呼ぶ。

この頃は需要が増えて、生食しない沖合のナマコも干し海鼠にするそうで、これは「おきこ」と呼んで区別している。

黒いきんこは中国へ。灰白色のおきこは、米国へ輸出されるそうだ。

古来不老の妙薬とされる愛すべき奇妙な生きもの

夏の間は絶食して海底の岩陰に身を隠して、冬眠ならぬ〝夏眠〟している。冬、水温が10℃以下になると、海底を這いまわって泥砂の中の微生物を食べる。逃げも隠れもせず、他の生きものを襲うこともなく、ごろんと海底に転がっているだけ。そんなだから、七尾のナマコ漁も実に悠長なもの。漁師たちは漁にいくことを、「ナマコ拾いにいく」と言う。

船の上から箱眼鏡でのぞいて、長い柄の付いた挟みで石ころでも拾うようにつかまえるのだ。

抵抗すらしない平和主義者だが、時々、こともあろうに内臓を全部吐いてしまったりする。このわた、このこ、水ワタといった珍味を、である。

腹の中が空っぽになっても、いつのまにかもと通り。

それどころか切っても死なない変なやつなのだ。その再生力、生命力が見込まれたのだろう。古来中国では不老長寿の妙薬のひとつだ。

今では、ナマコに含まれるコラーゲンが、アンチエイジングを応援することがわかってきた。おいしく食べて、美肌を保つとやら――。根強い人気を支えているのは、女たちかもしれない。

春先のナマコは、産卵に備えてせっせと栄養を蓄え、充分に成長して大ナマコになる。

3月から4月初旬は、ナマコ加工の最盛期。七尾湾を望む石崎の海辺の小さな加工場から、ナマコを煮る湯気がもうもうと立ちのぼり、あたりに独特の香りが立ち込める。

まずは、2～3日間生け簀《す》に入れて泥を吐かせる。腹を突いて内臓を取り除き、硬くなるまで煮て、天日干し。七分通り乾いたら、再度煮て干す。

「そうしないと、煎餅みたいにぺちゃんこになる」

2回炊きが秘訣。シワが伸びて、こんもりと丸いナマコ形に乾く。

「大きいナマコでないと、きんこにならんのです。体長25㎝もあるナマコが、人差し指くらいに縮んじゃう」

なんともとの40分の1の重さになってしまう。

教わった通り家で作ってみた。情けないほど小さくなってしまったが、ちゃんとトゲもある。大ナマコのミニチュア版は、奇怪でけっこうかわいい。

さて、干し海鼠を食べるには、なみなみならぬ技がいる。

中国料理の達人に、下ごしらえの方法を伺った。

まずは、さっとあぶって表皮を落とし、ひと煮立ちさせてから一晩水に浸ける。それから、よく腹の中を洗い、水から煮て火を止め、蓋をしてさらに一晩おく。

これを3～4回くり返し、手のひらくらいの柔らかさになったら、ネギとショウガとともに煮て臭みを消す。

盛りつけられた干し海鼠は、見違えるほど魅力的だった。

大きさはすっかりもと通り。ぷりんとした身は、箸ですっと切れる柔らかさ。喉を滑る不思議な触感。上湯《シャンタン》と醤油、オイスターソースの絶妙な味わいがとろける。

達人の手を経て生まれる一皿に、ナマコ食いの文化が、ぎゅっと詰まっている。

1

2

3

1／ナマコの口の下を包丁でチョンと突いて、内臓をそっくり取り出す。乾いて縮むと切り口も見えなくなり、丸くきれいに仕上がる。ワタはこのわた、真子や白子はこのこにする。2／ナマコを30分～1時間煮て、最後は強火に切り替え、硬くなるまで5分間ほど煮立てる。硬い弾力が出るまで煮たら、鍋から取り出していったん天日に干す。七分通り乾いたら、もう一度煮る。この2度炊きが秘訣。シワが伸びて丸くてきれいなナマコ形に仕上がる。3／さらに2～3週間天日で干し上げて、干し海鼠が完成する。

このこ【石川県・穴水町】

さっとあぶったほんの一片で、口の中が海になる

潤いのある朱色、ぴしっと角の立った三角。その姿形に、さぞやと思わせる風格がある。

さっとあぶって、隅っこをちょっぴり裂いていただく。えもいわれぬ香りと、天然の甘みがむくむく広がる。

このわた、からすみ、雲丹《うに》は古くから並び称される佳肴だが、これらをさらに究めるとこのこに行き着く。

珍味中の珍味として貴族や茶人に愛されてきた、このことは何ものか。食べてみてもちょっと見当がつかない。古く海鼠のことを「こ」と呼んだことから、海鼠の子。変な生きもので、口のほうから産卵するので「くちこ」。三角に干したその形が、三味線のバチのようだというので「ばちこ」ともいう。

塩ひとつ加えず、寒風と冬の陽光だけで濃厚な旨みを醸し出す。藩政時代から能登七尾に伝わるその製法は、きわめてシンプル。そして奥深い。

寒さつのれば、ナマコがいよいよ本領を発揮する。その身もさることながら、お目当ては腹の中。ナマコの内臓には捨てるところがなく、いずれ劣らぬ美味揃い。

1月半ばをすぎると、ナマコのワタは充実して太くなり、真子（卵巣）や白子（精巣）を持つようになって、食べ頃となる。ワタは塩をして塩辛・このわたに。鮮度が落ちやすい水ワタは、ちょっと醤油をたらして、地元民の晩酌の肴に。真子と白子は干し上げてこのこに、といった具合。酒客垂涎の佳肴の宝庫なのである。

珍味とされているこのわたなら、ナマコ1匹から1本のワタがとれる。それでも一斗缶一杯20kgのナマコから、せいぜい牛乳瓶1本分ほどだという。

かたやこのこになる真子や白子は、10匹に1匹あるかないか。それもわずかばかりで、舌にのせるやいなや、淡雪のごとく消えてしまうという代物だ。

この藻のように細い糸状の子を、ひもに引っ掛けて天

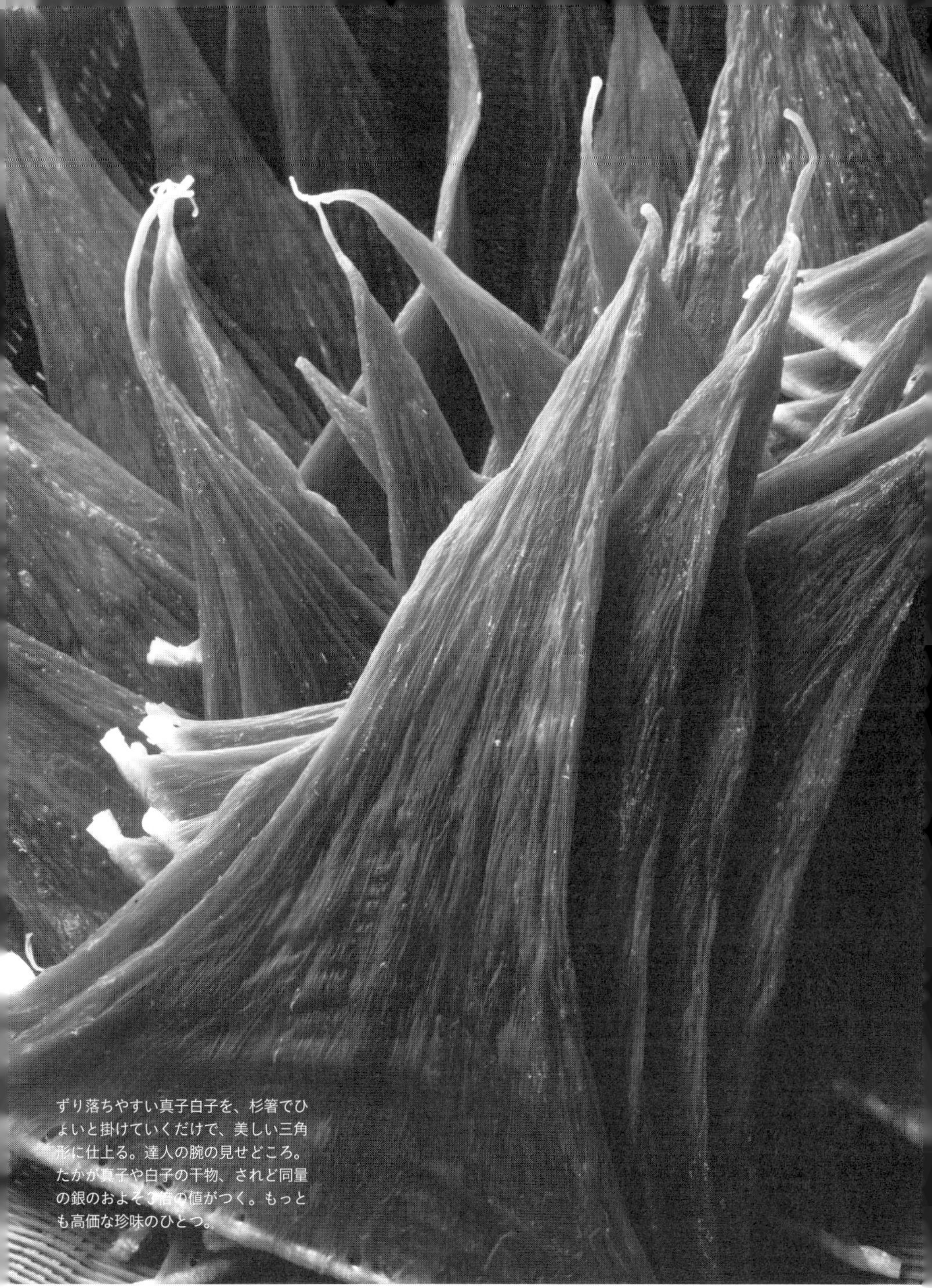

ずり落ちやすい真子白子を、杉箸でひょいと掛けていくだけで、美しい三角形に仕上る。達人の腕の見せどころ。たかが真子や白子の干物、されど同量の銀のおよそ3倍の値がつく。もっとも高価な珍味のひとつ。

日で干し固めたものがこのこ。1日50匹の寒の時季のナマコをさばいて、5枚ほどしかできない希少品である。さっとあぶって、ほんの一片を口に入れたとたん、口の中に海のエッセンスが広がる。そのえもいわれぬ濃密な味わいは、古くから珍味中の珍味と謳われ、珍重されてきた。

美食を究めた北大路魯山人は、自ら腕をふるった『星岡茶寮』の酒肴に、好んでこのこを供したという。「料理の美味不味は、十中八九まで材料の質の選択にあり。素材を選ぶことにベストを尽くすべきである」と説いた魯山人は、山代温泉に滞在した半年ほどの間に、素材を求めて北陸、能登を足しげく歩きまわったそうだ。七尾湾のこのこを、見逃すはずはない。

千年来不老長寿の妙薬とされてきた、変な生きもの

あの赤や青のイボイボの姿は、お世辞にも旨そうには見えない。それでも古くから奈良平安の貴族たちに、愛《め》でられていたものらしい。平城京跡から発掘された木簡に、能登国から海鼠やこのわたを貢献した記録が遺っている。平安時代に編まれた『延喜式《えんぎしき》』（927年）にも海鼠の記録があり、全国から集めさせていたことがわかる。中国、漢方では「海参《ハイシェン》」、海の薬用人参と呼ばれ、古くから不老長寿の食べものとされてきた。昨今、コラーゲン豊富な食品として注目を集めているが、古人たちは百も承知だったのである。

食用にされるのは、真ナマコ。赤いのをアカコ、青いのをアオコという。

目はなく、口と肛門があるだけ。尾頭もどっちがどっちやら心許ない。体には赤や青のイボみたいなトゲトゲがあるにはあるが、あんなに柔らかくては身を守る武器になりそうもない。切っても死なず、驚かせると内臓を吐き出してしまうやつもいるそうだが、いつのまにかもと通り。驚くべき再生力と美味、というお宝を秘めて、冷たい海底に転がっている、すこぶる平和な生きものなのである。

何も足さずに本来の味わいを醸し出す技

「1月ではまだ早い。3月になると卵が熟しすぎて、えぐみや渋みが出る。2月のこのこでないとだめなんです」

このこ作りはたったひと月限りだと、能登七尾湾のほとり中居地区の海鼠屋、森川仁久郎さんは言う。

1

2

3

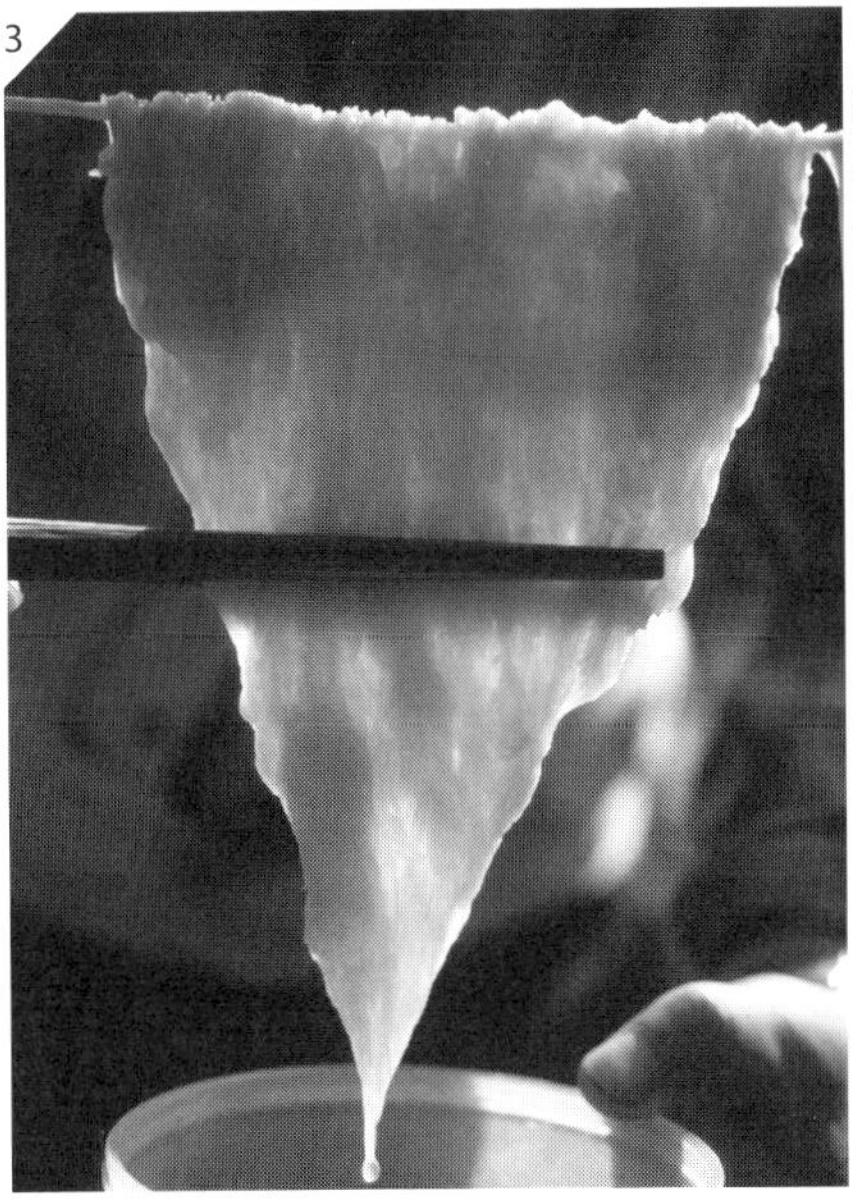

4

1／ナマコを割いて、内臓を取り出す。2／長い1本のワタは、塩辛・このわたにする。水ワタはそのまま醤油をたらして。真子白子が干物・このこになる。3／ピンと張ったひもに、杉箸で真子白子を重ね掛けしていく。鮮度が落ちても、熟しすぎていても、ずり落ちてしまう。熟練を要する手作業。4／庭先に干されたこのこは、真冬の七尾北湾の潮風を受けて、1週間もあれば垂涎の佳肴になる。天日に干すと急速に縮んで穴があきやすくなるので敬遠されがちだが、色つや風味よく仕上がる。

藩政時代、七尾湾のナマコは、加賀藩の御用達として保護され、将軍家への正月の贈答品にもなった。中でも中居のナマコは、加賀藩の料理書の中で高く評価されている。

七尾北湾の穴水町中居に、今も数軒、このわた、このこを作る海鼠屋がある。昔ながらの家並みが続く集落には、店どころか看板ひとつない。地元の人なら誰でも知っているが、他所者は尋ね尋ねてたどり着くことになる。

江戸期から続く海鼠屋、森川さんの家は、集落のいちばん奥。入り江に突き出た岬の先端にあった。庭続きの船着場まで、漁を終えたナマコ漁師が、帰る道すがらナマコを売りにくる。

「子を持っているナマコは、倍の値段で買っています」。森川さんには、ナマコの腹の中が透けて見えるらしい。

まず1日〜2日生け簀《す》に入れて、砂ドロを吐かせ、腹側を割いて内臓を取り出す。ぬらりくらりする朱色の真子と白っぽい白子を、杉箸でつまんでピンと張ったひもに掛けていく。

「白いのは味はいいけど、乾くと縮んでそこから穴があいてしまう」

赤白のバランスを微妙にさじ加減しながら、たっぷりと分厚く重ねる。

きれいな形に仕上げるコツは、重さでたわまないようひもをピンと張ること。

「はじいてビンビン音がするくらい」

風味を保つ秘訣は、干しすぎないこと。

「手でじんわり曲がるくらい」

色つやよく仕上げるには、天日で1週間。手早く干し上げるのが森川流だ。

乾くと生このこのほぼ10分の1になってしまうが、その分、味は濃厚だ。

作り方はきわめてシンプル。塩すら加えない。だからこそごまかしがきかない。作れるのは、卵の熟度によって、たったひと月間。そのとき吹く風、陽光、そしてぬかりない熟練の手……。自然に寄り添って生まれる傑作である。

からすみ

北風を頼りに仕上げる、口にとろける一瞬の至福

【長崎県・野母崎】

秋深まる頃、長崎・野母崎《のもざき》に待望のボラの群れがやってくる。そのほどよく熟した真子《まこ》（卵巣）こそ、最高峰の干物〝からすみ〟のもと。

野母のからすみといえば、江戸時代には越前の雲丹、三河の〝このわた〟とともに天下の三珍味と謳われた、今風に言えば高嶺《たかね》のブランドものである。茶人にも好まれ、初釜など祝いの茶事に珍重されてきた。

打てば音がしそうに、北風でしっかり干し上げてあるが、堅からず、微小な卵の密な弾力がむっちりとからみつく。濃厚な海のコクがとろける。

それにしてもこの妙な名前の食べものが、いつどこからやってきたものか。

元禄元年（1592年）には、朝鮮出兵のために肥前に下った豊臣秀吉に、長崎のキリシタンがからすみを献上したという記録があると聞く。スペインやイタリアの南部あたりでも魚卵の干物が食べられているところをみると、どうやら南蛮船が運んできたらしい。

からすみを漢字で書くと、唐墨。唐（中国）の墨に似ているからだそうだ。南蛮船が運んだ西洋の食文化は、フィリピンなど東南アジアの港で唐船《からふね》に積み替えられて、長崎までやってきた。

普段は見向きもされないボラの子が、はるばると海を渡り、数百年もの間、人々に愛《め》でられ、作り続けられてきた。

目の前の入江で原料が獲れる、からすみのふるさと野母崎

「北風が吹かんと、ボラが来んと」10月下旬の解禁日をすぎると、長崎・野母崎のボラ漁師たちはひたすら風を待つ。それから20日間ほどが勝負だ。

毎朝明け方の浜へ出て、海面に目を凝らす。産卵のた

太陽光をまんべんなくあてて、むらなく紅色を出すのが手間仕事。2枚の板で挟んで日に何度も裏返す。天候にもよるが、20日間ほどで干し上がる。

めに入江へ入ってくるボラの群れを探すのだ。茜色の空を映して光る水面を破って、サイダーのシズルのように雄ボラが跳ぶ。

「女ボラは跳びきらんと。真子を抱かえとりますけん」

ボラがこれほど熱く待たれるのは、この時期だけ。それも、お目当ては雌ボラの腹の中の真子（卵巣）である。

雄ボラは地元で「タイより旨い」といわれる時季ものでさえ、魚屋の店頭に並ぶことなく蒲鉾《かまぼこ》工場へ直行する。

ボラはどこにでもいる魚だが、なぜ〝野母のからすみ〟なのだろう。

「野母崎にやってくるボラの真子は、ちょうど頃合いに熟しとるとよ」

早すぎても、熟しすぎても、最良のからすみにはならないのだと漁師が教えてくれた。

野母崎樺島町は、長崎半島のはずれにある小さな漁港である。昭和の中頃まで、ボラ漁は村総出の盛大な年中行事だったという。

ボラには不思議な習性があって、いつも同じ道を通る。山のボラ見小屋から、海面をざわめかせてやってくるボラを見つけて、山上に陣取った漁労長が指揮をした。

ホラ貝を吹き、旗を振って合図を送り、ボラの通り道に大きな敷き網を仕掛ける。狩り船が群れをすっかり網に追い込んだところで、15艘の船がいっせいに網を引き上げる。この日ばかりは村の男たちが残らず海に出た。漁に出さえすれば技量・経験を問わず、手間賃がもらえたそうだ。

馳せ参じたくなるような勇壮な大敷き網も、人手頼みの漁であることと、魚が減って廃れてしまった。今はこじんまりと2艘で間に合う刺し網漁になっている。

待望の北風の朝。ボラ漁の小舟にのせてもらって海に出た。網を入れるのは、岸からほんの目と鼻の先。小舟でも10分とかからない。この波静かな入江で、ボラは次の世代を送り出すのだ。

ボラは見かけによらず利口者で、漁師を手こずらせるらしい。海底の岩に引っかかった網のわずかな隙間も見逃さず、素早く方向を変え、するりと網をかわして逃げてしまう。

網を入れてから半時間後、2艘の小舟が1㎞余の網をたぐりながら距離を縮めていく。透き通った水底から銀色のボラが、仄白《ほのじろ》く光りながら上がってくる。ボラの尾が舟底を叩く音が、だんだん賑やかになっていく。

半日かかってこの日の収穫は100尾前後。これでまずまずの漁だそうだ。

港に戻ると、その場ですぐに腹を割いて真子を取り出し、たっぷりの塩をしておく。塩は保存するだけでなく、身を締める役目もある。こうしておけば、いつでもからすみ作りができる。

冬の風を待ってはじまるからすみ作りの塩梅は秘中の秘

お天気と北風が安定する11月末頃になると、からすみ作りがはじまる。12月いっぱいまでが最盛期だ。塩蔵しておいた真子の塩を抜き、天日で美しい紅色にかちんと干し上げる。

切り札は冷たい風だ。春秋の温かい風では味が落ちるからと、野母崎樺島町の小川勇士さんは時季のものだけしか作らない。肝心要《かなめ》は、塩梅だという。いつ、どれだけ塩を抜くかが味の決め手になる。

真子の大きさ、身の締まり具合で一つひとつ違う塩抜きの加減は、製造家の秘伝だ。誰にも見せたことがないという達人の極意は、聞けば「真子の手触り」だという。そばに張り付いて、目を凝らしていてもとうていわかりっこないその物差しは、伝家の勘どころの一つである。

冬のさなかに、半日の間手を水に浸けっぱなし。時には一晩中かかることもあるという。

「塩を抜ききらんと、食べられたもんじゃなか。抜きすぎると腐《くさ》れる」

ぎりぎりの一線を、熟練の指先が探り出す。

さて、これからはお天道さんと風が頼りだ。塩を抜いた真子を板に並べ、レンガをのせて形を整える。

「初めの4～5日は気が抜けんと」

堅くなって半透明に色がつけばひと心地つくが、干しはじめに南風が吹いたら、ひとたまりもない。数日は北風が続く日を選ばなければならない。

朝起きて空を見上げる。雲の流れを見て風を読む。夜中に南風が吹くと「温《ぬく》か！」と飛び起きる。急いでからすみを冷風乾燥室にしまうのだ。

「寝とっても、どっかが起きとっと。正月までは熟睡できんとです」

ボラ漁から、からすみが完成するまで、北風を待ち続け、口の中でとろける一瞬のために、気の抜けない3ヵ月間が続く。

どんなに手を尽くしても、最後の鍵は自然の風が握っている。

How to make 18

からすみの作り方

1 刺し網でボラを獲る

「ヨイサァ、ヨイヤサァー」のかけ声とともに、2艘の船が徐々に距離を縮めながら網を引いていく。野母崎、脇岬に伝わる刺し網漁。

2 真子を取り出す

漁から戻ると港ですぐにさばき、刃が上向きにカーブした「からすみ包丁」を使って雌ボラから真子(卵巣)を取り出す。ひと腹がばらばらにならないよう、身を少し残しておく。

3 1〜2週間塩漬けする

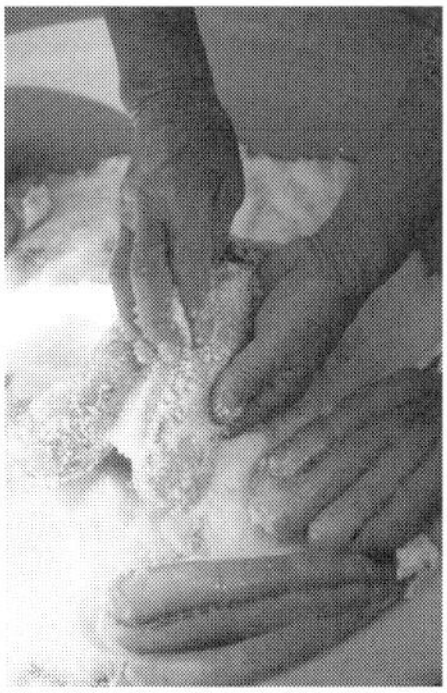

塩漬けにする。このまま、北風と天気が安定する11月末頃まで待つ。

4 塩抜きする

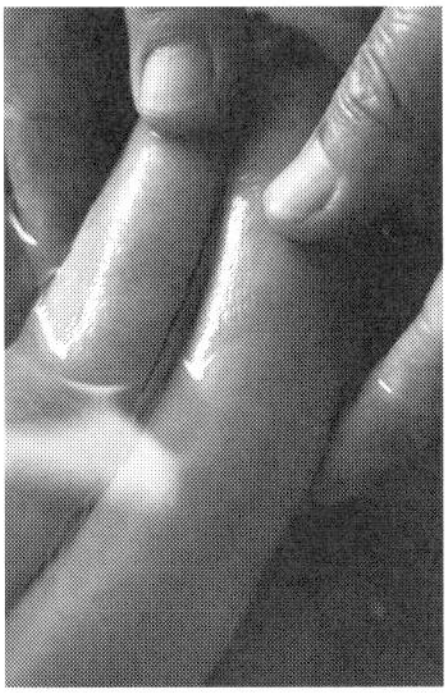

11月下旬から、真子の塩抜きをして干場に並べる。からすみの味を決める塩抜きの塩梅は秘伝。

5 約20日間天日干しする

レンガをのせて形を整えた後、風通しのいい干場に干す。写真は10日間ほど干したところ。順調にいけば、完成まであと10日間くらいだ。

6 でき上がり

太陽光のもとで干され、透き通るような赤色に仕上がった「紅子」が最上。酒はもちろんお茶にも合う。手で割って食べるのがおすすめという。

鰹節

青魚の旨みをカビで閉じ込め、和の味になくてはならないだし汁に

【鹿児島県・枕崎市】

カツオだしの旨みは、古来、日本人に愛されて、今に生き延びてきた。

それだけを食べても、そうおいしいわけでもないけれど、これなしに和の味わいはありえない。

古くは、背の青い流線形の魚、カツオに、堅魚《かたうお》の漢字をあてている。どちらかといえば身の柔らかい魚が、なぜ堅い魚なのか。

奈良・平安の時代にはカツオを生食せず、その煎じ汁「いろり」が、貴族たちのうま味調味料として使われていた。古代人は当初から堅魚の旨みに注目し、だし用に加工していたのだろう。

今のような燻乾《くんかん》の鰹節が登場するのは、室町時代の末期のこと。

カツオを切ってゆで、堅木の薪で燻して20日間。炭のようになるまで燻煙乾燥する。さらにカビと天日でじわじわ乾かすと、本枯れ節のあの芳香が醸される。「生き腐れ」と言われるほど足の早いカツオが、ほぼ半年かかって、和の味の源になる。

子どもの頃、朝起き抜けに、よく鰹節を削らされた。しゃっしゃっと気持ちのいい音と、おいしいにおいが、空きっ腹にしみた。そんな暮らしが、つい半世紀前まで何百年も続いていた。

カツオだしは、おおかたの日本人にとっては、腹のへるにおいである。

カビが仕上げる本枯れ節は国宝級の伝統食

毎年2月頃、黒潮にのってカツオが、赤道直下の海から南西諸島近辺までやってくる。薩摩の近海ものの時季である。

4月には土佐沖から紀伊半島沖へ、青葉の頃に伊豆、

乾燥の最終仕上げをするのはカビ。堅木の煙で燻して乾燥した後、カビつけと天日干しをくり返し、水分を抜いて本枯れ節にする。

房総沖まで北上し、江戸庶民の憧れの初ガツオとなる。

「生き腐れ」と言われるサバ科の青魚を、長期間取っておこうなどと、誰が思いついたものか。

しかも、カビで乾燥をさせてしまうとは、思えば、大胆不敵な発明である。

平安の世に生きた紫式部は、カツオだしの味を知っていた。鎌倉の源 頼朝も室町の足利尊氏も、舌鼓を打ったに違いない。ただ、当時はカツオだしといっても、カツオの煮干しみたいなものだったらしい。

今と同じ燻煙鰹節が登場するのは、室町末期のこと。戦国時代には篭城用の兵糧や「勝つ男武士」の縁起物として、また雄節と雌節一対で亀甲の形になることから、長寿や婚礼の祝い事にも珍重された。

ところが夏場にはカビが生えて、風味を台無しにしてしまう。そこで知恵者が編み出したのが、優良カビで悪いカビを抑える手法だった。しかも優良カビは、悪玉を抑えるばかりか、水分とよけいな脂分を食って、芳香を醸し出す。

カビに乾燥の仕上げをさせることで、保存性に優れたものになったばかりか、香りも格段によくなったのだ。

古来カビを巧みに使って、味噌や醤油、酒や酢などを作ってきた日本人にとって、カビを手なずけるのは、お手のものだったに違いない。

燻乾の鰹節の製法は渡来したものだが、カビつけの本枯れ節は、日本独特の手法だそうだ。

優良カビと太陽光が仕上げる
昔作りの本枯れ節

町を歩けば、家族ぐるみで働く加工場から、鰹節を燻《いぶ》す薪の煙が漂ってくる。祭りにはカツオをかたどった神《み》輿《こし》が練り歩くという鹿児島県枕崎は、江戸中期から、高知県土佐と肩を並べる鰹節の産地である。

今は、鰹節も冷凍カツオを使った、通年製造になっているが、旬の時季には、一本釣りの生カツオで本枯れ節を作る家も健在だ。

2月の朝6時45分、浜の魚市場のカツオ入札開始のサイレンが鳴り響く。

近海のカツオが入ったのだ。

鰹節加工屋さんだろうか、競りに集まってきた男たちが、カツオを囲んで熱心に吟味している。

「鰹節にする魚は、脂がのりすぎていてはだめたい」

長期保存すると脂焼けの原因になって、酸味が出るのだという。

脂ののり具合は、心臓を見ればひと目でわかると、なんなく取り出して見せてくれた。

鰹節作りは、まず「生切り」にはじまる。カツオの頭を落とし、三枚におろすのだが、これが胸のすくような包丁さばき。片手で2kgもあるカツオの尻尾を掴んで吊り下げ、あっという間に事が済む。

骨には向こうが透けて見えるくらいの肉しか残っていない。鮮やかな宙切りは、昔揺れるカツオ漁船内で、カツオを切って煮て、半製品にしてきた枕崎の伝統である。

「鮮度のよかもんは、切れ味もよかたいね。腕が上がったような気がすっと」豪快な名人芸に唸るしかない。

煮熟《しゃじゅく》した(ゆでた)切り身は、ぐらぐらの湯に入れた時の姿そのままに上がってこないといけない。身割れやねじれがないよう、煮熟温度は魚の鮮度を見て加減する。

「せんじ」と呼ばれる煮汁は、煮詰めてカツオエキスにする。古代貴族たちのうま味調味料「いろり」である。

加工場の表に出しておくと、回収車が煮汁を集めにくるシステムになっているのも、鰹節の町ならではだろう。

鰹節作りの工程は大きく分けて、生切り、燻煙乾燥、カビつけの3つ。その間に成形したり、炭になった表面を削り取ったり、と気の抜けない細かい作業が隙間なく詰まっている。

地下から2階まである燻煙室に、ずらりとゆでた切り身が並んだら、いよいよ火が入る。

薪は火力が強く、香りのいい樫の木。強い火で一気に乾かすと表面だけで芯まで乾かない。一番火を入れて火を止め、冷ましてはまた二番火を焚いて、徐々に水分を抜いていく。

焙乾《ばいかん》の仕上がりは、炭にしか見えない真っ黒の荒節。その表面を、皮の一部だけ残してきれいに削り落とすと、赤さがほの透ける裸節になる。

お次はカビの出番だ。昔から「本枯れ節は一番カビで決まる」と言われた、ヤマ場である。

室《むろ》に入れて青緑色の一番カビが来たら、天日に干して殺菌。また室に取り込み、灰色の二番カビを待つ。そして太陽の下に出す。という作業が、薄茶色の微細な仕上げカビが来るまで続く。

仕上がりは音でわかる。そっと叩くと、かんかんと澄んだ高めの音がする。

「これが本枯れの音たい」

達人が目を細めた。

鰹節の作り方

1 カツオを入札する

2月頃に枕崎港の魚市場に並ぶ、近海ものの カツオ。鰹節屋は、鮮度、魚質を見きわめて入札に臨む。

2 生切り

鰹節作りはまず生切りから。2kgほどもあるカツオを、あっという間に三枚におろす熟練の腕前。男の人は片手で尻尾を掴んで吊るして「宙切り」する。

3 煮熟《しゃじゅく》

魚の鮮度、身質を確認しながら、そのつど湯温、ゆで加減を変える。ゆで上がったら、冷まして骨を抜く。

4 約20日間焙乾する

まんべんなく煙がまわるよう樫の薪を焚く。一番火から、冷ましては焚きをくり返し、火からだんだん遠ざけるように、節を並べ替えて燻す。

5 カビをつける

カビ室で青緑色の一番カビをつけ、天日に干して、カビを止める。また室に取り込んで二番カビをつけ、天日干しでカビを止める。

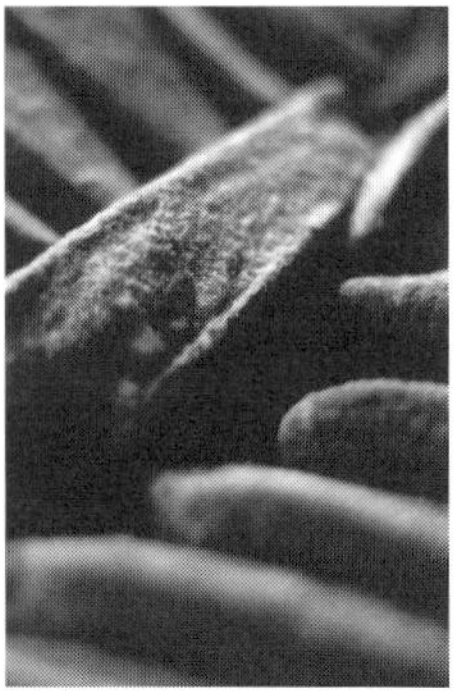

上記の工程をくり返して、ごく細かい仕上げカビに近づけていく。この緑色のカビが本枯れ節の味を左右する。

鮭の燻製

白樺と樫のチップでじっくり燻され、醸し出される銀毛鮭の醍醐味

【北海道・余市町】

毎年、歳の暮れに北海道余《よ》市《いち》から、サケ一本丸ごとの豪気な燻製が届く。

しみ込んだ白樺の煙のにおいをかぎ、黄金色の姿に見惚れて、まずバーボンをロックで一杯。それからおもむろに頭を落とし、輪切りにする。

出刃包丁が脂でぎらつく。

表面は鎧を纏《まと》ったようにかっちり。やわな包丁では歯が立たないが、中身は柔らかいソフトスモーク。2ヵ月半かかって、じわじわ醸《かも》された濃厚な味わいが舌にとろける。

さらにひと月半、低温の煙でじっくりと、芯まで乾かしたハードスモークも捨て難い。香ばしく、噛みしめるほどに旨みがにじむ。

ソフトはそのまま賞味した後も、マリネやパスタのクリームソースなどに応用がきく。皮はさっと揚げて、佳《よ》きつまみになる。

故郷の浜に戻ってくる銀《ぎん》毛《け》鮭《ざけ》が、伝統的燻乾手法で、見事としかいいようのない作品になる。

特有の香りと濃厚な旨み、舌にとろける触感。煮ても焼いても、蒸しても、スモークサーモンのあの風味と触感は真似できない。

燻製というと、日本酒よりワイン、バーボンウイスキー。和食にはなじみがうすい気がするが、忘れちゃいけない。日本食になくてはならない鰹節は、ハードスモークの代表格。煙で旨みを凝縮して閉じ込め、しかも、目減りさせることなく長期保存する。先人の知恵の詰まった伝統食だ。

私たちは知らず知らずのうちに、その旨みを愉《たの》しんできた。燻製とは、まんざらでもない付き合いなのである。

9月のオホーツク海で獲れる銀色のサケだけが、冬の余市の寒風吹き込む燻煙室で、じっくり燻製にされる。

北海道のしばれる北風と
おがくずの煙が醸し出す妙味

小樽から日本海沿いに、積丹《しゃこたん》半島に向いて、ゆるく弧を描く石狩湾の海岸線を走る。道がシリパ岬の断崖で途切れるあたりが、めざす余市漁港だ。

天保年間（1830～1844年）の頃の余市浜は、名高いサケの漁場だったという。

江戸後期から昭和の中頃までは、「海が真っ白になるほど」ニシンが押し寄せて、ニシン景気に沸いた。

ニシンがふっつり姿を見せなくなり、さびれて久しい。それでも昭和の30年代までは、余市港の周辺に、十数軒の小屋が建ち並び、身欠きニシン、ホッケ、イカ、オオナゴなどの燻乾物が盛んに作られていたという。

そんな余市浜に、近年サケが戻ってきた。余市川へ稚魚を放流し続けた、うれしい成果だ。

9月の上旬、余市沖合の定置網漁の船に同乗させてもらった。

「今年はだいぶん遅かったな」

首を長くして待っていた漁師たちの引く網に、数千もの銀色の背がひしめき、しぶきを上げる。

海で獲れる銀色のサケは、「銀毛《ぎんけ》」と呼ばれる。これが川に遡上する時季になると、鼻が曲がり、まだら模様の鮮やかな婚姻色に衣替えする。こちらは「ブナ」と呼ばれ、味も落ちて、見向きもされない。

銀毛鮭の、中振りのオスだけが、豪気な鮭の燻製の原料になる。

「卵を食べるなら雌、身を食べるなら雄です。身の質が全然違います」

余市で水産加工業を営む南保《なんぼ》敬二さんは、4kgもの銀毛鮭を丸ごと一本、4ヵ月間もかけて見事としかいいようのない燻製にしてしまう。

早朝に揚がったサケを、その日のうちにさばいてどっぷり塩に漬け込み、12日間以上おいて新巻鮭にする。

「この水きりが肝心なんです。水分が多いとカビの原因になります」

ウロコの間にもびっしりと塩をして、サケの身をがっちり締めておく。

北風がいちだんと冷たくなる頃、流水で塩を抜き、2日間ほど風干しして、燻製小屋に入れる。

「燻製は、ほとんど私の趣味の領域です。色やつやを確かめながらでないと、いいものはできません。自分でやらないと気がすまないんですよ」

時間と手間を考えたら、採算もとれないだろうに、目が届かないからと量産はしない。

昭和初期の冷燻室を忠実に再現した燻製小屋

体長1mもある銀毛鮭を、丸ごと燻製にしようというのだから、一筋縄ではいかない。

樫《かし》や白樺のおがくずを燻らせ、1ヵ月間じわじわ冷燻して、いったん火を止める。ここからは2日間焚いたら、2日間やすませてというサイクルで、さらに3ヵ月間煙燻をくり返してハードスモークができ上がる。

「北風の吹く時季の燻製が、いちばんおいしいんです」

北向きの天窓から、ちらちらと粉雪が舞い込む。おがくずの山が、小さく崩れながら炎を立てずに燃える。

この火の加減が肝心で、ぼうぼう燃えてはいけない。高温で表面だけが乾くと、内部の水分を外へ送り出す毛細管が熱で固まってしまう。水分がこもったままでは、腐敗の原因になる。しかし、早く乾きすぎてもいけない。

「乾燥しすぎないように、ゆるゆる乾かします」

床に敷いた砂利に、水をまいて湿度を保ちながら、じれったいくらい気の長い作業である。

南保さんは札幌でも店を営んでいた、もともと料理の腕に覚えのあるお人。故郷に戻って家業の水産加工業を継ぎ、その傍ら、納得のいく燻製を作ろうと熱中する。

子どもの頃は、近所の燻製小屋からもくもくと煙が上がっていた。余市には身欠きニシンの燻乾技術もあった。

「北海道大学水産学部に保存されている昭和初期の冷燻室の設計図をもとに、燻煙小屋を作りました」

北風を入れるように、天窓は東西に一直線に並んでいる。北風が吹き込むと、おいしい燻製に仕上がるという。

余市川のサケの稚魚は、海へ出てざっと1万kmを回遊して成長。北洋からベーリング海を経て、故郷へ戻ってくる。無事にたどり着くのは、その1～1・5%でしかないという。

ある年豊漁すぎて値が崩れ、捨て値で投げ売りされたことがあった。どこの港も、魚が獲れなくなったと、ため息ばかりだというのにである。

「地元で獲れるせっかくの原料です。見捨てられたサケに生命を吹き込んでやるんだという気持ちなんですよ」

故郷へ帰ってくるサケを迎える男の、そんな思いが豪気な燻製になる。

1

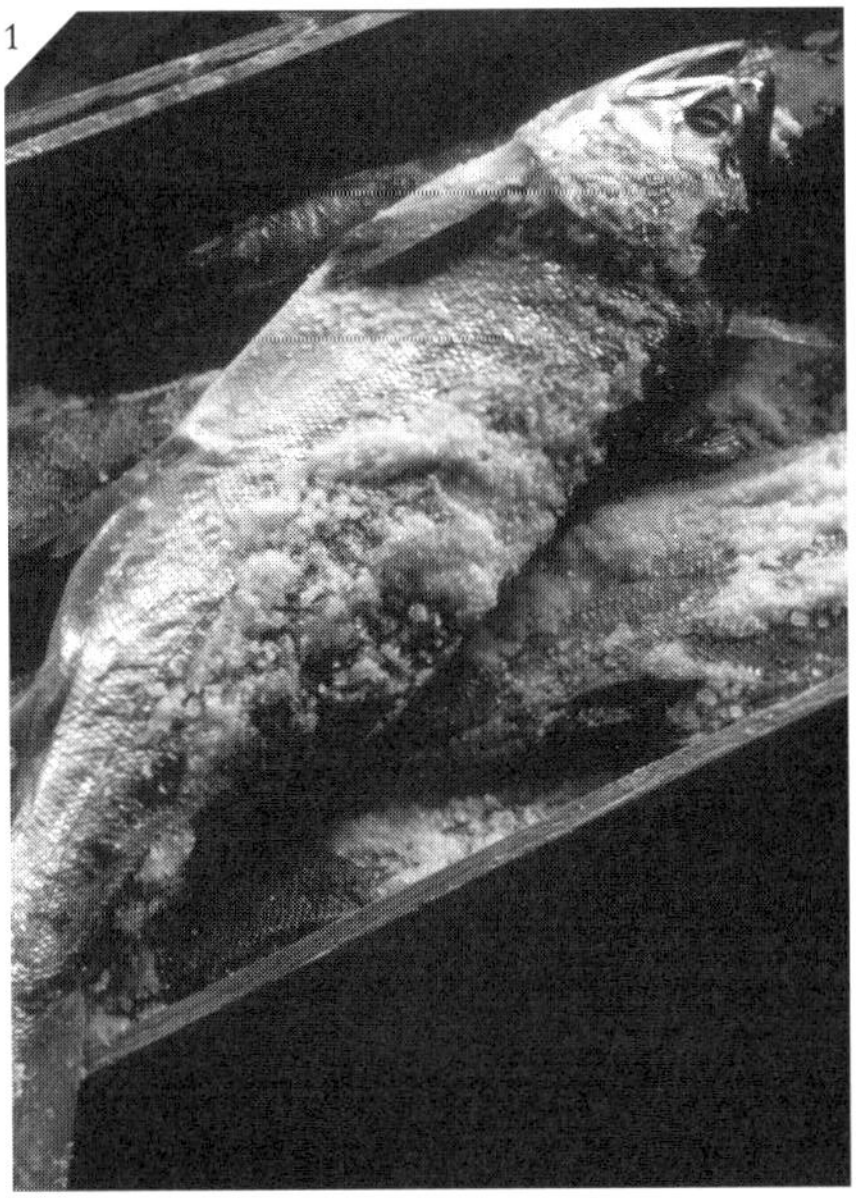

2

3

1／2週間ほど、たっぷりの塩をして冷蔵しておいたサケ。水分がきれて固く身が締まっている。これを流水で塩抜きしてから燻煙室に移し、燻す。2／1ヵ月間ねかせた樫と白樺のおがくずに着火。火を消さず燃やさず燻らせて、燻煙室を20～25℃に保たなければならない。目が離せない。3／燻煙室の天井に、1mもあるサケがびっしりと吊るされた様はまさに壮観。乾燥ムラが出ないよう、梁に上って上下段を入れ替えながら、低温で2ヵ月間以上燻煙にかける。

鮑のつのの塩辛

熟成の奥深い味わいは、短い夏の海の置き土産

【石川県・輪島市】

7月に入ると、能登の海のアワビ漁が解禁になる。海女たちが獲る夏のアワビは、こよなき海の贈りもの。秋からの産卵に備えて、アワビの身もキモもふっくら太って充実する。

その身もさることながら、キモの旨さには唸ってしまう。

海の人はこのアワビのキモを、「つの」と呼ぶ。勾玉《まがたま》にも似た三角のとんがった形は、なるほど角《つの》である。キモに呼び名がついているのは、待たれている証しだ。

生きたアワビのキモに塩をして、2ヵ月ほどねかせる。夏を越し、秋にはそろそろ熟《な》れて、食べ頃になる。舌にまとわりつく濃厚さは、さながら海のはらわた。暑い夏の間に酵素の働きで、独特のにおいと味わいが醸し出される。この深さ、この複雑さは、生のものにはありえない。

それも9月いっぱい。産卵を間近に控えて鮮やかな緑色になったら、もう食べないという。アワビのつのの塩辛は、短い夏の置き土産である。

日本人のアワビ好きは、筋金入りである。年々歳々花も人も変わっていくのに、アワビへのラブコールは、千年余も続いているのだ。

古来、アワビはめでたさの象徴とされてきた。慶事祝儀の贈答品に欠かせない熨斗《のし》は、もともと神様の御食《みけ》熨斗鮑。今も伊勢神宮では、第一の神饌《しんせん》として供えられる。

平安朝廷の貴族たちもアワビには目がなかったようで、古文献によれば、全国19の津々浦々からアワビを上納させている。しかも当時の加工法は、実に多種多彩。蒸す、ゆでる、焼くなどして乾かしたものや、なれずし（熟《な》れ鮨）など、当時のアワビ加工品は40種にのぼる。アワビへの熱愛ぶりが伝わってくる。

2～3ヵ月熟成させ、漬け汁が濃い飴色になったら食べ頃。7月のものは夏を越してから、9月初旬のものは正月には食べ頃を迎える。

能登の海女たちが獲る、地場のアワビのキモだけが塩辛に

さて、アワビの身を加工すれば、キモが残る。キモの塩辛も古くから賞味されていた。天平時代の荷札である木簡には、〈7月10日に志摩国から鮑腸5斤を届けた〉という記録が残っている。

旧暦7月は、秋口にかかろうという時季。そろそろ塩辛の塩が熟れる頃でもある。そして塩辛は、それから1年は楽しめる。なんという贅沢!

アワビ人気は今なお衰えず、輪島の海女が獲るアワビは、浜でも高値がつく。引く手あまたで、まず加工にまわらない。今では地元の人でも、おいそれとは口に入らないという希少品である。

「蒸し鮑は輸入ものでもいいけど、つのの塩辛は地物でないとできません。外国産を使ってみたら、砂でじゃりじゃりだった。砂地におるアワビなんだね」

能登輪島の海士町《あままち》の、もと海女、大積千恵子さんは、蒸し鮑とつのの塩辛作りの達人だ。

手のひらほどある大アワビの身で蒸し鮑を作り、残ったつのに塩をする。塩辛はいわば、蒸し鮑の副産物だ。

長くアワビ獲りをしてきた人だから、原料の吟味は厳しく、地場の生きたアワビしか使わない。それも、大物でないといけない。大アワビといってもその6割方は殻。残り4割の身も、干すと半分に縮んでしまう。ちょっとせつない。

アワビは5年で親貝になる。それでもせいぜい長さ10cm、重さ130gほど。これではまだまだ蒸し鮑には使えない。一つ600g以上の大物だけが、蒸し鮑になる。ここまで大きくなるのに、10年はかかるそうだ。

大物が集まったところで、蒸し鮑とつのの塩辛を作る。〝あわびおこし〟という海女時代の道具で、つのを傷つけないように身をはずす。鮮やかな手つきだ。半切り桶に30分ほどおく。生命力が強く、それでも動いているアワビもいる。

「アワビが吐く乳白色の潮水は、目にいいんだよ」

先輩海女代々の言い伝えだ。海女は目が資本である。古来不老長寿のめでたい食べものとされるアワビだが、今では優れた抗菌作用があることがわかっている。昔の人はよく見抜いているものである。

塩辛作りは、塩梅さえ心得ていれば、しごく簡単だ。殻に残ったつのをはずし、目分量の塩をして桶に漬け込

1

2
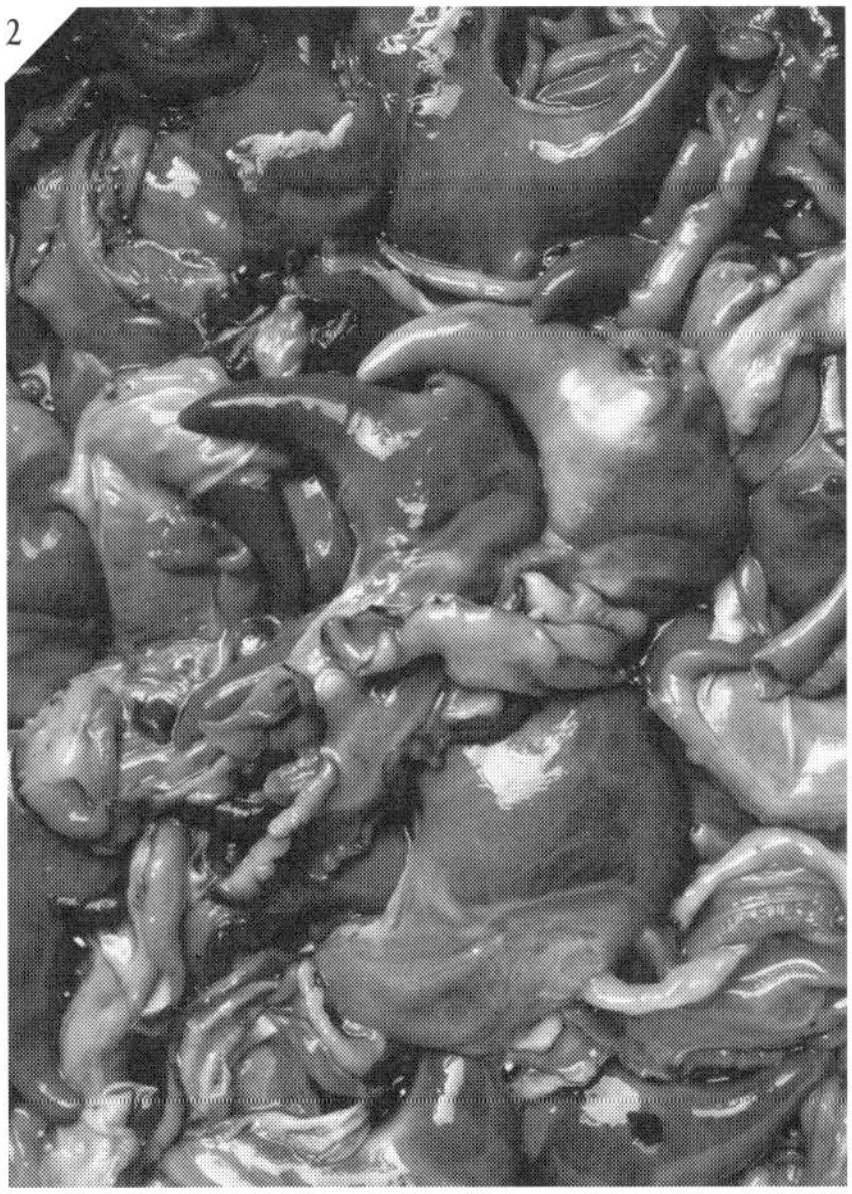
3

1／アワビのつのの塩辛を作る人は、輪島市でも数少ない。アワビの身は殻からはずして、海女の嫁入り道具である半切り桶に入れ、蒸し鮑加工の下ごしらえをする。つのは、傷つけないように殻からはずして塩漬けにする。2／「つの」と呼ばれるアワビのキモ。これだけ集まると、ぎょっとする壮観だ。3／秋からの産卵に備え、夏のアワビはつのに卵を持っている。ひと夏分の特大アワビのつのに、およそ15%以上のたっぷりの塩をして、ざっと手でかき混ぜて甕に漬け込む。

む。夏を越して、漬け汁が濃い飴色になったらでき上がり。つのはおくほどに、塩かどがとれてまろやかになる。

でも、それだけではない。漬け汁も熟して、よき魚醤になる。これで大根やナスを炊くと、たちまち海の香りのするおかずになる。

つのの塩辛は、目が覚めるほど塩辛い。だから、食べる3〜4日前に酒粕に漬けて、頃合に塩を抜いていただく。

その味わいには、ちょっと言葉を失う。

水底で息を詰めてするアワビ獲りは代々女の仕事

女たちは潜ってアワビを獲り、男たちは漁に出る。能登輪島の海士町は、海の狩人たちの町だ。

約360年前に13人の海人が、福岡の鐘崎《かねざき》からアワビの宝庫だった輪島沖の舳倉島《へぐらじま》にやってきたと伝わっている。アワビの漁期は7月1日から9月末まで。手漕ぎの櫓舟《ろぶね》時代は「島渡り」といって、夏のアワビの時季だけ、一家で舳倉島に移り住んだ。

「昔はふんどしひとつでな。命綱を腰に巻いて、裸で潜っとった」

命綱を預かる船頭は、夫か父親か息子。文字通り命を託せる間柄の男に限られていた。片手に櫓《ろ》、もう一方の手に命綱を握って、水底からの合図があると、間髪を入れず引き上げる。

「命綱を持っとる父ちゃんは、私の息の長さを知っとるから、もう息がないのに無理しとるなとわかる。ぎりぎりの時は、上げるもんも必死。潜っとるもんも必死」

すぐさま飛び込んで助けられるように、命綱を預かるものは炎天下に帽子もかぶらなかった。今年80歳になる大海女の、30代の頃の話だ。

櫓舟の時代は10時間かかった舳倉島へ、今は漁船で1時間半で行く。舳倉島周辺の海は、透明度30m。船から海中の岩場まで手が届きそうだ。

小さな悲鳴のような海女の磯笛が、海風にのって届く。海底で息を止めていた海女が、海面に浮上して息をする音だ。とてもそうは聞こえないが、この呼吸法がいちばん楽なのだという。数百年続いてきた、海女独特の呼吸法を、海士町の女の子たちは、教わるでもなく自然に習得する。

息を詰めてする海女の仕事は、大昔から何ひとつ変わらない。

牡蠣の塩辛

ふた夏を越して、こっくりと熟す

【三重県・志摩市】

つるんとなめらかな白肌に、レモンを搾っていただく。とろける濃厚な味わいは、牡蠣好きの至福である。

生牡蠣を食べるならRのつく月。9月を待ちわびる人も多いだろう。

口はわがままなもので、走りの時季には感動するくせに、「R月」の終わりが迫ると売れ行きが鈍るらしい。

「大寒の頃の牡蠣がいちばんですが、実は、次に旨いのが2月後半から4月初旬までの春牡蠣なんですよ」

三重県志摩市で牡蠣の養殖場を営む佐藤文彦さんは言う。

日照時間が長くなりはじめると、餌の植物性プランクトンが増える。それをせっせと食べて牡蠣はますます太る。初夏の産卵に備えて、養分をたっぷり蓄えるのだ。4月末から5月初旬には卵ができ、味が落ちる。

そんな2月後半から4月初旬の、甘く濃厚な太っちょ〝的矢《まとや》牡蠣〟が、塩辛になる。

見た目は、あの白肌のなれの果てかという感がある。されど、見かけに騙されてはいけない。

ほんのちょっぴり舐めれば、口の中に濃密甘美な海が広がる。

かつて西洋人にとって、塩辛はかなり怪しい食べものだったらしい。

16世紀後半、日本に滞在したポルトガル人宣教師、ルイス・フロイスは、塩辛についてこう記している。

〈我々においては、魚の腐敗した臓物は嫌悪すべきものとされる。日本人はそれを肴として用い、非常に喜ぶ〉

塩辛に仰天したフロイスが、てっきり腐敗と思い込んだのも無理はない。

ヨーロッパとは違い、日本は高温多湿の発酵食文化圏。菌を巧みに使って塩辛や調味料を作る技は、ゆうに千年を超えて、お手のもの。日本人は筋金入りの塩辛食いな

暑くなると発酵が進むが、秋冬には静まる。2回目の夏を越すと、香り高くまろやかな塩辛に仕上がる。

のである。

とりわけ酒飲みは、発酵臓物の甘く絶妙な味わいに、からきし弱い。

タイ、カツオ、マグロ、イカ、アワビのキモ。アユの卵や内臓のうるか。ナマコのワタのこのわた。サケの背ワタ……。実にさまざまな塩辛を楽しんでいる。

けれどもなぜか古い資料では、牡蠣の塩辛にはほとんどめぐり会わない。

牡蠣自体は、縄文時代から食され、日本人になじみ深い食べもの。奈良時代には全国から朝廷に献上されている。

昔は生の魚介類を遠路運ぶのが困難で、朝廷に献上されるものの多くは乾物や塩蔵品、発酵食品だった。ところが牡蠣についていては平城宮出土の木簡に「献上蠣《かき》一籠」とあり、殻付きで送られている。冬場なら1週間は生きており、鮮度を保ったまま都へ届けることも可能だった。

平安時代中期に編纂された『延喜式』に、伊勢国の牡蠣の名が見える。伊勢からなら生きたまま届いただろう。

江戸時代中期の本草書『本朝食鑑《ほんちょうしょっかん》』に、こう記されている。〈海人は生きながらに殻を割き、肉を取って売っている。新鮮なものを珍とするためである〉さらに〈滋養豊かで肌をきめ細かにし、顔色を美しくする〉と美肌効果も謳っている。

牡蠣の栄養価は、昔も今もよく知られるところ。グリコーゲン、ビタミンB_{12}、鉄分、微量のミネラルなどをバランスよく含んだ滋養食である。

室町時代末期には広島で養殖がはじまっているが、海辺に自生するものも多く、庶民にも手の届く医食同源の食べものだった。手間をかけて保存するより、生鮮食材が優先されたのかもしれない。

伊勢神宮の森が育む的矢の牡蠣

三重県志摩の的矢《まとや》湾の牡蠣は、生食牡蠣として定評がある。的矢牡蠣の味の秘密は、その豊かな海にあるという。「雨が降らんと、牡蠣の身が痩せるんですわ。この辺に降った雨の5割が、的矢湾に集まるといわれていますす。川から栄養が流れてくるんです」

的矢の佐藤養殖場の佐藤文彦さんは、豊かな海は川のおかげだと話す。

野川、池田川、神路川と3本の川が的矢湾に注ぎ、伊勢神宮の神宮林、広葉樹の森から豊かな養分を運んでくる。牡蠣の餌となるプランクトンが育ち、とくに植物性プランクトン珪藻類《けいそうるい》を食ったものは、甘みが増すという。

奥行きの深い的矢湾の入江は、潮の出入り口が狭く、干満の潮の流れが速い。

潮が動けば、餌も動く。

「潮の行ったり来たりが、貝を育てます。貝は動きませんから、潮が動かないとだめなんです」

水産学者で、プランクトンの研究をしていた佐藤養殖場創業者の佐藤忠勇さんは、自然の好条件が揃った的矢の海に白羽の矢を立て、１９２８年に垂下式牡蠣養殖に着手する。

旨い牡蠣で作る塩辛がまずかろうはずはないけれど、製品化が難しかった。

「牡蠣は栄養価が高く、雑菌にとってはかっこうの餌。塩辛になる前に腐ってしまうんです」

むきたての牡蠣に、塩を混ぜ込んで発酵熟成。２回夏を越え、独特の味わいが醸されるまでねかせる。

若いうちは鹹《しおから》さがとがっており、菌たちのペースで味わいに丸みが出るまでうんざりするほど時間がかかる。そのぶん雑菌にやられる危険も増えてしまう。

戦後しばらく、食中毒を危惧した進駐軍が牡蠣の生食を禁じた時期があった。ならば、菌のいない牡蠣を作ればいいと、忠勇さんは、その壁を打ち破る画期的な牡蠣の浄化装置を考案する。

牡蠣は1個あたり約３００㎖の海水を体内に持ち、1時間に17～20ℓもの海水を漉して栄養分をとっている。牡蠣が、18時間以上で体内の海水を全部吐き出すことをつきとめた忠勇さんは、飲み水を浄化するための紫外線殺菌灯で海水を滅菌。この水で20時間牡蠣を飼育することで、牡蠣体内の海水が入れ替わり、雑菌や老廃物が排出される。

こうして１９５３年に、生食用の浄化牡蠣が実現した。塩辛がものになったのはそれからのことだという。晴れて製品になって、50年以上になる。

「牡蠣は、育った海の味なんです」

手つかずの伊勢神宮の森に降る雨や苔のにおい。清々しい森の養分を運ぶ川。潮の揺りかごで育つ牡蠣と、微生物たち。

ふた夏寝た牡蠣の一粒に、森と海の豊饒が溶け込んでいる。

1／人の飲み水用に開発された紫外線殺菌灯をあてた海水を20時間ほど浴びると、牡蠣の体内の雑菌、老廃物がきれいに排出される。2／固く閉じた牡蠣の殻も、熟練の手にかかるとあっけなく開く。ふっくら肥えたむき身が塩辛になる。3／包丁で刻んだむき身に塩を加えて仕込む。しばらくはよくかき混ぜて塩をなじませる。その後半年間、毎日天地を返して発酵熟成。以降は18℃の部屋にふた夏おく。仕上げにみりんを少量加える。旨みが強く、料理の隠し味としても重宝する。

ホヤの塩辛

【岩手県・三陸町】

寒冷な海で4年かかって育つ夏の美味を塩と酒で封じ込める

冬は見向きもされないけれど、夏が来ればそろそろだなと思い出す。

食べた後にちょっと遅れてやってくる甘さは、完熟のトロピカルフルーツ風。小気味いい歯ごたえは、貝とタコを足して2で割った感じ。そしてあのにおいは、ちょっとたとえようがない。苦手という人も少なくないが、いつの時代にも首を長くして待つ人はいたようで、平安朝の貴族や戦国時代の茶人も取り寄せて賞味している。暑い盛りに東北から京都まで運ぶのだから、生のホヤではなく、塩辛の類だろう。

それにしても変なやつである。

根っこがあって海中の岩に生えているくせに海藻の類ではなく、貝のようで貝でもない。幼生はオタマジャクシみたいな姿で泳いでいるという。赤橙色の殻には2つ噴火口のような突起があって、プラス・マイナスの印がある。

「プラスだば、入れるほう。マイナスだば出すほうだな」

三陸海岸越喜来《おっきらい》湾のホヤ養殖家が教えてくれた。はてなんだろう？

海から揚がったばかりのホヤは、赤くつやつやで丸っこく、根っこが生えている。赤く熟して旨そうだけれど、いったい植物なのか動物なのか。

先端部分にあるプラスとマイナス記号には、ちゃんと理由があるらしい。ホヤは、ひとたび海底の岩にくっついたら、生涯そこで暮らす。自分は動かず狩りもせず、やってくる餌をただただ待っている。

プラスマークは、海水を飲み込んで、海中に漂うプランクトンなどを食べるための入水口。これは大きく開くほうが好都合だ。出水口はマイナスくらいでちょうどいい。うまいことできている。餌を食べるのだから、動物である。

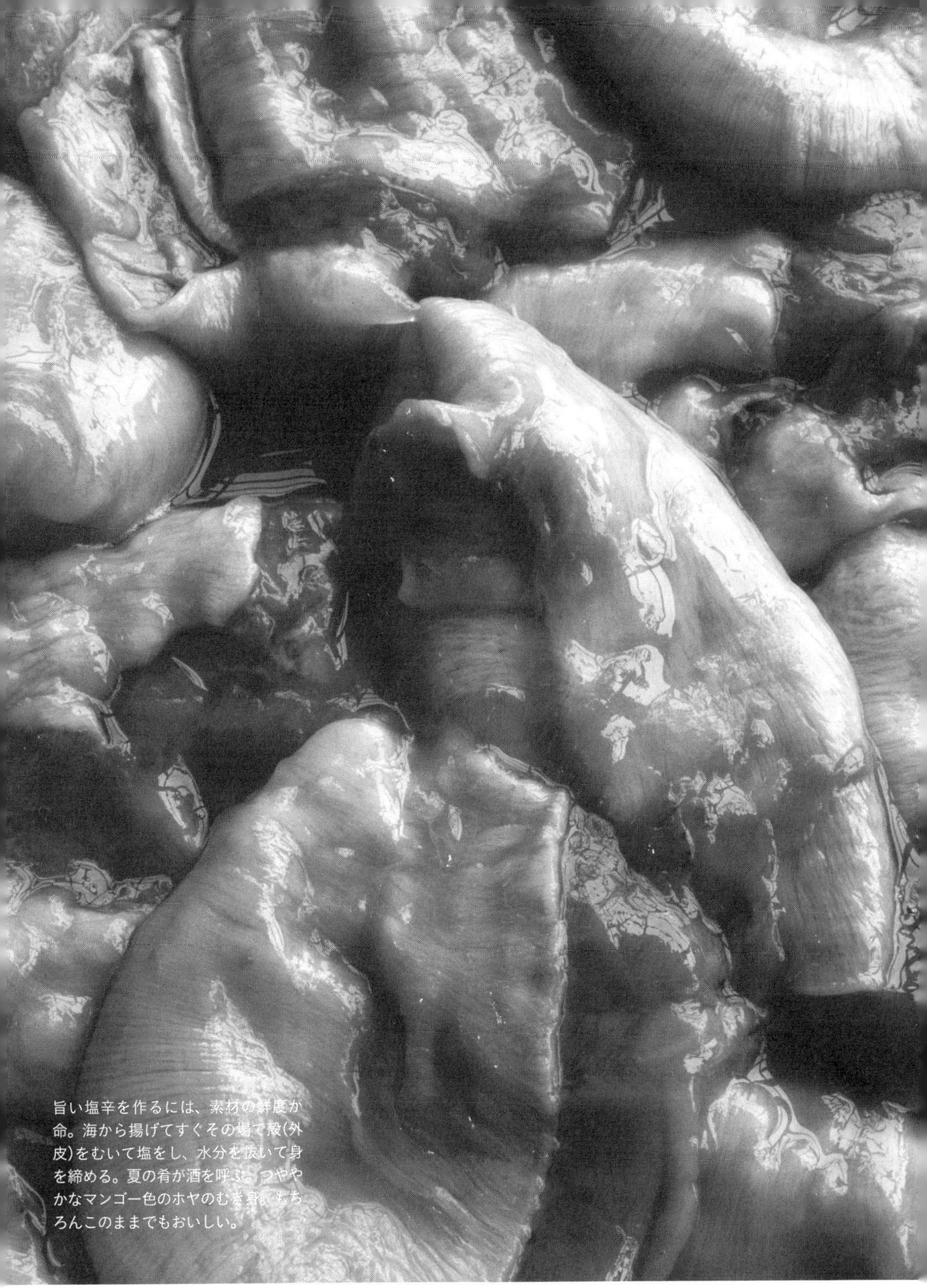

旨い塩辛を作るには、素材の鮮度が命。海から揚げてすぐその場で殻(外皮)をむいて塩をし、水分を抜いて身を締める。夏の肴が酒を呼ぶ。つややかなマンゴー色のホヤのむき身。もちろんこのままでもおいしい。

食用にされるマボヤは、生まれて4年ほどすると大人の握りこぶしほどの大きさになって成熟し、やっと食べ頃になる。寒冷な海に生息する生きものだから、成長ものんびりだ。

ホヤは天然ものの数が減っていることもあり、私たちの口に入るほとんどが養殖ホヤである。養殖といっても、ホヤの種をつけた長いロープを、水深3m以下の海中に重石をつけて吊るし、4〜5年放置しておくだけ。勝手に大きくなるから餌はいらない。あとは、豊かな海にまかせておけばいい。

ホヤの漁期は、6月〜8月のお盆前まで。小舟で沖へ出て海中からロープをたぐり寄せると、赤橙色のホヤがびっしりついている。ホヤは5月頃からそろそろ身を太らせ、7月〜8月にかけてがピーク。それからは痩せていく一方で、9月になると誰も食べない。

「ホヤは7月頃から餌を食わなくなる。腸に糞がないもの。秋〜冬は自分の体を食って、ゼリーみたいにブヨブヨになっちゃうんだよ」

三陸のホヤ養殖家がそう教えてくれた。つくづく変なやつらである。軟体動物のタコやイカ、貝とも、棘皮動物のウニやナマコとも違う。現在の分類では、私たちヒトと共通の祖先を持つ脊索動物の仲間だという。

古くから食されていたようで、平安時代に編まれた『延喜式』(927年)には、アワビやアユのすしと並んで、ホヤのすしの記述がある。当時は今様のすしではなく、塩と飯や糠に漬けて発酵させたなれずし系だ。

戦国時代の茶会記の献立には、輸入ものの氷砂糖やクチナシの花の和えものなどと並んでホヤが登場している。道具には目利きの茶人たちも、旨いものには目がなかったらしい。はるばる東北の海から取り寄せたホヤは、かなりクサイものだったはずだ。今あれば、ちょっとハマりそうな気もする。

100kgの新鮮なホヤから約10kgの塩辛ができる

「ホヤはキュウリとともに肥える」

と、地元三陸では言うそうだ。

露地キュウリの出回る時季が、ホヤの食べ時。キュウリの塩揉みとは、相性がいい。舟上で獲れたてのホヤを食べてみて、おやっと思った。甘みが強く、ほろ苦さもあってもちろん旨いのだけれど、「時間切れ」しか知らないせいか、あのにおいがないとどうももの足りない。

1

2

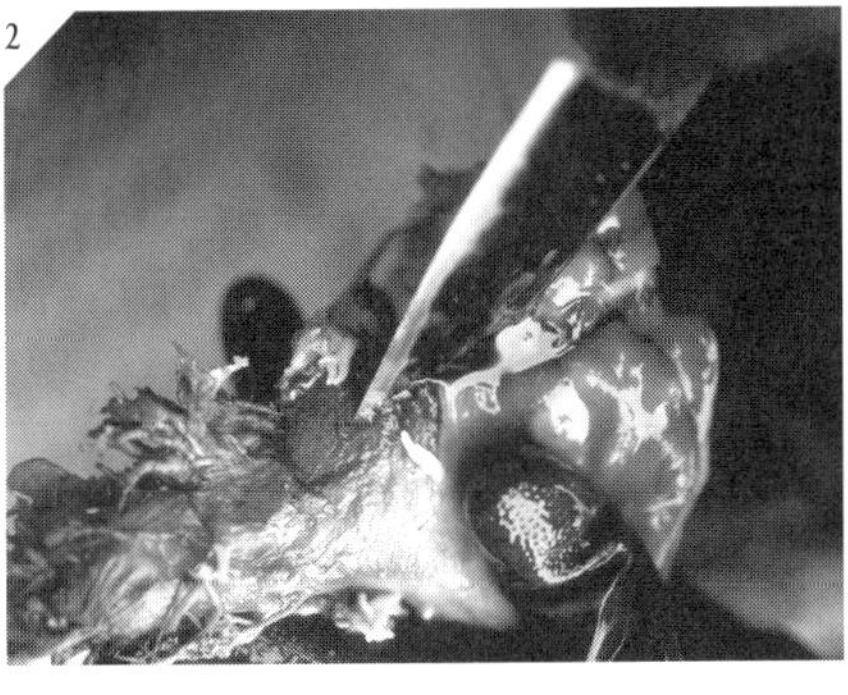

3

1／三陸、越喜来《おっきらい》湾で4〜5年かかって成熟したマボヤを獲る。養殖ロープを海中からたぐり寄せるが、重くて舟に上がらない。舟べりで、びっしりついたホヤを1個ずつベリベリはがして、海の畑の収穫。2／出水口部分から包丁を入れて開き外皮をはずす。身は熟れたマンゴーか黄桃の色合い。3／ホヤの塩辛を作る。ホヤに5％ほどの塩をし、8時間〜一晩おいて身を締める。細切りにして15％の煮沸塩水に2時間ほど浸け、水をきる。仕上げにたっぷりの酒とトウガラシを適量加えてしばらくなじませる。

「あのにおいがいいからって、わざと何日かおいて食べる人もいるけどね」

浜の人たちは、気が知れないといった顔をする。熱烈ファンもいないことはないあのにおいの正体は、一種のアルコール。生きているうちは無臭のアルキル硫酸塩という形で存在する体内物質が、内臓の消化酵素によって分解されて、においの強いアルコールになるという。

なれずしや魚の腸の塩辛系のにおいで、私は酒がすすむのだけれど、「臭い」とそっぽを向く人も多い。

「海から揚げたら、その場で外皮をむいて塩漬けしないと、においが出る。生きとるうちはにおいがないの。ギリギリ10時間が限度です」と、地元の塩辛加工屋さんは言う。

塩辛作りは、鮮度が勝負だ。港で待ち構えていた浜の母さんたちが、姉さんかぶりにゴム長、ゴム手袋、割烹前掛けという出で立ちですぐさま作業にかかる。

突起のマイナスから包丁を入れて、くるりと外皮をむくのに1個10秒のペース。胸のすくような早業だ。100kgのホヤをむいて、身は10kgほどになる。

マンゴー色のむき身を塩漬けして身を締め、井戸水（淡水）で洗ってえぐみ、ほろ苦さを取る。「昔からホヤは洗うほどに、七色の味がするというんですよ」

ほどよいえぐみやほろ苦さは、味を深める。自分の口に合わせて、残しつつ抜くのが地元流だ。

「ホヤの体内の潮水は捨てないで取っとくのよ。醤油代わりにつけて食べると、ここの浜の味がするよ」

浜の母さんたちにそう教わった。

むいたホヤの身はすぐに塩をして身を締める。次に下ごしらえしたホヤを細く切って沸騰した塩水に浸け、仕上げに地酒をたっぷり入れてしばらくなじませる。防腐効果を持つ塩と酒とトウガラシが、持ち味をそこなうことなく雑菌を抑えてくれる。

塩辛の基本は塩梅である。塩を選び、その日の気温、湿度、気候条件、素材の質によっても塩のさじ加減を変えるのだ。ここは長年の経験と勘がものをいう。

最近、防腐剤などの薬剤のない塩辛を探すのに苦労する。防腐剤をひと振りすれば、手軽に腐らない塩辛ができる。そんなご時世に、薬剤を使わないという選択は容易ではなく、作り手の技と志なしにはありえない。本来の良質を受け継ぐ作り手には、いつも頭が下がる。

夏を彩る食財が、水深数mの海底で出番を待っている。

魚醤塩辛【山形県・飛島】

初夏に獲るイカのワタの塩漬けが、3年目の秋に琥珀色の魚醤に

飛島《とびしま》の塩辛には、少しばかり手を焼く。

糸のような細切りイカが、容器代わりのビール瓶のタレの中でびしゃびしゃ泳いでいる。口が狭くて箸も届かない。傾ければ、タレばかり流れ出てしまう。どうにも食べにくいのだ。

「先の曲がった針金で釣るんだよ」

酒田や鶴岡近在の年配の方々に尋ねれば、たいてい知っている。飛島の塩辛は釣って食べるのである。

豊饒の海を思い起こさせる芳香、塩気とそこはかとない甘みがとろりとからみ合う深い味わいは、ひとえにタレの出来にかかっている。つまり本命は独特の濃厚な旨みを持つ魚醤。

大根おろしにかけたり、煮野菜の味つけや鍋ものに、これひとつあれば野菜も豆腐も、たちどころに海の香りのするおかずに変身する。

新鮮な夏イカのワタに塩をして、3年目の秋にやっとものになる。思えばとてつもない食べものである。

透き通るその身やゲソもさることながら、イカははらわたまでおいしい。

塩辛に造れば、煮ても焼いても出てこない深い味わいを醸し出す。

塩辛の先祖は、奈良時代以前からある発酵調味料、醤(ひしお)。大豆など穀類を原料に造られた穀醤《こくびしお》が、今でいう味噌、醤油だ。

醤の中でも最古とされる肉醤《ししびしお》は、魚や獣など肉類を塩漬け発酵させたもので、イカの塩辛もこれにあたる。

これなら酒の肴にも調味料にもと、ゆっくり熟成していく味わいをじっくり楽しめる。

イカ釣りの島に代々伝わる
太古の面影を残す魚醤塩辛

とびきり新鮮な初夏のイカのワタを塩で締め、秋に塩水と混ぜて仕込む。3回夏を越すと、濃厚な旨みの完熟魚醤に仕上がる。仕上がった魚醤を、塩抜きした塩漬けイカの身と合わせて瓶詰めする。1ヵ月以上おくと、魚醤の旨みがしみ込んでおいしくなる。火入れをしていないので、ゆっくりと熟成が進んで味わい深くなる。

古代の肉醤も、こんなふうだったろうか。山形県飛島の漁師の母ちゃんたちが造る塩辛は、びしゃびしゃの液にイカの細切りを浸した魚醤塩辛である。

代々伝家の製法を守って造られる魚醤は、しかし、なんとも手間ひまのかかる代物だ。

6月に獲れる日本海のマイカ（スルメイカ）のワタに塩をして、じめじめの梅雨とむしむしする夏の土用を、2回から3回も越させるという。

梅雨にはカビどもが大暴れするだろうし、虫もご馳走を見逃さないはず。

塩するとはいえ、生もののはらわたを2年半も放っておいたら、いったいどんなことになるのか。

ちょっとそら恐ろしい気もする。

飛島は酒田市の沖合40㎞、対馬暖流のただ中に浮かぶ小島。江戸時代には酒田港へ入る北前船《きたまえぶね》の風待ちの港で、海上の交通の便は今よりもずっとよかった。

能登に「いしる」、秋田に「しょっつる」と、日本海側に今も魚醤が残っている。製法は海の道を伝わったものかもしれない。

半農半漁の暮らしをしていた飛島の漁師たちは、春と秋の2回、塩干し魚や海藻を、庄内地方の米農家へ持っていって米や野菜と交換した。島の人が「物交《ぶっこう》」と呼ぶ物々交換が、江戸の初期から昭和15年頃まで続き、魚醤塩辛も物交品のひとつだった。

島の古老の話では、どの家にも「檀家」と呼ぶ代々の得意先があり、親戚付き合いをしていたという。

発動船ができる大正の中頃までは、物交へ行くのも命がけだった。櫓《ろ》漕ぎの木舟に帆をかけて酒田まで行き、川の舟小屋に舟を繋いで、何ヵ月も舟で寝泊まりした。大八車を引っ張って何時間も歩いて檀家に届けた。

「島へ帰るには、風や潮を待たんならん。1ヵ月帰れんこともあったな」

昭和15年頃には、ビール瓶1本分の塩辛と米1升の交換。農家は秋の収穫時期に一括して米で支払ったという。

かつて山村の農家にとって、塩は貴重品。漁師たちが届ける塩干し魚や塩辛は、塩の代わりであり、海の旨みを手軽に味わう調味料でもあった。

手造り味噌や漬物と同じで、作り手によって各家の味がある。

「子どもの頃からなじんだ味だから、よそのは食えん」

物交がなくなって久しいが、そう言って待ってくれている人もいるそうだ。

2年半かけて完熟させる漁家先祖伝来のお手製

6月の夕べ、まだ茜色の残る水平線に点々と漁火《いさりび》が灯る。飛島近海へ産卵にやってくる夏イカ漁のシーズンだ。

昼間、海底深くにいたマイカは、あかあかと夜の海を照らすイカ釣り船の集魚灯に誘われて浮上してくる。餌になるプランクトンやイワシが集まるからだ。

船尾の両側にあるローラーが回って、40本もの疑似針が付いた糸が自動的に巻き上げられると、おもしろいように透き通るイカが船にとび込んでくる。

「電灯がない頃は、カーバイド灯をガラス箱に入れて灯りにした。朝までぼおっとついとった。そんなもんでもよう釣れた」そう老漁師が話してくれた。

夏はマイカ、冬はヤリイカ、どっさり獲れるイカが、飛島の生活を支えてきた。

午前3時半、イカ釣り船が港へ戻ってくると、待ち構えていた家族がその場でイカを開いてワタを取り出す。イカに触ると、チカチカ表皮の色が変わるほど新鮮だ。大きいものは一夜干し用。小さいのは魚醤塩辛にする。

「6月のイカでないと、いい魚醤にならんの。梅雨と土用を越さないと、おいしくないでね」

法木《ほうき》集落の池田睦子さんは、漁師の夫と息子が獲るイカで、嫁いで以来40年、毎年欠かさず魚醤塩辛を仕込んできた。

「イカの身は、がっちり塩と重石をして板みたいに締める」

塩したワタのほうは、重石もいらない。夏に発酵して自然に溶けてしまう。

カビが喜ぶ高温多湿の夏は、魚醤を造る有用菌たちも活発になり、大いに発酵する。有害菌を抑え、有用菌だけを増殖させるという離れ業を、漁師の母さんたちは、先祖伝来の塩梅ひとつでやってのけるのだ。

「塩加減は手のひらに掴んだ感じだから口では説明できないの」

3回目の秋を迎えた木桶から、完熟した魚醤のほの甘い香りが漂ってくる。透き通った濃い琥珀色の液体に、濃厚な海の旨みがみっちり詰まっている。

今では70歳をすぎた池田さんはじめ、飛島の多くの家が魚醤塩辛造りをやめた。後を継ぐ人がいないという。

「若い人に、こんな手間なことできるはずないもの」

国宝級の日本の伝統食文化が、ひっそりと消えていく。

1

2

3

4

1／午前3時半頃、イカ釣り船が飛島の港へと戻ると、その場で獲れたてのイカの身を開いてワタを取り出す。2／仕込んで1年ねかせた魚醤。イカのワタが溶け、とろりとした褐色の液から独特の芳香が漂う。さらに1年半熟成させる。3／イカの身が埋もれるほどたっぷり塩をして漬け込む。がっちりと重石をのせ、板のように硬く薄く身を縮めて、魚醤が仕上がる秋までおく。4／塩漬けイカの身を細切りにし、水を替えながら揉んで塩抜きする。天秤棒で押しをかけて水気を絞り、2年半ものの魚醤と合わせて瓶詰めする。

ホタルイカ黒作り

特別天然記念物の海の恵みでこしらえる黒装束の塩辛

【富山県・滑川市】

何であれ第一印象は、あなどれない。できれば好印象が望ましい。

ところが目の前に出てきた肴は、愛想なしの闇夜の烏。目玉だけがガラス玉みたいに光っている。とても旨そうには見えない。

そもそもイカの墨が、広く食べものとして認知されたのは近年のこと。それまではさっさとゴミ箱行きだったのだ。怪しみつつ口に入れて、思わず黙った。刺身よりずっと深い。

まずは旬のホタルイカを、生きたまま醤油に漬け、さらにマイカの墨とワタを混ぜて仕込む。富山には古くからイカ墨を使う塩辛「黒作り」があり、その伝統の知恵の応用篇である。

ホタルイカの丸っこい身にはハリがあって、つるりとなめらかな触感。墨とワタの複雑な妙味が重なって、深く濃い味わいが舌にからみつく。

特別天然記念物に指定されているそのホタルイカの大群が、富山湾滑川《なめりかわ》の浅海にもうすぐやってくる。

夜明け前の暗い波間に、無数の瑠璃色の光が明滅する。その幻想的な光が富山湾に春を運んでくると、地元滑川《なめりかわ》の人は顔をほころばせる。

光っているのは深海のホタル。長さ5～6cm、重さ8gほどの体に、約1000個もの発光器を持つホタルイカだ。陸のホタルと違って、こちらは美しいばかりか旨いのである。

3～5月頃の夕方から深夜にかけて、数十万匹というホタルイカの大群が、産卵のために富山湾滑川周辺の浅海へ浮上してくる。それは実に美しい光景だという。こんな現象は全国でも他になく、滑川沿岸はホタルイカ群遊海面として、国の特別天然記念物に指定されている。

イカ好きにとっては、花と団子の一挙両得。春の富山

ホタルイカは生きたまま仕込まないと旨くない。醤油に漬けた後、マイカの墨とワタを混ぜ、なじませて凍結する。生の触感と墨の風味を持つ、旬の塩辛。

湾はなんとも気前がいい。

風にのって妙齢の雌イカが押し寄せてくる

「あいの風（北風）が吹いて、天気のいい日は、沖の網の上でカモメが騒ぐ」
それが豊漁の合図だと、滑川の漁師が教えてくれた。青く光るイカをひと目見たいと、漁船で夜明け前の海に出た。

2艘の船が網を起こしながら距離を縮めていくと、暗い海中から、ぼんやり青い光が揺らめきながら上がってくる。海面に小さな光がざわめく。新聞が読めるほど明るい光は、敵の目をくらませるための防衛策でもあるという。せつないほど美しい光景にため息をつきながら、どこかで舌なめずりしているわが食い意地が恨めしい。

網に入るのは、ほとんどが妙齢の丸々肥った雌イカ。産卵にくる天然記念物を食べちゃっていいものかしら。

おずおずと聞いてみると、特別天然記念物はホタルイカ群遊海面であり、ホタルイカ自体ではないとのこと。ありがたく春の恵みをいただく。

地元の人の話では、南風が吹く新月の夜、ものすごい数のホタルイカが浜に打ち上げられることがあるという。波打ち際に沿って、青い光の帯が延々と続く、と。

「ここらじゃホタルイカの『身投げ』言うがです」

網を手に駆けつければ、誰でもバケツ一杯獲り放題。大昔からくり返されてきた、春の海のサプライズである。

昔はすぐにゆでて「桜煮」にしたり、天日に干して、信州方面へ出荷した。海のない信州では、ホタルイカの干物が、田植え時季の煮しめに欠かせないだし魚だと聞いている。

沖の定置網で直接調達する生きたホタルイカを使う

「沖から浜まで、生かして運ぶのがいちばん大変です」
徹底的に「生きている素材」にこだわる砂子良治さんは、富山伝統の塩辛「黒作り」の知恵を生かして、「ホタルイカ黒作り（墨作り）」を作った。

ホタルイカは水から揚げると、すぐに死んでしまう。そこで、沖の定置網まで船を出して、網からホタルイカをすくい上げ、そっと水槽に移して、海水を注ぎながら超特急で加工場へとって返す。

そして嫌がるホタルイカを海水から揚げて、醤油に放り込む。すると、透き通るビニール袋に醤油を注いだよ

1

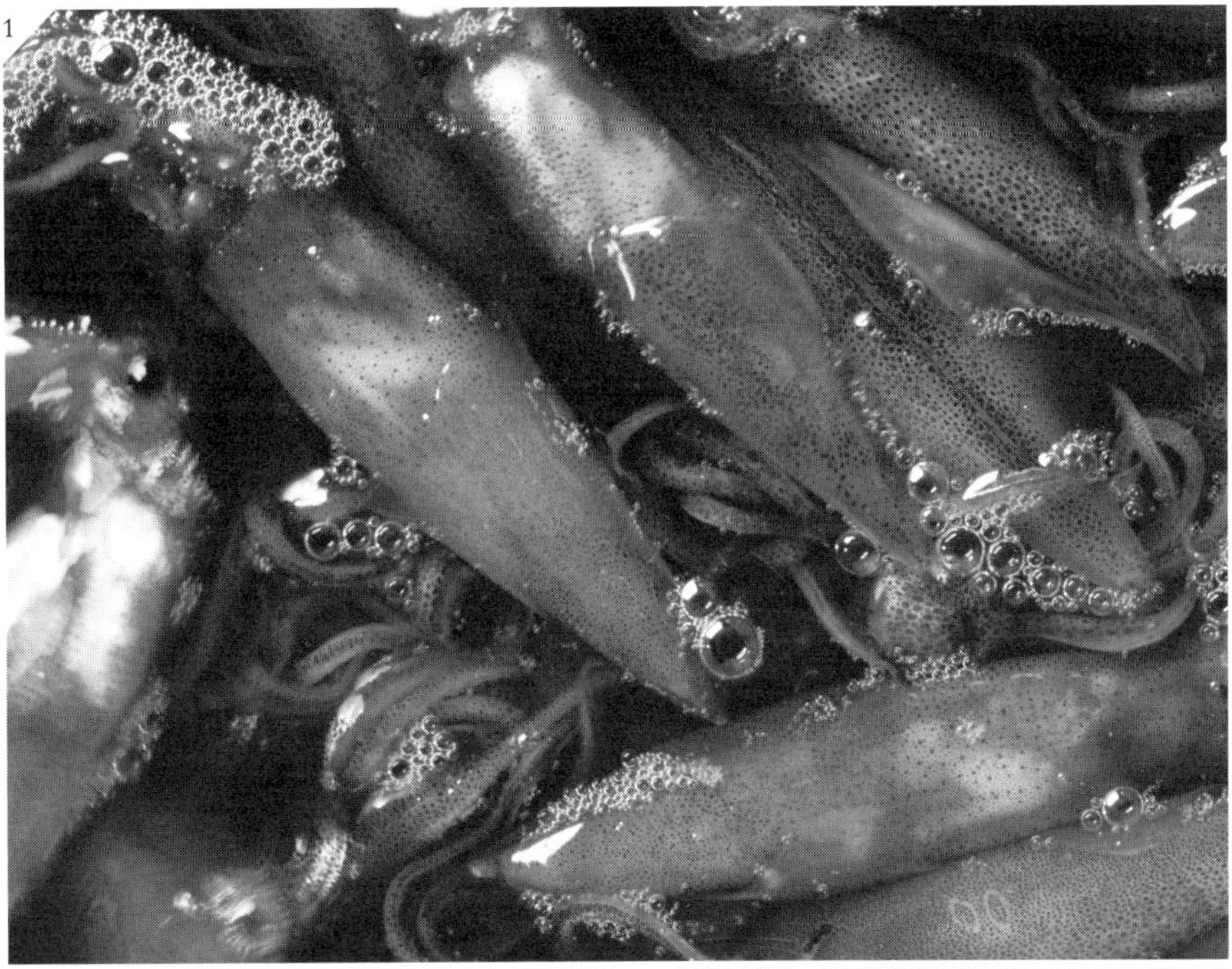

2

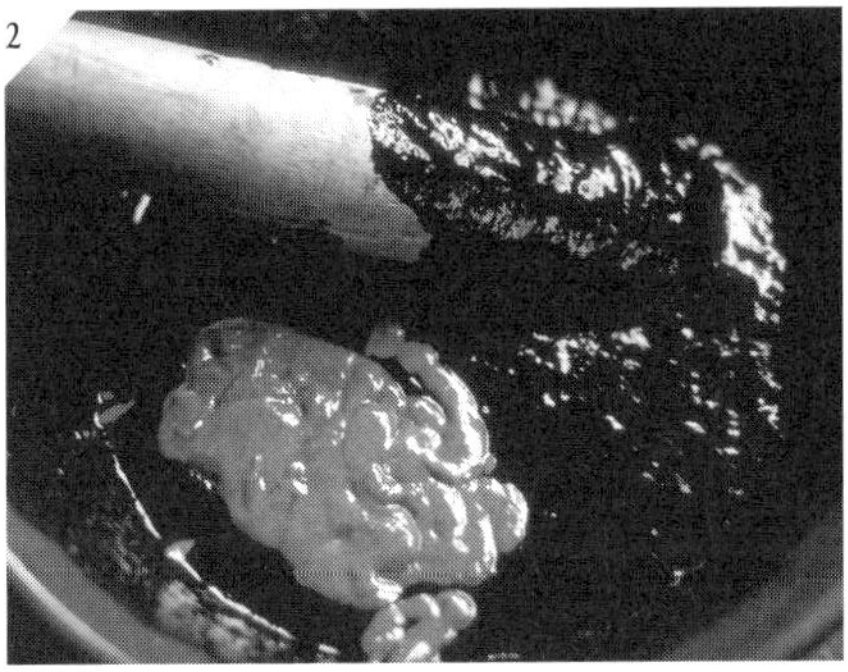

3

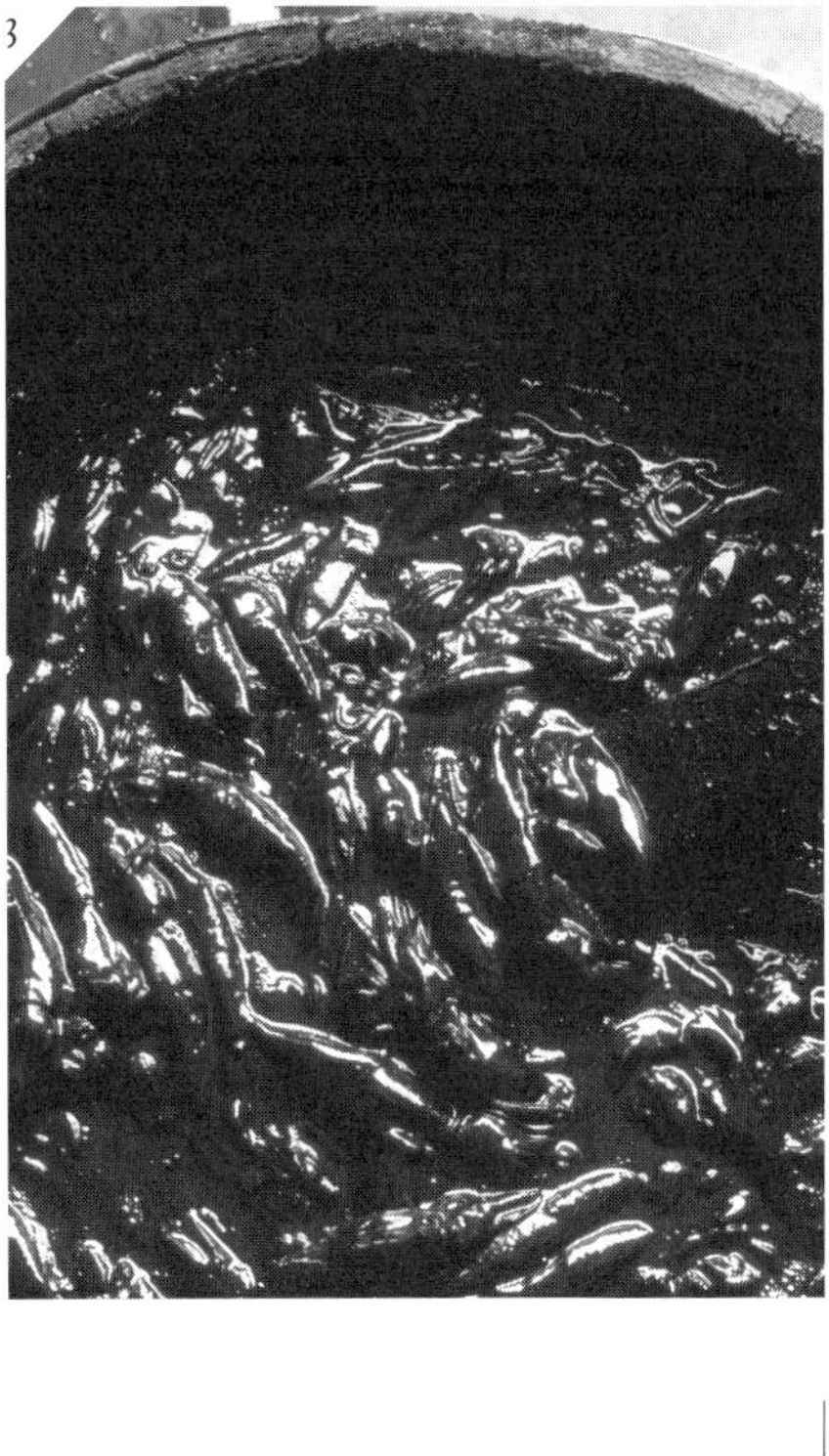

1／生きたホタルイカを醤油に漬けると醤油を吸って、透き通った体がみるみる金色に。漁師料理のイカの沖漬け同様、刺身の触感が楽しめる。これにマイカの墨やワタを加えて「黒作り」とする。2／墨袋を細かく切り、塩を適量と隠し味程度にワタを加える。よくすってクリーム状にし、下地を作る。墨はマイカ約1000杯分で、すり鉢八分目ほど採れる。3／漬け汁の醤油を捨て、下地を入れてかき混ぜる。1日おいて味をなじませた後、マイナス25℃以下で3日間凍結する。

うに、ホタルイカの体内がみるみる金色に染まっていく。同時に瑠璃色に光って、キュッキュッと鳴きながら、水鉄砲のように醬油を飛ばす。かき混ぜると、また瑠璃色がチカチカと瞬く。

1～2日間おいて味がしみ込んだら、醬油を捨て、塩蔵したマイカの墨とワタを混ぜる。1日、2日味をなじませ急速冷凍すると、鮮度も風味もそのまま凍りつく。

墨とワタは刃渡り20㎝ほどの包丁で、マイカの腹を割いて取り出して塩蔵しておく。マイカを約1000杯割いても、すり鉢八分目のクロフ(墨)にしかならない。醬油は何種類か試して決めた丸大豆本醸造。添加物は使わない。

昔ながらの塩辛は、濃いめの塩で腐敗菌を抑えて、イカの持つ分解酵素や有用菌を働かせて旨みを醸成する。塩で腐敗を抑えるには、一定量の塩分量がなければならない。昨今は減塩と引き換えに、防腐剤や調味剤などを使う。自然素材だけの塩辛は、ごく少数派でしかない。

ところが、富山のイカの黒作りには、防腐のための添加物はほとんど使われていないという。イカの墨には、細菌の細胞壁を溶かす酵素があり、防腐にひと役かっているのだ。

長寿県沖縄では、古くからイカの墨汁やイカ墨雑炊が家庭料理として普通に食べられている。イカ墨は薬効があるとされており、近年は抗腫瘍作用にも注目が集まっている。

さて、滑川でホタルイカの刺身といえば、「竜宮そうめん」。これがなんとも華奢な足だけを盛ったもの。食べでのないイカそうめんである。

地元では胴の部分を生で食べない。まれに線虫が、腹痛を起こすことがあるからだ。砂子さんの墨作りはマイナス25℃で2～3日間しっかり凍結させるが、それは殺虫殺菌のためでもある。

かつて黒装束の塩辛は江戸の将軍家へ献上された逸品。ヘルシーな珍味といえど、生かす知恵と技がなければ墨はゴミ箱行きである。

「墨作りをもらったが、黒くて気味が悪い。洗って食べるんですか?」

という笑い話みたいな問合せもあるそうだ。

イカ族の煙幕に着目し、勇気を奮って食べてくれた先人と、その知恵を受け継ぐ人に乾杯!

苦うるか

落ち鮎のワタで作る、苦くかぐわしい千年来の美味【熊本県・人吉市】

こんなに苦いもの、喜ぶ人の気が知れない、という人も多いけれど。

「こんな苦《にが》かとが、よか」

熊本県人吉、川辺川の老漁師は、胸を張る。うっとりする苦みである。その裏に甘み——。甘さの裏に苦み、旨みが幾重にも重なり合って、焼酎を呼ぶ。苦うるかの苦みは、笑顔で迎えてくれるわけではない。とっつきにくいだけに、いったんその味の深さに目覚めると、忘れられなくなる。

室町時代の京都の公家も楽しみにしていたものか、日記に〈鮎のすしとうるかの桶が届いた〉と記している。さらに古く奈良時代の貴族たちも、この苦みに目を細めていたかもしれない。

暴れ川球磨《くま》川と清流川辺《かわべ》川が合流する人吉は、球磨焼酎とアユで知られた町。ついさっきまで泳いでいた清流のアユのワタだけが、旨いうるかになる。こればかりは、漁師のお手製にかなうものはない。

清流あるところ、よき田よき魚があり、よき米あるところに美《うま》い酒がある。美い酒あれば、佳《よ》き肴がないはずはない——。

熊本県人吉市は、日本三大急流といわれた球磨川と、清流で知られる川辺川が合流する水豊かな町。

清流のほとりに住む人々は、秋風の吹く頃、ふんだんに獲れる産卵期のアユの内臓でうるかをこしらえた。ワタを塩辛にしたものを「苦うるか」、子の塩漬けを「子うるか」という。

内臓を除いたアユは、焼き干しにして煮もののだしに使う。そして、だしがらは畑の肥料にと、秋の川の恵みを使いきる。

老漁師の話によると、瓶や桶にねかせた苦うるかは、かつては酒のアテやご飯のおかずであるばかりか、腹痛

多くの生きものを育む清流川辺川は、地元の人たちの誇り。しかし近年、天然もののアユは激減している。そのためアユ漁師も減り、今や天然のアユのみで作る苦うるかも幻になりつつある。

や虫さされ、打ち身などの家庭薬としても活躍したという。自然の恵みをとことん生かす、昔の人の知恵はお見事という他ない。

漁師が楽しみに作る、清流ならではの佳肴

川辺川の刺し網漁は、日没から夜明けまでの夜漁だ。9月中旬から、落ち鮎の終わる10月中旬まで、暗い河原に赤いカーバイドランプの火が灯る。

「アユが揚がってくると、河原までええにおいがすっとよ」

夜明けに刺し網を引き上げながら、アユ漁師が言う。輝く銀の肌、胸ビレの鮮やかな黄斑《おうはん》、薄紅色に染まった婚姻色。産卵期の落ち鮎の美しいこと、香り高いこと。

古来アユは、「香魚」とも呼ばれる。

魚のくせに、もぎたてのウリみたいなにおいだ。川によってスイカだったり、キュウリだったり。

「食っとる藻によって、違うと」

藻を食うから、ワタもかぐわしい。

川辺川が合流する球磨川は、日本三大急流と謳われ、かつてはアユでならした暴れ川だ。

急流に逆らって泳ぐアユは、身が引き締まり、頭が小さく精悍なプロポーション。瀬の石につく豊富な藻を食って、30㎝もの大物になる。

昭和30年代までは、道具不要の、子どもでもできる「鮎押さえ」という漁法があったという。

「アユが来ると、水面が黒々と盛り上がる。浅瀬に立つと足にぶつかってくるほどおった。流れに座り込んで、手で押さえて掴むとよ」

手掴みでアユを獲り、喉が渇けば川の水を飲んだ。それが球磨川の、本来の姿である。

その暴れ川もダムができてすっかりおとなしくなり、往年のアユも今は昔語り。かろうじて急流の面目を保っているのは、平家の落人《おちうど》伝説で知られる五家荘《ごかのしょう》から流れ下る、清流川辺川が合流しているおかげだ。

苦うるかは、明け方に獲れる腹ぺこのアユで作る

「魚がうようよおると」

川辺川の岸辺に立つと、水中眼鏡の子どもたちの歓声が聞こえてくる。

透き通った流れに、腹を光らせて苔を食《は》む魚の姿が見える。

瀬は音高く白く泡立ち、淵は深く青い。浅瀬に泡立つ

急流が、水中に酸素を送って藻を育て、アユの餌場と産卵場所になる。淵は大水が出た時の魚の避難場所だ。川は緩急をくり返し、多くの生きものを養いながら流れている。

「川ではアユがいちばん強か。アユが動く時は他の魚は動かんばってん、網にもかからん。アユが追い払うとよ」

真っ先に上等の藻を食うアユも、夜は眠っているのだろう。餌を食わない。

苦うるかは、未明の腹ぺこの子持ちアユで作る。「アユは腹から傷む」からだ。若鮎は砂を噛んでいるから、ここでは苦うるかにしないそうだ。

「もともと苦うるかは、漁師が自分の楽しみに作るものなんです。売ってくれと言われても、〝うるか〟ってくらいのもんです」

うるかの製造販売を手がけて60数年の、人吉水産商事(株)の山賀勝彦さんは言う。

長年なじみのアユ漁師が、早朝に落ち鮎を届けにくる。

天然アユのワタは、極細。そっと手で握ってアユの腹を割き、毛糸くずほどのワタをつまみ出して、塩をする。鮮度が落ちると、生臭くなる。氷水に手を浸しながらの作業だ。

「温かい手で触ると、先代のカミナリが落ちたもんです」

ワタに15％程度の塩をして、毎日獲れた分だけ少しずつ足し、混ぜ込んで常温におく。2ヵ月間ほどで食べられるが、1年間ねかせればさらに旨くなる。

腐ることなくおいしいものに仕上がるのは、酵素や微生物のおかげだ。

ワタに含まれている消化酵素がタンパク質を分解して、うま味成分のアミノ酸などを生成。球菌や酵母などの微生物の作用も加わって、さまざまな旨みや香り成分を作り出す。

酵素や微生物の、ゆっくりしたペースでじわじわ旨みが増していく。腐敗を抑え、発酵ペースを調節するのが、塩の役目。苦うるか作りは、塩梅ひとつだ。有用菌が腐敗菌や病原菌を退けて、晴れて旨い苦うるかになるわけで、薬として使われてきたのもうなずける。

今、砂防ダムによる濁りや気候の変化で、川辺川のアユが激減している。

清流を失えば、千年作り続けられてきた苦うるかも、消えていくしかない。千年の美味を味わえるのも、故郷の自然あってこそである。

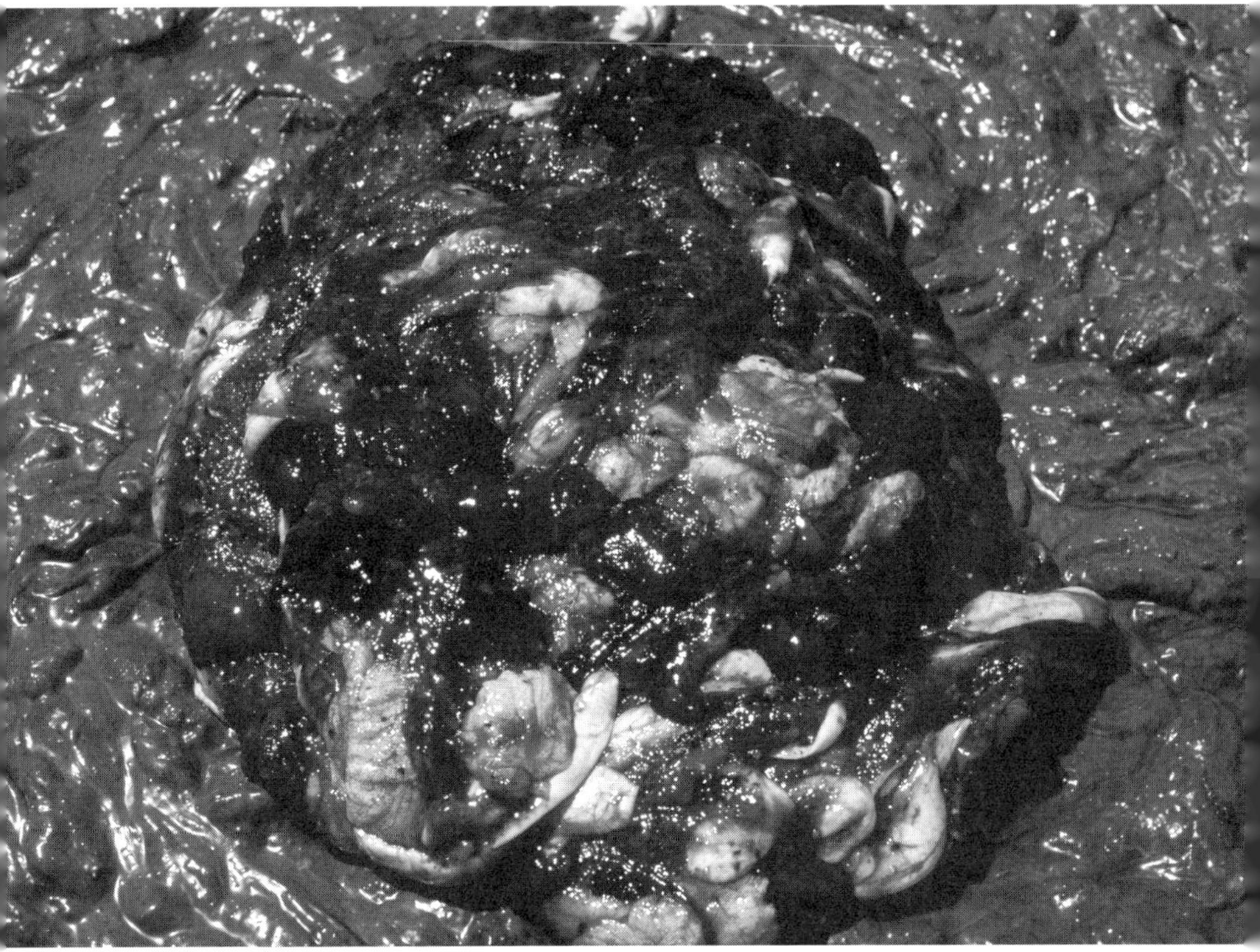

落ち鮎の内臓に15%の塩をして、
2ヵ月間おく。その日に揚がった
アユの内臓を足しながら、毎日か
き混ぜて熟成させる。

苦うるかの作り方

1 刺し網漁で獲る

刺し網漁で子持ちの天然アユを獲る。川辺川の刺し網漁は、日没から夜明けまで。9月〜10月中旬、落ち鮎の時季が終わるまで夜漁が続く。

未明に揚がったアユ。胸ビレ上の鮮やかな黄斑は、天然アユの証し。産卵を控えてふっくらした腹が、ほんのり婚姻色の薄紅色に染まって美しい。

2 内臓を除く

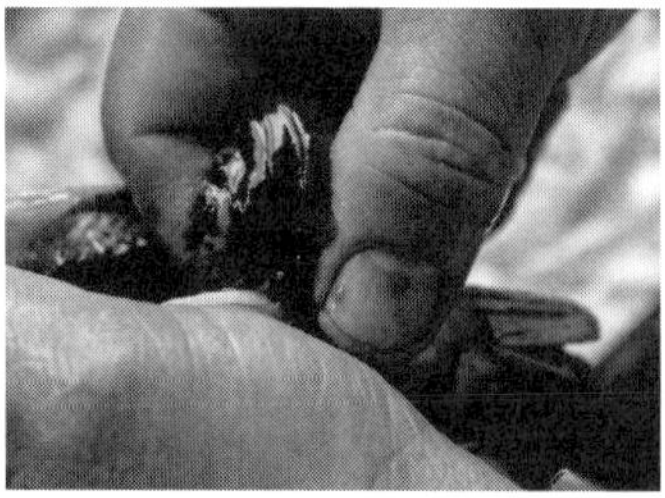

ワタは何より鮮度が命。未明に揚がったアユが届くと、朝のうちに内臓と子を取り出す。アユをそっと手で握り、手糸くずほどのワタをつまみ出す。

3 塩を加えて混ぜる

ワタに15%の塩をして仕込み、常温において毎日手でかき混ぜる。漁期中は、順次新しいワタを継ぎ足す。なお、子は白子と真子に分け、一晩塩水に浸け、20%の塩で桶に仕込む。

4 2ヵ月以上熟成させる

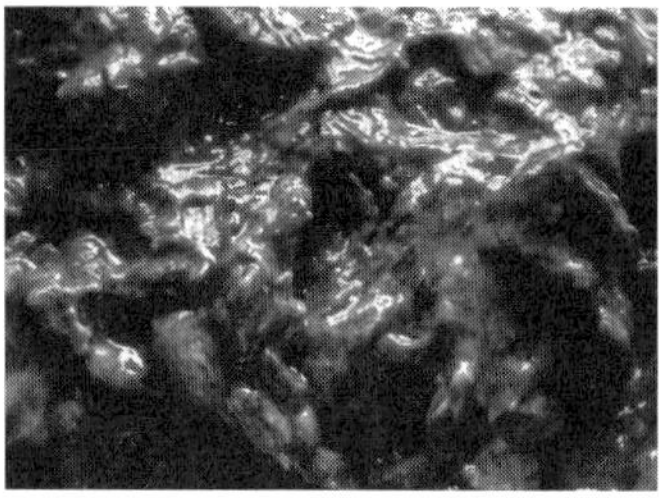

毎日手で混ぜて、少なくとも2ヵ月間は常温でじっくりねかせる。その後は、混ぜつつ冷蔵庫で保存する。1年、2年と、歳月を経るほどに円熟味が増す。

塩雲丹

【福井県・福井市】

盛夏のウニが桶に寝て、冬には熟してこよなき佳肴になる

塩とウニが熟《な》れ合うと、ただならぬ濃厚さである。口に入れた塩雲丹がとろけてなくなった後も、深い味わいが熾火《おきび》のように残ってあとを引く。

夏の土用の入りから盆まで、越前海岸で採れるバフンウニの生殖腺（卵巣と精巣）を取り出し、海水でよく洗って塩漬けする。浜風で水分をとばし、塩雲丹桶に詰め込んで数ヵ月間待つと、目の覚めるような丹色《にいろ》に完熟。こよなき佳肴となる。

越前の塩雲丹は、肥前のからすみ、尾張のこのわたと並んで、江戸時代には〝天下の三珍〟と謳われた珍味。もっぱら藩への上納品として作られていたという。藩政時代から続く塩雲丹の老舗「天たつ」の先代主《あるじ》の天野吉郎さんに、越前流賞味法を教わった。

「小指の頭ほどに塩雲丹を、上顎の前歯の裏にくっつけて酒を飲むんです」

かつては1合5勺の酒と、伊万里の天塩皿《てしおざら》に親指の頭ほどの塩雲丹を付けて、客人にふるまったものだという。酒飲みの至福をお試しあれ。

越前浜の海女さんたちは、ウニを「ガンジョ」と呼ぶ。方言だろうと、軽い気持ちで聞いていたけれど、どうも奈良・平安の時代以来の古い呼び名らしい。

平安中期の辞書『和名類聚鈔《わみょうるいじゅしょう》』（930年頃）では、バフンウニなどトゲの短いものを「加世（カセ、ガゼとも言う）」、トゲの長いムラサキウニなどを「宇仁（ウニ）」として区別している。

なまっているけれど、「ガンジョ」は代々海女の口伝えで、はるかなる時を超えてきた。

ウニの最上の味わいを即座に塩で封じ込める

おいしいウニを味わうなら、採ったばかりのウニをその場でかち割って、海水ですすいで食べるのがいちばん

塩をして、浜風で干されたウニ。色も味わいも濃縮されている。つややかなものが上質。これを桶に詰め込んで数ヵ月熟成させる。100個のバフンウニから、たった100gの塩雲丹ができる。

である。

残念なことに、ウニは足が早い。ことに暑さに弱く、すぐにどろどろに溶けてしまう。

越前浜のバフンウニの漁は、7月半ば頃からお盆までのほぼひと月間。もっとも暑い時季だ。

ぐずぐずしてはいられない。海女さんたちは海から上がると、すぐに塩でウニの旨みを逃がさず封じ込める。

どちらも「ウニ」というのでまぎらわしいが、生のものは〝海栗（または海胆）〟、加工したものが〝雲丹〟。「ウニの塩辛」といった表現ではなく、ちゃんと漢字名があるのは、古く朝廷へ上納されたものが、「塩をしたウニ」だったからだろう。夏の生ウニを遠くへ運ぶことは、まず不可能だった。

「江戸時代は塩雲丹一貫目が米1俵分。浜の人たちの年貢でした」

福井の雲丹屋「天たつ」の先代主《あるじ》、天野吉郎さんは言う。

浜の税は、御用商の天たつが取りまとめて福井藩に納めていた。藩は年貢の塩雲丹を兵糧用に、また飢饉に備え、3～4年ほど備蓄していたそうだ。

塩雲丹は越前の特産品として、諸大名や将軍家への贈りものに使われ、やがて〝天下の三珍〟と称される名品となる。天野さんの話では、一般への販売は禁じられていたそうで、庶民には幻の珍味だった。

「子どもの頃は、病気になるとお粥に塩雲丹を入れてくれました」

昭和初期になっても、高価な珍味であることに変わりなく、雲丹屋でもそうそう口に入らないものだったという。

家庭では、薬箱に納まっていたものだそうだ。

ウニは消化吸収が早く、古来、体を温める滋養強壮の食品とされている。ビタミンAが豊富で、目の疲れにもいい。江戸の本草書には、酒毒を和らげるとあるけれど、これは酒飲みの依怙贔屓《えこひいき》かしら。

上あごの前歯の後ろに、ぺたっとくっつけて酒を飲む越前流を、さっそく試してみた。舌の上に酒を滑らすと、塩雲丹の旨みが溶け出して、しばしの至福がやってきた。

古《いにしえ》の貴族たちが愛《め》でた塩雲丹が、今もささやかな至福と元気をくれる。思えば偉大なる食べものである。

体重より重い石を裏返して採ったバフンウニで作る

光る波間に点々と木桶が浮かんでいる。水底にウニ採りの海女たちの黒い影がゆらめく。悲鳴ともため息ともつかない磯笛が、風にのって海から届く。

ウニの漁期に、福井・三国の海に潜ってみた。驚いたことに、海中の石という石がすべてひっくり返されている。もちろん、私の力ではびくともしない。

ウニは石の陰にいる。

「私らはひと息で一つ。若い人は二つ返すさ」

70歳になる海女さんがこともなげに言う。

水深10mの海底で息を詰めて、体重の1.5倍もある石をひっくり返すのだ。逆さまの石が累々と続く光景は、海女たちの戦の跡である。

海から戻ると、鮮度と追いかけっこで塩雲丹作りにかかる。

バフンウニをウニバサミで割って、生殖腺(卵巣と精巣)を取り出す。早朝にくんで冷やしておいた海水に浸して、ワタや殻くずを一つ残らず取り除く。ごく崩れやすから、ゆっくりそおっと。何時間も木桶の前にかがみ込んでする根気作業だ。

「この桶はね、お嫁にくる時に持ってきたんだよ」

海面に浮いている木桶は、海女さんのつかの間の休息場である。年輪の浮き出た嫁入り道具は、40年間ともに潮水にさらされてきた相棒だ。

洗ったウニをウニ板に並べ、塩を振る。と、見る間に水が滴り落ちる。これを一昼夜陰干し。色濃くむっちりとつややかに凝固する。ここでいただく新物も、実によきものだ。

さらに、これを雲丹屋で桶に詰め込んでおくと、正月頃から完熟した塩雲丹の妙味が楽しめる。

塩以外何も加えない。あとは機が熟すのを待つのみ。あっけないほどシンプルだけれど、これほど難しいものもない。ごまかしがきかないから、素材の鮮度や塩加減が恐いほど正直に味に出てしまう。

おもしろいことに三国や越前海岸では、ほんの数km離れた隣浜でも、ウニの味が違うそうだ。

今も、ひと口舐めればたちどころにどこの浜のウニか言いあてるおばあちゃんがいる。どの浜にも、あたりまえに塩雲丹作りの名人がいる。

名品と謳われた塩雲丹は、代々海に寄り添って生きてきた海女たちの、手塩の味である。

1

2

3

1／漁は1日3時間でお盆すぎまで続くが、天候次第で実質1週間ほどだという。桶と腰をひもで結び、おもりを付けて海に潜る。2／ウニ1個に小豆大の生殖腺(卵巣と精巣)が、5個ほど房になっている。バフンウニは味が濃厚で、古来塩雲丹の最高の原料とされている。3／ウニ板に並べて重量の10～12%の塩を均一に振り、斜めに立てかけておいて滴り落ちる水をきり、さらにザルに移し替えて一晩陰干し。浜によっては、ウニゴザにウニをのせ、転がしながら塩をまぶす。

がに漬け

ねかすほどに円熟するサワガニの醤は、水清い山里に残る古代食

【福岡県・矢部村】

水田に映る新緑の山が激しい雨に叩かれて、幾重もの輪になってゆらめき広がっていく。

福岡県矢部村の人たちは、春長《た》けて降るこの雨を待ちわびていた。

「もう半月まともな雨が降っとらん。からから天気の後のどしゃ降りには、がにが餌を捕りにいっせいに出てくっと。こんなに条件のいい日は、まずめったになか」

待たれているのは、がに漬けにするサワガニだ。

雨の降りはじめが狙い目。村はずれの車道で、山の杣《そま》道や田の畦や水路で、横歩きの赤いやつが、それこそ塩辛にするほど獲れる。

がに漬けは晩春のサワガニを搗《つ》き砕き、タカノツメと麹《こうじ》を混ぜて塩蔵熟成させた、ぴりっと辛い塩辛。古代の貴族たちも愛《め》でたという蟹醤《かにびしお》である。

じっくりねかせた完熟の香気に、たまさかこりっとあたるカニのハサミの歯ごたえ。これがどうにも酒を手招きする。

福岡県・矢部村のサワガニ獲りは、5月初旬から梅雨入り前までのひと月間。この時季村のがに漬け屋の店先に、「かに買います」と手書きの小さな札がかかる。呼ぶ時は「がに」である。

「一匹20円ほどで引き取っとです。雨降りは農作業も休みだから、がに拾いに行く。連休中は、小学生や中学生も戦力ですたいね」

この時期に一年分を仕込んでしまわなければならない。がに漬け屋の高山泉さんは、近在農家を飛びまわって原料集めに忙しい。

晩春のいっとき、村の子どもたちもご隠居さんも、ポリバケツを片手に、どしゃ降りの雨の中をいそいそとサワガニ獲りに出かけて行く。

ひと臼およそ1380匹。脱出を図るサワガニを手で押し戻しながら、一気に杵で搗き潰す。カニのハサミを残して搗くのがコツ。

サワガニは「獲る」のではなく「拾う」

福岡県の南東端の山岳地帯に位置する矢部村は、1000m級の山懐に抱かれた山里である。

村の90%近くが山林。山水を集めて流れる小さな沢がいたるところにある。清い水辺に塩辛にするほどいるサワガニは、普段はなかなか姿を見せないという。

おもしろいことに、村の人はカニを「獲りにいく」ではなく、がにを「拾いにいく」という。なるほど、がに拾いについていってみれば納得する。

待ち構えていた村人は、石ころでも拾うように、ひょいとつまんでどんどんバケツに放り込む。

おもしろいように獲れるのだが、不思議なことに、雨が上がるとぱたりといなくなってしまう。

サワガニ獲りは、雨の初日が勝負。「若い頃は、雨が降ると山仕事を休んで、山へがに拾いに行ったとです。サバの頭にひもを付けて、腰のベルトにくくって、がにを拾いながら上っていく。道についた魚の臭いをかぎつけて寄ってきたやつを、帰りに拾いながら降りてくる。春のボーナスたい」

春のサワガニが、もっとも旨いのだと村の古老は言う。

「先月冬眠から覚めたばかりで、変なもん食べとらん。腹の中がきれいか」

梅雨に入ると、産卵期で味も落ちるそうで、見向きもされない。来年の春まで、がにたちも安泰である。

近所で獲れるのが強み。生きているものしか使わない

がに漬け作りは、ひとえにその年の雨にかかっている。泣いても笑っても、地元でひと月の間に獲れた分だけしかできない。

「生きているのしか使わんとです。死んだのが入ると、においが悪うなる」

しゃわしゃわぶつぶつ、何千というカニのつぶやきは、はじける泡のようで止むことがない。

「ぶつぶつ文句の多い人のことを、がにの念仏というとよ」

サワガニの腹側にあるへこをもぎ取りながら、母さんたちのおしゃべりも、負けず劣らず賑やかだ。

山の流水で、泥や草や葉っぱなどを洗い落とす。

「水道水なら、みな死んでしまうよ」

サワガニは、清い水にしか生きられないという。人間

1

2

3

1／清い水を好むサワガニ。棲む場所によって殻の色が違い、山中の赤土にいるのは鮮やかな赤色。棚田のは黒っぽい。手でひょいと拾い集める。2／ハサミの形が残るくらいに搗いたら、塩とタカノツメを混ぜ込む。塩が腐敗を抑えて長期熟成が可能になる。塩梅ひとつで旨い塩辛を作る。3／床下の室で1年間ねかせる。発酵が一段落する夏の終わりに麹を加えて、さらに秋冬を越し、翌春には食べられるようになる。とろりと熟した中に、赤いハサミの形がそのままに残っている。

はしぶといけれど、思えばちょっと恐い話ではある。

ぶつぶつ言っているサワガニを、まるごと石臼で搗《つ》き砕いてしまう。搗きすぎず、カニのハサミがまるごと残る程度に搗くのが腕の見せどころだ。

これに塩とタカノツメを混ぜ込んで仕込み完了。翌年の春まで、床下の室《むろ》にねかせておく。

8月のお盆すぎ頃に麹を混ぜて、そのまま静かに地下で翌春を待つ。

「麹を入れると、殻はさくさくと崩れてハサミだけがそのまま残るとです」

麹菌がほのかな甘みも醸す。

「1年経つと、自然に赤くなる。不思議ですたいね」

色づいてきたら、そろそろ旨くなったしるしだ。

最良の時季に、周到に仕込んだら、よけいな手出しは無用。四季の移ろうままにひとめぐりして、とろりと熟す。

それでもまだ若いと、味にうるさい古老たちは言う。年とるほどにじんわり円熟味を増し、3年目には繊細にして微妙、臭くて深い完熟の妙を醸し出す。

折々の味の変化を楽しみながら、手塩皿《てしおざら》にちょっぴり。ちびちび舐めるようにいただく。ときどきこりっとハサミを噛みあてる。その野趣豊かな触感が、また酒を呼ぶ。

がに漬けは古くから酒飲みに愛されたものらしく、江戸時代の食物辞典には、〈土地の人はこれを塩蔵し、酒盛りの佳品としている〉とある。

味の記憶はさらに遡る。古代の宮廷貴族たちは、蟹醤《かにびしお》と呼んで、酒肴や調味料として珍重したという。

「そのまま舐めてもよか。麦味噌仕立てのだご汁の薬味や、芋まんじゅうにのせても旨か」

だご汁（団子汁）は、ばあちゃんの子ども時代まで、米の穫れない山里の主食だったそうだ。味噌、醤油などの穀醤《こくびしお》の他に、蟹醤はもうひとつの発酵調味料として、日々の食事に彩りを添えてきた。

どこからどうやって、矢部村に伝わったものか、おおらかな古代食が山里に生き延びている。

釣りたらこ【北海道・古平町】

厳冬の海で釣るタラの真子は、鮮度と塩でこよなき逸品となる

北の海から届いた初物を肴に、まずは一杯。酒飲みの幸せを噛みしめる。

次に少しあぶって、ぷりんとふくらんだところを茶漬けでいただく。

この季節心待ちにするのは、どこにでもあるけれど、めったにないもの。塩しただけの、昔作りのたらこだ。たらこに昔風も今様もあるものか、とお思いだろうか。よく見かける赤い制服を着せたようなたらこは、今様の着色たらこ。色を混ぜたり色抜きしたり、自然らしく装う技も進化しているそうでややこしい。

本来はタラの真子《まこ》（卵巣）に、塩しただけのシンプルなもの。それだけに原料の吟味が勝負どころ。近海で釣り上げるスケトウダラの、ちょうど頃合いに熟した真子。それもとびきり新鮮でなければならない。

塩だけで、唸らせる逸品に仕立てるのは、至難の業なのである。

スケトウダラの真子《まこ》（卵巣）は、親によって、また卵の熟し加減によって、薄紅色だったりミカン色だったり、肌色に近いものもあって、その色もそれぞれだ。

でも、店頭で見かけるたらこは、おおかたどれも同じおいしそうな赤色。

「赤い色をつければどんどん売れるのに、着色しないとさっぱりですわ。これではやっていけません。ほどよく熟した真子は本当に旨いんですけどねぇ」

北海道・古平《ふるびら》町のたらこ屋、藤田孝良さんは嘆く。たらこは身の締まった、色のきれいなものが高級品とされている。

それにはほど遠い状態の真子でも、上手に添加物を使えば、見た目には高級品のそっくりさんができ上がる。化学調味料で〝おいしく〟味をととのえ、着色料できれいにお化粧する。防腐剤があるから腐る心配も無用。安価で手軽。薬剤を混ぜ込めば済む。

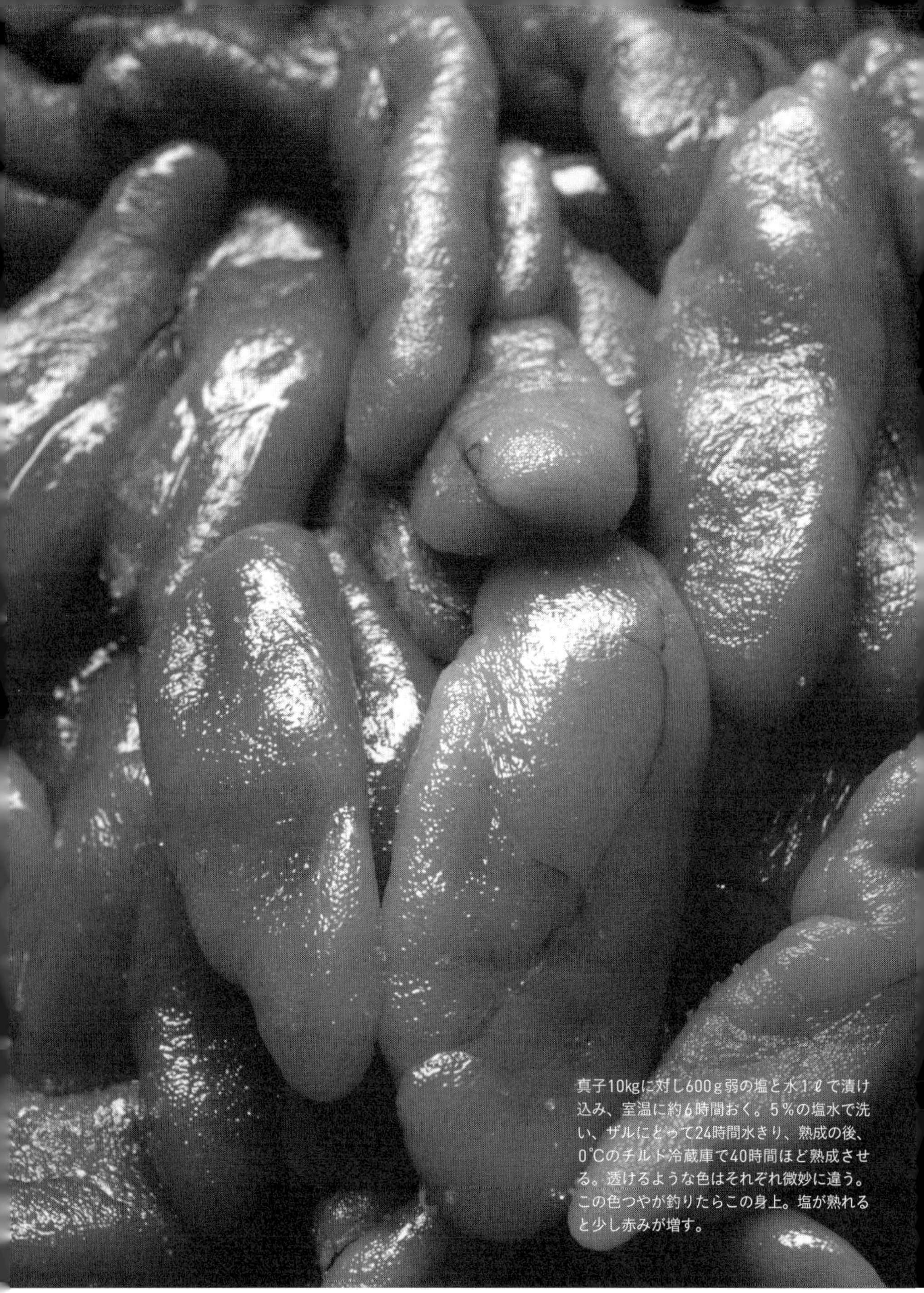

真子10kgに対し600g弱の塩と水1ℓで漬け込み、室温に約6時間おく。5%の塩水で洗い、ザルにとって24時間水きり、熟成の後、0°Cのチルド冷蔵庫で40時間ほど熟成させる。透けるような色はそれぞれ微妙に違う。この色つやが釣りたらこの身上。塩が熟れると少し赤みが増す。

それをわかったうえで、買うか買わないかは、「食べる人」が決めること。

私は1年待っても、塩しただけの真冬のたらこにさせていただく。

「今どき塩しただけのたらこが欲しいといったって、そりゃあ無い物ねだりってもんです」

毎年のようにタラ漁の船に同乗して真子を買い付けるという、美味求道の包丁人が半ばあきれ顔で言う。

塩だけとなれば、ごまかしがきかない。さっきまで泳いでいた親タラから採り出す、惚れ惚れするような真子。それも釣ったスケトウダラの子でなければならない、というのである。

伝統漁法で釣るタラの真子だけが、昔作りのたらこになれる

道南の日本海側に面した爾志《にし》郡乙部《おとべ》町は、かつて江差《えさし》についでニシン漁で賑わった、延縄《はえなわ》漁の町である。

明治末期頃からはじまったというスケトウダラ漁は、今も町の冬の主役だ。

乙部の漁師たちは、真ダラより小振りなこの魚を、スケソとかスケソウダラと呼ぶ。愛嬌ある面構えも、背中のまだら模様も真ダラに似ているが、高級魚の真ダラと違って身は二束三文。白子も真ダラにかなわない。だが真子は、断然スケソに軍配が上がる。

師走の声を聞くと、そろそろ真子が頃合いに熟す。漁は1月末まで、海が凪《な》いでいれば、雪が降っても海に出る。

網で一網打尽にすれば、手っ取り早いだろうに、北海道中の延縄漁が次々に消えていく中で、乙部の漁師は今も釣り漁にかける。

なぜ釣りなのか。

「釣りはね、一尾一尾に愛情があるんだよ」

釣りスケソを愛してやまない乙部の加工屋、田中富士雄さんが言う。

網にかかったスケソは、もがいたり圧迫されたりして、海の中で死んでしまう。すると胆汁が出て、真子に青いシミがつく。これが嫌われて、漂白や色づけをしなければならなくまる。

長い縄に何本もの釣り針を付けて海に仕掛ける延縄漁なら、生きたまま海から揚がってくる。命を秘めてシミひとつない真子が手に入るのだ。

スケソは足が早く、海から揚げて1日以上経つと鮮度

が落ち、背中のまだら縞がぼやけてくる。これでは使いものにならない。

何より鮮度優先だから、漁港での競りはなし。漁船が沖にいるうちに入札を済ませ、船の帰りを待ち構える。

港に魚が揚がるや、一刻を惜しんで目と鼻の先の加工場に運び込み、すぐさま真子の採り出しにかかる。

十数人の切り子たちが、驚くべき速さで、スケソの小山を切り崩していく。1尾、1・5秒というから、あれよあれよという間のでき事だ。

真子はその場で熟度、大きさで選別されていく。その最上のものだけが、昔作りのたらこの原料になれるのだ。

最高の原料なら、塩以外何もいらない

乙部から2時間ほど雪道をすっ飛ばして、最高の真子が田中さんから古平のたらこ屋、藤田さんに届けられる。

受け取る藤田さんにも、釣りたらこにはなみなみならぬ思いがある。

「30年ほど前までは、古平でも大漁が続いてね。うちでも生スケソを切っていたんです。連日連夜、馬橇《ばぞり》にスケソを山盛りに積んで運んできたもんです。獲れはじめると、暮れも正月もなかったな」

古平に釣りスケソがなくなったのを機に、たらこ加工専門に切り替えた。

「釣りの真子は、生きてるんですよ」

届いたらすぐ塩をして一昼夜おき、塩水で洗って水をきる。2日間冷蔵熟成させた後、急速冷凍。作り方はシンプル。身を締める塩梅が腕の見せどころだ。

「いい真子は、手を加えないほどいいんです。最高の原料を見れば、塩だけの本物を作りたくなる」

赤くないと売れないから、主力商品は赤いたらこだという。塩だけで作るたらこは、藤田さんの夢であり、加工屋の意地なのだ。

「高くてそうそう売れないものに、なんでこだわるのか。自己矛盾に陥ることもありますよ」

けれど、子どもの頃から家族で食べていたのは赤くない、塩だけのべっこう色のたらこだった、と思いなおす。

「良い原料なら、何にもいらないんですよ。加工屋も踏ん張らないと、最高のスケソを、と釣りで頑張る漁師さんたちに申し訳ないっしょ」

せっかくの真子だからと、意地を張り通す。それを後押しするのは、食いしん坊の無い物ねだりしかない。

1

2

3

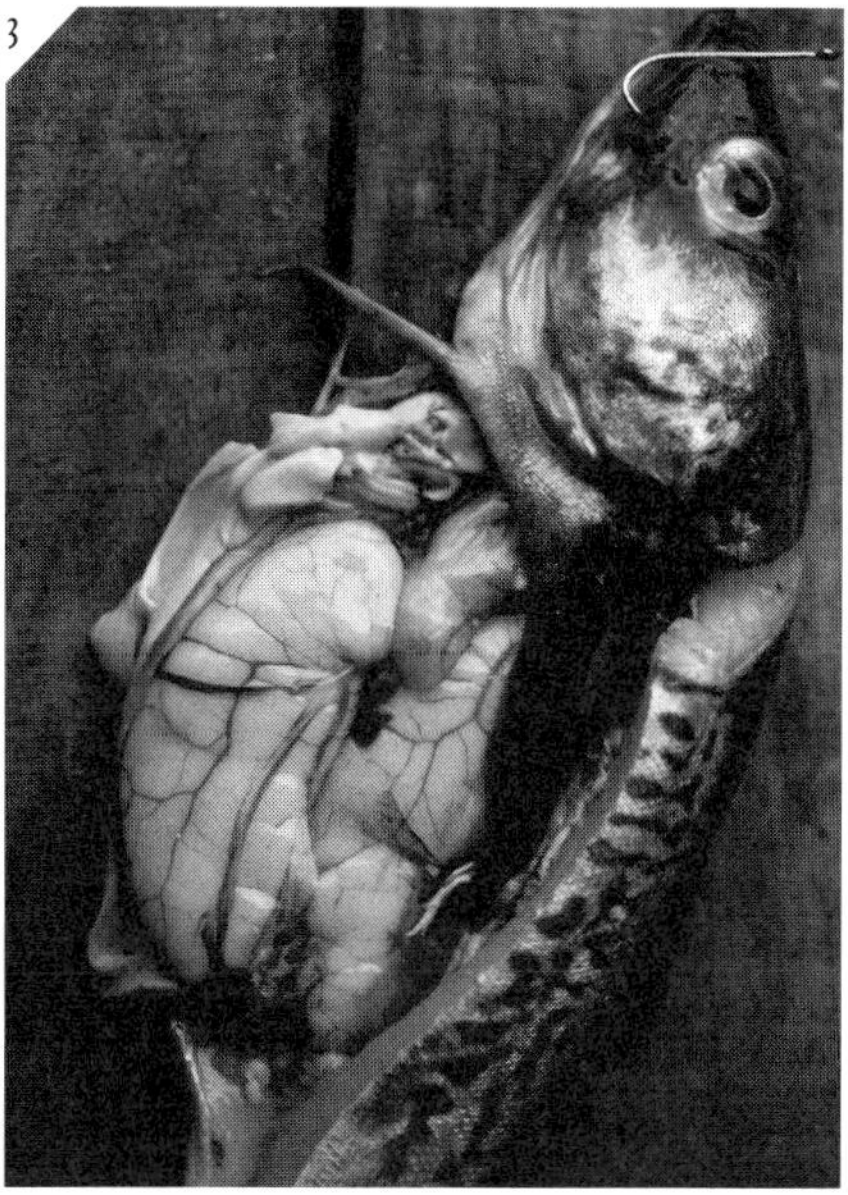

1／北海道爾志郡乙部町の延縄漁は、100本もの釣針を付けた長い縄を仕掛けて魚を獲る伝統の釣り漁。漁期は11月〜1月末までだが、漁ができるのは期間中55日〜60日ほどだという。2／そばに置いた砥石で包丁を何度も研ぎつつ、1尾あたり1.5秒の猛烈な速さで腹を裂き、真子を取り出す切り子さんたち。包丁の先端には、真子に傷をつけないよう玉が付いている。3／「ついさっきまで生きていた」、体長40㎝の釣りスケソと真子。卵の粒は細かく、透き通るような色合い。12月は真子がもっともおいしくなる時季。

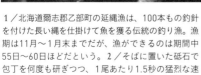

鯖へしこ 【福井県・小浜市】

1kgにもなる春サバを背開きにして、丸ごと漬け込む豪気な糠《ぬか》漬け

この味、一度食べたらちょっと忘れられない。

目が覚めるほど塩辛い。が、噛みしめるほどに、隠れていた甘みや旨み、発酵したものだけが持つ深々とした味わいが、じんわり追いかけてくる。

酒の肴もいいけれど、ちょっとあぶったへしこの茶漬けの香ばしいこと。

「へしこ」という呼び名は、どうも「ぺしゃんこ」からきているらしい。

春サバを背開きにし、塩蔵して身を締め、5月から梅雨前までには糠に包んで木桶に漬け込む。

梅雨と夏を越して、早いものは秋風の吹く頃には桶開け。丸っこい春サバが重石の下でキリリと引き締まり、醍醐の味に変身する。

ゆっくり熟《う》れていく味を楽しみつつ、ひと冬。北陸の長い冬が生んだ越冬食は、翌年の春まで食べ頃である。

さっとあぶったへしこの削ぎ切りがふた切れもあれば、一合とっくりが空いてしまう。

酒を呼ぶばかりか、ご飯とも相性よく、茶漬けは秀逸。

福井県小浜《おばま》に伝わる伝統食へしこは、野菜の糠漬け感覚で漬ける、サバの糠漬け。各家のおふくろの味である。

イワシなどの小魚の糠漬けは各地にあるけれど、1kgもある真サバを丸ごと糠漬けにしてしまうなんて豪気な話は、あまり聞かない。

「大根漬けと同じで、各家でひと冬分100本は漬けたもんです。魚屋は塩サバを作って届けたんですわ」

小浜泉町の魚屋の主《あるじ》が言う。

北陸の冬は厳しく、時化《しけ》で漁に出られない日が続く。

福井県小浜の人たちは、長い冬が終わって春真っ先に山ほど獲れるサバで、へしこを漬け込んで次の冬に備えたのである。

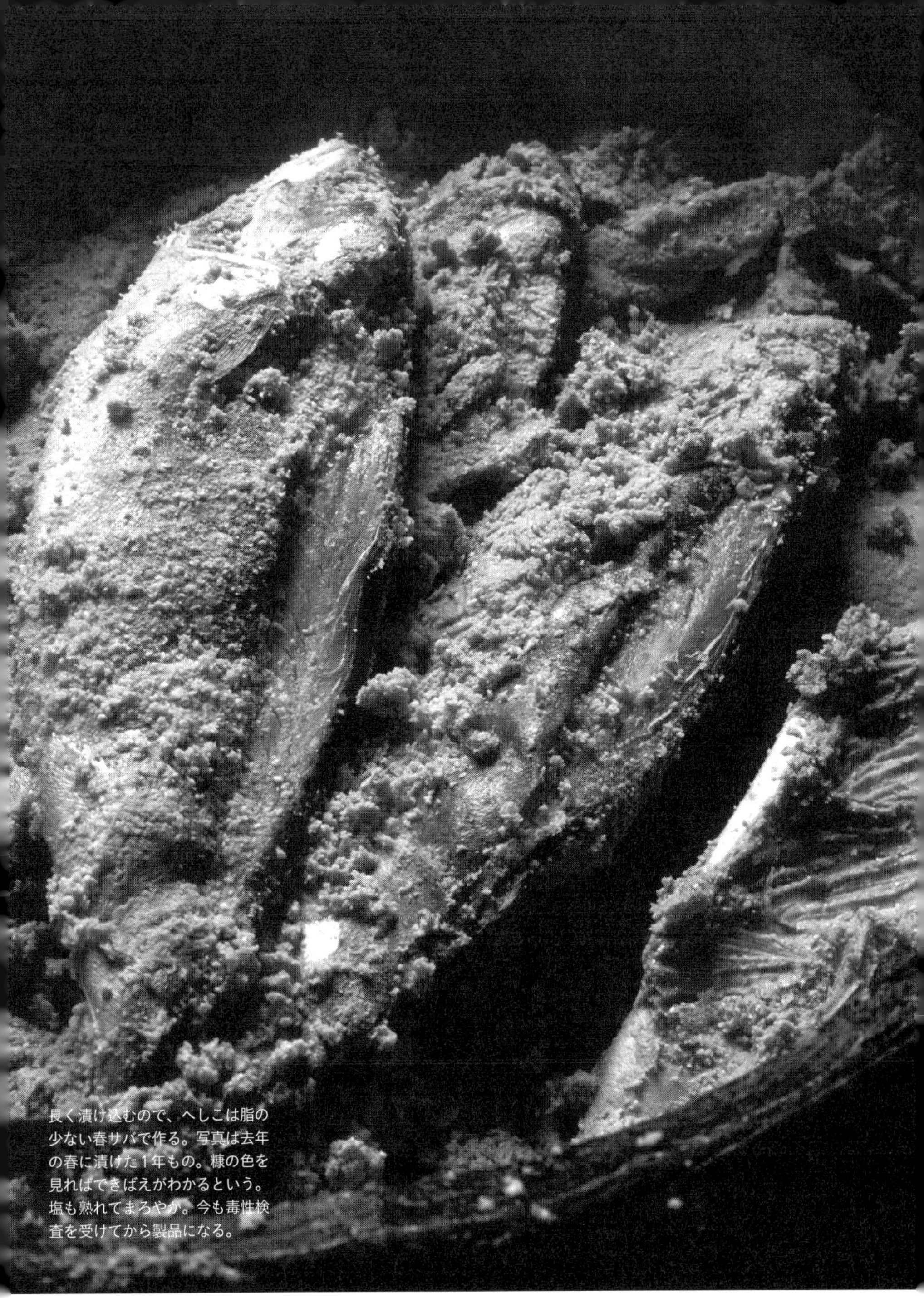
長く漬け込むので、へしこは脂の少ない春サバで作る。写真は去年の春に漬けた1年もの。糠の色を見ればできばえがわかるという。塩も熟れてまろやか。今も毒性検査を受けてから製品になる。

生き腐れといわれる真サバを ひと冬食べる技

ところが近年、春サバがさっぱり獲れなくなった。

「サバはどこへ行ったんだろう――」

魚屋の主も首をかしげる。

かつて「若狭湾にサバが湧く」と言われたほど、小浜にたくさんのサバが揚がった。

小浜漁港を基地とするサバ漁の巾着網《きんちゃくあみ》船団が、最盛期には40もあったそうだ。1船団5隻。灯船2隻、網船2隻、運搬船に40人以上が乗り組んだ。船団が獲ってくるサバは、みな小浜の港に揚がったという。

当時は町の真ん中の泉町に漁港と魚市場があり、周辺に100軒もの魚屋が立ち並んでいたという。

「子どもの頃は氷がなかったからね。お寺やお宮さんへ春の雪を取りに行かされました。大屋根から落ちた雪が、日陰に長いこと残っとったんや」

魚屋のご隠居さんの子ども時代、魚は行商だった。

店の奥の庭先が、塩蔵や干物などの加工場。大漁の日には、100軒の魚屋がいっせいに魚を干したという。魚のにおい、まな板を叩く包丁の音、干物すだれの向こうで立ち働く人たちの声――。昨日のことのように話すご隠居さんの昔話に、かつての魚町の賑わいが目に浮かぶ。

近い得意先へは雪詰めの鮮魚を届け、京都、大阪へは塩を振りかけて運んだ。

小浜港の魚市場から琵琶湖畔の今津まで、若狭街道九里半。江戸時代には小浜藩の鑑札を持った「背負《せおい》」が、ひと塩のサバを担いでこの道を走った。

琵琶湖経由で京都まで2~3日。京都名物の鯖鮨は、ほどよく塩の熟《な》れたこのサバで作られたそうだ。

若狭の魚を運んだ街道は、タイでもヒラメでもなく、「鯖街道」と呼ばれている。

重石の下で夏を越し、紅色の美味に変身する

足の早い青魚の春サバを次の春までおいしく食べようというのだから、かなり大胆不敵。それも冷凍のように、そのまま保存するのではない。新たな味わいを醸《かも》して、別ものにしてしまう。

そんな芸当が、代々伝承されてきた技、知恵なくしてできようはずがない。今も親から教わった通りに作られる。

藁縄を置いた上に重石をがっちりのせて空気を遮断し、菌が活発になる梅雨と夏を越させる。暑さが収まる秋口に発酵が静まったら、ほぼ完成。

脂の少ない春サバを背開きにして内臓を取り出し、金ブラシで洗う。身がぼろぼろにならないかとはらはらするが、びくともしない。

たっぷりの塩で塩蔵して5日もすると、水分が抜けて身が固く締まる。

塩サバの青い背の鮮やかなこと。鈍く光って、銀細工のように美しい。

ここまでくれば、あとはゆっくり5月中に糠漬けすればいい。

一味トウガラシを混ぜた酒米の糠で、一本一本すっぽり包んで、木桶に隙間なく平らに並べていく。最後に殺菌効果のあるタカノツメをたっぷりのせる。重石が傾かないように藁縄を置き、がっちり重石をして秋までおく。

「梅雨はそこら中がカビだらけになるほどでないといかんし、夏は涼しいと困るんですわ」

じめじめがひと月続く北陸の梅雨を越し、真夏の暑さでぶくぶく発酵すると、風味が飛躍的に増すという。

道具も重要な役目を果たす。長年使い込んだ木桶と藁縄に棲みついている微生物は、発酵を助ける援軍だ。

湿気と暑さが大好きな微生物たちが、せっせと餌を食って殖《ふ》えると、独特の風味を持つ有機酸やアルコールが生成され、雑菌を抑えつつ味わいを深める仕掛け。

空気嫌いの菌なので、桶の中に上がってくる水で空気を遮断する。がっちりの重石が肝心だ。

「ねっとりした漬け汁にならんといかん。酒米の糠はきめ細かくて、仕上がりの粘りが違いますわ」

食べ頃は秋口から翌年の5月まで。最初は浅漬けの味。その後じわじわ熟れて、完熟の味わいに向かっていく。

小浜周辺では、秋に桶開けする初々しいへしこで秋祭りの鯖なれずしをこしらえる。秋祭りの日から逆算してへしこの塩を抜き、炊いたご飯に漬け込んで熟成させる。

「手を加えれば、趣きも変わります」

あぶっても、酢とみりんで締めサバ風もいい。甘口が好みなら、酒粕を酒かみりんでのばして粕漬けも悪くない。

楽しみがいのある保存食である。

サバは消えてしまったけれど、へしこ作りの技と知恵は小浜の暮らしに溶け込み、今も生き続けている——。

それが、土地の食文化の姿なのだと思う。

鯖へしこの作り方

1 水洗いし、内臓を取る

新鮮な春サバを背開きにして、内臓を取り除き、金ブラシで腹をしっかり掃除する。

2 塩漬けする

掃除した腹の中にひとつかみの塩をしたうえで、サバが真っ白になるほどの塩を全体にまぶす。サバを脱水させるため、塩はたっぷり用いる。

塩をしたサバを木桶に並べ、重石をして4〜5日間漬け込んで塩サバを作る。サバの水分を抜いて身をしっかり締め、鮮度を保つための重要な下漬け。

3 糠に本漬けする

塩を洗い落とした塩サバを、一味トウガラシを混ぜた酒米の糠で1本ずつ包むようにした状態で、木桶に隙間なく平らに並べ、本漬けする。

一つの桶に、大きめの真サバ60尾を漬ける。表面に殺菌作用のあるタカノツメをたっぷり散らし、約80kgの重石をする。長年使い込んだ木桶と藁縄には微生物が棲みつく。

4 完成

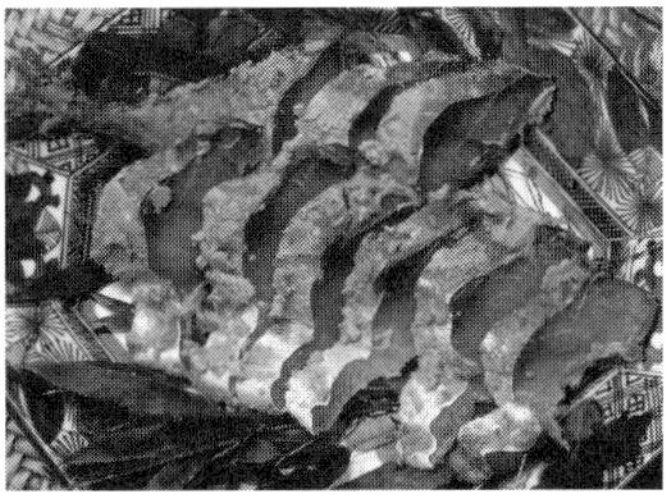

夏場の発酵で飛躍的に風味が増す。むっちり締まった紅色の魚肉をそぎ切りにし、さっとあぶって酒肴や茶漬けにするなど、楽しみ方は多彩。

鮒ずし

【滋賀県・大津市】

1年かかって自然乳酸発酵し熟成する、1000年来の魚の漬物

臭い！　とそっぽを向く人も少なくないが、愛する者にとっては、このにおいがたまらない。

におうのは、鮒ずし。春先に琵琶湖で獲れる子持ちニゴロブナを、ご飯に漬け込み熟成させたなれずしの一種だ。ご飯をこそげ落として、魚だけを賞味する最古のすしで、日本人との付き合いは悠に千年を越す。古代貴族たちも愛《め》でた、すしのご先祖さんである。

すしといっても、酢は使わない。原料はフナと塩とご飯だけ。天然乳酸菌たちがじんわり醸す、奥深くまろやかな酸味が持ち味だ。

内臓を除いて塩漬けしたフナを、夏が来る前にご飯に本漬けして、待つこと約1年。ご飯はとろりとしたヨーグルト風になり、フナは骨まで軟らかく、尾ヒレの隅々まで熟して、えもいわれぬ醍醐の味に仕上がる。

万人受けしない鮒ずしが、千年余も生き続けてきたのは、クセになるほど臭いおかげだったのかもしれない。

魚をご飯に漬けて、蒸し暑い梅雨と夏を越すと、どういうことになるか。想像すると、かなり恐いものがある。

ご飯はとろりとペースト状に。魚の身とむっちり詰まった卵は、鮮やかな朱色。骨は軟らかく、皮やヒレ、尾頭の先まで、すべてが美味なるものに完結する。

発酵と腐敗は、どちらも微生物のしわざだが、その違いは、人間にとって微生物が有用菌か有害菌かということ。善玉菌が増殖して、旨いものになれば発酵。反対に、腐敗菌などの悪玉菌が増殖すると、腐敗と呼ぶ。

なれずしと日本人の付き合いは古く、3世紀頃に中国大陸から伝わったとされている。古代朝廷の貴族たちも、この臭いすしを愛でたものらしく、全国から集めさせた記録が残っている。

腐りやすい素材を、1年もかけて旨いすしにしてしまう。そんな発想は、今どきの人間では、まず出てこない。

塩漬けにしたフナをきれいに洗い、たっぷりのご飯に包んで漬け込む。これから約1年間、重石の下で熟成させる。

実に大胆不敵な食べものである。

おいしいものを作る菌は、体にもやさしい

鮒ずしは、古くから琵琶湖のほとりの家庭で作られてきた魚の漬物だ。

普通のお母さんたちが、台所で、善悪の微生物を巧みに使い分けていたとは、見上げたものである。

「小さい頃はお腹をこわすと、鮒ずしの吸いものを飲まされたもんです」

琵琶湖のほとりの住人は言う。

他所では珍味といわれる鮒ずしも、地元ではおなじみの食べものだ。

酒肴やご飯のおかずはもちろん、お茶漬けやお粥と応用範囲は広い。

なかでも吸いものは出色である。尾ヒレをお椀に入れて熱湯を注ぎ、蓋をして1~2分。きついにおいはやわらぎ、さわやかな酸味が香り立つ。汁にはフナの旨みが溶け、身はつるんとなめらか。こんなおいしいものなら、たまにはお腹をこわしたいくらいだ。

かつて琵琶湖周辺では、初夏になると、魚屋が塩漬けのフナを持って、鮒ずしを漬けに各家をまわったそうだ。後は家でじっくり熟成させる。

夏を越して晩秋から、そろそろ浅漬けを楽しむ。正月にはまろやかに熟したものを悦び、さらにもうひと夏越させて、完熟の味わいを賞味する。

桶の中でゆっくりと進んでいく、発酵の醍醐味を楽しむ。そんな贅沢ができるのは、鮒ずしを大事に守り伝えてきた、地元ならではのご褒美かもしれない。

桶の水を涸《か》らさないこと。重石の加減が決め手

「塩と米を惜しんだらあきません」

琵琶湖のほとり堅田で280年余鮒ずし作りをしている中島家、代々の申し送りだ。

以前は琵琶湖に、「フナが湧いてくるほどいた」というから、フナより着け床にする塩と米のほうが、高価だったかもしれない。庶民の漬物だった鮒ずしも、琵琶湖の水が汚れて、ニゴロブナが激減し、昨今は高嶺の花。

鮒ずしの原料になるのは、細長く扁平なニゴロブナ。太くて丸っこいヘラブナなどは、長期間漬けても、骨が硬く、鮒ずしの味が出ないという。

春先に子を持つニゴロブナの、卵巣を残して、エラの部分から内臓を抜く。腹に塩を詰め込んで塩に埋め、重

石をして漬け込んでおく。

初夏、塩ブナを洗い、適度に塩を抜いて、ご飯に本漬けする。その下ごしらえは実にていねいだ。

フナに少しでも内臓や血管が残っていると、異臭の原因になるという。これを徹底的に取り除く。

一尾ずつ手に取って、ササラでごしごしこすり、白肌に残るウロコの跡まで丹念に消し去る。エラも、ガラスのように透き通るまで、塩で磨き上げる。

かなり力が入っているのだろう、一日中冷たい水に手を浸している、中島さんの額に汗が滴る。

フナの腹にたっぷりご飯を詰めて、桶に並べ、盛り上がるほどのご飯を押し込んで、落とし蓋をし重石をのせる。2昼夜してご飯ががっちり締まったら、塩水を差してやる。

重石とこの水が、外気を遮断して、雑菌の侵入を防ぐ。

「朝起きて顔も洗わんうちから、桶の水を見るんです」

中島さんは、花に水をやるように、桶に塩水を注いで、鮒ずしを育てるのだ。自分の目と手の届く範囲内しか作らないから、すし桶は増やせない。

先祖伝来の桶の数は、壊れても新調せず、部分修理して使う。使い込まれた桶の中に棲む微生物が、速やかな発酵の援軍になってくれるからだ。

「暑いとええすしができます。夏は大騒ぎですが、秋は静かに寝てまっせ」

夏になると静かなすし部屋に、ぷつぷつとあぶくの立つ音が満ち、微生物が機嫌よく働いているのがわかる。

目に見えないほど小さいくせに、束になると途方もない力を出すもので、時々、ものすごい音を立てる。

発酵の力余って、100kgの重石を転覆させるのだ。一つ重石が落ちると、将棋倒しにみなひっくり返るから、被害は甚大だ。毎日少しずつ重石をずらして、バランスをとってやる。重石が2個あるのは、そのためだ。

「手間さえ惜しまなんだら、勝手においしくなります」

自ずと花が咲き、実を結ぶように、千年の美味が生まれる。

鮒ずしの作り方

1 フナの下処理をする

生きている子持ちニゴロブナを使う。ウロコとエラを落とし、エラブタの部分から、先を曲げた針金を入れて、卵巣を壊さないよう残して、内臓を取り除く。

2 フナを塩漬けする

フナの腹にぎっちり塩を詰め込んで、塩と交互に桶に並べる。フナが隠れるほどたっぷりの塩と、切り藁をのせる。重石をして、3ヵ月から1年漬け込む。

3 本漬けの下準備

塩漬けフナを水で洗って、ほどよく塩を抜く。臭みの原因になる血やワタなどの不純物を、ササラでこすって、ていねいに取り除く。桶に逆さに並べて、一昼夜水きりする。

炊いた米をモロブタにとり、熱いうちに握り飯の味ほどの塩を振り、よく冷ましておく。

4 ご飯でフナを本漬けする

エラブタから、腹にぎっちりご飯を詰め込む。

桶に並べ、井桁に積み重ねて漬け込む。フナが直接重なり合わないよう、間にたっぷりご飯をのせて、本漬けする。

5 熟れるまで漬ける

最後に竹の皮をかぶせ、藁の姫縄を置き、落とし蓋と重石をする。ほどなく水が上がってくる。雑菌の侵入を防ぐため、水をきらさないようにする。

100kg近い重石をのせて1年間熟成する。がっりちの重石が肝心。乳酸発酵して、鮒ずし特有の酸っぱいにおいと爽快な酸味が醸される。

6 でき上がり

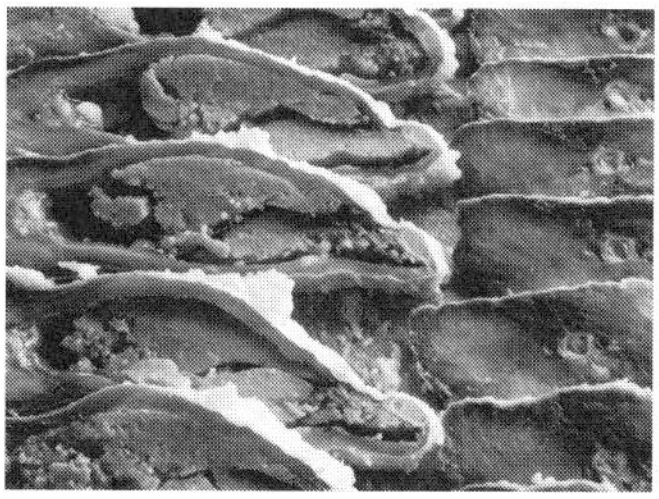

乳酸発酵の酸っぱいにおいが、酒を呼ぶ。ご飯を敷き、薄く切って盛りつける。とろりとまろやかな酸味のご飯も、捨てがたく美味。

鮎なれずし

婚姻色をまとった落ち鮎に、ご飯を抱かせて熟成させる

【和歌山県・新宮市】

秋の終わり頃、熊野川で獲れる落ち鮎に、たっぷりご飯を抱かせて、ウラジロの葉を敷いた鮎桶に仕込む。これを寒い部屋に置いて半月〜20日ほど待つと、穏やかに発酵して姿のまま骨まで軟らかくなる。アユに婚姻色の紅の線がうっすら残る、美しいすしができ上がる。

和歌山県新宮市では、秋祭りや正月にはなくてはならないご馳走だ。

シダのさわやかな香り、米の甘酸っぱいにおい、さらになれずし独特の発酵臭が混ざり合い、何とも言い難いにおい。地元では「腐れずし」とも呼ぶらしい。しかしこれがクセ者で、とっつきが悪いのに、臭いチーズ同様、クセになる類のにおい。地元でも好き嫌いが分かれるそうで、自分の口に合うかどうかは、食べてみてのお楽しみ。

川魚をご飯床でねかせた保存食は、古墳時代にはすでにあったという。それが今でもここにあるのは、虜になった人たちが少なからずいたおかげだろう。

意外な気もするが、なれずし独特のクセになる風味は、古代の貴族たちのお気に入りであったらしい。

平安時代の『延喜式』(927年)によると、朝廷は、鮨年魚《あゆ》をはじめ、鮒鮨、鮭鮨、鰒《あわび》や雑魚《ざこ》の鮨、シカやイノシシの鮨などを、全国から上納させている。この時代の「鮨」とは、魚や肉をご飯と一緒に漬け込んで、長時間発酵させた「なれずし」。言うなれば、魚や肉のチーズだ。地元でもにおいが嫌とそっぽを向く人もあるけれど、臭いチーズがお好きなら、なれずしの虜になる素質は充分にある。

すしの先祖といわれる甘酸っぱい保存食

古代貴族たちが愛《め》でた「鮨」の起源は、ラオス、ベトナムの山岳民族の淡水魚の保存食。それが中国大陸を経

塩蔵しておいた落ち鮎にご飯を詰めて、ウラジロを敷いた鮎桶に本漬け。桶は、「鹿六」で代々使われてきた鮎なれずし専用の楕円形の鮎桶。秋祭りや正月など、本漬けの時季に合わせて、塩漬けの塩梅もひと桶ごとに変える。半月ほど漬け込んだらでき上がり。食べる際は切れ味のいい包丁で、ご飯を崩さないように切り分ける。

て日本に渡来したのは、一説によれば3世紀頃、古墳時代だというから、国宝級の古さだ。古墳に眠る王や埴輪のモデルになった家臣たちも、鮨に舌鼓を打ったのかもしれない。

文献によると、古代の鮨は、魚のウロコを引かず、そのまま臓物を取り出して塩をしておき、本漬けで中に飯と酒を合わせて詰め、重石をして長期間発酵させる。その製法は現代のなれずしとほぼ同じだ。

1年間も熟成すると、ご飯はとろけてしまう。贅沢なことに、そのご飯は捨てて、魚だけを食べていた。琵琶湖の「鮒ずし」がこれである。

室町時代になると発酵期間を短縮し、新宮の鮎なれずしのようにご飯と魚を一緒に食べる「生なれずし」が現れる。魚と酢飯で握る江戸前ずしの原形が、この頃にできたといわれている。

古代鮨はもともと酢は使わず、自然に醸される酸味を待つ。ご飯で本漬けしてから、鮒ずしなら約1年、鮎なれずしでもおよそ半月待たされる。

江戸時代には、酢を使った待たずに食べられる「早ずし」が登場。せっかちな江戸っ子の胃袋をつかんで人気を得る。これが江戸前のすしである。

熊野川流域の家庭の味。落ち鮎の漬物

上流にダムができるまで、新宮を流れる熊野川はアユの宝庫だったという。

「昔のアユは体長30㎝もあった。河畔の町にアユだけの市が立ったもんだ」老アユ漁師が話してくれた。

昔より小振りにはなったが、産卵期には〃瀬つき〃といって、落ち鮎が浅い瀬にひしめく。そこがアユ漁師の狙い目。夜通し鮎掛け漁をする。

屋根付きの舟に灯る小さな灯りが、暗い川面にもれて揺らめく。月光に川底の丸い小石が照る。餌もいらない。火を焚く必要もない。月明かりと瀬音を頼りに、5本の針を付けた釣り糸を川底に転がす。アユ漁師は手慣れたもので、暗がりで一晩に100本もの針を付け替えるという。

「一晩に30~40㎏は獲るよ。腹に紅い線の入った、瀬に着いたばかりの雄鮎が最高に旨いんだよ。夏の若鮎なんか問題にならん」

漁師が影絵のように動き、舟上にアユがとび込んでくる。ばたばた跳ねるやつを、炭火の網にのせて焼き、頭と尾を持ってかぶりつく。キュウリのような涼しい香り、

1

2

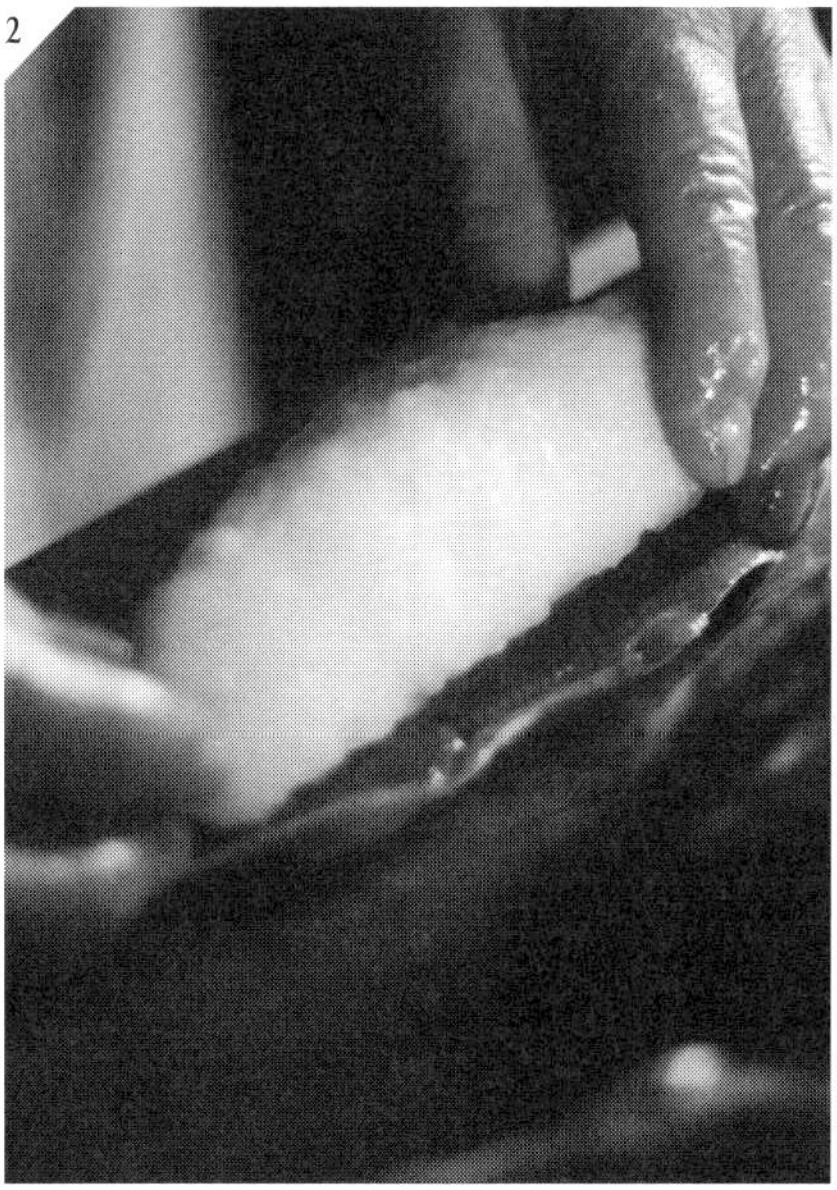

3

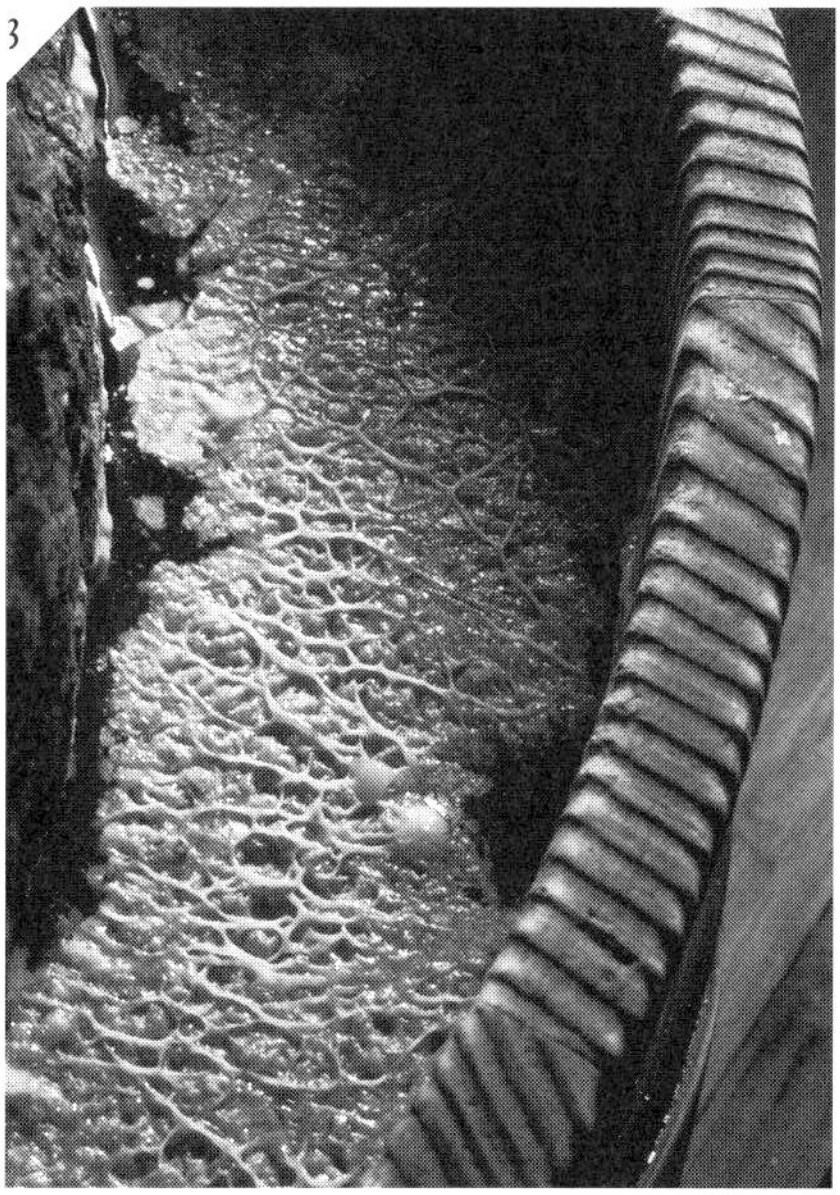

1／漁場へ向かう、熊野川の鮎掛け漁の舟。産卵のために瀬に集まるアユを狙うこの漁は、日暮れからが本番。屋根のある舟で明け方まで漁をする。2／アユの内臓とエラを取って洗う。腹にもたっぷり塩を入れ、少なくとも1ヵ月間がっちり重石をして塩蔵。塩を抜き、腹にご飯を詰める。3／ウラジロの葉と交互に鮎桶に仕込み。半月ほど漬け込む。重石をし、桶の水分をきらさないよう管理する。水の表面に菌の膜ができたら、口開け時。桶を逆さにして半日おき、水をきってなれずしを出す。

ほろりと骨からはずれる白身の清さ。塩すら邪魔になる。

早朝、漁師からアユが届くと、新宮市の老舗の鰻屋「鹿六《しかろく》」で、伝家の鮎なれずし作りがはじまる。ずいぶん昔になるが、先代の浦中トモエさんに作り方を伺ったことがある。

「魚は、しっかり塩で殺しとかんと」

アユの腹を開き、最低1ヵ月間は塩漬けする。塩の役目は、しっかり身を締めることと保存。塩蔵しておけば、2月頃まで鮎なれずしができるという。

鹿六には、代々使い込まれた楕円形の鮎桶がある。鮎なれずし以外に使ってはならないという申し送りも、ちゃんと守られている。

「専用桶でないと、雑菌がはびこってなれずしがまずくなってしまうの」

旨い鮎なれずしを作ってくれる菌が、鮎桶に棲みついているのだという。

もっとも早い鮎桶の口開けは、毎年11月16日の秋祭りの日。食べる15日前にアユの塩を抜き、本漬けにかかる。

「ご飯が勝負です」

炊き方が硬すぎると米がぽろぽろする。軟らかすぎてもどろりと崩れる。半月発酵させて、ご飯が切り分けられる硬さに仕上げるのが達人の腕である。

米にひとつまみの塩を入れ、通常の1・7倍ほどの水で軟らかめに炊く。手に酒をつけ、アユのサイズの俵形に握ったご飯を、腹にみっちり詰める。

山で採ってきたシダの新葉とアユを、交互に3段重ねに桶に漬け込んで、重石をする。ほどなく上がる水が、肝心だ。この水が空気中の雑菌の侵入を防ぎ、乳酸菌の好む環境を保ってくれる。水の表面がうっすらよい菌の膜で覆われたら、口開け時である。

「漬け上がりは、中骨がわからんほど軟らかくなります」

鮒ずしは夏の暑さでぶくぶく発酵させるが、鮎なれずしは、菌たちが鳴りをひそめる寒い時季に仕込むことで、穏やかに発酵が進み、ご飯を崩さず仕上げられる。

「寒いほど、うまくできます。上流の村では、昔は桶ごと川に浸けて冷やしながら作ったそうです」

熊野川上流の新宮市熊野川町では、今もアユやサンマのなれずし品評会が催され、腕に覚えのあるお母さん方が、自慢の味を持ち寄って食べ比べをしているそうだ。

約15日で鮎桶の中に、強烈な個性が生まれる。けっして万人向けにはならず、それでいて千年以上もしぶとく生き残る。それが鮎なれずしの身上である。

かぶらずし

厳冬の北陸の山海の幸から生まれる、甘くとろける正月のご馳走

【石川県・金沢市】

冬の雷鳴とともに、能登半島近海へ脂ののったブリの群れがやってくる。

雷が鳴れば、舌にとろけるブリを思って心が騒ぐのか、金沢の人たちは長い冬の幕開けを告げる雷を、鰤《ぶり》おこしと呼ぶ。

寒ければ寒いほど、厚着をして旨くなるのは、畑の野菜も同じこと。土の中では白い肌のカブが丸々と肥って、日に日に甘みを増す。

冬将軍からの海山の到来物が届く頃になると、金沢の母さんたちは「そろそろやね」と腰を上げる。お正月のご馳走、かぶらずしを仕込むのだ。

大振りの白カブに、削ぎ切りにした塩ブリを挟んで糀《こうじ》(米麹)に漬け込むと、正月には頃合いに熟《な》れて食べ頃になる。

それにしても、かぶらずしとは妙な呼び名である。本命は寒ブリに違いない。今様ならもちろんぶりずしだろう。けれど見かけもカブの糀漬け。奥ゆかしいことに、切ってはじめて薄桃色の寒ブリがおがめるのである。

舌にとろける薄桃色、誰もが目の色を変える垂涎《すいぜん》の寒ブリが、なぜカブに隠れているのか。

かぶらずしの起源については諸説あるが、「加賀の殿様に遠慮したんじゃなかろうか」という説はおもしろい。

ブリは藩政時代「鰤《ぶり》一本米一俵」といわれた高級魚。贅沢を禁じられていた町人の口には入らない。さりとて、ブリを呼ぶといわれる冬の嵐、鰤おこしを心待ちにする気持ちに変わりない。

そこで、食いしん坊は考えた。

ご禁制の魚を野菜に隠して漬け込んだ贅沢品

一説に、かぶらずしを作らせたのは、今も語り継がれ

正月に食べ頃になるように、逆算して糀甘酒に漬け込まれたかぶらずし。木桶の中で発酵して甘く熟れる。ちらっと寒ブリがのぞく。

る豪商、銭屋五兵衛だったともいう。

加賀は蝦夷と結ぶ海の街道筋にあって栄えていた。江戸末期、千石船の交易で巨万の富を蓄えた廻船問屋銭屋は、加賀藩はじめ東北諸藩にも、財政援助をしていた豪商であった。

しかしさしもの豪商も町人の身分。殿様の手前、おおっぴらに寒ブリを食べるわけにもいかない。というのでカブにそっと仕込んで、かぶらずしと称して、寒ブリを賞味したんじゃなかろうか、というのである。

ブリは隠してまで、食べたい特別な魚だった。加賀地方の大晦日になくてはならない年取り魚が、ブリである。正月には嫁の実家から婚家へ、ブリ一本を届け、お返しに半身を受け取って帰る風習もある。両家が仲良く一本のブリを分け合って食べ、親交を深めたのだ。

お手製のかぶらずしを、年の瀬に隣近所に届けるのも、女たちの年越し行事の一つだったという。

今では作る人も少なくなったが、古老の話では、昭和の初め頃まで、町の魚屋の店先に、〈塩鰤注文承ります〉の張り紙が出ていたものだそうだ。

金沢の母さんたちの手製かぶらずしは、現在普通に店で売られているものとは、ちょっと違っていたらしい。

「『金沢のかぶらずしは、生臭くて嫌い』と言われたことがあったんです。これは聞き捨てならん。それならちゃんとしたものを作って食べてもらおうと、少しだけ製品化しました」

嫁にきて以来50年以上も欠かさず漬けているという金沢の料理研究家に、「昔の味の」かぶらずしをいただいた。白カブは歯触りよく、あくまで白くなめらか。ブリはほんのり薄桃色で、よだれが出るほど見目麗しい。

「食べ時を逃したら、いけません」

発酵が進みすぎては、せっかくの味が台無しになるという。口に入るその時に合わせて、本漬けまで綿密に段取りする。

糀《こうじ》甘酒で本漬けする40日前にはブリを、1週間前にはカブを塩漬けしておく。本漬けは食べる日の10日ほど前。お正月に食べるなら、その年の寒さにもよるが、12月20日くらいまでには、すべて済ませておく。

材料は、今は青カブが主流だが、昔ながらの「赤ん坊の頭ほどもある」白カブ。

「青カブは堅くて日持ちはいいんですが、味やきめ細かさは白カブにかないません。ただ白カブは熟《う》みやすいので、商品には向かなかったのでしょう」

伝統野菜と地場の米、寒ブリ。雪国の冬ならではの傑作

なれずしといえば、ブルーチーズにも似たあの臭みと、発酵の妙味が身上である。けれどかぶらずしは、完熟を喜ぶなれずしではなく、かといってただの漬物でもないらしい。そのぎりぎりの一線が肝心なのだという。

奥能登、能都町《のと》に揚がる天然寒ブリを、自然塩に茶色っぽくなるまで漬けておく。

「堅くて削ぎ切りするのに、手にマメができます」

糀とご飯を合わせて作った甘酒に本漬けすると、ブリの塩がほどよく抜けて、複雑な味わいが生まれる。

味の決め手ともいえる、糀甘酒作りが難所だという。

ごく小さな生きものたちは、温度で活性化したり、鳴りをひそめたりする。温度が高すぎると死んでしまうし、寒すぎても働かないから、甘み旨みが出ない。発酵に時間がかかりすぎても酸っぱくなる。

目に見えない菌たちのご機嫌をそこねないよう、温度管理には細心の注意を払わなければならない。

薄く削ぎ切りにして酒で洗ったブリを、半分に切ったカブに挟んで、糀甘酒に本漬けすると1週間で水が上がる。

塩漬けで茶色っぽくなったブリが、乳酸に触れて美しいピンク色に変わったら、そこが桶上げの潮時だ。

複雑独特な風味は、菌の力でしか成し得ない。麹菌は米のデンプンを食って甘くし、ブリのタンパク質を分解して、うま味成分であるアミノ酸などさまざまな有機酸や香り成分を作り出す。ここに乳酸菌のほの酸っぱさも加わる。乳酸菌が、腐敗菌の増殖を抑える役目もしてくれる。

次に、甘酸っぱいにおいをかぎつけてやってきた酵母が、アルコール発酵を担当。酒の旨みと芳醇な香りを醸し出す。

目に見えない小さなものたちの見事な連係プレーで、調和のとれた複雑にして無垢な味が醸成されるのだ。だから何も足さない。何も引かない。

桶上げしたかぶらずしは、空気に触れるだけで、味が落ちてしまう微妙なもの。ことに暖かい冬は大敵だ。

冬将軍の贈りものは、寒のうちが食べ時である。

1

2
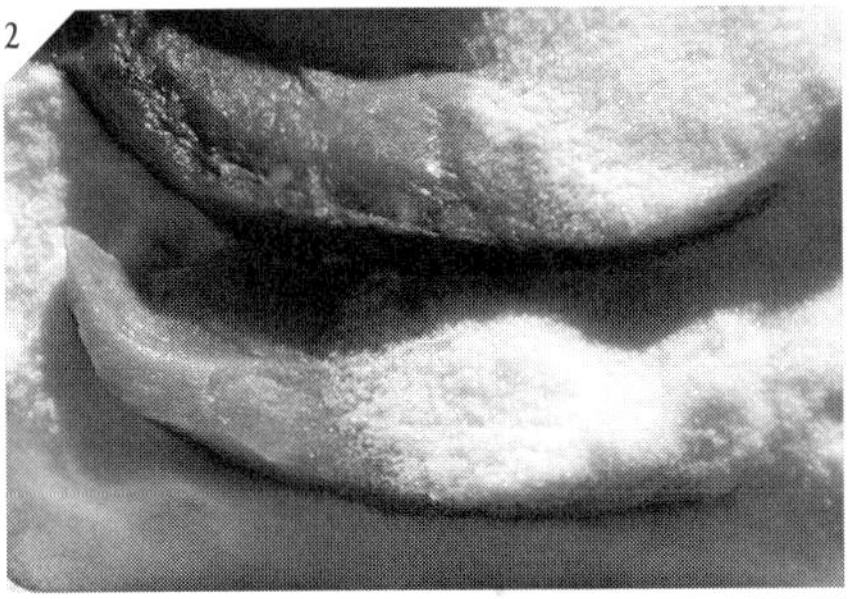

3

4
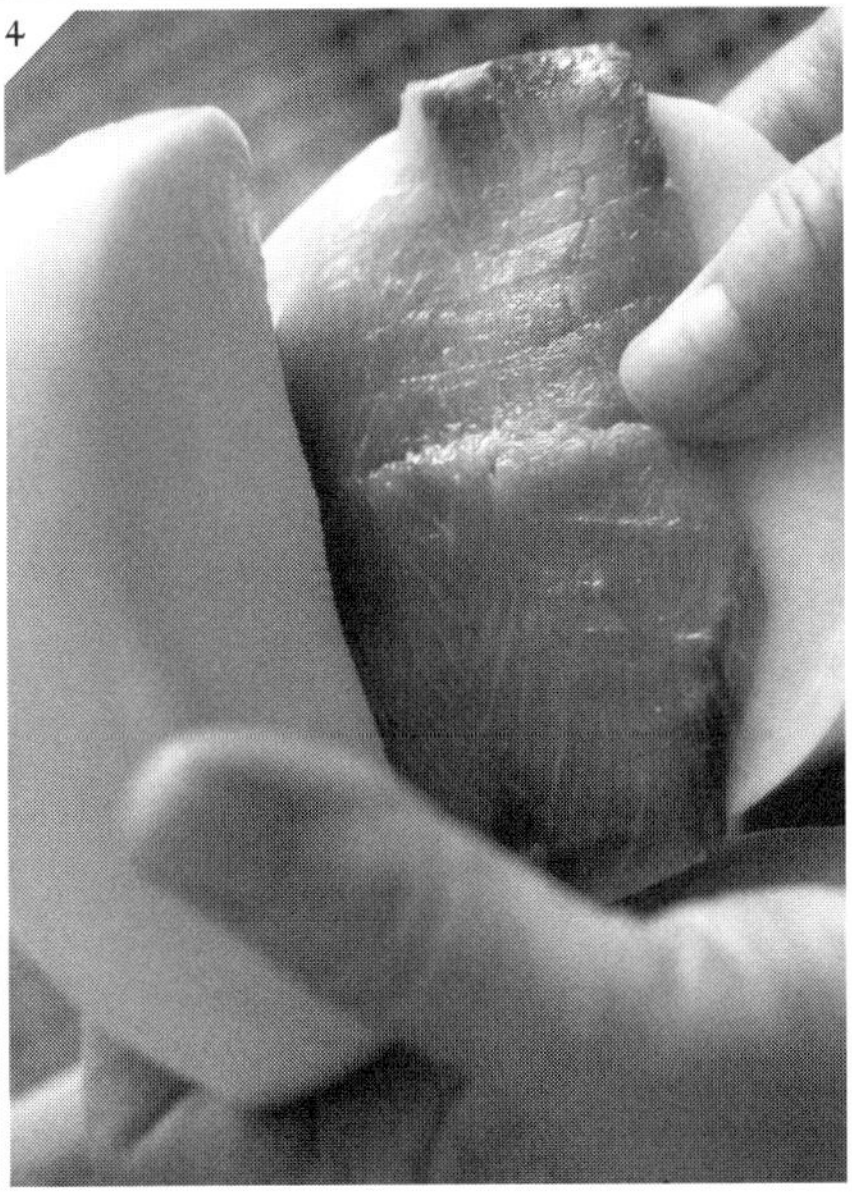

1／11月の早朝、露地ものの白カブを収穫する。砂地から半分顔を出しているので難なく抜ける。金沢郊外の海辺の町、打木《うつぎ》で。2／4分の1におろしたブリを、40日間ほどたっぷりの塩に漬ける。水分が抜けブリの身が締まって、カチカチの薄茶色になる。3／1個350ｇほどの白カブを半割にして、その冬の気候にもよるが本漬けの1週間ほど前に塩漬けする。4／削ぎ切りにした塩ブリを酒で洗い臭みをとる。カブに切り込みを入れてブリを挟む。糀甘酒とともに桶に仕込み、ユズ少々と赤トウガラシを散らす。

ふぐの子糠漬け

北前船《きたまえぶね》の寄港地に伝わる、猛毒を佳肴に変える伝統製法

【石川県・白山市】

時季が来れば、山海大地に豊かな収穫の時がやってくる。いっときに集中する旬の恵みを、どうやったら安心しておいしく、しかも長く食べられるか。

知恵を集めて、深い味わいを作り出してきた先人の技には感服する。その分け前を21世紀の今いただけることに、感謝し感激もする。

しかし、これにはさらに感嘆符が付く！　危ないフグの卵巣を手間・ひま・知恵の三種の神器で、ご飯のおかずにしてしまったのである。

フグの毒はテトロドトキシンという猛毒。トラフグの成魚の肝臓ならざっと30人、糠漬けの原料になるゴマフグの卵巣でも、5～6人は殺してしまうという。

5月半ばから6月にかけて、日本海に回遊してくるゴマフグのぽってりと大きな卵巣を塩漬けして1年。さらに糠と糀に漬けて、ふた夏越す。その間に木桶の中で何が起きているのか。

毒はうそのように消え失せる。そのままでも、あぶってもいい。ひとかけらで、類まれなる佳肴となる。

「てっさ」というと、皿の絵模様が透けて見えるような薄造りのフグの刺身が目に浮かぶ。誰が言い出したものか、フグは別名「てっぽう」。「あたれば死ぬ」とわかっていても、やめられないほど旨い魚だということらしい。江戸時代には各藩からフグ禁止令も出ているけれど、庶民はものともせずひそかに舌鼓を打っていた。長崎県の島原では、フグを「がんば」(＝棺桶）と呼びつつ、今もご飯のおかずである。

江戸時代から伝わる毒消しの技法

ゴマフグの卵巣は、5～6人を殺してしまうほどの猛毒を持つ。それを2年半～3年も塩と糠に漬けて、毒抜

1年間塩漬けした後、糠と糀に漬け込んで2回夏を越した「ふぐの子糠漬け」。中の魚卵がきれいなべっこう色に仕上がると味もいい。

きして食べてしまうのだから、驚くべき離れ技。

今は製品を出荷する前に毒性検査が義務づけられているが、昔はもちろんなかった。熟練の作り手には、仕上がりの色と香りで、毒が抜けているかどうかわかるのだという。これまでに中毒例はない。

一般に、フグを解体したらすぐに、卵巣は鍵のかかる場所に保管、焼却処分される。食材とすることが許可されている地方は、全国でもごくわずかしかない。

おもしろいことに、「ふぐの子糠漬け」を製造しているのは石川県の旧美川町（現・白山市）、金沢の金石、大野、佐渡島といった北前船の寄港地に限られる。蝦夷地と大阪を結んだ北前船が、港で荷を下ろし、また積み込んで諸国の食文化も運んだわけだ。今でこそ静かだが、手取川河口に開けた旧美川町は、江戸時代の文化文政期から明治中期まで海路交易の要衝《ようしょう》として栄えた港町。海の大商人たちが大店の甍《いらか》を競い、明治5年にはたった1年間だが、金沢ではなくここに県庁が置かれていた。

北前船が蝦夷地から昆布やニシン、イワシなどとともに、塩漬けフグを運んできた。北陸地方ではそれを糠と糀と魚汁《いしる》に漬け込んで、越冬食にしている。

「今は持ち出すことはできませんが、昔の塩フグには、子も付いてきました」

旧美川町に天保年間から続く海産物糠漬け店の先代主《あるじ》荒木郁男さんに、そう伺った。

この町には背開きにしたフグを一尾そのまま糠と糀に漬けた「ふぐのすし」という珍味もあり、今も正月のご馳走として食べられる。フグの子ほど長く漬けないものの、製法はほぼ同じだそうだ。いつ誰が発明したものか、猛毒の糠味噌漬けとは大胆奇抜な食べものである。

製法は先祖がしていた通り。怖くて変えられない

「1年にいっぺん、5月半ばから6月いっぱいのフグにしか、子が入っていません。わずかしかないんですわ」

糠漬け店当主の荒木敏明さんは言う。

6月に能登沖で獲れた1kg以上もあるフグの腹を割くと、なんと体のざっと3分の1もあるぴかぴかの白子が現れる。よだれがたれる。捨ててしまうのは、いかにももったいない。ご先祖さんもそう思ったに違いない。

フグは毒の部分以外、すべて捨てるところなく食べられる。ヒレは干してあぶってヒレ酒に。身は刺身、あら

嫌気性の菌を応援するため、重石と魚醤で空気をきっちり遮断。汁を涸らさないよう、“差し汁”をして育てる。

はふぐちりなど鍋に、地元で「ほうら」と呼ばれる顎の骨は、天日によく干して吸いものに入れてしゃぶる。雑炊にすれば、だし一滴残らず楽しめる。

さらに欲張りなフグ通に言わせると、舌が少々しびれるくらいの毒が、たまらないんだそうな。噂に聞く毒の味を、ちょいとつまんでみたい誘惑にかられる。

「ひと月半も続く、北陸特有のじめじめむしむしした梅雨がないと、うまいことできんのです」

高温多湿の梅雨時、人間の不快指数が高いほど、微生物は元気にもりもり働く。大食らいのブリでさえ、フグの稚魚は避けて通るというほどの毒も、微生物にはきかないらしい。働く人には厳しいけれど、仕込みの蔵にはエアコンもない。微生物の四季折々の真っ当な営みを妨げることになるからだ。

梅雨は長く鬱陶しく、夏は寝苦しいほど暑くなくてはならない。秋の涼風でほっとひと休み。冬は死んだように眠って春に備える。自然とともにめぐっていくのが、微生物にとって理想的なサイクル。目に見えない小さなものたちの機嫌がよければ、間違いなく旨いものをこしらえてくれる。

フグの腹を割いてフグの卵巣を取り出し、重量の30%の塩で塩漬けして1年間おく。この間にかなり毒が抜けるらしい。これをさらに糠と糀（米麹）で本漬けして、微生物が活発になる梅雨を待つ。とはいえ、放っておくわけにはいかない。梅雨時は有害菌にとっても天国。負けないように応援するのが人の役目だ。

本漬けの桶の汁は常に切らさないよう、イワシの塩漬け汁（魚醬）を注いで、空気中の悪玉菌を遠ざけてやる。

2年半〜3年で毒が消えることは経験でわかっているが、そのメカニズムは、完全には解明されていない。

「ヘタすれば命に関わるがです。昔の人がしてた通りにやらんと。怖くて、製法を変えるわけにはいかんがです」

うんざりするほど時間をかけ、寸分変わらぬ製法を守るしかない。

昭和40年頃、フグの卵巣は捨てるようにと、その筋から通達があった。

「先祖が苦労してここまで持ってきたものを、捨てられん」

先代さんは、同業者を訪ね歩いて協同組合を結成。国にも働きかけて存続の許可を取りつけた。「誰も食べんもん」を食べた誰かがいて、「捨てられん」と頑固を通した男がいた。おかげで、類まれなる珍味がいただける。

1

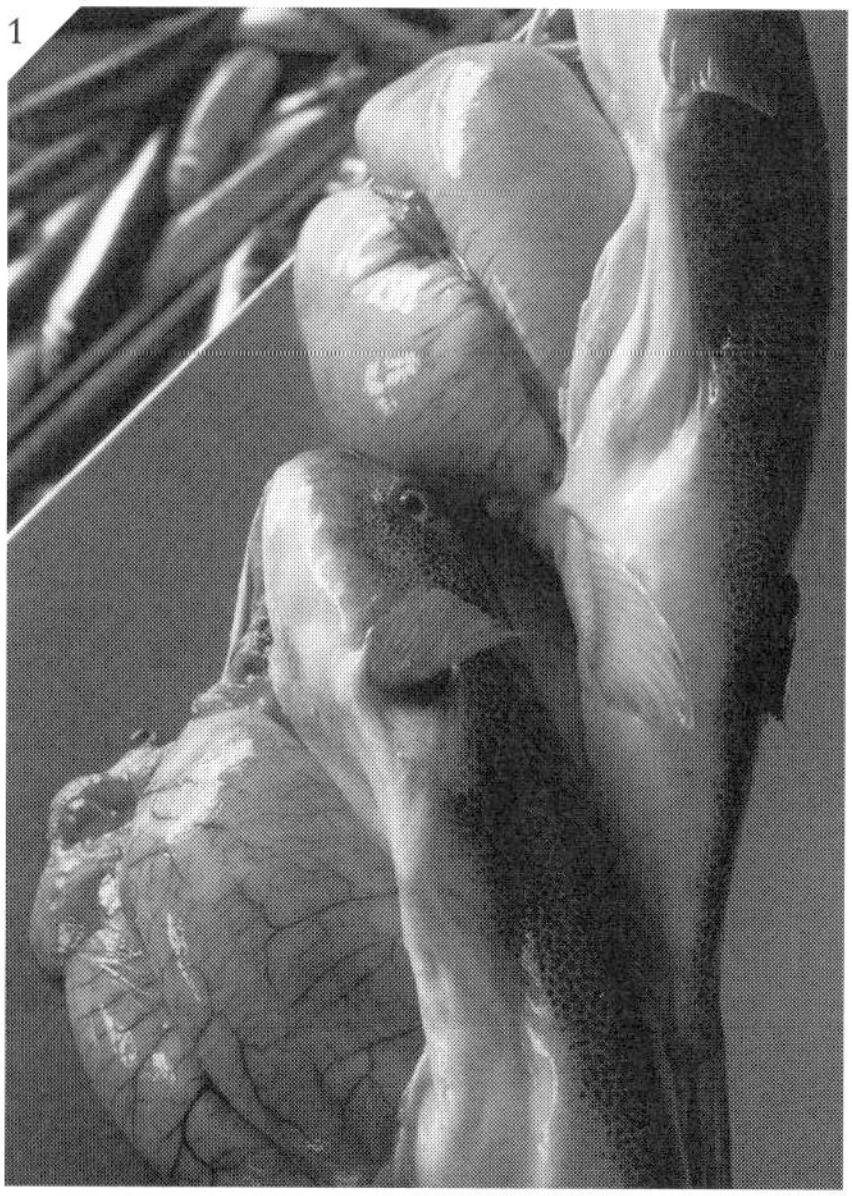

2

3

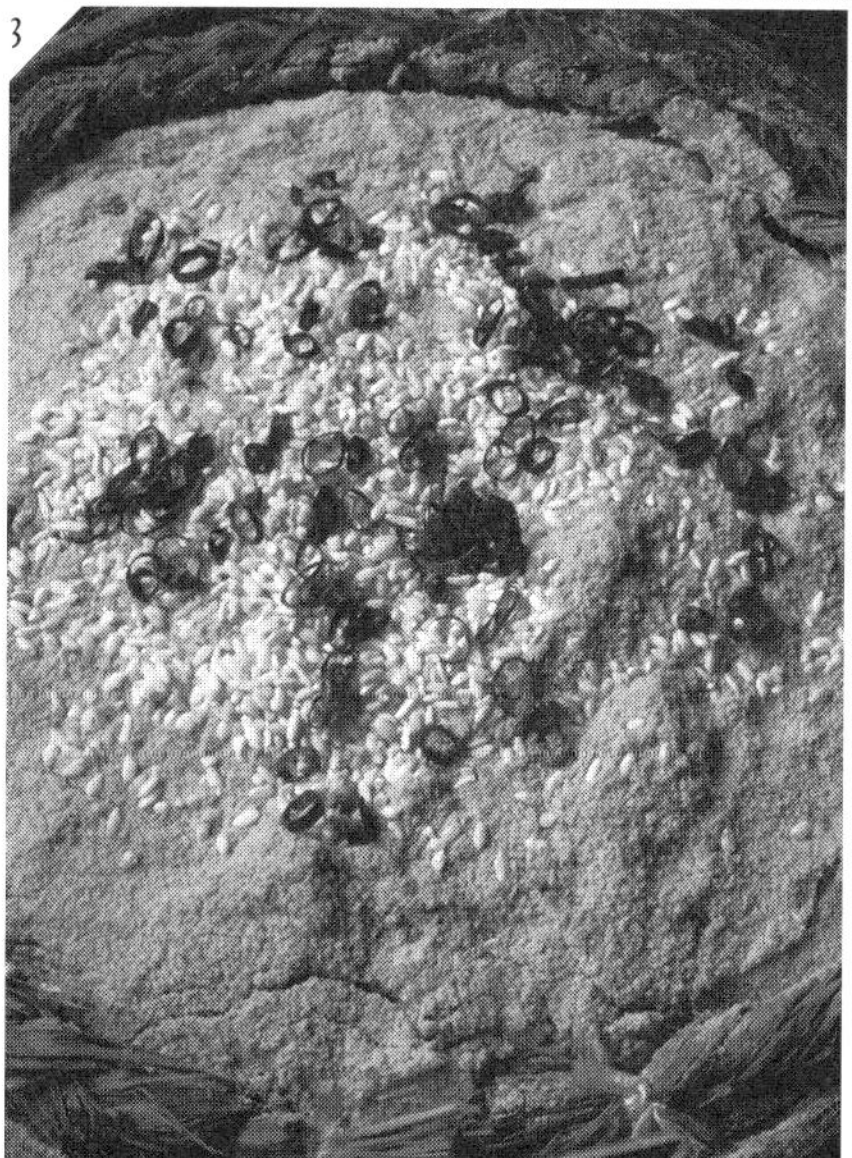

4

1／白子や真子は、1kg～2kgの魚体の3分の1ほどの重量がある。2／真子(卵巣)を1年間塩漬け。この間に毒が溶け出して毒性が20%ほどまで減るという。3／糠をまぶした真子を木桶に隙間なく並べ、糠と一緒に発酵を促す糀(米に麹菌「アスペルギルス・オリゼ」を繁殖させたもの)を入れる。藁縄にも発酵を助けるオリゼがいる。さらにタカノツメ少々を散らして漬け込み完了。4／糠漬け2年目の木桶は塩を吹き、発酵菌の作用で弁柄色に染まる。旨みが増している証し。

あご野焼

夏のトビウオを石臼ですり潰して香ばしく焼き上げた、旬の蒲鉾《かまぼこ》

【島根県・松江市】

丸々肥った子持ちあごが、魚屋の店先に並ぶと、「夏を肌で感じますわ」と松江の人は言う。

青葉の頃に山陰沖へやってくるトビウオを、地元では「あご」と呼ぶ。

干してだし魚にもするが、産卵を控えたこの時季のあごは、淡白ながら刺身によし、焼いてよし、すり身団子にして吸いものに落としてもおいしい。

地場あごが揚がるこの時季が「野焼き」の最盛期。活きのいいあごを三枚におろし、石臼ですり身にして串に巻きつけ、炭火でじっくり焼き上げる。

「暑くてたまらんから昔は外であぶった。で、野焼きっていうらしいです」

宍道湖《しんじこ》のほとりにある蒲鉾《かまぼこ》屋の主《あるじ》にそう伺った。

全国に蒲鉾屋は数あるが、今どき、生魚をおろして作る一徹者は数えるほどしかいないようだ。添加物を使わず、土地に伝わる酒で新鮮な地場魚の旨みを引き出す。旬ならではの蒲鉾である。

日本人と蒲鉾はずいぶん古い付き合いになる。

平安時代、宮中で催された大宴会の献立にも、その名が出てくる。名は体を表すというけれど、魚のすり身が、どう化けたら蒲《がま》と鉾《ほこ》になるのだろう。

江戸中期の百科事典『和漢三才図会《わかんさんざいずえ》』の蒲鉾の項にこうある。

〈ハモの皮を杵でつき、塩と酒少々を加え、さらにつき、餅のようになったら竹の枝に粘着させてこれをあぶる〉

作り方に加えて、〈蒲の穂のような形をし、鉾にも似ているので、蒲鉾と名がついた〉とその名の由来も説明されている。

板に付いた今の蒲鉾とはまるで別物だが、こんがり飴色に焼き上がったあご野焼なら、蒲の穂がしっくりくる。

どうやら野焼きは蒲鉾の原形らしい。

長さ42cmのすり身を、炭火の上で回転させながらじっくりあぶる。芯まで火が通るよう「突き立て」という道具で叩きながら焼くと、皮も破れずこんがり仕上がる。

はなやかな宴席にうやうやしく飾り立てられていたのは、野焼き風の穴あき蒲鉾だったかもしれない。

昔ながらの味を復活させた、伝家の宝刀「地伝酒」

蒲鉾の命は「アシの強さ」だという。噛んだ時の、あのほどよい弾力のことである。

魚を煮ても焼いても、あの弾力は出ない。もともとない「アシの強さ」を出すのは、つなぎのデンプンかそれとも卵白か……。どちらでもなく、ひと握りの塩が大働きする。

塩の作用で、魚肉に含まれるタンパク質が溶け、粘り気が出て糊状になる。これを加熱すると、タンパク質が肉汁を閉じ込めたまま固まって、あのぷりっとした感触と歯ごたえが生じる。

「野焼きのアシの強さは、材料の鮮度と塩加減。それと地伝酒《じでんしゅ》ですけんね」

宍道湖畔に江戸中期から続く蒲鉾屋の主《あるじ》青山 昭さんが、秘訣を教えてくれた。

地伝酒とは、灰を加えて造る出雲地方の地酒で、戦前までこの酒を使って野焼きが作られていたという。戦時中の統制で自伝酒が途絶え、地伝酒野焼きも昔語りになっていた。

「祖父さんが作っていた昔の野焼きを食べてみたい」

青山さんは、熱い思いで再現に乗り出す。

まず、地元有志が集まって地伝酒の復元からはじまった。戦前に書かれた『出雲新風土記《いずもしんふどき》』にも出てくる地伝酒は、平安時代の酒「御井酒《ごいしゅ》」の醸造法に似ているという。地伝酒の起源は不明だが、神話に出てくる八岐大蛇《やまたのおろち》が飲んだのは、この酒だったかもしれないと出雲人の血がさわいだ。

麹ともち米を清酒の半分の水で仕込んで、3倍の期間ねかせて完全発酵させ旨みの多い酒を醸《かも》す。長期間醸造で生じる酸味を、木灰《あく》で中和して仕上げる灰《あく》持ち酒の一種である。

よみがえった地伝酒は、濃く甘く旨みの強い酒で、魚の生臭みを消し、蒲鉾の照りを出し、保水性を高めてすり身のアシを強くする。蒲鉾屋にとってはよいことづくめの伝家の宝刀だった。

「うまいことできるまで、なんぼあごを捨てたか知れません」

地元有志の力で50年ぶりに地伝酒が復活し、地伝酒野焼きがよみがえった。あごの時季には、生魚のすり身で

1

2

3

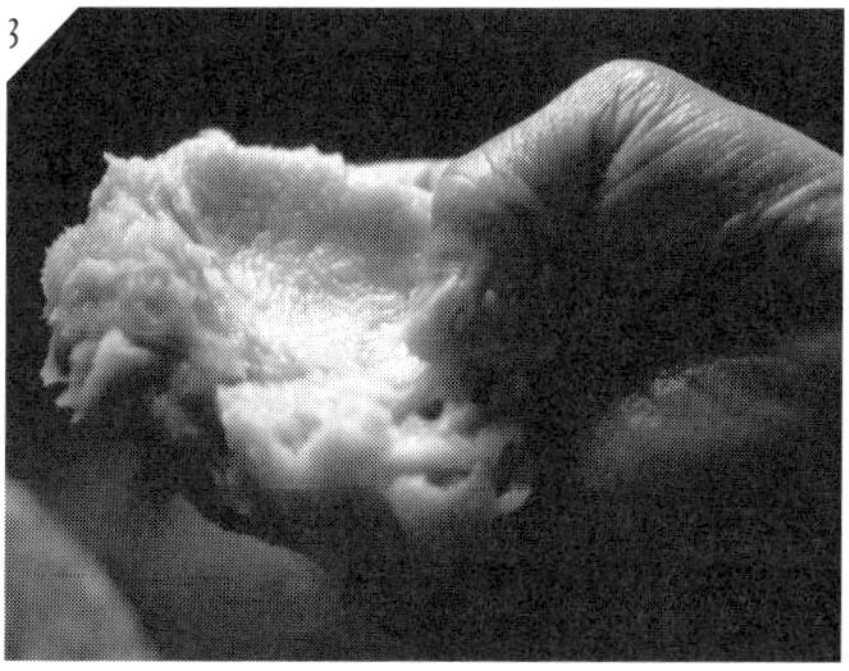

4

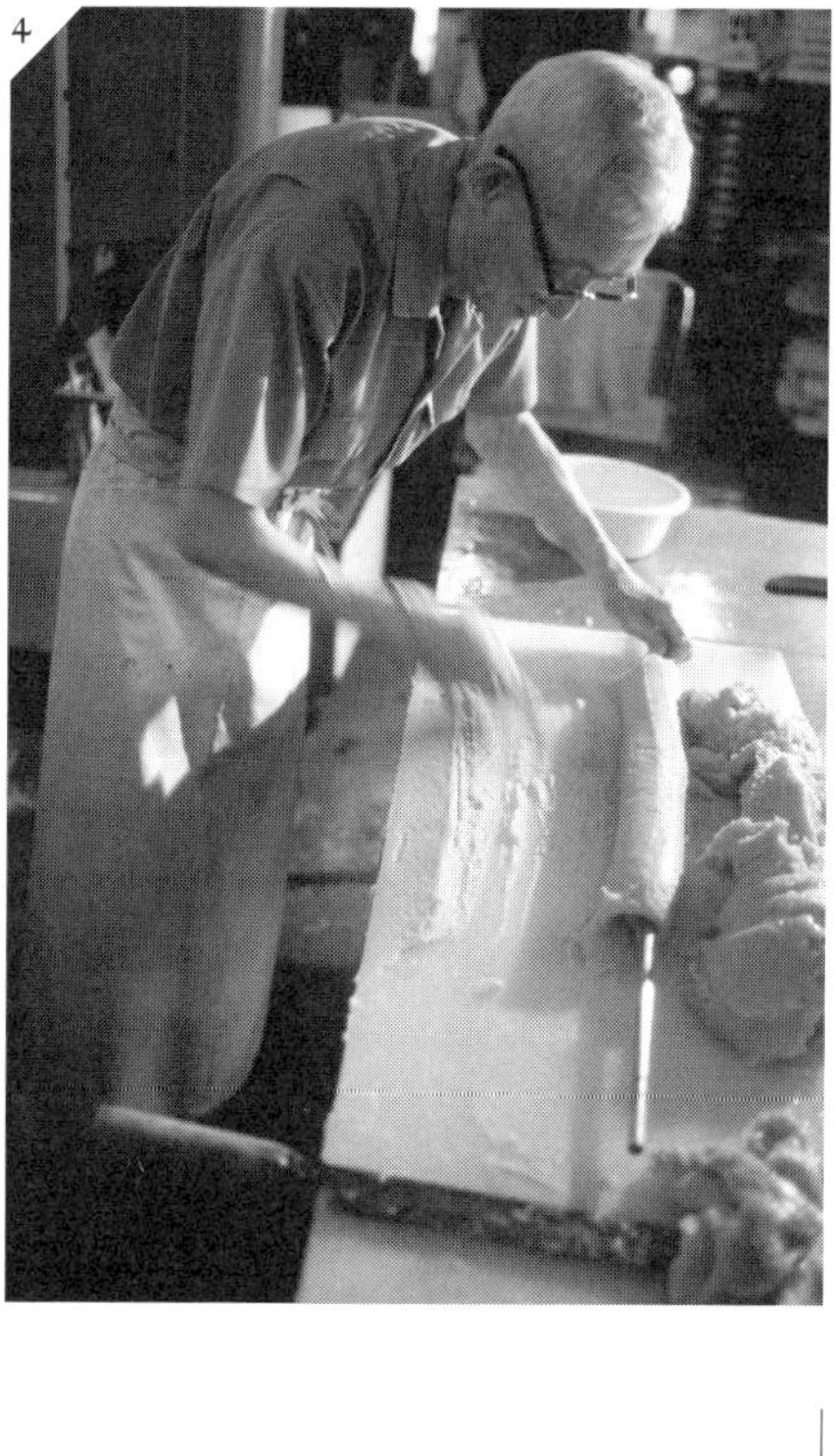

1／山陰に夏の訪れを告げるあご(トビウオ)。近在の漁港から直に入ってくるあごは新鮮そのもの。野焼きには味のいい小振りの"ごめ"を使う。2／骨、皮、身を分ける。身を1時間ほど練って塩、地伝酒で味をととのえる。塩の量はその日の温度、湿度によって微妙に加減する。3／熟練の指先が、最適の粘り気を知っている。4／すり身を薄くのばし、ヘラで1mもある鉄串に手早く巻きつけるのは名人芸。すり身の粘りが硬すぎてもゆるすぎても、うまくいかない。

添加物なしの旬の野焼きができる。

今どきの蒲鉾は、でき合いの冷凍すり身を使うのが一般的。魚にこだわる蒲鉾屋がめっきり減って、旬の蒲鉾の味も忘れられようとしている。

魚の鮮度と地の酒そして塩梅が独特の舌触りと弾力を生む

6、7月のあごの漁期は、朝まだ暗いうちに、海の色そのままのあごがトロ箱に何十箱と届く。
毎朝すり身を作るのは、主《あるじ》の仕事である。

「へんなもん作れませんけん。私にはこれしかないもの」

真剣勝負だ。

あごをおろして骨皮と身を分け、身を水にさらしてミンチにして、1時間ほど石臼ですり潰す。

石臼が熱を持つと、魚肉がぽろぽろになる。練りすぎてもぱさぱさになる。微妙なもので、その日の温度と湿度で粘りの度合いも違ってくるという。塩を加減し、照りと色、つるんと伸びる指先の感触で出来を見きわめる。

鮮度の逃げ足と追いかけっこで、朝飯前にここまでやってしまう。

「思うようにいかんでスランプになることもあるけど、うちの味を好いてくれとう人のために作るんやから」

職人肌の主《あるじ》はそうつぶやいた。

でき上がったすり身を、手早く長さ1mもある鉄串に巻きつけて、堅炭《かたずみ》の熾火《おきび》でじっくり焼く。焼き方は奥さんの貴美子さん担当だ。

「表面の皮が破れないように、中まで火を通すのがコツです」

あご串を熾火にのせ、手でくるくる回しながら剣山のような道具で、叩きづめに叩く。

真っ赤なほっぺたから、汗がぽとぽと落ちる。においが移るからと、化粧品類をつけないという手や腕に、火傷のあとが点々と光って痛々しい。

「嫁にきた時から、毎日やっていることですから」

笑顔を見せる奥さんの職人気質も、負けてはいない。

ひと口食べると、汁気がにじみ出る。化学調味料を入れないから、すぐにおいしさが立つわけではない。急《せ》いては味わいそこねる。最初はもの足りないかなというくらいがちょうどいい。

ひと呼吸あって、閉じ込められた海の豊饒が、ひたひたと口に広がる。

たちかま

スケソウダラの白子と塩だけでこしらえる真冬の妙味

【北海道・岩内町】

色白でふくふくと丸い。見たところ、いかにも柔《やわ》な感じ。しかし噛めばプリンとはね返してくるコシの強さ。舌触りはつるりとなめらか。酒や白ワインによく合うし、寒い日のおでんは一度味をしめたら忘れられない。「たちかま」は、北海道の漁家に伝わる伝統食だ。

北海道の漁師は、タラの白子を「たち」と呼ぶ。冬のしばれる寒さの中で長ったらしいことも言っていられないのだろう。タラの白子の蒲鉾《かまぼこ》は「たちかま」。スケソウダラも「スケソ」と、ごく簡潔だ。

11月に入るとスケソの延縄漁《はえなわ》がはじまる。釣り針を仕込んだ長いロープを流して獲る釣り漁。生きたまま船に上がってくるから、スケソも腹の子もぴかぴか。釣りものが喜ばれるわけだ。

タラの白子本来の深い味わいを、塩梅ひとつで引き出す。昔作りの漁家のおふくろの味であるたちかまこそ、蒲鉾の原点である。

11月、北海道上空がシベリア寒気団にすっぽり覆われると、日本海に、地元の漁師たちが「スケソ」と呼ぶスケソウダラの群れがやってくる。

首を長くして待っていた道南、岩内《いわない》の延縄《はえなわ》漁師は、早朝、寒風をついて海に出る。

夕方に船が帰ってくると、ウミネコしかいなかった閑散とした港が、一気に慌ただしくなる。腹子は何よりも鮮度が第一。超特急で港の近くの加工場へ届けられる。

待たれているのは、親より腹の中の真子と白子

赤――すなわち真子が出るか、白――すなわち白子が出るか。加工場の切り子たちは、20年、30年選手という熟練揃い。ものすごいスピードでスケソの腹を割き、皮膜にかすり傷一つつけずに、真子と白子を取り出していく。

スケソウダラの白子と塩だけで作るたちかまは、塩梅が肝心要。裏漉しした白子に加える塩の量が足りないと固まらず、最後の釜ゆでの時にばらばらになってしまう。

魚を掴んでからものの数秒。１分間に30～40尾のペースだというから、おそるべき包丁さばきである。

豊漁の時は、「うれしいやら、悲しいやら」。スケソの山がきれいになくなるまで、夜通し仕事が続く。

スケソの親は、すり身工場へ直行。真子はたらことして高値で出荷され、白子はかつてはただ同然で地元用にまわった。

「昔はね、たちを海に投げたもんさ」

投げるとは、北海道弁で捨てること。岩内のたちかまのおばちゃんこと、小林初枝さんが子どもの頃の話だから、かれこれ半世紀以上も前の話である。

塩で洗って酢のもの、煮ものや鍋もの、ひと手間かけてたちの蒲鉾《かまぼこ》もこしらえた。食べても食べてもうんざりするほどスケソが獲れた時代があったのだ。

「たちかまを二つずつ藁に通して結わえて、軒下に吊るしておくと、凍ってからからに乾くのさ」

放っておいても勝手に凍結乾燥品になる。こうして春まで、煮ものやだしの素に使ったという。受け継がれてきた暮らしの知恵だ。

「物心ついた時には、祖母がたちかまを作っていました。小さかったから、すり鉢をおさえる手伝いくらいしかしてないけど、そばで見ていたおかげで、こうしてできるんだものね。ありがたいです」

白子を大すり鉢ですりおろし、塩を加えて固め、げんこつほどの大きさに丸めてゆで上げる。今ではすり鉢が餅搗き機になったが、その他はばあちゃんの時代と変わらない。

しかし、見よう見真似ではじめた頃は、失敗の連続だった。固まらないのだ。最後にゆでる時、ぐらぐらの湯の中でぱあっと散ってしまう。

「失敗か成功か、最後の最後までわからないのさ。何回、そっと投げに行ったか」

微妙なもので、白子の成熟度によっても左右されるという。

「以前は11月のたちでいいものができたのに、この頃はどうしたものか、12月のたちでないと固まらないの」

11月になっても水温が高く、産卵期が遅れているらしい。今年も仕事はじめは12月になるという。たちかまを作ってみると、海の中の異変まで正直に出てしまう。スケソにも、地球温暖化の影響がおよんでいるのかもしれない。

あの弾力を生むのはひと握りの塩。そのさじ加減が難関

港の加工場から白子が届くのは、夜中になる。小林さんは午前2時起きで作業に取りかかる。

「鮮度が勝負だから」と作業場は、小さなストーブ一つきり。まるで冷蔵庫……いや、冷凍庫である。

もっとも手間をかけるのが、白子の〝掃除〟だ。たちかまを白く味よく仕上げるために、細かい血管や不純物を、指でつまんでていねいに取り除く。残っていると白く仕上がらないばかりか、生臭くなる。根気のいる水仕事が、明け方まで続く。

きれいになった白子をさっと湯に通し、裏漉しして餅搗き機で搗き混ぜる。

ごとごと回る旧式餅搗き機の中で、とろとろと白子が渦を巻いている。そこにひとつかみの塩を振り込むと、見る間に粘りが出て、搗きたての餅のように固まる。

引っ張り伸ばして、こぶし大にちぎり、ころころと手の中で丸める。コシが強く、かなりの力仕事だ。

魚を煮ても、焼いても、あの弾力は出てこない。魚肉をどんなに細かくすり潰しても、それだけでは蒲鉾にはならない。

鍵を握っているのは、ひと握りの塩である。少なすぎては固まらない。多すぎても味を損ねる。

ぎりぎりの塩梅をつかむまでが、苦労だったと小林さんは振り返る。

冷凍すり身が主流になっている現在、よけいな添加物が入っていない蒲鉾は、数少ない。伝統的製法を振り返ってみればわかることだが、鮮度のいい原料であれば、塩以外は不要だ。

たちかま作りの最大の難所は塩梅。絶対条件は白子の鮮度と熟度。そして何より、〝海の都合〟。スケソ漁のある日しか作ることができないから、海がシケれば休業だ。

厳冬の作業場で、おばちゃん一人、夜を徹してこしらえる、昔作りのたちかまこそ、日本が誇れるおふくろの味の傑作である。

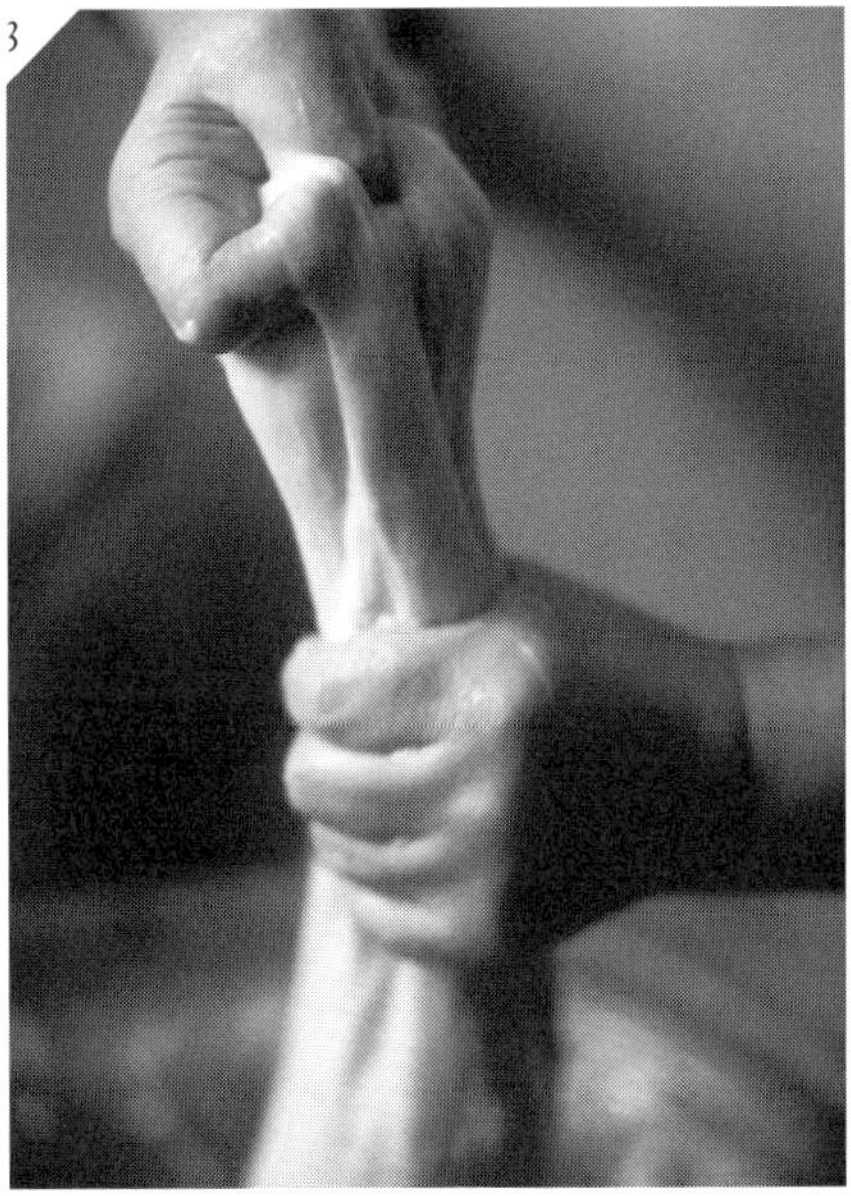

1／北海道積丹半島の付け根、岩内漁港には、11月中旬から12月にかけてスケソウダラが揚がる。2／港に揚がったスケソウダラは、夜なべ仕事で即座に真子と白子が取り出される。夜中すぎに加工場から白子が届くと、すぐにたちかま作りがはじまる。3／掃除した白子をさっと湯に通し、裏漉しした後餅搗き機でこね混ぜる。これを渾身の力で引きちぎり、子どものげんこつほどの大きさに丸める。4／丸めたたちかまを、ぐらぐらの湯に放り込んでゆで上げる。

南蛮焼 【和歌山県・みなべ町】

漁のない日はできない、生魚で作る蒲鉾

蒲鉾《かまぼこ》が板に付いてないと、なんだか忘れ物をしたようで心許ない。けれど、どうやらこちらが古株らしい。

文献によると、「蒲鉾」の名が書物に出てくるのは室町時代の頃。当初は魚のすり身を、竹棒に巻きつけてあぶった焼き蒲鉾だった。その姿が蒲の穂に似ているというので、「蒲穂子」と名がついたとある。松江の「あご野焼」が、その古い姿を今に伝えている。板に付いた蒸し蒲鉾は、江戸の後期に登場する。

黒潮に面した和歌山・田辺やみなべ町に、南蛮焼《なんばやき》という風変わりな名の蒲鉾がある。生魚で作る、大振りの堂々たる「板に付いてない」蒲鉾である。

江戸後期には武家のもてなし料理に使われた高価な品で、庶民には高嶺の花。今も正月と祭りに、奮発するご馳走だそうだ。

冬場の脂ののった白身魚エソを三枚におろし、身をすり潰して型に入れて焼き上げる。

かぶりつきたくなるようなふくふくした白肌の真ん中の、丸いキツネ色の焼け目がご愛嬌。噛めばはね返してくる弾力が南蛮焼の身上である。

「南蛮焼」とは、蒲鉾らしからぬ名である。その由来を聞いてみると、黒潮の潮流によって製法が伝わったからとか、日の丸の焦げ目が「南蛮キビ」(トウモロコシの別名)の色だからともいわれる。「南蛮」という言葉が持つ高級なイメージにあやかったのだろうという人もあって、決め手はない。

ひと振りでもちもちの触感が生まれる

ふっくらした白肌に誘われて、かぶりついた。

行儀が悪いけれど、できれば包丁を入れるより、ちぎって食べるか、がぶりとやるほうがおいしさが直に伝わ

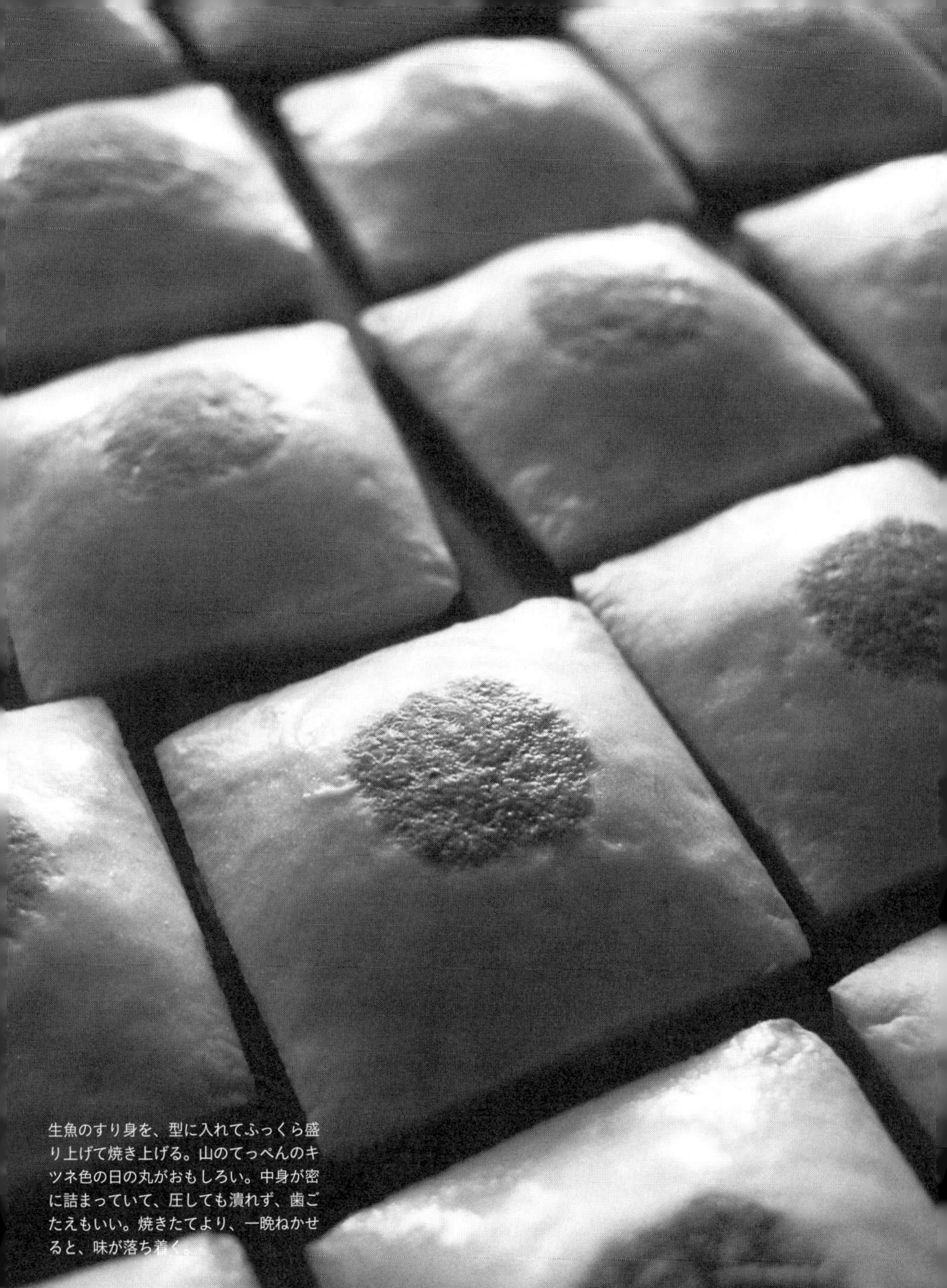

生魚のすり身を、型に入れてふっくら盛り上げて焼き上げる。山のてっぺんのキツネ色の日の丸がおもしろい。中身が密に詰まっていて、圧しても潰れず、歯ごたえもいい。焼きたてより、一晩ねかせると、味が落ち着く。

ってくる。

なめらかな感触と心地よい歯ごたえ、むっちりしたコシの強さ。魚の味が生きている。これなら漁師の母ちゃんたちが作る無敵の「くずしもの」(蒲鉾などの練りもの)にも、負けてはいない。

蒲鉾の命ともいえるあの弾力と風味を出すには、何よりもまず原料。寒い時季の新鮮な魚でなければならないという。

エソは旨い魚だが、骨が多いので敬遠される。太い骨も小骨も丹念に取り除く。

魚を三枚におろしてすり潰し、デンプン、卵白、塩、みりんなどを加えて調味。石臼でさらにすり混ぜて、蒸すか焼くかして火を入れると、蒲鉾になる。

しかし、生きのいい魚をすり潰して、火を入れただけでは蒲鉾にならない。魚肉のすり身に加えるひと握りの塩が、手品のようにあのコシを作り出す。

時季のエソの旨みを生かして作る

「冬は刺身にしたら旨いで。正月の雑煮は、エソのだしやないと食べられん」

南蛮焼の原料は、地元・由良の漁師が太鼓判を押す一本釣りのエソとグチ少々。年中獲れる魚だが、寒くなるとがぜん旨くなる。

この時季、蒲鉾屋も最盛期に入る。

和歌山県みなべ町の蒲鉾屋「福荘」の主《あるじ》、竹内紀男さんは、先代の信市さん譲りの職人肌。生魚しか使わない。一にも二にも鮮度。買い置きもしないという。

「漁のない日は、南蛮焼も休みですわ」

最盛期だというのに、あっさりしたものである。

昭和30年代に、手軽な冷凍すり身ができて一気に広まった。今では生魚をおろして蒲鉾を作っている蒲鉾屋は、全国でもごく少数派だ。

由良港のエソが届くと、朝暗いうちからウロコはぎにかかる。今は飛び散らないウロコはぎがあるそうだが、先代の現役時代は頭からウロコをかぶって、全身銀色になった。

「エソは味のある魚や。寒くなるほど身が締まってくる。持った時ガシッとして、手ごたえが違うんや」

間髪を入れず、三枚におろす。

「『蒲鉾屋の大名おろし』ゆうてね。私らがおろしたもんは、皮に肉がいっぱい残っとるんですわ」

旨いエソの皮は、ゴボウ巻きに使う。

1

2

3

1／西日本の砂地に生息する白身魚エソ。体長40cmほどの細身で、鋸《のこぎり》のような鋭い歯を持つ。味はいいが小骨が多く、練りものの原料やだし魚になる。2／ぴかぴかのすり身を、なだらかに盛り上げるようにして型に詰める。3／専用のマシンで40分間ほど焼く。型からはずして裏返して焼き、キツネ色の丸い焦げ目をつける。

おろしたての魚肉は、青みがかった薄桃色。透き通るようだ。南蛮焼1枚にエソ3尾分。かなり贅沢である。

蒲鉾作りの要《かなめ》は、すり身の塩加減と温度管理。味、歯切れ、弾力がここで決まる。すり場は人任せにはできないという。

石臼に付ききっきりで、すり身の照りをにらみ、触って柔らかさを、舌にのせて味を確かめる。

石臼の中では、ひと握りの塩が大働きをする。ここがただの魚肉と、蒲鉾の分かれ目である。

魚肉のタンパク質の繊維は、水に溶けないが、2%以上の塩水には溶けてしまう。これが肉汁に混ざり込んで、ねばねばした糊状になる。これを焼くと、旨みのある肉汁を包み込んだままふっくらと固まる。

塩が溶かし、火が固める。絶妙な連携プレーがあの触感を生み出すのである。

「ひねってもちぎれん。押しても潰れん」

とやってみせてくれた。生魚の蒲鉾作りの腕の見せどころである。

先代の信市さんは、14歳で県内にある田辺の蒲鉾の大店に丁稚奉公に入り修業を積む。誰も教えてくれない時代だから、技は見てつかむしかなかった。すり場をまかされたのは、11年目のことだった。

戦後、独立して一家を構える。

「当時は天ぷら（さつまあげ）を作れば売れた時代やった。『ぼてふり』ゆうて、天秤棒で売り歩く大阪通いの売り子が、ぎょうさんおったんや。南蛮焼は高価なもんでな。作りたくても作れん時代やった。仕事が終わってから数枚だけこさえて、夜中2時に出る夜行に乗る人に買うてもらった。南蛮焼が作れるだけで、うれしかったんや」

父のそんな思いは、今、すり場に立つ紀男さんに引き継がれている。

かにみそ
ひと釜ざっと1880匹分。深海の冬の妙味を炊き詰める

【兵庫県・香美町】

冬の日本海は不機嫌が続く。

晴れたかと思えば、霰《あられ》が落ちてくる。波しぶきを吹き飛ばす烈風が、頬につきささる。けれど、荒海の底では、生きものたちがいよいよおいしくなる。

深さ1000m以上の深海で獲れるベニズワイガニは、不思議なことに、生でも鮮やかな紅色をしている。高価なズワイガニなどと違って、その場で寿司ネタ用などに加工、出荷される。1月にカニで名高い兵庫県香住《かすみ》漁港を訪ねた。時化《しけ》が続いて、ベニズワイガニ漁も6日ぶりだという。

早朝、海に向いてずらりと軒をつらねた加工屋から、カニを蒸す湯気がほくほく上がり、おいしいにおいが漂ってくる。本命は白いむき身だが、気になるのは、みその行方だ。

「ひたすら、とろとろ炊くんやわ」

何も足さない。ひとつまみの塩さえ使わない。そのあるがままの深い味わいは、真冬の漁師町の鮮度抜群の原料だからできる離れ業である。

もう5日も真冬の海は荒れっぱなしだという。海が機嫌をなおしてくれないと、魚市場は空っぽ。漁師も加工屋もあがったりである。

漁がなければ、もちろんかにみそ作りもない。海のことだからおとなしく待つしかない。

獲っても獲ってもカニが湧いてくる海底1000mの豊饒

久々にめぐってきた時化の合間の午前3時。凍《い》てついた闇を破って、続々と蟹船《かにぶね》が港へ帰ってきた。

焚き火を囲んでいた女たちが、にわかに動き出す。男たちが獲ってきた紅いカニを、プラスチックのコンテナに山盛りにして、競り市場に運び込むのだ。ずるずると

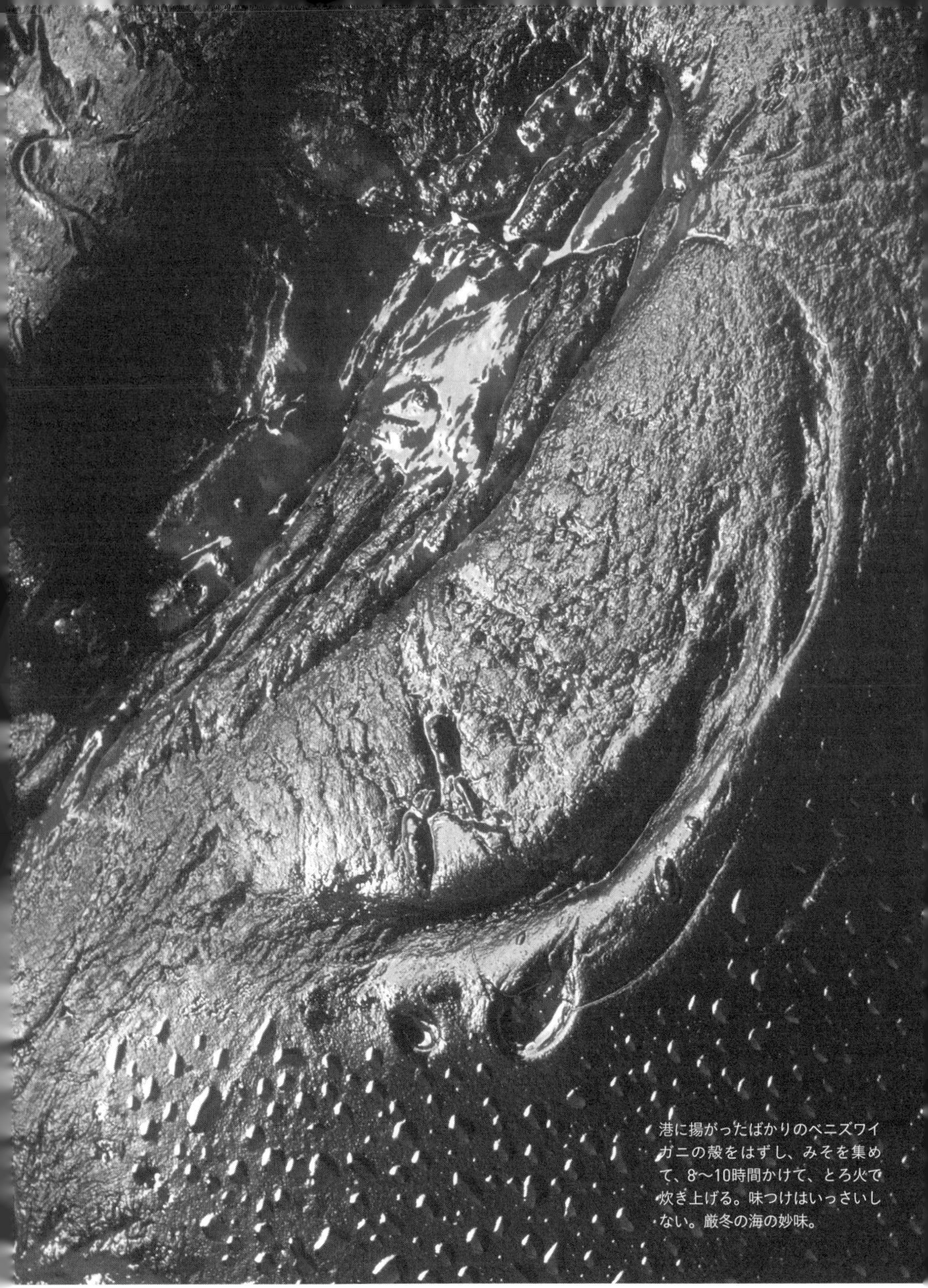
港に揚がったばかりのベニズワイガニの殻をはずし、みそを集めて、8〜10時間かけて、とろ火で炊き上げる。味つけはいっさいしない。厳冬の海の妙味。

引っ張って、いったい何往復するのやら。紅いカニが、漁船からいつ果てるともなく出てくる。

深海で獲れるベニズワイガニは、生のままでも鮮やかな紅色。あちこちにカニの小山ができ、寒々とした魚市場のコンクリートの床に、目の覚めるような紅色の花が咲いた。これで旨いかにみそがたっぷりできる。

松葉ガニ（ズワイガニ）でつとに名高い香住港で、紅いカニ（ベニズワイガニ）が獲れるようになって、半世紀ほどしか経たないという。

「富山から2艘の船が来て、蟹籠漁を教えてくれたんや。深いところにおるカニだから、底引きでは獲れんでな」

香住の老漁師が教えてくれた。

蟹籠というのは、入口だけあって出口なしの、丸いねずみ捕り器みたいなもの。この中にカツオやサバを一本のまま付け、1万mの長さのロープに100個くくり付けて海底に下ろす。

餌を狙った紅いカニが、自分で籠によじのぼって、御用となる仕掛けだ。

時化が続けば1週間も10日も置きっぱなしになる、多い時は一つの籠に100匹も入るそうだ。

「上げて1週間後に、同じ場所に籠を下ろすとな。また同じように入っとる。不思議やなあ」

獲っても獲っても、あとからあとからカニが湧いてくる。深い海の底は、紅色の絨毯だろうか。

氷点下の寒さの中、朝6時の競りに間に合うよう、漁師のかあちゃんたちが、すぐにカニの山を取り崩しにかかる。甲羅の硬さ、大きさ、重さで10段階に選別するのだという。

「脚が一本もげても等級が下がっちゃうの」

そおっと取り上げた手の中で、カニが紅いハサミを振る。ほっかむりの漁師のかあちゃんたちのほっぺたも、鼻の頭も負けないくらい赤い。

「いい風が出てきたな。明日は時化るという時は、漁に出られんで、加工屋さんがきばって買わはる」

海がどんなに荒れようと、紅いカニたちがつぎつぎに籠に入ってくれる。長く人の手の届かなかった深海は、豊饒の海である。

真冬のカニのみそだけが、旨いかにみそになる

冬には松葉ガニめあての客で賑わう香住は、入り組んだ海岸線が続く山陰海岸国立公園に位置する漁師町だ。

ここにカニの加工屋が数十軒ある。かつて畑の肥料にするほど獲れたという松葉ガニは、年々減り続けて、今や稀少品。日本海の高嶺の花は、ベニズワイガニとは、一けた違う高級品だ。丸のまま高価に売れるので、まず加工にはまわらない。

カニは寒くなるほど旨くなる。「海水の温度が1℃高くても、身が締まらない」と漁師や蟹屋の気を揉ませる微妙なものらしい。

ところが、深海のベニズワイガニは季節に左右されず、9月～翌年の6月まで獲れる。真夏の2ヵ月を除けば、新鮮な原料が使えるという。

昭和40年代に登場したベニズワイガニは香住の加工屋の希望の星である。

「でも、やはり寒い時期のみそでないと旨くない。春のみそは水みたいに溶けるんですわ」

蟹加工屋の小川さんは、冬蟹のみそしか炊かない。

港で競り落としたカニは、時をおかず加工にかかる。脚をむしり取って、殻をはずし、甲羅からみそを掻き出す。ほんの数十秒の早業だ。

身をゆでるいいにおいの湯気が、ほくほくと立ちのぼる。殻からふっくらと白い身を抜き出す。加工の主体は「身抜き」で、かにみそはあくまでも副産物である。

「白いみそがおいしいんです」

カニのみそが白いものだとは、知らなかった。

生のみそは白っぽく、とろりと水っぽい。ナマコのこのこにも似ているが、つくづく見ると何やら不気味で、とうてい旨そうには見えないが。

ほんのわずかしかないみそを集めてひと釜ざっと1880匹分。日がなとろとろ炊き続けると、あの美味が生まれる。

「亡くなった祖父さんは88歳まで、かまどに薪をくべ、木ベラでかき混ぜながら、みそを炊いとりました」

今は加工場の片隅で、釜をかき混ぜる自動式羽根がゆるゆる回っている。釜に付ききりになる手がないのだと、申し訳なさそうに小川さんは言う。

一日の作業がすっかり終わる頃、ひとけのない加工場に、かにみそのえもいわれぬにおいが立ち込める。

何も足さない。塩味さえつけない。生カニから取り出したみそそのものの海の潮気が、とろりと濃縮される。その妙なる濃厚さが、いやでも酒を呼ぶ。ちびちびと真冬の海の底力を思い知っては、ほくそ笑む。

1

2

3

1／紅色鮮やかなベニズワイガニ。1000m以上の深海に蟹籠を下ろして、獲るのは雄ガニだけ。籠の目は、小振りの雌が通り抜けられる大きさに作られている。2／港から戻るとすぐに、一つひとつ手作業で殻をはずして、かにみそを取り出す。3／火入れしてから30分ほどで、いったん火を止め、ザルで漉して殻の破片などを取り除いてから、なめらかに炊き上げる。1日の作業が終わってからも、加工場の隅で、みそを炊く羽根がゆるゆる回っている。かにみその量は3分の1に、味は3倍に濃縮される。

がぜ味噌

春たけなわの磯の味わいを、生味噌で封じ込めた漁家の佳肴

【長崎県・壱岐市】

「がぜ味噌、嫁に食わすな」

長崎県の壱岐《いき》の島に、そんな言葉があるそうだ。いつもは遠慮している嫁も、これがあるとついついつい大飯を食べちゃうからだそうな。

つい酒もすすんでしまうがぜ味噌は、島の手造りの生味噌とがぜを混ぜ合わせてこしらえる、いわば漁家《ぎょか》のおふくろの味。箸の先にちょこっとのせて舐めてみると、味噌の味をかき分けてウニの風味がじんわり広がる。

壱岐ではトゲの短い小粒のバフンウニのことを「がぜ」と呼ぶ。奈良時代以前からのウニの古名だ。そういえば越前の海女《あま》さんたちは「がんじょ」と呼んでいた。千数百年前の呼び名が、海の人たちの間では今も現役なのである。

目の前の磯で採れるがぜをゆでて、中身を味噌と混ぜる。「はらわたも全部入れないと、旨くないの」と島の人は言う。家によって違うが、その割合はおおむねがぜ7割に味噌3割。海に寄り添う人たちならではの贅沢である。

ある日、壱岐から待ちかねたがぜ味噌が届いた。お礼がてら「大人しくしてるよ」と報告の電話を入れた。

実はこの味噌、元気がよすぎて時々暴れるのである。農家手造りの生味噌には発酵菌が生きており、うっかり暖かい所に置きっぱなしにしようものなら、瓶の蓋を持ち上げてあふれ出す。空っぽの瓶を握りしめて、べそをかくはめになる。なにを隠そう、私はその体験者であります。

島の古老曰く、「味噌は生きもんだから」ふくらむのは自然の成り行き。火入れ滅菌してしまえば事足りるが、生味噌の味わいは捨て難い。冷蔵庫に入れて虫籠でものぞく気分で、蓋を時々プシュッと開けてやっている。

黒っぽく見えるのはウニ。白っぽいのが味噌。ウニと味噌を7対3で合わせ、よくすり混ぜる。生味噌には発酵菌が生きているので瓶詰め後も徐々に熟成する。

海の人と農の人との、物々交換市に持っていく品

玄界灘に浮かぶ壱岐の島は、古くから朝鮮半島との交易の中継地として栄えたところだ。『魏志倭人伝』には、卑弥呼の邪馬台国へ至る道の途中、〈対馬から南に海を千余里渡ると一大国（壱岐）に至る。竹林・叢林《そうりん》が多く、三千ばかり家があり、やや田地がある〉と記されている。

山らしい山もない平らな島で、島人は半農半漁で暮らしを立ててきた。味噌も醤油も手造りする自給自足の暮らしが、昭和30年代まで続いていたそうだ。荒磯に育つアワビやウニは、貴重な現金収入。売りものにならない小粒のがぜで作るがぜ味噌が、海の人にとっては作り置きできて重宝するおかずだったという。

「島には農の人と海の人がおって、昔から旧暦4月8日には、物々交換の市が立つとです」

何でも手に入るようになった今も、海の人はわかめ、煮干し、がぜ味噌などを作り、農の人は穀類、藁縄《わらなわ》や竹籠、芋団子といったものを持ち寄って市が続いている。

海の人は、今も昔通りに月の満ち欠けで潮を読む。がぜ採りの解禁は、旧暦3月～入梅まで。年によって違うが、4月半ば頃になる。

「磯の口開けが近づくと、みんなそわそわしてな。磯が好きじゃけん。年をとっても血が騒ぐ」

干潮を待って、老いも若きも磯へ向かう。干潮の磯へ出ると、海底の大石が打ち上げられた生きもののように累々と打ち続いていた。

大潮には干満の差が2m以上にもなるという。遠くに退いた海まで、石から石を飛び石のように渡って歩く。動きそうにもない大石がぐらりと動く。まるで玉乗りだ。どれもこれもがぜ採りがひっくり返したのだという。がぜは石の下にいる。

白く波頭の立つ海に、がぜ採りさんの姿が点々と散らばっている。春の陽ざしは柔らかいが、波は荒い。

「自分の場所だからできるとですよ」

60年も同じ場所でがぜ採りをしているという老海女《あま》さんは、海底の石の配置まで知り尽くしている。

「がぜは沖から泳いでくるとですかね。毎日採っても、また次の日同じ石の下に入っとる。不思議じゃけん、それが海のことですたい」

海女さんは木製の箱眼鏡を口にくわえて海底をのぞき、

1

2

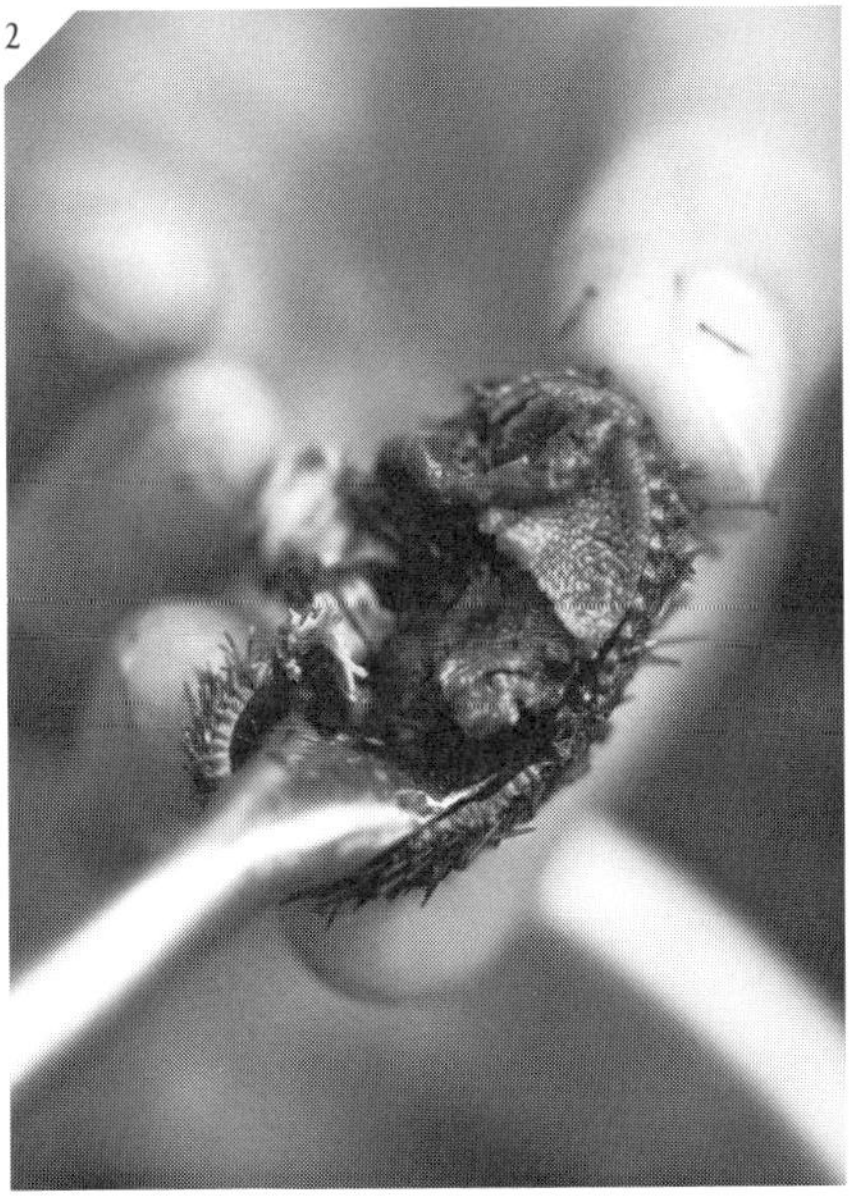

3

1／壱岐のがぜ漁は4月半ば頃から。海女さんが透き通る海でがぜを採る。大潮の前後の干潮には、3時間ほどで籠いっぱい600gほどが採れる。2／小粒のがぜの中身をスプーンで取り出す。昔は出刃包丁で殻を切って、シュロの葉の芯で掻き出したという。3／緑褐色のがぜを真水に入れて、沸騰するまで煮る。煮汁もゆで上がりのがぜもワイン色に。がぜに火を通すことで滅菌され、ウニの生臭さが消える効果もある。

長い柄の付いたウニ鉤《かぎ》で岩陰のがぜをはがし、たも網ですくって腰に下げたてぼ（籠）に入れる。

「今は黒服があるからよかですけん、若い頃は脚絆《きゃはん》、甲かけ、草鞋《わらじ》を履いてな。絣《かすり》や縞の着物に綿入れのちゃんちゃんこを着て、お乳には綿を巻いて海に入ったとよ」

黒服とはウェットスーツのこと。その上にヤッケをはおって、まだ水の冷たい海にもう2時間も浸かりっぱなし。まだ腰のてぼはいっぱいにならない。

島に山ユリの咲く頃、がぜがおいしくなる

「弁当にはいつでもがぜ味噌が入っとりました。子どもの頃は『島のがぜん食み』といじめられたとです。ガゼしか食えん貧乏人という意味ですたいね」

郷ノ浦町の離れ島・大島の末永丈右《ともすけ》さんの、今は昔のお話だ。ウニもえらく出世したものである。「山ユリの花が咲く頃、がぜの身が肥えるとよ」

小粒だがしっかり身が詰まっている。

がぜ採りがひと段落すると、庭先でがぜ味噌造りがはじまる。

「冠婚葬祭の時には近所で助け合わないかんから、外に煮炊きするくど（竈）があります。昔の人は、嫁をもらうならくどの火を焚かせてみてからにしろと言ったとです」

かまどに火をおこし、がぜを水から沸騰するまで煮て二つに割り、スプーンで中身を取り出す。見ていてじれったいほどの根気仕事である。

がぜ味噌には「はらわたもなんもかんも入れる」。カジメやアオサなどの海藻を餌にしている、がぜの内臓が味を深めるのだという。時々混ざるトゲのかけらも、構わず大すり鉢ですり潰す。生味噌と好みで砂糖少々を加えて、なめらかになるまで、すりこぎの選手交代をしながらひたすらすり続けるのである。

海の人には、一日に二度三度食べる日持ちのするおかず。物々交換で手に入れた農の人は、涼しいところにねかせたり火を入れたりして、半年～1年かけて賞味するものだったそうだ。

各家の味があって、サンショウやショウガを混ぜたり、味噌や砂糖のさじ加減も違う。島の人なら誰もが知っているけれど、いつから食べているのか誰も知らない。探してみたが、記録も見あたらない。

手と舌の記憶を頼りに、代々しぶとく生き残ってきた海からの贈りものである。

わかさぎ紅梅煮

厳冬に磨かれた魚と、ごく酸っぱい青ウメがべっこう色に透き通る

【長野県・諏訪市】

湖面が氷点下になると、諏訪湖《すわこ》のワカサギが、がぜん旨くなる。

桜の頃に生まれた稚魚は、秋の深まりとともに脂を蓄え、真冬には身が締まって適度に脂も落ちる。佃煮の作り時である。

諏訪湖のワカサギは、もとは霞ヶ浦の産。

「大正の初め頃に、４００万粒の卵を3日かかって運んだ」

湖畔の佃煮屋の主《あるじ》、八幡良春さんにそう伺った。

でも、その年は卵が凍ってしまって失敗。翌年無事孵化して、川が真っ黒になるほど遡上してきた。

「獲り方も知らん。道具もない。蚊帳で投網を作って、大人も子どもも村中が川へ走った」

胸躍る情景が目に浮かぶ。

諏訪湖に流れ込む川は、大小合わせて33本。山々から注ぎ込む水は、清らかで、かつては冬３ｍの透明度。

「下駄スキーの先で氷をカチ割って食べた」と、湖畔育ちの年配の人なら、誰もが懐かしく語る体験談だ。

よき水、よき魚でこしらえる佃煮の色香を、南紀の青ウメが引き立てる。

諏訪湖のワカサギ投網漁は、湖面を渡る風が冷たくなってからが本番。湖面が凍結する12月末まで続く。

投網の老漁師に会ったのはずいぶん前になるけれど、真冬の諏訪湖の光景は今も目に焼きついている。

朝3時半、諏訪湖へ続く川に小さな焚火の炎が点々と揺らめく。季節はずれの灯籠流しのように、真っ暗な湖へワカサギ漁の泥舟（和舟）が出ていく。

漁に灯りは使わない。風向きを読んで場所を決める。

漁場に着く頃には空が白々と明けてくる。

舳先に立って泥舟を揺らし、反動をつけて投網を打つ。

網が丸くきれいに開いて水面をつかむ。

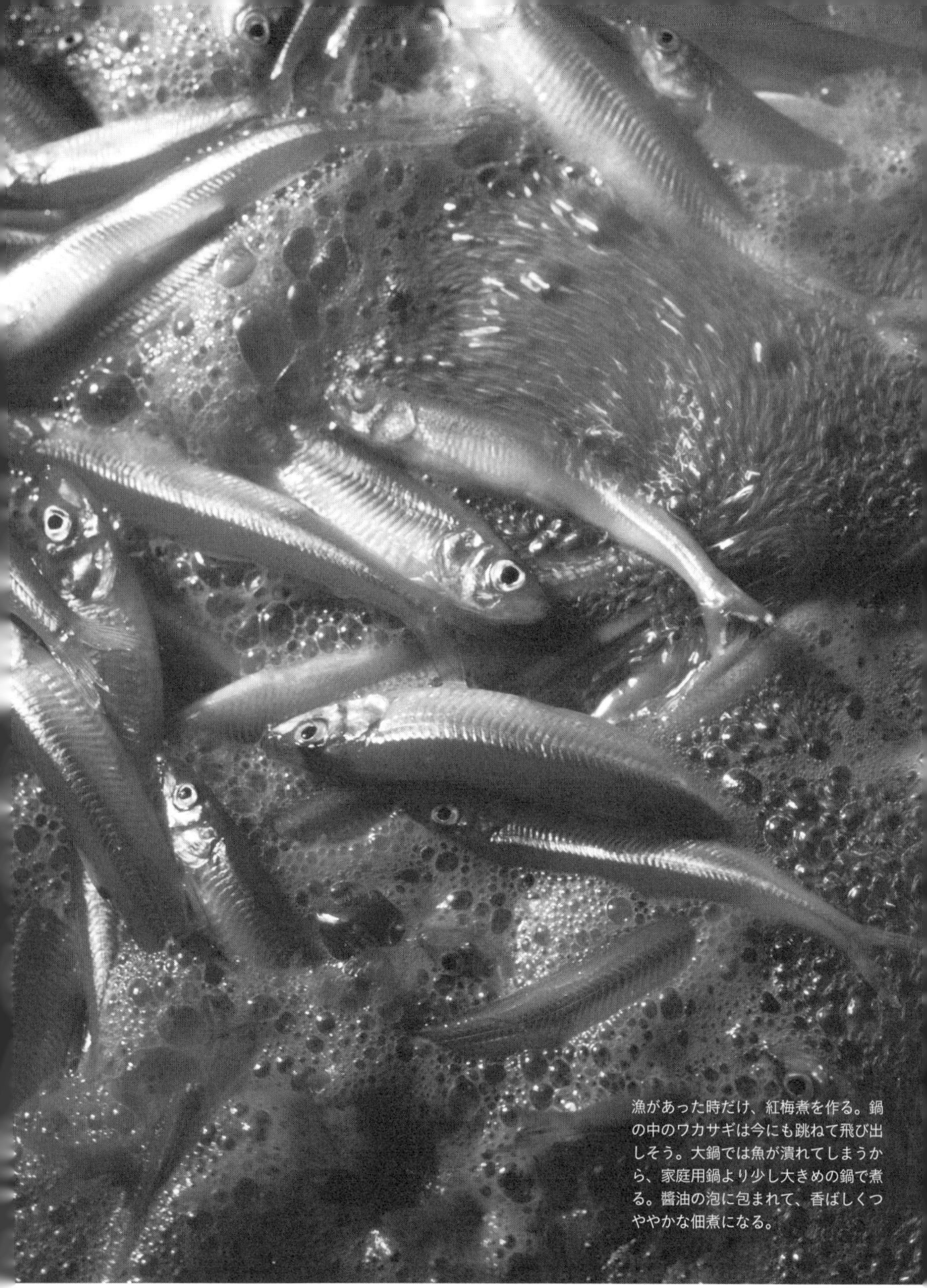

漁があった時だけ、紅梅煮を作る。鍋の中のワカサギは今にも跳ねて飛び出しそう。大鍋では魚が潰れてしまうから、家庭用鍋より少し大きめの鍋で煮る。醤油の泡に包まれて、香ばしくつややかな佃煮になる。

網に付けたおもりの鉛玉が湖底に着いたら、手早く手繰り寄せる。水面に出るや、投網がパキパキ凍る。凍った網はつるつる滑って逃げる。感覚のなくなった手を温めるのは、小さな火鍋に沸かした湯一つだ。

厳寒の諏訪湖上で、夜明けを迎える厳しさはいかばかりだろう。

「なあに他人様が心配してくれるほどのことはねえだ。背中が汗ばむ」

長さ8m、重さ10kgの網を、3時間の漁の時間内に50〜60回打つ。3〜4分間ごとに1回、毎朝500〜600kgをぶん投げている計算だ。腕っ節の強い漁師を怒らせるのは、禁物である。

「年相応に網をだんだん軽く小さくしていけば、まだまだできる」

その老漁師は当時80歳近かった。今も80歳代の投網漁師が現役で頑張り、60歳代は若手だそうだ。

昭和40年代には諏訪湖の水質汚染が深刻になった。当時湖畔の佃煮屋の主、八幡良春さんは、100年余続いた家業を自分の代で閉める覚悟をしたという。

その時から40年余が経ち、諏訪湖の水はずっときれいになった。

ところが、諏訪湖の治水工事などの影響で、魚が激減。今も漁の時間短縮や漁獲量制限の自主規制が続いている。最近になって諏訪湖をもとに戻そうという動きが、ようやくはじまった。

いっさい触らずに煮上げた透き通る佃煮

背骨が見える。はらわたも見える。よくできたべっこう細工のような佃煮の、香ばしく甘い香りが鍋から立ちのぼる。

「本当は、鍋の中からつまみ食いするのがいちばんですよ」

八幡さんの勧めで、熱々をつまむ。

骨までふわりと煮上がったその軟らかさは、ひとえにワカサギの鮮度のよさと、もうひとつ、伝家の隠し味にある。

「今も生で買っていかれる方がありますが、以前はどこも自宅で、囲炉裏《いろり》の自在鉤にかけて、煮込んでいたものです」

安政年間に創業した八幡さんの店「えびす屋」も、当初は鮮魚店だったそうだ。

家庭で作る人が減り、佃煮が専業になったのはそう古いことではないという。

八幡さんのおばあちゃんは、ワカサギを煮る鍋に、青ウメや梅干しをいくつか入れていた。ウメは魚の身を引き締めて形崩れを防ぎ、生臭さを消し、骨を軟らかくする。丸ごとのワカサギにウメとくれば、まさに鬼に金棒。ちょっと古かったたか。

気づいてしまえばなんということはないが、いいことずくめの取り合わせの妙は、魚食いの国ニッポンのおふくろさんのお手柄である。

「酸っぱさが残らない程度。ほんのちょっとでいいです」

八幡さんが隠し味に使うのは、青ウメをすりおろし、搾り汁を煮詰めた紀州産の梅肉エキス。ウメ1kgから、たった20gほどしかできないが、有効成分は梅干しの数十倍という濃縮版である。腹痛や喉の痛みに威力を発揮する家庭薬として、古くから重宝されてきた。

明け方獲れたワカサギの鮮度と競争。朝一番で煮にかかる。

タレが煮立って泡が魚を包み込んだら梅肉エキスを加え、紙の落とし蓋をして弱火で40分間ほど煮る。煮上がるまで、ワカサギにはいっさい手を触れない。

「ほんの1~2分で違ってしまう」

火の止め時が肝心だ。

火入れが浅いと生臭く、煮すぎると硬くなる。香ばしい香りもあっという間に焦げっぽくなる。腕の見せどころである。

山々に囲まれた上諏訪町（現・諏訪市）は、古くから醸造業が盛んで、造り酒屋、醤油屋が軒をつらねている。霧ヶ峰に降った雨が、何十年もかかって自然に濾過され、清冽な水が潤沢に湧く。

「ワカサギが獲れたから、すぐ醤油持ってきてと、注文がくるんです」

と古い付き合いの醤油醸造元「亀源」さんに聞いた。白い皿に注ぐと、ほの赤いべっこう色が透き通る。質のいい淡口醤油でなければ、紅梅煮のあの色は出ないという。

地元でしか叶わない鮮度と、ばあちゃんの知恵。香ばしさと、ほろり口にほどける柔らかさを、えびす顔でいただく。

ワカサギ投網の漁期は、秋から湖が氷で凍結するまで。大きい投網は20尋(約36m)もある。歳、体力に合わせて小さくしていく。きれいに開くように投げられるのは、腕が立つ証拠。

若鮎の木の芽炊き

新緑の候に獲れる可憐なアユの、香りすずやかなおばんざい

【滋賀県・高島市】

口に入れると、あっけなく崩れてしまう。こんなにも可憐なアユの佃煮を他に知らない。かすかな香気の初々しさ。はらわたのほろ苦さ。青ザンショウがひりりと涼しい。

琵琶湖・湖北地方では、季節ごとにアユの呼び名が変わるそうだ。寒中の透き通る稚鮎は、氷魚《ひうお》。桜の花の散る頃に白肌になる6～7cmほどの桜魚《さくらうお》。山々の新緑の候は、銀色に光る若鮎。サンショウが青い実を結ぶ頃、そろそろ湖のアユもお年頃。

海を知らない琵琶湖のアユは、成魚でも10cmほどにしかならない。まるでミニチュアのような若鮎と実ザンショウ、そして木の芽。湖山の旬を愉《たの》しむ木の芽炊きは、もともと湖北に伝わる家庭料理。水飴を使わず、淡口醤油であっさり炊き上げる。

甘すぎず、硬からず、べたつかず、後味の余韻よろしく、しかも見目麗しい。湖底の湧き水に恵まれた、水清い湖北ならではの初夏の粋。

これが喜ばずにいられようか。

その姿を見れば、涼しげな水音と涼風にそよぐ若葉が思い浮かぶ。

さわやかな季節を告げるアユの、高貴にして清楚な美しさに、古来日本人は特別な思いを寄せてきた。

その小さいやつを、まとめて醤油煮にしてしまう。こんなに小さな天然ものアユを炊いたものには、他所ではまずお目にかからない。

琵琶湖に寄り添って暮らしてきた湖北の湊町のおふくろの味

「網にアユがたかる」

虫でも採るみたいに、湖北大浦のアユ漁師は言う。アユもかたなしだが、新緑の頃には、それこそ佃煮にする

体長6～7㎝の若鮎を、淡口醤油を煮立てた鍋に入れ、ひと煮立ちしたら実ザンショウ、酒、砂糖、みりんを加えて強火で一気に炊き上げる。アユの色と照りを見きわめて火を止め、木の芽と合わせる。飴炊きと違って柔らかくふっくら炊き上げるので、若鮎の持ち味が生きる。

ほど獲れるのである。

水飴を入れて、硬めに仕上げる飴炊きは、アユの風味が二の次になる。海津《かいづ》の魚屋のご隠居さんの話では、「売りもんは、日持ちがするよう飴炊き。自家用のおかずは、さっと醤油で煮たもんです」

アユの醤油炊きは、どっさり獲れる時季に食卓にのぼる、ごく普通のおかずだったそうだ。

山を背負った滋賀県マキノ町海津は、古来、朝鮮半島からの玄関口若狭と、京都を結ぶ湖上の街道筋にあって、湊町として栄えた宿場町である。

今はひっそりとした湖畔の町だが、造り酒屋や醤油屋の蔵、古刹《こさつ》の甍《いらか》や風格のある旧家の家並みが続き、往時の賑わいをしのばせてくれる。

以前は、海津の浜に地引き網があって、網引きを手伝う「引き子」にいくと、子どもでも誰でも一人前の分け前がもらえたという。戦後いつ頃まであったか、聞きそびれたが、マキノ町史によれば、琵琶湖沿岸の地引き網漁の起源は、大和朝廷の時代に遡るらしい。

大昔から、湖に寄り添って暮らす誰もが、湖の幸を受け取ってきた。

「お米を洗うのも、歯を磨くのも浜でしおりました。糠漬けを洗うたら、魚が食べに寄ってきてな。バケツでいくらでもすくえましたで」

そう話す、ご隠居さんの顔が自然にほころんだ。

豊かな琵琶湖は昔語りになったけれど、海津の水辺は、今も水が透き通っていて、浅瀬を泳ぐ稚鮎の群れがよく見える。こんなにきれいなのは、海津の沖合の湖底に、こんこんと湧く清水があるからだという。

さっきから波打ち際を、往ったり来たりする人たちの姿がある。聞けば、透けて見える稚鮎の群れを、鳥の羽根で手網に追い込んで獲っているという。伝統の「おいさで漁」は今も健在。

北のはずれに、ひっそりと往年の琵琶湖が息づいている。

早朝に近所で獲れる、湖北のアユならではの妙味

5月は、琵琶湖の若鮎漁の最盛期。

夕方、小糸網漁の船に乗せてもらって、銀鼠《ぎんねず》色にけむる雨の湖に出た。

琵琶湖に棲むアユは、成魚でも10㎝ほどにしかならない。

長さ200ｍもある目の細かい透明の網を、真一文

夕方仕掛けておいた小糸網を、夜明け前に揚げる。透明な網にかかった若鮎は、みな生きている。琵琶湖産の小さなアユも、川に放つと大きく育つ。

字に張っておき、夜のうちに通りかかったアユを一網打尽にする。網の目より小さい稚鮎は通り抜け、若鮎だけがかかる仕掛けだ。

敵もさるもので、月明かりでもあればいち早く隠れ網を見破り、避けて通るらしい。月夜は漁が少ないそうだ。

「北風が吹かんといかんのや。南風は温《ぬく》うて、魚が散らばっちゃうで」

その日の気温水温で、アユの泳ぐ深さが違う。網を入れる場所も水深も、漁師の勘が頼りである。

小糸網のアユは、網を揚げるまで生きている。ぴかぴかの若鮎が、朝暗いうちに揚がると、その足で、漁師から海津の「魚治《うおじ》」へ届く。

「私とこは小糸網漁のアユだけを使《つこ》うてます。定置網やと押し合いへし合いして、アユに傷がつくんですわ」

ご主人の佐嵜治右衛門《さざきじえもん》さんは、そう言いつつすぐに炊きにかかる。小さなアユだから、重ねると崩れやすい。大鍋は使わず、家庭で使うくらいの鍋で少しずつだ。

淡口醤油を煮立てた鍋にアユを入れると、ふわりとアユ独特のキュウリに似た香りが立つ。ひと煮立ちして、実ザンショウを入れる。醤油の香ばしさに爽快なサンショウ香が加わって、厨房は食欲の湧くにおいでいっぱいになる。いつ誰が思いついたものか、醤油とサンショウは、何とも相性よく粋な組合せである。

終始強火。ほとんど手を触れることなく、透けるような若鮎の、清楚な初々しさそのままに炊き上げる。

煮すぎると硬くなる。煮足りなくても生臭みが残ってしまう。火の止め時の、見きわめが肝心だ。

「醤油炊きのにおいが、町はずれまで行くみたいです。においに誘われて、お客さんが来はります」

ご主人が笑いながら言う。蒲焼きの小咄じゃないけれど、このにおいだけで白いご飯が食べられそうだ。

佃煮の根強い人気の秘密は、あの香ばしい香りにあるらしい。醤油には３００もの香り成分が含まれており、甘辛く煮たり、タレで焼いたりして熱を加えることで、アミノ酸と糖分が化学反応を起こし、あのあらがいがたい香ばしい芳香が生まれる。

調味料に使う酒は、隣家の造り酒屋から、醤油はその数軒先の醸造家から眼鏡にかなったものが届く。

「ずっと以前は『小鮎の醤油炊き』と言うてたんです。その時はあんまり売れませんでしたけどな。『若鮎の木の芽炊き』にしたら、よう出ますな」

鮎食いは、風流をも喰らうのかもしれない。

桜鯛浜焼

【岡山県・倉敷市】

煮えたぎる塩で焼き、春の天然真ダイの野趣を封じ込める

桜花の咲く頃、タイは美しい紅色の婚姻色をまとう。花時のタイを、日本人は古来「桜鯛」と呼んで心待ちにしてきた。

この時季、外海の深海に棲むタイが、瀬戸内の浅海へ産卵にやってくる。大事を控えて栄養を蓄え、鳴門の渦潮や豊後水道の急流を越えてくるから、身は引き締まり、脂もほどよく、まさに食べ頃である。

ウロコも取らず、味もつけず、内臓だけ抜いて丸ごと藁菰《わらこも》に包み、熱々の塩に埋めて蒸し焼きにする。塩に包まれていながら、藁とウロコのおかげで、塩気はごくまろやか。しっとりと潤う白身のふくよかさは、塩焼きでもなければ、普通の蒸しものとも違う。冷めてもハリを失わず、そのままでおいしい。

瀬戸内海沿岸一帯は、古くからの塩の産地だ。鎌倉期まで遡《さかのぼ》れる「鯛ハマヤキ」は、塩田で働く浜子たちが編み出したものだという。浜子のご馳走は巷の評判になり、やがて領主や将軍家への献上品にまで出世する。

花は桜、魚はタイ。といえば、日本人が、愛してやまないものの代表格。

タイはその姿や色の美しさから、魚の王ともてはやされ、古来、祝儀にはなくてはならない存在である。

水温む頃、瀬戸内海の海に、桜とタイが手を携えてやってくる。桜の花が咲くと、産卵のために群れをなして、浅く波静かな内海へ入ってくるのだ。タイの群れで海が盛り上がり、島のように見えたことから、地元では「魚《うお》島《しま》鯛」とも呼ばれている。

平安朝の歌人たちは、婚姻色の紅をまとった花時の真ダイを、「桜鯛」と美しい名で詠んだ。春を運ぶ真ダイは、おそらくもっと古くからこの名で呼ばれてきたのだろう。首を長くして待つ人々の、熱い想いが伝わってくる。

時季の桜鯛を熱々の塩に埋めて、蒸し焼きにしたもの

桜鯛浜焼の身上は美しい色。このつややかな桜色をお見せしたいもの。直接塩に触れないので、塩気もごくまろやか。春の海を思わせる、野趣豊かな味わいに仕上がっている。瀬戸内の桜鯛が減り、今は主に、東シナ海で獲れる天然ものを使っている。

が、浜焼きである。

塩田で働く浜子の、知恵から生まれた浜焼き

瀬戸内海に面した倉敷玉島は、西廻り航路の千石船の寄港地として栄えた港町。江戸中期からは、海沿い一帯に塩田が広がる、塩造りの町でもあった。

地元で「ハマ」といえば、塩田のこと。塩田で働く浜子たちが、できたて熱々の塩にこっそりタイを埋めて、ご飯のおかずにしたのが、桜鯛浜焼のはじまりだといわれている。

旬はありがたいもので、浜子には手の届かない高級魚も、目の前でふんだんに獲れるこの時ばかりは、ただ同様で、浜子の口にも入った。

桜花の下、誰も彼もが年に一度の海の贈りものを楽しんだのである。

下々の食べものがあまりに旨いというので、時の浜庄屋が藩主に献上したところ、大いに喜ばれて、その名を上げたという。

藩主も玉島の塩田も消えてしまったが、桜鯛浜焼は今も引く手あまた。旨いものは不滅である。

味もつけないから　素材の質の良さが決め手

「最高の浜焼きになるのは、そりゃあ桜鯛ですわ」

玉島で浜焼きを作っている中塚さんは、そう太鼓判を押す。

「味つけしないから、原料の質の良さが勝負です」

深海に棲む真ダイの漁は、一本釣りが一般的だ。浅い瀬戸内海の定置網で獲れるのは、この時季だけだという。

「網を引くと、タイの上を立って歩けるほどおった」

老漁師は昔を懐かしむ。今の瀬戸内海では、大漁というわけにはいかないが、ひっそりと定置網漁は続いていた。手繰り寄せられた網の中で、紅色の銀鱗を光らせてしぶきを上げる桜鯛は、まぎれもなく王者の風格。

「色のきれいなほうが、雌よ」

獲れたてのぴかぴかを指差して、瀬戸内の漁師が胸を張った。浜焼きになるのは、主に紅鮮やかな雌の天然真鯛。立派すぎても大味になるので、1～3kgまでのものが使われる。

腹にちょっと包丁を入れ、エラから内臓を引っ張り出す。形崩れしないよう、口から竹の平串を通して藁菰《わらこも》に包む。これで下ごしらえ完了。

タイの大きさに合わせて削る竹の平串や藁菰も、手作りだ。

塩田の塩釜を再現。天然ダイの野趣を閉じ込める

蒸し焼きは、昔の塩釜焼きとほとんど同じ作業。「バケツいっぱい汗をかく」という重労働だ。釜場はもうもうと立つ蒸気で、五里霧中。手の届くところにいる人の顔さえ、おぼろげなシルエットに見える。

「塩蒸し風呂に入っとるんと同じですわ。おかげで風邪もひかん。お肌もつるつる」

釜場の男たちが冗談をとばす。

飽和状態の鹹水（コップ1杯の水に、2倍量の塩を溶かした濃い塩水）を、平釜でぐらぐら焚く。スコップと柄杓を手にした2人が、煮えたぎる塩を、あうんの呼吸ですくっては、蒸し釜のタイの上にどんどん積み上げていく。

「香ばしいにおいが、しおるでしょう」

真っ白な湯気の向こうで、今まさに旨いものが生まれつつある兆し。

熱々の塩でサンドイッチにして、2時間～2時間半。塩の熱は80℃以上。下がると半煮えになってしまう。蒸しが長すぎても、タイの脂が抜けて身がパサつく。その見きわめが難しい。

「藁の色の変わりようで、仕上げ時がわかります。平均してこの色になったらええんです」

熟練と勘がものをいう。

すぐに風にあてて冷ますことで、きれいな桜色に仕上がる。

見目麗しい桜色、しっとりとつやのある白肌、箸に伝わる弾力。噛みしめれば、ほのかに甘くふくよかな風味が、ふわりと広がる。

藁菰とウロコを通してしみ込む控えめな塩気が、時季の天然ダイの持ち味を、最大限に引き出してくれる。好みで二杯酢か生姜醤油につけてもいい。しかし、まずはあるがままの果報を味わいたい。

骨や頭も捨てずに使えば、いいだしがとれる。吸いものもいいし、ご飯を入れてあっさり鯛茶漬け風というのも悪くない。もし残って身が硬くなったら、ホイルで包んで蒸し焼きにすれば、ふくふくとよみがえる。ひたひたの酒で煮て、醬油をちょっとたらせば、佳き肴にもなる。

春ならではの贅沢を、とことん味わい尽くされたい。

1

2

3

1／口から竹の平串を入れて、エラから出し、尾まで通す。こうすることで重い塩の下敷きになっても、形崩れが防げる。形を整えて、藁菰で包む。2／塩田で塩焚きに使っていた塩釜を、小型化して再現。製塩と同じ手順で、昔ながらの蒸し焼きを作る。長方形の木製蒸し釜の底に塩を敷き、藁菰で包んだ鯛を入れる。3／並べた鯛の上に麻布をかぶせ、沸騰した飽和状態の塩水を、柄杓で50㎝の厚さにかけ重ねる。熱々の塩をのせて、2〜2時間半蒸し焼きに。蒸しすぎは禁物。脂が抜けすぎて身がパサつく。

クラゲ

古人も愛《め》でた食材が、夏から秋の有明海へやってくる

【福岡県・柳川市】

おろしショウガと酢醤油でさっぱりといただく清涼感。こりこりと音を立てて噛み砕く、クラゲのあの歯ごたえの心地よさはこたえられない。

中国料理の大事な素材であるクラゲも、日本料理ではあまり重用されていないようだ。わが先祖さんたちは、クラゲ食いではなかったのだろうか……。

平城京跡から出土した木簡にその答えがあった。天平18年（746年）の旧暦9月に、備前国から奈良朝廷へクラゲが贈られたと記録されている。

酒の肴か、それともご飯の友だったか。いずれにせよ、好もしいものだったのだろう。「水母」や「海月」といった風流な漢字をあてている。

平安時代には、宮中の行事食にも用いられており、武士の時代は、宴席を彩る珍味だった。

古人《いにしえびと》も愛した大クラゲが、夏から秋の有明海へやってくる。

お盆をすぎると、海水浴場にもどこからともなくクラゲの一群がやってくる。刺されると赤く腫れ上がるので、油断ならない。幼き日に、このクラゲを炎天下の防波堤に放り投げておいたら、いつのまにか消えてなくなってしまったことを思い出す。

クラゲの体の9割以上は水。水を抜いたら、ほとんど何も残らないはず。とすると、中国料理店でいただく歯ごたえのいいクラゲは、そうとう巨大なやつに違いない。

クラゲは日本でも、古くから愛でられてきた。平安時代には宮中のハレの日のご馳走とされ、「四角に切って酒で洗い、鰹を酒に浸した汁と生姜酢を和えて食す」と料理法も残っている。

武家の世でも、からすみ、このわた、雲丹《うに》と並んで宴席の珍味の一つに加えられている。

地元漁師が「シロクラゲ」と呼ぶ、ビゼンクラゲ。透き通って美しいが、足や粘液には毒があり、触れると肌が赤く腫れ上がる。秋には傘の径1m以上、重さ100kgになる。

遠浅の有明海に今も残る大クラゲと漁師の痛快な戦い

九州西部の、福岡、佐賀、長崎、熊本の4県に囲まれた有明海で、大クラゲが揚がるという。1000年来の職業、クラゲ漁師も健在。漁があれば、クラゲを待っている人もいるはずだ。小躍りして、福岡・柳川へ向かった。

町の魚屋をのぞくと、はたして、皿盛りのクラゲが並んでいた。小振りのアカクラゲとシロクラゲの2種類。いずれのクラゲも、ビゼンクラゲの仲間で日本最大級のクラゲだ。

深いところにいるアカクラゲは、漁網で獲る。かたや、海面近くを漂うシロクラゲは、「手網ですくって獲る」のだと、魚屋の主人が教えてくれた。シロクラゲは、秋には傘の径1m以上、体重100kgにもなるという代物。漁では漁師との〝サシ〟の勝負になる。

早朝、クラゲ漁船で干潮の海へ出た。漁師は二人一組。一人は舵取り、もう一人は舳先《へさき》に立って、クラゲを探す役目だ。チカチカ光る海面は、まるで目くらまし。大海原に浮かぶクラゲを、どうやって見つけるのだろう——。

突然、船がスピードを上げた。真横までできてやっと見えた。群青色の波間に、大きなクラゲがぽっかり浮かんでいる。

古人《いにしえびと》はクラゲに「海月」という字をあてた。海に浮かぶ月のようだ、というのがその由来。うまいことを言うもので、白くおぼろに透き通るその姿は、まさに海に落ちた満月だ。

また、「水母」とも書く。江戸中期の書物は、「魚や蝦が大水母につき従うさまは、子が母に従うようだ」とその名の説明をしている。中国では、水母に「水の神」との意味もあるそうだ。たいそう貴重な素材だったのだろう。クラゲには過ぎた漢字名をもらっている。

「大きな声ば出すと、クラゲが沈んでしまうと。いちおう逃げるけんね」

漁師が声をちょっとひそめて言う。

波間にぼうっと浮かんでいるのかと思ったら、案外素早いらしい。

素早く船を寄せた漁師は、ゆらりと沈んでいこうとするクラゲめがけてすかさず大手網を入れ、金魚すくいよろしく、「えいやっ」とすくい上げてしまうのである。手網に入りきらない大物は、足を切り離して二人がかり

1

2

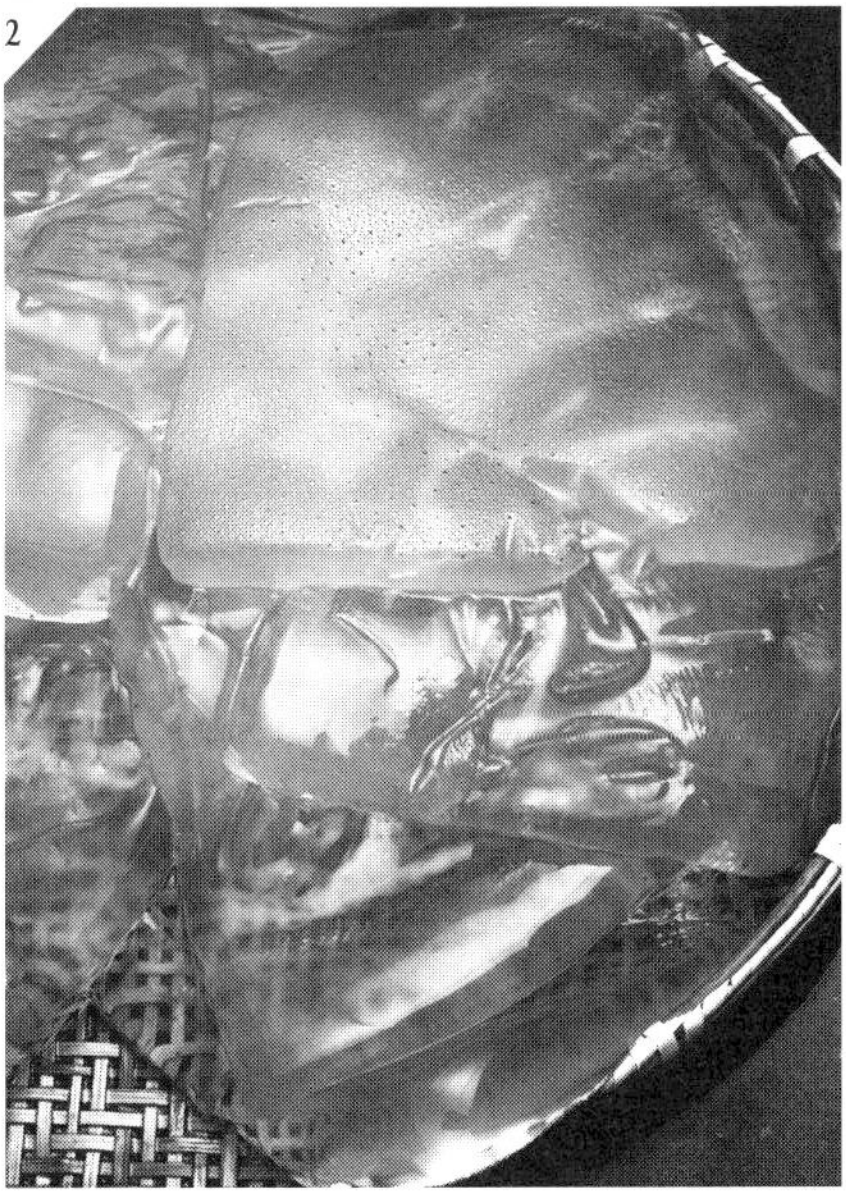

3

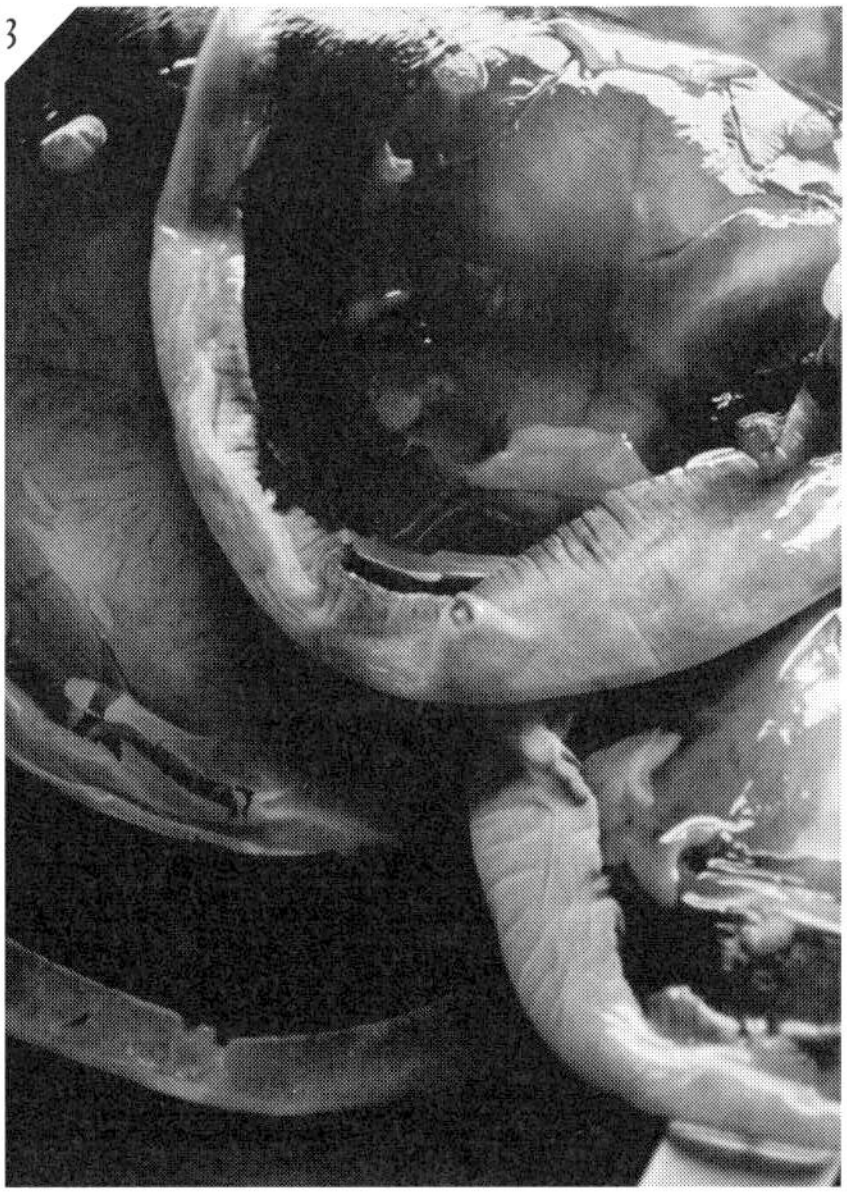

1／光る海の波間に漂う大クラゲを船上から見つけて、直径80cmもある大手網ですくう。のどかな大クラゲ漁は、晩夏から秋にかけて最盛期を迎える。2／傘の表皮は半透明。裏側は透き通っている。感触はぷるんとした寒天ゼリーのよう。3／シロよりひと足早く現れる、ひと回り小振りのアカクラゲ。肉質に弾力があり、シロよりも硬く、こりこり感がある。傘の径は大きいもので60cmほど。

で引っ張り上げる。

間近に見る大クラゲは、透き通る何層ものフリルで飾りたて、傘に赤い点を散らした奇抜な洒落者。まるで、精巧なガラス細工だ。しかしその姿とは裏腹に、足に持つ毒針で相手を麻痺させて食べてしまう狩人だという。人間も刺されると、火傷のように痛んで赤く腫れ上がる。その粘液に触れるだけでも、ひりひりと痛がゆくなる。手強い相手だ。

クラゲ漁は魚群探知機も使わない素手の漁だから、漁師が長年の経験で培った眼力と腕力が勝負だ。有明海の熱い戦いは、10月半ばまで続く。

クラゲはほどよく水抜きし　たっぷりのショウガを添えて

クラゲは、そのまま食べるわけにはいかない。ほどよく水抜きするのだが、塩だけでは水が抜けない。

「〝アカ〟は1日から2日。水分の多い〝シロ〟は1週間ほど浸けんと水が抜けんと」

クラゲを3時間ほど海水に浸けてタワシで洗って、ミョウバンを少々入れた塩水に浸ける。ここまでが漁師の仕事だ。こうしておけば、1年おいてもびくともしない。徐々に水分が抜け、最終的には10分の1にまで縮んで、こりこりっとするタンパク質が残る。

食べる前に、薄い塩水に2～3時間ほど浸けて適度に塩を抜く。これを細い短冊に切り、おろしショウガを添えて醤油をたらすか酢のものにする。地元でいただくクラゲは、生の触感が残る刺身風。柔らかな中にも、こりっとした歯ごたえがきいている。

透き通ったクラゲに、たっぷりのショウガが涼しい。ショウガは、見た目を引き立てるばかりか、身体を冷やさないための知恵でもある。

古代貴族たちは、酒に浸して塩を抜いたというから贅沢である。

地元で「クラゲ好きですか」と尋ねてみた。大人も子どもも10人中10人が、「好いちょう」「おいしかよ」との返事。柳川では普通に魚屋で買って食卓にのぼるおかずであり、みんなの好物だった。昔も今も「好いちょう」と言わせてしまう、そこがクラゲの底力。

いつだったか大クラゲが大発生して世を騒がせた。食べる文化がなければやっかいものでしかない。もしかしたら海からのビッグプレゼントだったかもしれないのに、もったいないことをしたものである。

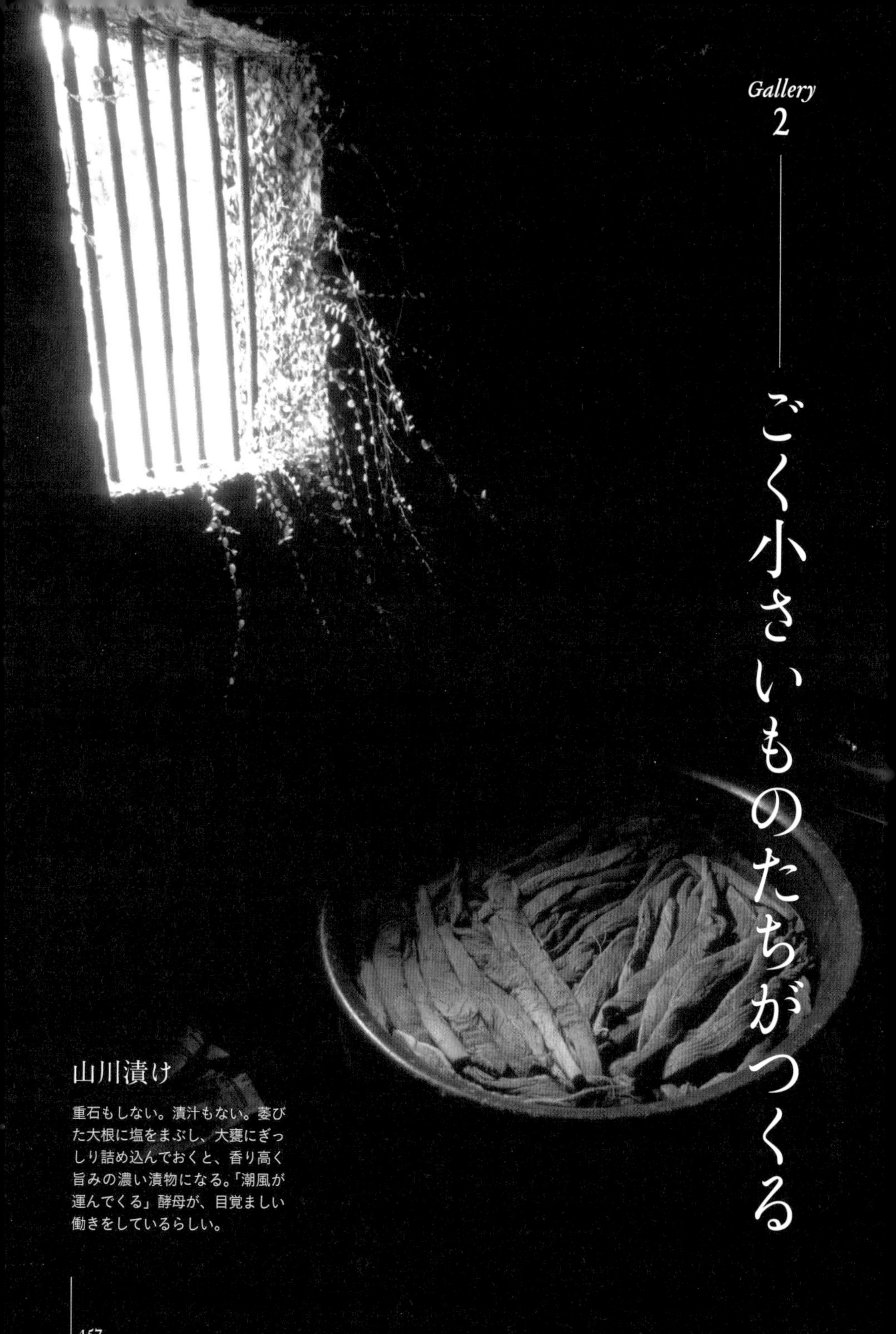

Gallery
2

ごく小さいものたちがつくる

山川漬け

重石もしない。漬汁もない。萎びた大根に塩をまぶし、大甕にぎっしり詰め込んでおくと、香り高く旨みの濃い漬物になる。「潮風が運んでくる」酵母が、目覚ましい働きをしているらしい。

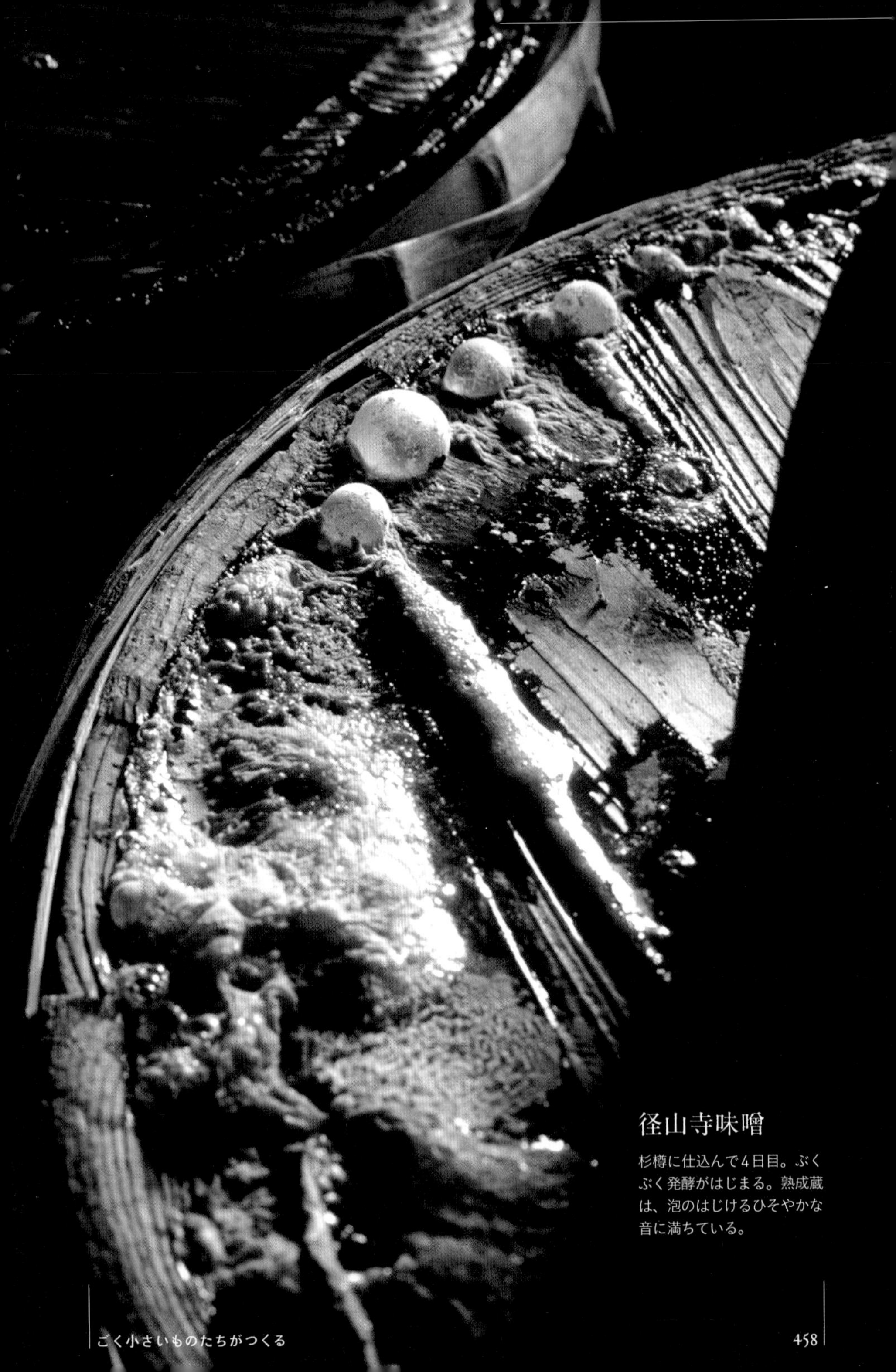

径山寺味噌

杉樽に仕込んで4日目。ぷくぷく発酵がはじまる。熟成蔵は、泡のはじけるひそやかな音に満ちている。

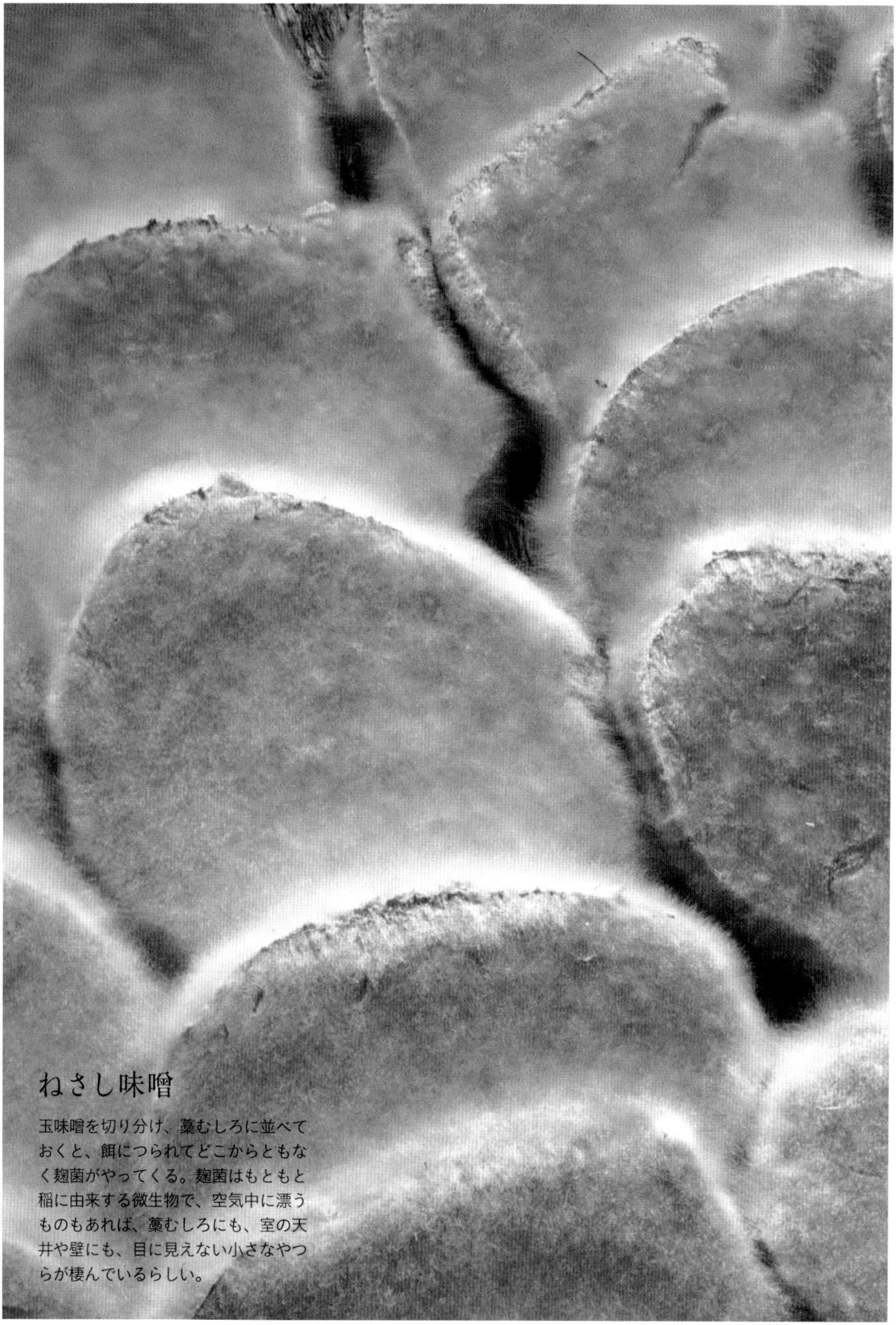

ねさし味噌

玉味噌を切り分け、藁むしろに並べておくと、餌につられてどこからともなく麹菌がやってくる。麹菌はもともと稲に由来する微生物で、空気中に漂うものもあれば、藁むしろにも、室の天井や壁にも、目に見えない小さなやつらが棲んでいるらしい。

鮎なれずし（上）

専用の鮎桶に漬ける。旨い鮎なれずしを作ってくれる菌が、鮎桶に棲みついているのだという。水の表面がうっすらよい菌の膜で覆われたら、口開け時である。

鮒ずし（下）

夏になると静かなすし部屋に、ぷつぷつとあぶくの立つ音が満ちる。目に見えないほど小さいくせに、束になると途方もない力を出すもので、ときどき、ものすごい音を立てる。

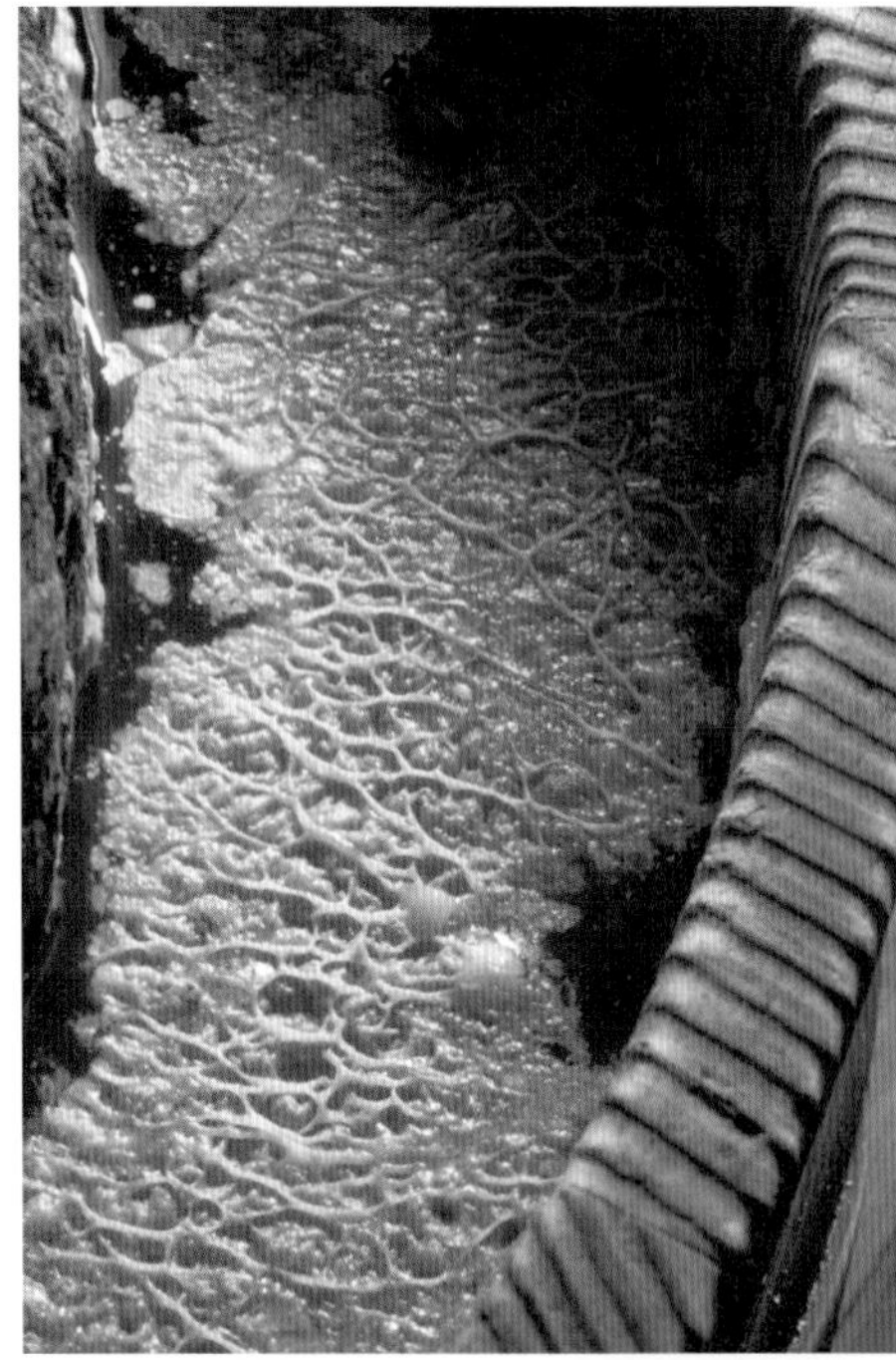

ふぐの子糠漬け

嫌気性の発酵菌を守るために、空気を遮断するがっちりした重石が肝心。湧き上がる泡は、嫌気性菌が機嫌よく働いているしるし。

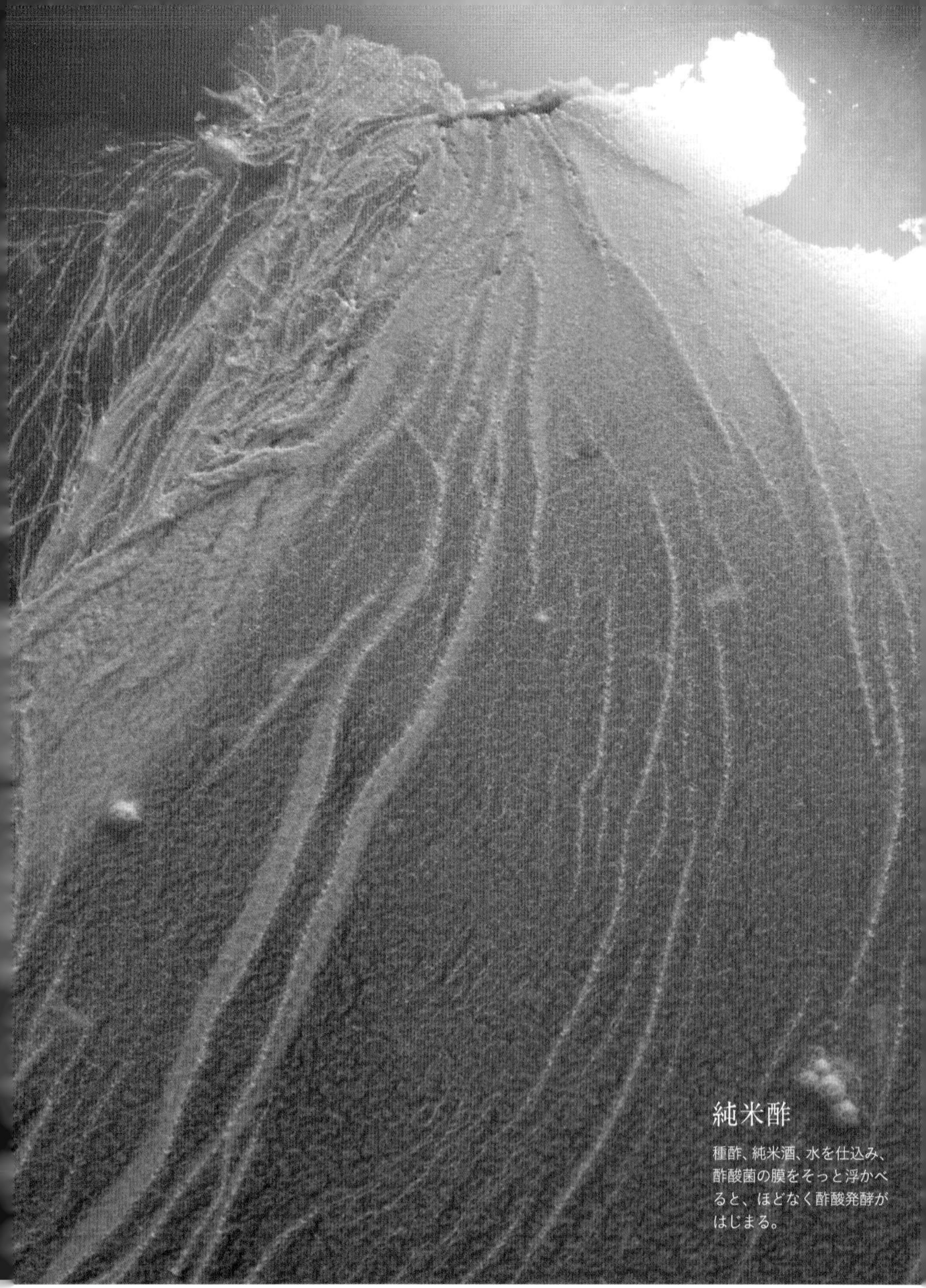

純米酢

種酢、純米酒、水を仕込み、酢酸菌の膜をそっと浮かべると、ほどなく酢酸発酵がはじまる。

壺酢

仕込んでから1ヵ月後の壺の中。麹菌の力によって米のデンプンが糖分に変わり、それと並行してアルコール発酵もはじまっている状態。甘い香りに混じって酒の香りが漂う。

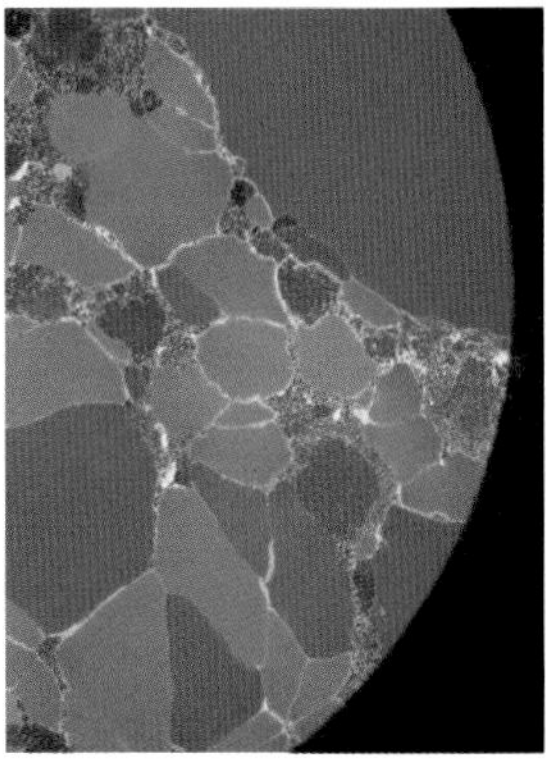

アルコール発酵が終わり、液面の振り麹が沈みかけると酢酸発酵がはじまったとわかる。その2ヵ月後には液面が白い酢酸菌の膜に覆われる。

碁石茶

手で触って温度を測りながら、カビが好む温度を保つ。卵とじのようなカビがついたら上出来。

調味料・酒・油

塩とにがり

黒潮の海を凝縮して作る、日本最古の揚浜式塩田の甘い塩と苦い汁

【石川県・珠洲市】

かつて呑ん兵衛は、塩を肴《さかな》に酒を酌《く》み、「甘い塩」という言葉も健在だった。「甘い」には、旨いという気分がこもっている。そのまま舐めたらただ苦いにがりも、塩にバランスよく含まれると味わいを引き立てる。どこまでにがりを残すかが、甘い塩の決め手になる。

戦後、専売の塩が、近代的な製塩方法であるイオン交換法で作る〝ほぼ塩化ナトリウム〟に変わって、甘い塩も忘れられていった。1998年（平成10年）に専売制が廃止され、昔ながらの塩が息を吹き返しつつあるのは、酒飲みならずとも喜ばしいこと。

さまざまな塩が登場して選ぶのに悩むけれど、本来の製法に則《のっと》って作られた塩なら間違いない。

石川県は奥能登の浜に、全国でただ1ヵ所、専売時代も生き延びてきた揚浜式塩田がある。海水を塩田にまき、天日で濃縮、薪の火で焚き詰める——。

昔さながらの黒潮の甘い塩で、一杯やりたくなる。

山里の古老に、こんな話を聞いたことがある。

昔はわざわざ悪い塩、つまり真っ白に精製していない、にがり分の多い苦い塩を買った——。

これをザルに入れて軒下に吊るしておくと、ぽとりぽとりとにがりがたれてほどよく苦みが抜ける。それを壺にためておき、祝い事や正月などハレの日に豆腐を作ったという。

にがりが抜けすぎても、気の抜けた塩になる。各家の好みで、ほどよくにがりを残した「甘い塩」を食べていた。

塩の味も隣の家とは微妙に違う。塩の味が違えば、味噌も漬物も煮ものも——というふうに、それぞれの家の味があった。そんな話を聞くと、今どきの画一的な大量生産食文化の薄っぺらさを思い知らされる。

炎天下の塩田での作業は一家総出。海水をまき、天日と海風で乾かした塩辛い砂を、「沼《ぬ》井《い》」にかき寄せ、海水をかけて漉して濃縮鹹水にする。

甘い塩と苦い汁と生きものの切っても切れない関係

海水を煮詰めて塩を作るとイヤでもできてしまう、海水から塩を抜いた残りものがにがりである。

「苦汁」と書く通り、苦いばかりで旨いものではないが、塩はこれがないと塩辛いばかりの白い結晶になってしまう。残りものとはいえあなどれないにがりの正体は、生命維持に必須な栄養素の一つであるミネラル分。

体内で作り出すことができないので、外から取り入れるしかない。海水に含まれるミネラルバランスは、マグネシウム量は違うものの、人体のそれに近い構成になっている。甘い塩には、海のミネラル分が微量成分にいたるまで、バランスよく含まれている。そこが値打ちである。

人も動物も塩なしでは生きられない。岩塩、湖塩、天日塩、そして海水を焚いて得る塩も、もとをたどれば母なる海からの贈りものである。

太古の海を閉じ込めた岩塩層から掘り出せば、岩塩が手に入る。岩塩層を通って湧く塩湖のあるモンゴルの高原地帯では、自然乾燥の湖塩が採れる。エジプトのような乾燥地帯なら、満潮時に海水を入れてせき止めて放っておけば、勝手に天日塩になる。しかし雨が多く湿潤な日本では、海水を煮詰めて塩を作るしかなかった。

煮詰めるには、燃料が必要だ。

かつて川の上流に住む山の人たちは、森で木を伐《き》り、自分の名前を記して川に流したという。海辺の人たちがそれを受け取って海水を焚き、できた塩の半分を山の人に届けた。海と山をつなぐ川や古道は、当初塩を運ぶための「塩の道」だった。

しかし、そのまま煮詰めたのでは、いくら薪があっても足りない。そこで海水を太陽で濃縮し、濃い鹹水（塩分を含む水）にして焚く工夫から、奈良時代から平安初期に塩田が生まれた。

ともかく、われらがご先祖さんたちは、生命をつなぐ塩を、大変な思いをして手に入れてきたのである。

海水をまいて炎天に干す塩田の砂の一粒は塩の一粒

「毎日見ておっても、真っ白い雪の山のようになった塩に感動しとります」

石川県は奥能登の揚浜《あげはま》塩田で塩作りをする角花《かくはな》豊さん

濃縮した海水を夜通し薪の火で焚き詰める。空が白む頃、水分がとび、ようやく塩が見えてくる。大釜の塩を床場に揚げ、一昼夜おいて自然ににがりを落とす。

は、日焼けした顔をほころばせる。

塩専売時代も、特例として途切れることなく続いてきた奥能登の塩田は、全国でもただ1ヵ所。日本最古の塩田製塩法と、その塩の味を今に伝えてくれるかけがえのない存在である。

藩政時代に加賀藩が奥能登の海岸一帯に奨励した塩田は、明治期に入っても盛業で、仁江《にえ》集落30戸のうちの27軒が、塩作りに携わっていたという。

1959年（昭和34年）に能登の塩田製塩が廃止された後も、豊さんの父、菊太郎さんだけが、塩田の塩作りをやめなかった。しかし、せっかく作った塩を売ることもできない。塩わかめにしてささやかに商い、冬の出稼ぎを続けながら、家族で塩田を守ってきた。

塩作りの最盛期は真夏。じりじり照りつける太陽が頼りだ。準備は春から。粘土と海水で地面を叩き締め、砂を敷き詰めて塩田を整備。5月の好天にぼつぼつ製塩がはじまる。

木桶に海水をくんで、天秤棒で担ぎ上げ、塩田の砂の上にまんべんなくまく。「潮まき10年」といわれる、熟練のいる作業である。

海水の塩分が蒸発すると、砂に塩が残る。砂を速く乾かすため、炎天下に裸足で踏めないほど熱い砂の上を、熊手のような道具で凹凸をつけて歩く。

塩田に描かれた模様は、風紋のようでもあり、美しく掃き清められた石庭を思わせる。

海水をまき、乾かし、「沼井《ぬい》」に鹹《しおから》い砂を寄せる。

規則正しい動きは、寄せては返す波のよう。ひと夏これのくり返しだ。

「砂一升集めたら、塩一升とれる。砂の一粒は塩一粒、と親父によく言われたもんです」

濃縮された鹹水を、寝ずの番で一晩焚き続ける。東の空が白む頃にやっと、釜の中に白い結晶が見えてくる。

青い海が、太陽と風と火で濃縮され、3日目には真っ白い塩の山になる。

角花さんが塩田にまく海水は、1日に約500ℓ。

海水を木桶にくんで担ぎ上げる「潮くみ」は、揚浜式塩田でもっともきつい仕事の一つだ。ポンプでくみ上げれば、ずっと楽になるだろうに。

「伝統製塩の技術を遺すために、頑張ってきたんですから」効率のために変える気はない。

最後まで塩田を捨てずにきた父菊太郎さんの志を、息子の豊さんがしかと受け継ぐ。

塩の作り方

1 海水をくむ

岩に囲まれた磯で海水をくむ、「潮くみ」の作業。粗塩桶２個、80kgを天秤棒で塩田へ担ぎ上げる。坂道を１日に何十回と往復する重労働だ。

2 塩田で乾かす

くみ上げておいた５００ℓの海水を、塩田の砂の上にまんべんなくまく。

天日と風で乾して塩辛い砂になったら、熊手のような道具を使って「沼井」にかき集める。

3 砂を漉して濃縮する

かき集めた砂に、あらためて海水をかけて漉す。すると、海水の約８倍の塩分濃度の鹹水が得られる。

4 鹹水を煮詰める

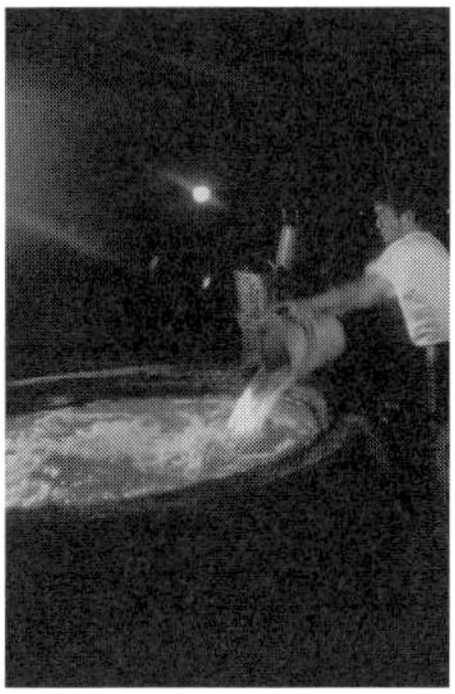

木炭や木灰で濾過した濃縮鹹水を、沸騰させて粗焚きする。再度濾過して、最初に凝固する硫酸カルシウムを取り除く。

5 にがりを抜く

夜通し薪をくべながら焚くと、翌朝、塩と水にがりがほぼ仕上がる。水分を含んだ塩を床《とこ》場《ば》に揚げて24時間おくと、自然に塩にがりがたれる。

醤油 【秋田県・湯沢市】

千年の知恵と人の手が丹念に醸す、よき醤油

かつてはよき水に恵まれた町にたいてい醸造蔵があり、味の基本となる味噌や醤油もその土地独自の味を持っていた。各地に地酒があるように、風土に育まれた地醤油があったのである。地元で真っ当に造られる醤油は、味をつけるだけでなく食べる薬でもあった。

戦後に生まれた団塊世代の私は、長く本来の醤油を知らなかった。脱脂大豆を原料に添加物で色、香り、味をつけた醤油もどきが主流になっていたからだ。昔ながらに醸造する多くの地醤油蔵がひっそりと消えていった。

醤油の先祖である醤《ひしお》は中国大陸から伝来し、奈良時代には宮廷の醤院《ひしおいん》で、液体の醤が醸造されていた。日本人との付き合いは、とうに千年を越すが、原料や製法は基本的には変わらない。改良の余地がないほど完成されたものだったともいえる。

地醤油復活の兆しだろうか、このところ昔気質の小さな蔵の活力が目覚ましい。そう、悠久の時を越えてきた技が、そうたやすく絶えてたまるものか。よき醤油だけが、未来に届くよき贈りものになるのだから。

醤油というだけで心許してしまうところがあるのかもしれないけれど、醤油味は煮ても焼いてもやっぱりやさしい。

醤油は健気なやつで、食卓の主役になることもない黒子でありながら、料理の味を引き立て、そればかりか千年も日本人の健康を陰ながら支えてきた。

江戸時代の医師、人見必大《ひとみひつだい》は著書『本朝食鑑《ほんちょうしょっかん》』に「醤は五味を和し、五臓を悦ばせると古人は評している」と述べている。五味とは鹹、甘、苦、辛、酸の5つ。「五味は胃に入って、それぞれの悦ぶところへ帰す」とおもしろい解説も加えている。

さらに「百薬の毒を殺す」とあり、「古くなるほど、いよいよ好い」ともあって賞味無期限。腹具合や体の調

塩水を張った三十石の木桶に、醤油麹を落とし込む。舞い上がる麹の花が、朝もやのようにもろみ蔵を包む。

子をやんわり整え、元気をくれることを古人も江戸時代の先生も心得ていた。

いっとき、スーパーマーケットに出回っていた水より安い醤油を見たら、必大先生はなんと言うだろう。

戦後しばらくの間は丸ごとの大豆が使えず、「醤油らしきものを造って出せ」と国から言われた時代だったと醤油職人に聞いたことがある。戦後が遠くなっても、添加物で味つけした安価な醤油もどきが居座り、小さな醤油醸造所は廃業の一途をたどった。地醤油が消えることは、その土地の手触りや味わいの記憶、食文化が消えていくことでもあった。

酒なら飲めばすぐに味がわかる。けれど醤油はそのまま口にすることも少ないし、真っ黒けでちっとも旨そうに見えず、食欲をそそるわけでもない。手間を惜しまず造り歳月をかけてねかせても、酒ほど高い値がつくこともない。醤油はつらいよと、つい肩を持ちたくなるのである。

麹カビを育む蔵人の親ごころ

秋田県の豪雪地帯湯沢市に、江戸後期から続く醤油蔵、石孫《いしまご》本店の古めかしい蔵がある。明治から大正期にかけて建てられた5つの醸造蔵と文庫蔵は、国の有形文化財。今もバリバリの現役である。

雪あかりのもろみ蔵は、ごく小さな生きものたちの気配に満ちて静まり返っていた。寒さのせいか、麹菌もまだ鳴りをひそめているらしい。

高い天井、明かりとりの小窓、太い梁、頑丈な柱、分厚い土壁……。歳月の降り積もった蔵のいたるところに、醤油造りの立役者たち、麹菌やら酵母菌やらが代々棲みついている。

木の階段を上る重たい足音が聞こえる。蔵人が醤油麹を担ぎ上げ、塩水を張った木桶に麹を落とし込むのだ。そのたびにもうもうと麹の胞子が舞い上がる。白い息を吐きながら、もう何回往復しただろう。三十石入りの大木桶は、まだまだいっぱいにならない。

早春に仕込まれたもろみは、ここでひと夏からふた夏を越して、味色香りと三拍子揃った完熟の味わいになる。

身を切るような寒さの中で仕込み、春の穏やかな暖かさで麹菌が気持ちよく動き出す。梅雨から夏にかけて蒸し暑さで活発に発酵し、秋の涼風で静まっていい香りが立ち込める。移ろう季節のままに、地元で育った大豆や麦が旨い液体に変わっていく。

石孫の蔵に人間用の暖房はないが、室《むろ》の床に2ヵ所囲炉裏《いろり》がある。赤く熾《おこ》した炭に藁灰をかぶせて埋《うず》み火にし、麹菌が好む30℃ほどの温度を保ってやるのだ。

「麹室に入れて次の朝3時頃には、麹が出す発酵熱で熱くなります。窓を少し開けて、冷ましてやるんです」

放っておくと、麹は自分の出した発酵熱で死んでしまうと蔵人は言う。

微生物を相手にいちばん難しいのが温度管理だ。それを天井の小窓の開閉と、「手入れ」作業で的確にやってのける。

手入れとは、麹の顔を見て、砂場に山と谷を作る要領で、表面積を広くして熱を逃してやること。さらに、室の上部は暖かく床は寒いので、麹を入れた木箱「麹蓋《こうじぶた》」360枚の上下をすべて積み替える。無事醬油麹になるまで、麹蓋の間隔も積み方も、微妙に変えていく。麹が何をしてもらいたいか、一目で察してやれるのが蔵人なのである。

4日後、大豆はびっしりと萌黄色《もえぎいろ》の麹カビに覆われた醬油麹になる。醸造の要《かなめ》は、「一に麹」である。

仕込んで2ヵ月間は、もろみの表面にまんべんなく桶の中の塩水を柄杓《ひしゃく》で打ち続ける。その後は撹拌して、好気性菌たちのために空気を送ってやる。惜しみなく手をかけ目を配り、最低1年半の時を経てものになる。

コンピュータ制御の自動製麹機《せいきくき》なら、スイッチひとつで済む。手間もいらないし、ほぼ失敗もないだろう。けれど、何か大事なものが抜け落ちてしまう気がする。

足りないものがあるとしたら、それは職人の誇りと、上出来の麹を喜ぶ心ではないだろうか。食す私たちは、その喜ぶ気持ちもろともいただく。

普段気にもとめないけれど、思えば1日たりともなしにいられない。黒子だからこそ、気合いを入れて醬油を吟味せねばと思うのである。

醤油の作り方

1 室で醤油麹を作る

蒸し大豆と煎り小麦を適温まで冷まして種麹をつけ、麹蓋と呼ばれる浅い木箱に入れる「盛り込み」をする。

麹室に入れ、最初は炭の埋み火で室を暖め、麹菌の好む温度を保つ。発酵がはじまると熱を出すので、手入れや積み替えを行ない温度管理をする。

2 醤油麹を室から出す

4日目に仕上がった醤油麹を室から出す。麹蓋にこびりついた麹も掻き落とす。できた麹を花と呼び、この作業を「花落とし」という。

3 醤油麹と塩水を仕込む

塩水を張った三十石の木桶に、醤油麹を落とし込む。仕込み後2ヵ月間は、表面が乾かないよう、毎朝晩2回柄杓で桶の中の塩水をもろみの表面に打ち水する。

4 醤油を搾る

1年半以上ねかせたもろみを、布袋に入れ、漆ぬりの木槽《きぶね》で搾る。火入れ殺菌して瓶詰めする。

しろたまり

清冽な自然水で仕込む麦醤の透き通る色と香り【愛知県・碧南市】

小皿にたらしてみて、はて、みりんのような……。醤油でありながら透き通る淡色。ほのかな甘みとメリハリのきいた塩気。果実を思わせる香りが、こっそりと料理を引き立てる。

関西人好みの淡口醤油より、もっと色が薄い。この〝白い〟醤油を造っているのは、意外なことに、濃口醤油よりもっと濃いたまりの文化圏、愛知。地元では、古くから「しろたまり」とも呼ぶそうだ。

醤油の全生産量の1割にも満たないごく少数派であるこの醤油、家庭よりも料理店で使われることが多いという。食卓に素顔で登場することもない縁の下の力持ち。実物はあまり知られていない。それとは知らずにどこかで味わっているのだろうか。

小麦で造るしろたまりの歴史は古く、原形は古代の調味料「麦醤《むぎひしお》」であるらしい。存在感は薄いけれど、千年も陰でしかと料理を支えてきた。〝白い〟くせに名黒子である。

「初めて見た時、ぎょっとしたわ」

と大阪の知人がおもしろがって言う。関西人はおおむね、東京のうどんに手厳しい。あの真っ黒けの汁は、塩がきつくていただけないというのだ。

色が濃いから塩分も濃いと一般に思われがちだが、濃口醤油よりも淡口醤油のほうが2％ほど塩分が高い。醤油の淡口・濃口は、色の区別なのである。

醤油の色の好みでいうと、日本の西から東に向かって「薄い」「もっとも濃い」「濃い」の3区域に分かれる。

おもしろいことに、「もっとも濃い」にあたる愛知県名古屋近辺のうどん屋には、濃いのと薄いのが同居している。素うどんやきしめんの汁はたまり色。玉子とじや天とじうどんといった値の張るものは、ごく淡い色の透き通った汁となぜか決まっているのだ。だしと塩だけで

仕込みはすべて手作業。大木桶の中で地元産の麦麹と塩水を撹拌する。この桶は酒蔵から譲り受けた。醬油桶は色がつくので使えない。

は出せない風味は、白醤油。〝白い〟黒子のおかげらしい。

淡口より薄い色の古代の調味料「麦醤」

素材の美しい彩りを料理にとどめたいという思いは、大昔から変わらないのだろう〝白い〟調味料は、古くからあったようだ。

現存する世界最古の料理書『斉民要術《せいみんようじゅつ》』（532〜549年頃）に、「麦醤《むぎひしお》」の作り方が記されている。麦醤とは、水分たっぷりの麦味噌のようなもの。

しろたまりと同じく麦麹と塩水で醸すその製法は、千数百年を経た今も基本的に変わっていない。

醤の桶底にたまる汁が「たまり」である。大豆の醤は、いわゆる醤油色。

一方小麦の醤は、色の淡いたまりになる。麦醤があれば、白いたまりがあっても不思議はない。

聞けば、幕末に来航した黒船の饗宴の献立に「しろたまり」という記載があるそうで、江戸時代には、愛知を中心に造られていたという。

豆味噌やたまり文化圏に、なぜ今日までこの麦醤が細々と生き延びているのか、詳しいことはわからない。大量生産もされず、世の流れにこびることなく造り続けられてきたのも、ごく少数派ゆえかもしれない。冠婚葬祭、正月のお節に、少しずつ大事に使われた地元御用達の秘蔵っ子である。

色と香りの調味料は初々しいうちが花

「色と香りがしろたまりの命です。初々しいうちに、食べていただきたいです」

愛知県碧南市の白醤油醸造家、蜷川洋一さんの口調に力がこもる。

日持ちのする普通のたまりと、どこがどう違うのだろう。

たまりは大豆（小麦少々を加えることもある）を麹にして仕込み、じっくり1年間ほどねかせた完熟の味。旨みも色も濃く、賞味期限も熟成期間と同じくらい長い。

しろたまりは小麦の麹を仕込んで約3ヵ月後、小麦のデンプン質が糖化されて甘くなったところで、色がつかないうちに桶から引いてしまう。花ならほころびはじめたつぼみといったところか。

発酵途上であるうえに、火入れ滅菌をしない生引きたまり。菌が生きているため、瓶に詰めてからもごくゆっくり熟成が進み、徐々に色が濃くなっていく。透き通った淡い色を保てるのは、せいぜい半月だという。

愛知県の中南部、知多半島の付け根の矢作川河口に位置する碧南は、海の街道に面して開けた江戸時代以来の醸造の町。酒、みりん、たまり、白醤油などの醸造品は、戦前まで船便で名古屋や伊勢方面に出荷されていたそうだ。豊かな穀倉地帯であり、かつては二毛作で小麦を作っていた。隣町には塩田があり、矢作川の伏流水も潤沢にある。醸造における好条件が揃っていた。

「かねてから、昔ながらの理想の白醤油を造りたいという、父の志がありました」

まず原料を厳選した。地元愛知県産小麦、伊豆大島の自然海塩、そして水。

「透き通るような淡い色を追求していったら、水に行き着いたんです。本社工場のある碧南の水道水も水質はいいけれど、微生物が造ってくれるものですからね。塩素入りの水道水より自然水です」

眼鏡にかなう水を求めて、西三河一帯を走りまわった。そして、矢作川上流の巴川近く、旧・足助町《あすけちょう》の集落の廃校になった小学校の木造校舎に、大木桶を据えて醸造場を作った。校庭には清らかな水をたたえた井戸もある。

「願ってもない環境でした」

そう洋一さんは振り返る。

吟味した原料と水、微生物にやさしい環境、昔ながらの木桶仕込み。

「（でき上がりが）悪かろうはずはないと思っていましたが、造ってみるまでわかりませんでした。初めてできたものを見て、舐めて感動しました」

桶から滴り落ちた汁は、色白く透き通り、たまりのようにとろりと濃厚だった。

大木桶から自然にたれるたまりを、火入れせずに瓶詰する。会心の生引きたまりは、黒船の宴にならって「しろたまり」と名づけた。

ＪＡＳ規格（日本農林規格）では原料に大豆を使用していないものは白醤油と表示できない、という制約もあった。規格に収まらない逸品である。

家に戻ってさっそく、しろたまりを使ってだし巻き玉子と茶碗蒸しをこしらえてみた。何より卵の黄色が美しい。できばえに気をよくして、野菜の煮ものやサワラの漬け焼き、さらに納豆や酢のものにと、じわじわ守備範囲を広げている。

色が薄いので、つい多めに使いがちだが、塩分は濃口醤油より若干高い。心されたい。

1

2

3

4

1／原料である地元・愛知県産の小麦(遺伝子組み換えでない)は、丸くつややかで粒揃い。この玄麦をそのつど7割ほどに精麦し、蒸して種麹をつけてすべて麦麹にする。2／塩水と麦麹を1対1の分量で木桶に仕込む。大豆は使わず普通の白醤油の2倍量の麦麹を使う濃厚な仕込み。3／櫂を入れてよく撹拌して混ぜ合わせ、重石をして木桶の中で約3〜4ヵ月間ねかせる。4／木桶の呑み口から流れる生たまりを珪藻土で濾過し、発酵を抑えるために焼酎を加えて瓶に詰める。

麦味噌

裸麦で醸す、初々しい生味噌

【愛媛県・宇和島市】

いつもの味噌汁は何色ですか。

赤、白、それともその中間？　その答えで、出身地のおおまかな察しがつく。

一世代前まで、日本人が生まれて母乳の次に口にするのは、たいていお粥と味噌汁だった。

赤子の魂に刷り込まれた味噌の味の記憶は、きわめて保守的である。

豆味噌文化圏で育った人は、白い味噌ではもの足りないと言うし、かたや麦味噌文化圏では、褐色の味噌汁なんかとそっぽを向く。

食べものの味が、全国どこも似たり寄ったりになりつつある中で、味噌は断固独自性を保っていて、実に頼もしい。

愛媛県南予地方の手前味噌は、麦で造る色白の味噌である。

裸麦に麹の花をつけ、塩と混ぜて木桶に仕込んで、季節によって2ヵ月から半年間ほどねかせる。

宇和島の昔気質の醸造家が、微生物の自然な営みに合わせて造る故郷の味噌は、フルーティーな香りを持つ白味噌。麦味噌が色白で、甘く香るのにはわけがある。

麦味噌はどうして色白で甘いのか

麦味噌は、あっさり熟成である。

重石の下に3年もねかせる豆味噌と違って、重石もせずに春・秋はおよそ4ヵ月、夏は2ヵ月、冬は約半年で、完熟果実のような甘い香りを持つ色白の味噌になる。

麹菌は麦のデンプンを糖分に変えるが、まだ甘みのあるうちに、発酵を止めてしまう。つまり早熟な味噌なのである。人間なら青春時代といったところか。

どこで桶出しするか、醸造家の判断がものをいう。早熟な味噌はまだまだ伸びしろがあって、発酵が進む。どんどん成長して色は濃くなり、甘みが減って旨みが増

仕込んでひと月もすると、ほのかに甘い香りが漂う。春・秋はおよそ4ヵ月、寒い時期は約半年間仕込み桶で発酵熟成。淡い山吹色に仕上がる。仕込みは春と秋が最適だそうだ。

し、香りも変わっていく。

塩がブレーキの役目をするので、塩分は豆味噌より少し多めになる。

かたや3年もねかす豆味噌は安定した熟年で、味の変化が少なく賞味期限も長い。

さて、味噌になったら微生物たちはどこへ行くのか。餌がなくなって徐々に減っていき、最終的には自然消滅する。

しかし今では、菌が生きていると発酵が進んでパッケージがふくらんだり、時に破裂したりと流通にのらない。大量生産の味噌の多くは火入れ殺菌されている。

麦味噌の初々しい風味は、やはり醸造の主役たちが生きている生味噌でなければ味わえない。

愛媛県南予地方の味噌は、今は大豆も使うが、もとは麦だけで造る麦味噌だったそうだ。

南予は平地が少なく、米もほとんど採れない。山の段々畑は、文字通り「耕して天に至る」の図である。今はミカン果樹園になっているが、かつて段々畑は一面の麦畑だったという。

原料の裸麦は大麦の一種で、粘りがあり甘みもあって味もよい。古くから押し麦にして白米に混ぜたり、団子や餅にしたり、麦茶や焼酎などの嗜好品、粉にして麺や麦菓子にと重宝に用いられてきた。

裸麦はカルシウムや食物繊維が豊富に含まれるヘルシーな食材。もっと見直されてもいいのに、麦ご飯が冷遇されがちなのは、麦しか食べられなかった時代が長かったからかもしれない。

近在の農家では6月に収穫する麦で、自家用の味噌や醤油を仕込んだ。種麹も前年の麦麹を乾燥させて、各家で持っていたそうだ。種麹まで造ってしまう技術は、玄人はだし。手前味噌は、さぞや個性豊かな味わいだったことだろう。

「味噌に色がつきすぎても好まれませんし、白すぎても熟れてないんじゃないかと言われます。ここの人たちは、色にやかましいです」

宇和島の味噌醸造家、井伊良夫さんは言う。

原料の配合から麹の種類まで指定してくる客も少なくないというから、なかなか手強いらしい。

父子三代現役でこしらえる昔気質の味噌

父子三代で営む味噌屋は、一途に麦味噌しか造らない。

温度管理の機械も自動製麹機《せいきく》もない。職人の経験と勘にものをいわせ、四季折々の気候に合わせて麹菌のお守《も》りをする。古びた粉砕機とミンチ機を除けば、すべて人力手動式。小さな生きもの相手の仕事である。

「花がきれいにつかんといかんけんね。麹が若いと、ええ味噌ができません」

麹室《こうじむろ》の中で麹カビが繁殖すると、蒸し麦が白い綿毛に包まれる。これを醸造家は「花がつく」と言う。花の綿毛は若いうちは短く、老麹《ひねこうじ》ほど長くなる。

若すぎず老いすぎずの、綿毛のさじ加減が勘どころ。麹造りは味噌造りの要。味は、味噌麹のできばえにかかっている。

種付けした蒸し米を室《むろ》で一晩ねかせる。花がまんべんなくつくように、波状に筋を入れて表面積を広げ、温度と湿度を最適に保ち、くまなく酸素を行き届かせる。

麹カビは、寒いと動かない。30~32℃に保ってやらなければならない。冬は石油ストーブが活躍する。動き出すと自分で熱を出し、室の温度が上がる。暑すぎても死んでしまうから、天井の小窓を開けてやる。

全開にするか半開きか、隙間程度にしておくか。窓の開閉の加減は、その時の外気温と室温の兼ね合いである。

仕上がった麦麹を、口に含むとほのかに甘い。これに塩を加えて大桶に仕込むが、この時はまだただの塩辛い麦ペーストだ。これが桶に寝ている間に、塩辛さが魔法のように消え失せ、甘い風味に生まれ変わる。果報は寝て待て、である。

暑さ寒さで熟成期間が違うのは、麹菌たちの都合である。効率を優先するなら、いくらでも彼らを急かすこともできる。

百も承知で、無駄にも見えるこの時間を、かつて各家の母さんたちがそうしたように、昔気質の味噌屋は慌てず騒がず待つのである。

麦味噌の作り方

1 木桶で麦を蒸す

水洗いして2～3時間浸漬した210kgの裸麦を、木桶で30分間蒸す。

2 種麹をつける

蒸した麦を藁むしろに広げて、35℃くらいまで冷ます。種麹を両手ですり合わせるようにして、まんべんなく混ぜ込む。

3 麹室に一昼夜おいて麦麹にする

味噌醸造の山場は麦麹造り。種麹付けした蒸し麦を浅い木箱に入れ、室に積み上げて丸一昼夜、30～32℃に保って花をつける。室に入れた翌朝「手入れ」する。

麹カビが均一に繁殖して花がつくよう、波状に筋を入れ、表面積を広げて温度を保ち、空気と湿気に触れさせる。

4 塩切りして桶に仕込む

麦麹に1割弱の塩を加え、よく混ぜ合わせて塩切りする。地下水を加えてミンチ機にかけてペースト状にし、隙間なく大桶に詰め込んで仕込み完了。

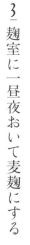

ねさし味噌

【徳島県・川島町】

野生の麹菌が足かけ3年かかって醸す、自然造りの昔味噌

徳島県の吉野川沿い川島町に、江戸時代から造られる「ねさし味噌」という赤味噌がある。大豆と塩水で仕込み、がっちり重石をして、二冬二夏ねかせた旨口。黒に近い褐色の豆味噌だ。

クセのある香りと濃厚な旨み、かすかに渋みも潜んでいて、その味わいは奥深い。2年3年とねかせるほどに、まろやかにおいしくなるというので、「寝さし」。地元の人たちは、親しみを込めてそう呼んでいる。

一般に味噌造りというと、純粋培養した種麹菌を使う。一方、ねさし味噌は、空気中にいる天然の麹菌を、巧みにおびき寄せてこしらえる、昔ながらの自然造りだ。

このねさし味噌の仕込みは、2月から桜の花の咲く頃まで。腐敗菌など雑菌の少ない冬季に限られる。

蔵内に棲む麹カビがひと月かかってつくる味噌麹を木桶に仕込んで、のんびり進む微生物ベースの醸成を、じっくり待つのである。

世の中で一番旨いのは、幼い頃からなれ親しんだわが家の味噌である。

台所をあずかるお母さんたちにとって1年間毎日食べることになる味噌の仕込みは、ここ一番の腕の見せどころ。味噌の出来が悪い年は、家運が下がるともいわれたから、責任も重大だった。大豆が無事味噌となるためには、あまたの雑菌に打ち勝たなければならない。

晴れて味噌になってしまえば、少々の雑菌は寄せつけない。熱々の味噌汁で少々の風邪を吹っ飛ばし、腹具合の悪い時に食べたり、傷口にぬったりと、家庭薬としても重宝に使われてきた。薬食同源の味噌には、日本の母さんたちの知恵と気合いが詰まっている。

2段階の発酵でコクと深みを造る千年来の伝統食

麹カビが味噌玉を覆うとチーズのようなかすかに甘酸っぱいにおいが漂う。これを4つ割りにし、さらに中までカビをつける。

味噌と日本人の付き合いは古く、飛鳥時代に遡る。朝鮮半島北部から渡来して、尾張、美濃、近江周辺に住みついた高麗人《こまじん》が、豆味噌の製法を伝えたといわれている。ねさし味噌は、この豆味噌。いうなれば日本の味噌のご先祖さんである。味の記憶はしぶといもので、尾張、美濃にあたる愛知、岐阜周辺では、千年以上経った今も豆味噌が主流だ。ねさし味噌も、江戸初期に、尾張から阿波へ赴いた藩主蜂須賀家とともに徳島へ伝わったものだという。

味噌には使われる原料によって、豆味噌、米味噌、麦味噌がある。また色によって、赤味噌、白味噌とも呼ぶ。

じっくりねかせる豆味噌は、色も旨みも濃い赤味噌。米麹と大豆で仕込む米味噌は、京都に代表されるあっさり熟成の甘口白味噌で、長期熟成の赤い米味噌もある。九州や四国で好まれる麦味噌は、大麦や裸麦を原料に半年ほどで仕上げる。独特の香りの甘口だ。

豆味噌造りでは、まずは大豆と麹菌で「味噌麹」を作り、これに塩水を加えて仕込んで、発酵熟成させる。一般的に味噌麹造りには、純粋培養の種麹菌が使われる。管理しやすく、短期間でできるので効率がいい。

一方ねさし味噌造りの主役は、藁や空気中にいる野生の麹菌だ。自然繁殖する彼らの、スローペースを待つしかない。雑菌の少ない時季に仕込んで、2年間はおあずけだ。人間の仕事は、麹菌が好む寒い時季を選び、彼らが機嫌よく働く環境を整えてやる。いわばお守り役である。目に見えない野生菌を自在に操って作る味噌、というといかにもすごそうだが、古くから農家で自家醸造されてきた手前味噌なのである。

ねさし味噌は色は黒いし、クセも強くて万人受けしない。うんざりするほど時間も手もかかるのに今日まで生き延びてきたのは、いつの世にも自然造りならではの奥深い味わいを愛する根強い支持者がいたからに違いない。

野生麹菌の揺りかご、麹室《むろ》。暑くないか、冷えはしないか心を配る

「朝、納豆食べてきませんでしたか」

麹室の前で、ねさし味噌蔵の佃さんが言う。雑草のごとく強い野生麹菌といえど、納豆菌に似た枯草菌にはからきし弱いらしい。

味噌の出来は、味噌麹で決まる。麹作りは、ねさし味噌の山場。麹室は、大事な麹菌たちの揺りかごである。70坪もある広々とした麹室に、麹菌の生えた——すな

わち麹カビだらけの玉味噌が何千と居並ぶ様に思わず息を飲んだ。真冬だというのに、窓は開け放し。寒風が吹き抜ける。この寒さと、玉味噌の内部で増殖する乳酸菌が、枯草菌、腐敗菌などの雑菌を抑え、麹菌の速やかな増殖を助けてくれるのだ。

玉味噌を切り分け、藁むしろに並べておくと、餌につられてどこからともなく麹菌がやってくる。麹菌はもともと稲に由来する微生物で、空気中に漂うものもあれば、藁むしろにも、室の天井や壁にも目に見えない小さなやつらが棲んでいるらしい。

静まり返った室で、音もなく天文学的数の微生物が働く。夜のうちに彼らが出す熱気で、窓ガラスにびっしりと水滴がついている。

「人間も暑いなと思えば窓を開けるでしょう。カビだって同じですよ」

寒い夜は、むしろの布団を掛けてやり、昼は汗をかかないようにと、窓を開けて風を入れる。麹室の温度調節は、昔と同様窓と藁むしろだ。

もの言わぬ相手の状況を察し、こまめに目を配り、ここぞというところに手をかける。味噌麹は単なるモノではなく、生きもののかたまりだ。お守り役は、わが子のように育てるのである。

味噌玉の奥まで入り込んだ小さな大食漢が醸し出す旨み

ほどよい温かさと湿気があれば、麹菌は機嫌よく煮大豆を食べ、素直に増殖して、ひと月ほどで味噌麹になる。育てやすいが、寒すぎると何日も動かず、気を揉ませる。そのくせ温度が上昇すると、一気に増殖、自滅してしまうこともあって、油断はできない。

首尾よく銀色の麹カビが、すっぽり味噌玉を覆うと、チーズとも味噌ともつかない甘い香りが立ち込める。この香りを目安に、味噌玉を割って、中までカビを入り込ませる。カビが食い込むほど、味噌にコクが出るという。

味噌麹と塩水を混ぜ、木桶に仕込んで、ぎっしり重石をのせてねかせる。豆麹造りにひと月。重石の下で丸2年。3年目に晴れて野太い味噌になる。

「昔からしよる時季に、カビを急かさず、無理せんとしたらええんです」

時が来れば、なるべくしてなる。佃さんの言葉に、代々麹菌というカビを手なずけて、旨いものを醸してきた、カビ使いの余裕がのぞく。

仕込みから3年目に仕上がった野太いねさし味噌は、塩かどがとれてまろやか。色も香りも旨みも濃く深い。5年間ねかすとさらに深い完熟の味わいに。

ねさし味噌の作り方

1 大豆をゆでる

一晩浸水した大豆を、かまどの大釜で煮る。薪の炎は長く、釜を包み込むように燃えるのでおいしく煮上がる。指で軽くつまみ、すっと崩れる軟らかさが目安。

2 味噌玉を作り、切る

煮大豆を粉砕機で潰して、よくこね、長さ20cmほどの筒形に丸めて味噌玉を作る。これを一晩おき、表面が乾いて少し固くなったら、包丁で3cmほどの厚さに切り分ける。

風通しのよい室の藁むしろの上に、切り分けた味噌玉を広げて並べる。2～3日もすると、藁むしろの中や空気中にいる天然の麹菌が味噌玉にやってきて、繁殖をはじめる。

3 味噌麹を作る

発酵時に熱を出すので昼は室の窓を開けて、寒風を入れる。1週間で味噌玉の表面がうっすら白くなる。2週間で銀灰色のカビですっぽり味噌玉が包まれる。

中まで麹カビが入り込むよう、味噌玉を4つに割って、さらに5～7日間おく。カビがくまなく覆ったら、寒風にあてて乾燥させる。豆味噌麹が完成。

4 木桶に仕込む

15%の塩水に、豆味噌麹を10日間ほど浸けてふやかし、搗き棒で潰しながら桶に詰める。発酵が活発になる夏の土用に天地を返し、重石をぎっしりのせて2年以上熟成。

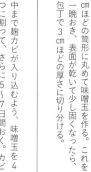

和三盆

白を求めて熟練の手が研ぎ出す、江戸時代の和製砂糖

【徳島県・上板町】

ちょっと甘いものが欲しい時、そういえばあったと、和三盆糖の干菓子を思い出す。早く食べろと急かさないのも干菓子のいいところだ。

ひと粒舌にのせると、春先の牡丹雪のようにすっと消えて、口の中にささやかなしあわせが溶ける。

そのふくよかな甘さは繊細にして奥深く、パワフルな黒糖とも、ただ甘いだけの精白糖とも違う。

かつて「甘い」と「旨い」が同義語だったというのもうなずける。

和三盆糖は砂糖が高嶺の花だった江戸時代に、白い砂糖を求めて讃岐、阿波地方独特の手法で作られた。いわば江戸時代の高級白砂糖である。

サトウキビの搾り汁を煮詰めた白下糖から、褐色の糖蜜を抜くと色白の砂糖になる。より白くしたいが、蜜を抜きすぎると旨みが落ちる。かといって残しすぎても雑味になる。いかに旨い白肌に迫るか。数値にならないさじ加減が技である。

どうやって蜜を抜き、なめらかさを出すのか。昭和の時代まで秘されていた江戸時代の製法が、徳島県上板町に今も脈々と生き続けている。

徳島県上板町に、かつて秘中の秘だったという和三盆糖の伝統製法を受け継ぐ製糖所がある。

「とがっとるかまろっこいか、口にあてたら、たちまちわかります」

岡田製糖所の岡田英彦さんが、そう言って象牙色の干菓子を勧めてくれた。

梅、桜、鳴門の渦潮などの木型に、和三盆糖を固く詰めて、ポンと型抜きするだけ。何も足さない。裏方が素顔のままで桧舞台に立っているようなものだ。

和三盆糖は、18世紀末から阿波、讃岐で作られてきた。高嶺の花とはいえ、江戸の人は旨い砂糖を食べていたも

「研《と》ぎ」と「圧《お》し」の作業をくり返して、白下糖から徐々に糖蜜分を抜いていく。この状態からあと1回で温かみのある白さに仕上がる。口どけのよさと糖蜜の風味をほのかに残す甘さが身上。和三盆糖の名の由来は諸説あるが、昔は盆の上で3回研ぎの作業をくり返したことから、という説が有力。

のである。

阿波藍の産地として知られる吉野川流域上板町の砂糖作りは、徳島藩主蜂須賀氏の奨励もあって、２００年余前に農閑期の仕事としてはじまっている。

「親父の代は農業が主体で、砂糖作りは副業でした。半農半糖の家がこの町に１００軒余あって、ここら一帯砂糖を炊く甘いにおいがしたもんです」

岡田さんの子ども時代は、サトウキビ農家で搾り汁を煮詰め、白下糖にして製糖場へ出荷したという。

「昭和24年頃までは、牛が石臼を回してサトウキビを搾っていました」

サトウキビの収穫がはじまる12月になると、徳島の山間地から「締《し》め子」と呼ばれる専門職集団が、雄牛を何十頭も引いてやってきた。蔵人を取りまとめて酒造りにくる杜氏のようなものである。

「村を夜中の2時に出て、こちらへ着くのは夕方だったと聞いていています。牛の首に付けた鈴の音が、チリンチリンいうてね。遠くからでも、ああ来るんやなとわかったもんです」

収穫したサトウキビは、できるだけ早く搾らないと味にひびく。

「夜中の1時から夕方まで、休みなしで搾ってましたよ」

牛が圧搾機に変わった今も、長い付き合いの締め子集団が、代々同じ山村からやってくる。

時が流れ世は移り代が変わっても、そこにあり続けるものがある。それを支えるのは、歳月をかけて磨かれた技と、それを守り抜く志だろう。

糖蜜を抜くさじ加減が白さと旨さの秘訣

大釜が並ぶ釜場に、もうもうと甘いにおいの湯気が立ち込める。

サトウキビの搾り汁を、煮詰めて白下糖にするのが釜場の仕事。寒い時期にぬくぬく働いているように見えるけれど、そうもいかないらしい。

煮詰めながら、大釜に張り付いて目の細かい網でひたすらアクをすくい続ける。ここで手を抜くと、和三盆糖が白く仕上がらないばかりか味にもひびく。さらに、ひとつまみの牡蠣殻灰を振り込み、アクを包み込んで上がってくる泡をとことんすくうのである。アクとの戦いは果てしない。

灰のアルカリ分は搾り汁を中和させ、糖を固める役目もしている。

「石灰でもできんことはないんですけど、わずかな苦みが出ます。昔ながらの牡蠣殻がええんです」

さらに不純物を取り除き、上澄みを煮詰めると白下糖になる。これはいわゆる黒糖で、褐色の糖蜜を含む含蜜糖だ。

褐色の白下糖を、色白に仕上げるのが製法場。「研《と》ぎ」と「圧《お》し」という手法をくり返し、徐々に白下糖の糖蜜を抜いていく。白を研ぎ出す製法人の腕の見せどころである。

「研ぎというのは、米を研ぐのと同じです。白下糖に呼び水を含ませ、よく練って蜜を引き出すわけです」

90歳まで現役だった坂東千代吉さんに、以前そう伺った。今は息子の永一さんが後を継ぎ製法人を務めている。

ごつく大きな手が水を打ち、むんずと掴み、こね、とろりと練り上げる。一回1時間半から2時間。冬でも汗が滴る。

これを布袋に包んで一晩圧しをかけておくと、じわじわ糖蜜がにじみ出て滴り落ちる。これを4、5回くり返すと、褐色がほどよく抜け、糖の粒子は細かくなめらかになっていく。

和三盆糖独特の白と、口に入れた時のあのまろやかさがここで生まれる。

80kgもの重石を吊り下げた樫《かし》の木の押し棒。荒縄で縛った石。つややかな桜木の研ぎ槽《ぶね》……。使い込まれて美しい製法場の道具たちに、和三盆等を生んだ昔の人たちの知恵と工夫が詰まっている。
4、5日間かかる蜜抜きの作業も、遠心分離機にかければたった1時間で済むという。まさに夢の技術だ。岡田さんは試しに機械を使ってみたこともあったという。
「機械を入れよか」と岡田さんが言うと、「それなら辞めさしてもらう」と老職人が応える。そして昔ながらに落ち着いた。

「味と色を追求していくと、だんだん昔にかえっていくんです。食べものはなんでもそうやけど、旨なかったらあかん」

岡田さんが守ってきたのは、甘い砂糖より旨い砂糖である。

釜場の作業。荒釜、すまし桶、中釜、上げ釜と順に搾り汁を煮詰め、攪拌しながら自然冷却する。とろりとした白下糖のでき上がり。

和三盆の作り方

1 サトウキビを搾る

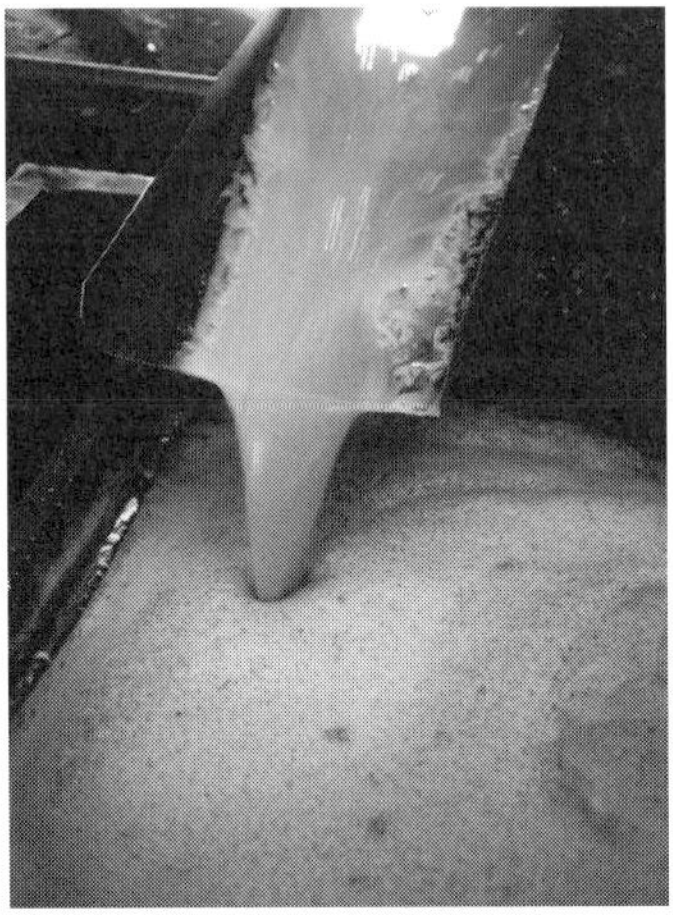

在来種のサトウキビ「竹蔗」を、糖度の上がる12～1月に一本一本引っこ抜いて収穫する。これを機械圧搾して搾り汁を得る。

2 アクを取りながら煮詰めて白下糖を作る

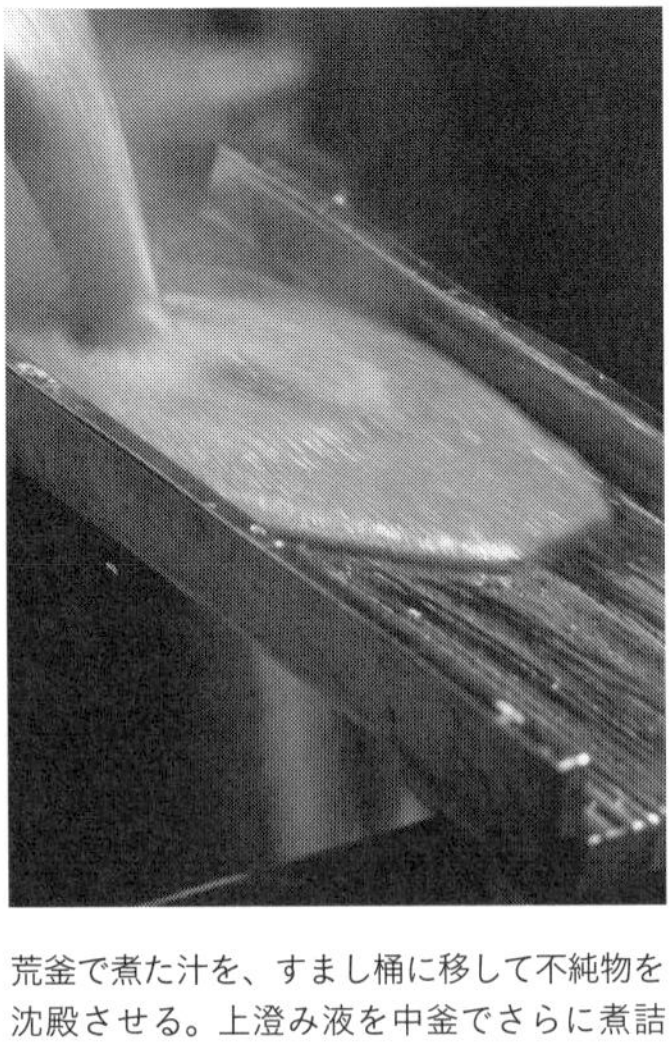

荒釜で煮た汁を、すまし桶に移して不純物を沈殿させる。上澄み液を中釜でさらに煮詰め、上げ釜に移して仕上げる。

3 糖蜜を抜いて白くする

白下糖を5日～1週間おき、結晶化させてから精製する。水を含ませながら研ぎ台で練る「研ぎ」。重石をかけて一晩圧搾する「圧し」を4、5回くり返して徐々に糖蜜を抜く。

4 4、5日間陰干しする

仕上がったら粉砕し、ふるいにかけてその日のうちに風通しのいい部屋で陰干しする。湿気で固まる性質があり、カビが生えることもある。湿気の少ないところで保存する。

黒糖 【鹿児島県・奄美市】

幻のサトウキビと古来の製法が生む、ミネラル分たっぷりの甘み

甘いものには気分をほぐす作用があるんだろうか。ごつごつした黒糖をひとかけら口に含むと、心がまあるくなる気がする。穏やかな甘みがゆっくりとろけて、不思議に元気が出る。

奄美大島では、古くから「さたっくぁやくすり（黒糖はくすり）」、というそうだ。あの黒さに、秘めたる底力があるのかもしれない。

江戸時代初期、日本で初めて砂糖が作られたのは、ここ奄美大島。奄美では、黒糖は単に調味料ではなく、お茶請けになくてはならないおやつでもある。サトウキビの搾り汁を、ていねいにアクを取りながら大釜で煮詰め、よくかき混ぜて冷ますと黒糖ができる。

南の強い太陽光を浴びて、全長３ｍにも育つサトウキビの搾りたてジュースを、そのまま煮詰めて作る天然果汁の濃縮版。

独特の風味と複雑な甘みには、大地の養分がたっぷり溶け込んでいる。

長寿の島の元気ぐすり。おひとついかが。

子どもの頃、縁側でサトウキビをかじった思い出がある。見たところ細竹みたいで、繊維が硬く筋だらけ。かまわずがしがし噛むと、甘い果汁がじゅわっと出てくる。甘い汁で、手も服もべたべた。これが砂糖のもとだとは知る由《よし》もなかったけれど、その新鮮な甘みの至福は忘れられない。

日本で初めて砂糖が作られた南海の奄美大島

もともと日本人は砂糖の味を知らなかった。

ほんのひと握りの特権階級が、薬と称して舶来砂糖を賞味していたにすぎなかった。ならば甘みは、どうしていたのだろう。発酵で醸《かも》す糀《こうじ》（米麹）の甘さや、柿など果物の甘さを上手に使っていた。べったら漬け、柿なま

まだほの温かい黒糖を、型に流し込んで角ざた（角砂糖）を作る。大茎種で作る黒糖の品のいい甘みと風味のよさは、地元の人たちの折り紙付きだ。

すや、柿漬けなどは、その名残だろう。

紀元前から「蜜を生み出す葦」と呼ばれていたサトウキビが、中国から日本国奄美大島へ入ってきたのは、江戸時代慶長14年（１６０９年）のこと。

難破して中国福建省に漂着した奄美大島の直《すな》川智《かわち》という人が、秘かに苗と、砂糖の製法を持ち帰ったとされている。

以来奄美大島は、薩摩藩のドル箱となるわけだけれど、島の人々にとってはつらい搾取の時代の幕開けだった。

「畑の真ん中で、背の高いキビに隠れて食べて、カラは土の中に埋めたです」

古老の記憶では、自分の畑のキビ一本、おおっぴらには食べられなかった時代が、昭和になっても続いたという。今やっと、自分たちの手に戻ってきた黒糖には、語り尽くせぬ思いがある。

昭和28年の本土復帰までは、どの村にもサトウキビ畑の隅に砂糖作りの小屋があった。

「旧正月から〝さたやどり〟に上がって、旧暦4月まで、親たちはそこに泊まり込みだったよ。温かいさたの味は忘れられん」

さたは砂糖、やどりは宿のことだ。

甘いもののない時代に、ここにはいつでもできたての黒糖があった。さたやどりへ遊びにいくのは、子どものいちばんの楽しみだったという。

「昔のさたは、いい味だったな」

さたやどりで遊んだ世代が、そう言って惜しむのは、どうも懐かしさばかりでもないらしい。

聞けば、品種が違うのだという。もっともおいしいといわれる当時のキビ、大茎種《たいけいしゅ》は、風に弱く歩留まりがよくないという効率優先の理由で、50年ほど前に消えてしまった。今も茶飲み話に出てくる幻の黒糖は、どんな味がしたのだろう。

極上の甘さをよみがえらせたサトウキビ畑の贈りもの

東シナ海に面した奄美大島の北側は、冬には強い北風が吹きつける。サトウキビ畑がざわざわ鳴り、３ｍの緑の壁が、そのたびに大きくうねる。

たてがみをなびかせて馬が走り、ぎいとさた車が回ると、サトウキビの甘い香りの汁が瓶に滴る。

島にただ一軒、絶滅した大茎種で、黒糖作りをするさたやどりがある。

故・隈元《くまもと》久義さんには、夢があった。

失われた大茎種を「切らさんように」自宅の庭で育てていた。作り続けないと、キビの種が途絶えてしまうという。荒れ地を開墾し、毎年少しずつ増やして、13年かかって大茎種のサトウキビ畑を作り上げた。

10年がかりで古い道具を集め、昔のままの製法で、昔ながらの黒糖をよみがえらせたのだ。

「幼い頃のさたやどりの味が忘れられなかったんでしょう。親父の夢だったから」

と長男の隈元範久さんは、父久義さんの遺志を継いだ。

釜を焚くのは、さたやどりの主《あるじ》の仕事である。

少し青臭くて甘い搾りたてジュースを、ザルで漉して石灰を入れる。これが酸化を防ぎ、えぐみになるアクを包み込んで浮き上がらせる。水分と糖分を分離させる働きもする。昔は珊瑚を焼いて砕き、粉にして使ったそうだ。

釜焚きは、火加減が決め手。アクが浮いてくるまでは、強火。どんどん薪とキビガラをくべて、沸騰直前にアクをすくう。アクの泡が割れると、黒糖にえぐみが残る。アクが取れて初めて、上質な黒糖の味になるという。釜のへりについたアクも、ていねいにふき取りながらの釜焚きだ。2時間もして、粘りが出てきたら大詰め。薪の熾火《おきび》を微調整しながら、じわじわ煮詰めていく。

「砂糖は七変化するんですよ」

刻々と変わる泡の形も色も見逃せない。釜揚げ時が少しでも遅れると、苦みが出る。面をにらみ、口に含んだ粘り気で見きわめて、火に水を打つ。

熱いうちに小鍋に移し、一気呵成《いっきかせい》に撹拌。何人か交代でものも言わずかき混ぜ続ける。汗を滴らせ、まるでバトンリレーの決勝戦だ。

もたもたやってると、飴玉みたいに固まってしまう。たっぷり空気を混ぜ込むことで、ほろほろ崩れる黒糖ができるのだという。

ねっとりした黒糖をさらにかき混ぜ続けると、ある時一瞬で、ぱっとさらさらの粉砂糖に変化する。まるで手品だ。

黒糖のにおいに誘われて、通りがかりの人たちも顔を出していく。「この味、何十年ぶりかね」と手伝っていく人もいる。

かつてキビ畑で遊んだ人たちが、ていねいすぎるほど手をかけて作る「昔の黒糖」は、おそらく、思いが深いぶんだけ昔のものを越えている。

黒糖の作り方

1 サトウキビを収穫する

写真は大正時代から昭和初期まで栽培されていた大茎種《だいけいしゅ》のサトウキビ。皮が柔らかく、甘みも水分も多い。今ではほぼすべて栽培効率のいい種に変わった。

2 焚く直前に搾り、石灰を加える

サトウキビを“さた車”にかけて汁を搾る。搾りたては半透明の乳白色。すぐに酸化して黒っぽくなり酸味が出る。酸化を中和するために加える石灰のさじ加減が、味の決め手に。

3 煮詰めて釜揚げし、手早く撹拌する

強火で煮詰めて沸騰直前に、えぐみのもとになるアクをていねいにすくう。10分の1量に煮詰まったら火を落とし、熱々を小鍋に移して撹拌する。

4 でき上がり

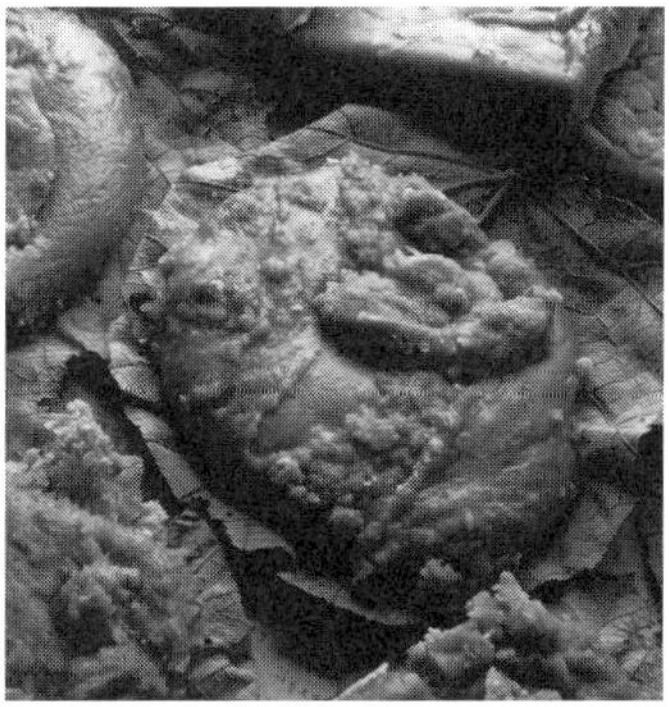

野イチゴの葉に盛った“さたびらし”と(上写真)、型に流し込んだ“角さた”(上写真奥)さらに攪拌し続けて作る特上の“散ざた(粉砂糖)”(右写真)。

蜂蜜

【徳島県・伊賀町】

蜂蜜作りはミツバチの仕事。人の手が加わらないほど純粋良質

とろりと透き通る甘さ、ほのかな酸っぱさ――。蜂蜜の滋味は洋の東西を問わず、古くから老若男女に愛されてきた。

蜂蜜はミツバチが冬を乗りきるための、滋養豊かな保存食。これが人間にとっても、すばらしい元気のもと。病人にやさしく、疲労回復を促し、滋養強壮、怪我や火傷にも力を発揮する。胃腸で消化する必要もなく、速やかに体内に吸収されてエネルギー源になる。

さらに、微生物を寄せつけず、何年経っても腐らない。古代人も見抜いていたのだろう。奈良時代には、薬として特権階級の人々に珍重されている。

このミラクルな蜂蜜、もともと自然に存在しているわけではない。

ミツバチがせっせと加工して、作っているのである。

高熱を加えると効力が消えてしまうので、心されたい。

「蜂蜜は、人が手を加えないがいちばん」

巣から採ったそのままが最上質だと、ミツバチを飼うハチ飼いさんは言う。

採蜜中の遠心分離機から流れ出る蜂蜜を、舐めさせてもらった。

涼しげな花の香りの蜜に、ほのかな酸味が溶けている。あの濃密な甘さの蜂蜜が、実はちょっぴり酸っぱいものだと、その時初めて知った。

一つの花の蜜を集めるミツバチの几帳面な習性

花を追って移動するハチ飼いさんには、〝花サイクル〟というのがあるそうだ。春いちばんの梅の花にはじまり、レンゲ、ナノハナ、ミカン、山の木の花へと花はめぐり、ミツバチが集める蜜の色、香り、味わいも変わっていく。

初夏、ミカンの花が咲くと、ミツバチたちは2km も3km も飛行して、もっぱらミカン畑に通い詰める。

六角形に巣房に貯蔵されたミカンの花の蜂蜜。ハチが作ったものは糖度が高く、腐らず発酵もしない。ハチたちが生命をつなぐために作る優れた保存食だ。

他の花にもちょっと寄っていこうとか、ずるして近場の花で済ませようというのはないいんだろうか――。

それが、働きバチには不思議な習性があり、一つの花に通いはじめると、その花が終わるまで続けるという。

蜜源を見つけたハチは、意気揚々と巣箱に戻って、羽音とダンスで仲間に場所を教える。蜜量が多いほどダンスは過激になるらしい。そしてそれを見た巣箱内の一団が、同じ蜜源をめざす。

採蜜バチが持ち帰った花蜜《かみつ》を、巣の中で働く内務バチが受け取り、ひと働きして蜂蜜に変えてくれる。

そうして、ミカンの花の時季にはミカンの蜂蜜になる。それを、あこぎな人間さまがそっくりいただく――。

彼らにしてみればいい迷惑だけれど、おかげで人間は、太古の昔から蜂蜜の恩恵に浴してきた。

甘くておいしいばかりでなく、蜂蜜は古来、滋養強壮の薬でもあった。

一口舐めれば疲労回復を助け、傷口にぬれば雑菌を防ぐ傷薬になる。おまけに元気の出る旨い酒にもなる。

ただし、本物なら、である。

安価で店頭に並ぶ蜂蜜の中には、まがいものも少なくない。

たとえ糖分を添加したまがいものでも、分析しないと見分けがつかないからやっかいだ。

また、蜂蜜によっては低温で結晶するが、それを溶かすために高熱を加えると、蜂蜜の中の酵素が死んでただの甘い液になってしまう。

「昔から体によいとされてきたのは、酵素によるところが大きいんです」

蜂蜜の研究者は言う。

「国際的な品質規格では、酵素の活性値が純粋蜂蜜であることの重要な物差しになっています。酵素不活性では、ただのシロップ。蜂蜜とはいえません」

蜂蜜は、ミツバチが自分たちのために冬に備えて作る大事な保存食。女王バチと数万匹の働きバチひと所帯が、生命をつなぐための糧である。

巣箱の中は天才たちが働く蜂蜜生産工場

巣箱の中の天才たちの働きぶりには、目を見張るものがある。

採蜜バチが花から集めてくるのは、花の蜜腺から分泌される花蜜で、甘さは蜂蜜の半分にもならない。それに、このままでは保存がきかない。

1／巣房の蓋が、8割方閉じられるのを待って採蜜する。六角形を並べて作るハニカム構造の巣板には、ミツバチが集めた蜜がたっぷり詰まっている。蓋する前なら切る手間も省けるが、それでは蜂蜜の品質はいまひとつだ。2／蜜のにおいを嗅ぎつけて集まるミツバチを避けて、採蜜作業は蚊帳の中で行なう。3／巣房の蓋を切り落とした後、巣を遠心分離機にかけて蜂蜜を分離する。搾った蜂蜜を濾紙で漉して、瓶詰にする。

採蜜担当の外役のハチから花蜜を受け取ると、巣内の内務バチの出番だ。まず花蜜を膜のように薄くのばし、巣内の高温で水分をとばす。次に表面積が大きくなるように水滴の形に丸めて巣房の内壁にくっつけ、小さな羽でいっせいに風を送って濃縮する。

「夜行くと、巣箱からザァーザァーと羽を震わす音が聞こえます」

糖度80%前後になると、蜜蠟《みつろう》で巣房を密閉して加工完了。濃縮不足だと暑さで発酵し、夏が越せない。ぎりぎりの境界線を、彼らはちゃんと心得ているのである。

加工前と加工後の蜂蜜では、甘さの質も違っている。花蜜の甘さは、蔗糖《しょとう》といって砂糖と同じく、口に入れたら胃腸で消化しなければならない。

一方蜂蜜の甘さは、消化作用なしに吸収される。ハチの唾液の酵素で、蔗糖が分解されてブドウ糖と果糖に変化する。つまりミツバチが消化作用を済ませてくれる。

濃縮が終わり8割方蓋が閉じるのを待って、ハチ飼いさんが採蜜作業をはじめる。

「この時季は100回ぐらい刺されます。それでもハチはかわいいな」

ハチ飼いさんは目を細める。

仕事がはかどる好天にはハチもご機嫌でめったに刺さないが、外へ出られない雨の日は気が荒くなるらしい。愛らしくて油断ならないお天気屋だ。

びっしり付いたハチを払い落として、板状の巣を、遠心分離機にかける。

「ハチたちはこんなことされても怒りもせんと、人間は悪いことしますなぁ」

ハチはじっとしている冬は150日ほど生きるけれど、採蜜期は1~2ヵ月の寿命だという。

「生命を削って働いているようなもの」

巣が蜜で満タンになると、働きバチも働かなくなる。空っぽにしてやると、またせっせと蜜を集めに出かけていく。飛び去っていく後ろ姿が、他人ごととも思えず、ちょっとせつない。

6月の蜜は、山の木の花や野の花、さまざまな花から採集する百花蜜《ひゃっかみつ》。

「〝年色《としいろ》〟といってね。野山の花の咲きようによって、毎年、色、香り、味が違うんです」

野放図で活力に満ちた百花蜜が、もうすぐ届く。

料理酒

【福島県・矢吹町】

猪口《ちょこ》1杯分で味に深みが出る濃醇《のうじゅん》甘口純米の隠し味

「料理酒って飲めるんですか」

お客さんにそう問われてがっかりしたと、福島の酒造の主《あるじ》、大木代吉《おおきだいきち》さんは苦笑する。

飲めないようなまずい酒で、料理が旨くなるはずもないが、そう思われているフシもある。

味を引き立てるために使われるから料理酒であって、もともと「料理酒」という酒があるわけではない。

20数年前、添加物のない料理用の酒が欲しいとの求めに応じて、大木さんが料理酒として世に出したのが、有機米で造ったこの酒だった。もともと飲むために造られた、濃醇甘口の純米酒である。

「当時は三倍増醸酒全盛時代で、純米酒という言葉もありませんでした」

三倍増醸とは、戦後の米不足の頃、窮余の策で造られた酒だ。

「原料米を減らして、発酵過程にアルコール、糖類、グルタミンソーダ、酸味料を加えて増量した酒です。うちも造っていました」

敗戦後の食糧難時代には、酒飲みのオアシスとなったに違いない。

ところが、米が潤沢に出回るようになっても、三増酒はなくなるどころか、盛んに造られ続けた。アルコールを添加するから安上がりだし、醸造期間も大幅に短縮できる。味の不足は添加物で補えばこと足りる。

「ありのままの酒だから、造る自信があったわけではないんです。ただ、このまま大手と同じことをやっていては、小さな酒造は生き残れない。良いものを造らなければ」

まずは、昭和48年に、有機米を原料に純米酒『自然郷』を造った。淡麗《たんれい》のやや辛口の酒である。いまでこそ淡麗辛口が主流だが、当時は見事に返品の山だった。4年我慢の日々が続いた、と大木さんは振り返る。

酒造りの朝一番の仕事は米蒸し。原料は秋田県大潟村産の低農薬米。蒸米を手で握り、ひねり餅を作って蒸しの加減をみる。ご飯1粒1粒に弾力がある。

純米甘口の料理酒を造ったのは、その3年後だった。

「戦後米のない時代に、添加物に頼らず薄めても飲める、増量のきく濃い酒の研究がされていたんです」

研究者の指導のもと、仕込んだ酒は、ふくよかな甘さと旨みを持つ、濃い酒に仕上がった。

分析によると、うま味成分であるアミノ酸は、普通の清酒の2～3倍。ビタミンB群の含有量はずば抜けている。アルコール度数を調整するために少量の割り水はするものの、ほとんど原酒のままで瓶詰めされる。

隠れてしまう味だからこそ、気張って造る。意気も高いが、質も値段も、おそらく日本一ではなかろうか。

おっとりした酵母が1ヵ月かかって造る、飲んでもおいしい旨口の酒

大木代吉本店は、奥州街道の宿場町として栄えた矢吹町で、江戸末期から醸造業を営む旧《ふる》い蔵である。

冷え込む朝の醸造場は、蒸米の大釜の蒸気で真っ白だ。蔵人《くらびと》たちのラジオ体操が済む頃、米が蒸し上がる。ご飯のいいにおいを振りまきながら、蔵人たちが麹室《こうじむろ》へ走る。蔵にみなぎる張り詰めた空気に、思わず背筋が伸びる。

プツプツと発酵するもろみを見る限り、素人目には同じである。

何ひとつ添加せず、普通の純米酒より旨みの濃い、ビタミン豊富な酒になるという。その仕組みを、杜氏《とうじ》の鈴木次悦《じえつ》さんに伺ってみた。

「昔から夏バテ防止に、酒粕を溶かした甘酒を飲んだものです。もろみの栄養価は高いけど、酒を搾ると養分の多くは粕に残ってしまう。それをいかに酒に溶け込ませるかです」

普通淡麗辛口の清酒は、雑味、甘みを嫌って、アミノ酸を抑える造り方をする。料理酒はそれを逆手にとって、アミノ酸を最大限に引き出す造りをするという。

「米研《と》ぎから麹づくり、発酵期間まですべて違います」

普通の純米酒は、仕込んで20～23日で酒になる。料理酒はさらに1週間から10日かける。

「酒は並行発酵といって、ひとつのタンクの中で、米の糖化とアルコール発酵が同時に進んでいます」

麹菌が米を食って糖をつくり、それを餌に酵母が酒を造る。

「料理酒の場合は、酵母にたっぷり餌を与えます。人間をご飯に埋めて、ほら食えというようなものです」

たらふく食べた酵母は、活動が鈍くなり、発酵スピー

1

2

3

1／手のひらで麹をなでて広げて、手入れをくり返し、室で二昼夜ねかすと真っ白な米麹になる。「カビが造ってくれるんです。私らは手助けしとるだけ」と杜氏さん。2／料理酒の精米歩合は70%。食べる米は91%くらいだからずっと白い。米を洗って糠《ぬか》をとり、水に浸して充分水を吸わせて、甑《こしき》で蒸す。3／米麹と蒸米と水を混ぜて、酵母を植え、2週間育成して、酒母(酛)をつくる酛場。広々とした床は、ぴかぴかに磨き込まれている。

ドが落ちる。
「反対に吟醸酒や大吟醸酒は、餌を減らすんです。栄養不足にして酵母を追い詰めると、がつがつ食う」

飢餓感でがむしゃらに働き、さっさと発酵を終える。

タンクの中のでき事は、微生物たちの一生の興亡であり、酒はその結果である。

餌のあるうちは、酵母も麹菌も新陳代謝をくり返しながら、発酵を続ける。餌が尽きると、酵母は自分のつくったアルコールで死滅する。麹菌も同じ運命だ。それが種々の有機酸を生成しうま味成分となる。時間がかかるほど、旨みも増える。

どうやら料理酒は、おっとりした酵母たちがのんびりと造るらしい。

酒を搾るとき、旨みと養分をいかに酒に残すか。その辺に技があるそうだが、その先は秘伝である。

「何杯も飲むわけじゃない。小振りの猪口一杯で、家族のご馳走をおいしくするんです」

料理に一杯、旨い酒をおごるとしますか。

みりん

時を経るほどまろやかになる、国産素材だけの極上品

【岐阜県・川辺町】

勧められるままに飲んでみて、ハタと膝を打った。とろりとグラスにつたう濃厚さ、けれん味のないまろやかな甘さ。これがいけるのである。

みりんは、だし汁、醤油とともに和食にはなくてはならない縁の下の力持ち。各同量で天つゆや照り焼きのタレに、ちょっとたらせば素早く行方をくらまして、それと気付かせず味を引き立てる。隠し味の切札でもある。あたりまえのことだが、まずい調味料で旨いものができるはずはない。

3年熟成古みりんを、毎日使うようになって、煮ものも麺類も格段においしくなった。実感である。

みりんは、米麹ともち米を焼酎で仕込んで糖化させて造る。本来は、飲むために造られた純米の甘い酒だ。古いものほどまろやかで、上質になる。清酒のように水で仕込むのと違って、蒸留酒で仕込むから腐らない。沖縄の泡盛のように古酒を楽しめる。年とれる酒なのである。

南蛮酒と呼ばれた焼酎の製法が伝わったのは、戦国時代といわれている。

江戸時代になって、甘い酒が好まれるようになり、みりんが造られた。飲用ばかりでなく天保年間には醤油と合わせて鰻の蒲焼きのタレに、調味料としても使われている。

昔はみりんの瓶の口に、白いかさかさがこびりついていた。たれた跡が乾くと、白い線になって残った。いつの頃からかこれがなくなって、ついでに、からみつくようなとろみもなくなった。味はとても飲める代物ではない。飲まれなくなって、黒子になったみりんは、使い手を置き去りにして、すっかり変わってしまったらしい。

戦後食糧難の時代に、少ない米で量をたくさん造ろうと、醸造用アルコールを用いた、手間とひま、原料を省いた代わりに、添加物と水飴で味つけした、40日ほどで

もち米、麹、焼酎で仕込まれたみりんのもろみ。くぼみには甘いみりんがたまっている。仕込んだ米の半分くらいのみりん粕が出る。40度の焼酎で仕込んで、仕上がりは14度。

できる代用品に、大手メーカーは「本みりん」とラベルを貼った。

数年前にやっと解禁になったが、昭和40年代以降、酒類取り扱いのできないスーパーマーケットに、本みりんが置けなくなって、まがいものが登場した。「みりん風調味料」は、デンプン、水飴、添加物を混ぜて、数日あればできる、みりんとは似ても似つかぬ代物である。

効率最優先の大量生産とひきかえに、本来の味を捨ててきた。今や本物の味を知らない若者がほとんどだろう。味を失えば、製法も含めて数百年続いた食の文化がひとつ消滅する。清酒も戦後同じような道をたどったが、もとに戻ろうとするところも増えている。しかし本物のみりんは、全国でも数えるほどしかない。

みりんは瀕死の状態なのである。

昔ながらに造った
純米みりんは、飲んでもおいしい

「岐阜の在所で情報もなく、みりんがそんな造られ方になっているとは、長いこと知りませんでした」

飛騨川のほとりの小さな町で、江戸時代からの家業を守り、昔ながらの古みりんを造る加藤寛明さんは、気負いもなく言う。

夏のうちに米で造った焼酎と、米麹と国産のもち米を、春と秋の2回仕込む。90日間で糖化したもろみを、杉の木の槽《ふね》でゆっくりと搾って、自然におりを沈めて上澄みをとる。こうしてできたみりんをさらに3年熟成させた。こんなみりんはちょっとない。

「いい原料を使ってきちっと造る。もともとの仕事をしているだけです」

掛米のもち米も昔と同じ。正月には引っ張りだこになるという飛騨古川産の一級品「高山もち」を使う。

みりん造りの要《かなめ》は米麹だ。熟練の杜氏《とうじ》が腕によりをかける。

蒸したうるち米に、種麹を振りかけて混ぜ込み麹室《こうじむろ》に入れると、二昼夜で透き通っていた米が真っ白になり、みりん麹ができる。

杉の板張りの室の中は約30℃。木のにおいと麹の独特のにおいにむせかえる。蔵人たちは上半身裸かランニングシャツ一枚で、それでも汗だくで立ち働いている。

小山に盛った米に手を入れて、熱すぎはしないか、寒くはないかと気を配る。大小の凹みを作って熱を逃がし、布を掛けて保温し、と、きめ細かく微調整をしてやる。

1

2

3

1／室に入れて3日目の早朝に出麹《でこうじ》したみりん麹。麹菌が米の内部まで入り込んで真っ白になる。麹菌は寒さで鳴りをひそめている。仕上がったみりん麹を2階の室から落とし、蒸したもち米にまぶしつけるように混ぜ、夏の間に造った純米焼酎を加えて仕込む。2／もろみをねかせている90日間は、まめに櫂を入れてかき混ぜ、麹菌に空気を送って糖化させる。重い櫂を回すにはそうとうの力がいる。3／麻袋に入れたもろみを、船大工が杉材で作った槽に重ね並べ、木蓋をのせて一晩おき、翌日重石をかけてゆっくり手搾りする。

見て、触って、心地よい環境を整える。杜氏はかゆいところに手の届く、麹菌のお守り役である。

こうして造った麹には、機械造りにはない力があるという。

もろみは麻袋に入れて、杉の木の槽《ふね》に並べて木蓋をして一晩おき、翌日重石をかけてゆっくりと手搾りする。急ぐと濁りが出る。無理強いしないのがいちばんだ。

火入れもしないから、みりん麹の酵素が生きている。旨みが深いのはそのせいだろうか。

これだけ手のかかるみりんを、量産「本みりん」と同じような価格で売れば、当然苦しい。みりん造りをやめようかと迷った時期もあった。

「『清酒は誰かが造る。みりんはあなたしかできない。作り続けて』と言ってくださった人がいたんです」

妥当な値段で使ってくれるところを紹介してくれたその人のおかげで、続けていく見通しがついた。

「昔の味がする」と、年配の人から感激の手紙が届く。「縁日の夜店で売っていた、お菓子代わりのみりん粕はどうなっちゃったんだろう」という便りもある。

「この辺では昔から、お年寄りや婦人が夜よく眠れるように、みりんを寝酒として飲んだものなんです。みりん粕は子どものおやつでした」

飲むものだから、味が変わればすぐに近所のお客さんから苦情がくる。

「変えられなかったんです。地元の皆さんに感謝しなければなりません」

いつもの味に頑固な人が健在で、わがままを通す。これも在所の特級品にひと役かっているのである。

古酒

泡盛は壺中に歳月を重ねて、美酒となる

【沖縄県・那覇市】

沖縄・那覇の居酒屋に行ったら、迷わず古酒《くーす》を頼むことにしている。品書きにはあるが、古酒という酒があるわけではない。沖縄の焼酎「泡盛」を、愛と歳月をかけて育てると、「クース」と呼ばれる美酒になるのである。原酒を小さな猪口でキュッとやる。独特の香気、激しさとまろやかさが手をつないで口にとび込んでくる。沖縄生まれの黒麹菌を使って純米酒を醸し、これを蒸留した南蛮渡来の米焼酎が泡盛。日本の焼酎の源流といわれている。その泡盛をねかせたものが古酒である。

琉球では古来、新酒を喜ばず、古壺に何年もねかせ、歳月が育むまろやかな味わいと香気を尊ぶ。かつて琉球の旧家には、100年もの、200年ものの古酒が存在したそうだ。もちろん家宝に違いないが、太平洋戦争の沖縄戦ですべて失われた。

今では3年以上ねかせれば古酒と呼べる決まりになっているが、「おあずけ」の期間が長いほど、ご褒美は大きい。

自宅で秘かに古酒を育てている呑ん兵衛たちは、少なくないらしい。

15世紀末頃、泡盛の製法はシャム国（タイ）から琉球に伝わり、やがて薩摩へ、そして全国に広まった。

日本のどこにも焼酎がなかった時代に、琉球王朝は王城のお膝元である首里に焼酎職を集め、原料の米や粟を与えて御用酒造りにあたらせていた。腐らせれば島流し、密造すれば打ち首という、命がけの酒造りだったという。泡盛造り発祥の地首里で、今も数軒の酒造家が伝統の泡盛造りを受け継いでいる。

「首里にはよい水があるんです。私が子どもの頃は家の隣も、裏もお向かいさんも酒造でした」

首里の酒造家「咲元《さきもと》」の先代佐久本政雄さんの話では、戦前までは近所に40軒もの酒蔵があったという。

朝方、タンクに米糀、水、酵母を仕込むと、その日の夕刻には、ぶくぶく発酵して盛り上がってくる。20〜25日間、低温で発酵熟成。純米酒を醸して蒸留する。黒麹菌は比較的高温に強いが、涼しいと元気で仕事も早い。

「上出来の花糀を、もらいにきたりいったりしてね。お互い譲り合っていたんです。同じ麹菌でも蔵付き酵母によって、違う味になるんです」

お抱えの時代ならともかく、廃藩置県で王朝が消え、互いにライバルとなってからも、助け合う気風は生き続けていたのである。

歳月が花を添える酒

日本酒の場合は腐造を避けるために、寒い時季に仕込みをする。年間を通じて温暖な沖縄の酒造りは容易ではなく、並の麹菌では歯が立たないらしい。雑菌に負けてしまうのだ。琉球に泡盛があるのは、強いクエン酸で雑菌を退ける土着の黒麹菌のおかげ。ところがそのクエン酸のために、酸っぱい酒になってしまう。そんな飲みづらい酒も蒸留すれば、涼しく甘い香りの泡盛になる。

「わが家は、昔から新酒は飲まなかったんですよ」

酒造「咲元」の佐久本さんは言う。

新酒のうちは勢いがよく、味、香りも荒削り。秋晴れの新酒を喜ぶ気風もない。かたや泡盛は、5年、6年とねかせるほどにかどがとれて、とろりときめ細かくなる。さらに歳を重ねて、馥郁たる古酒に円熟する。3年以上を経て古酒と呼べる取り決めだが、まだまだ駆け出しだと佐久本さんは言う。「古酒にあらずんば泡盛にあらず」と言うほど、熟成年数で酒の評価に差がつく。熟成によって円熟するのは、蒸留酒のブランデーやウイスキーも同じだが、泡盛古酒の眠りはずば抜けて長い。戦前までは200年ねかせた古酒もあったと聞く。人の寿命をはるかに超える酒なのである。

古酒のもとになる泡盛を、親酒《おやざけ》と呼ぶ。こらがあればわが家で古酒が育つ。吟味した親酒ならば、なおいい。そう地元の居酒屋で聞き込んだ。素焼きの壺に入れ、ぴっちり蓋をし、直射日光のあたらない風通しのよい場所にねかせれば、忘れた頃に美酒になるというのだ。

佐久本さんに伺ってみた。

「壺を置く場所は、人が快適と感じるところがいいんです。目立つところに置くと飲んでしまうから、しまっておくといいですよ～」

そうはいっても、放りっぱなしというわけにはいかない。酒のお守りは欠かせない。「仕次《しつぎ》」といって、時季を見て年相応の古酒を足してやらなければならない。

「古酒に少し若い酒、たとえば10年ものには、8年ものを、継ぎ足しながらねかせるわけ。そうすることで、古酒に活気がよみがえるんです」

古酒を育む琉球独特の仕次文化である。昔ながらの製法を守る佐久本さんの蔵にはエアコンもない。微生物には自然の風がいちばんだという。

「糀の出来が気がかりで、朝飯も食べずに飛んできます」

若き杜氏が額の汗をぬぐいながら言う。やんちゃな微生物に手を焼くこともある。ひやりとすることもある。だからこそすばらしい出来に感動する。いつでも均一にできる機械制御と違うのは、小さな生きものへの愛着と喜びかもしれない。

「頑張れ、頑張れと声をかけながら櫂《かい》を入れてやると、気のせいか旨い酒になるんです」

言うまでもないことだが、よき古酒にするにはよき親酒を選ぶことが肝心だ。その心得を2つ。40度前後のアルコール度数の高い親酒を選ぶこと。そして壺を常に酒で満たしておくこと。と佐久本さんに教わった。しかしじっと我慢などできようか。

「飲んでもいいんですよ。飲んだらそのぶんを継ぎ足しておけばいいんです」

壺からすくって飲むのではなく、普段飲むぶんだけ一升瓶に取り、同じ分量を継ぎ足しておく。ちびちび嗜みながら、古酒を育てるというのが、極意らしい。

「麹菌の働きが思わしくないから」と真夏の酒造りは休み。「売れすぎると、古酒がなくなっちゃうから」というさい宣伝もしない。佐久本さんの親酒は、地元の古酒愛好家の間でも引く手あまただ。

「酒造りはゆっくり。せかせかしないで、自然にまかせて」というのが佐久本流。

古酒は悠久の時を溶かして美酒となる。

古酒の作り方

1 黒麹菌で米糀を作る

クエン酸の張いもの、甘みのあるものなど3種類の種黒麹を使う。蒸した米を45℃に冷まし、種黒麹菌を散布して製麹機に入れる。黒麹菌が繁殖して、中まで黒い糀になるのを待つ。

さらに三角棚と呼ばれる製麹機に入れて24時間おくと、黒麹が繁殖して米糀になる。途中、手入れをして黒麹菌の繁殖を助けてやる。

2 純米酒を醸す

水、酵母、米糀をタンクに仕込んで、20〜25日間ほど低温で発酵熟成。アルコール度18度ほどの純米酒を醸す。

3 単式蒸溜器で蒸溜する

昔気質の酒造の年季の入った単式蒸溜器で、酒もろみを低温熟成する。最初は50〜60度とアルコール度数が高いので、水で割って45度ほどに調整する。

4 タンクや甕にねかす

通常の泡盛は1年ほど。古酒は3年以上、「仕次」をしながらねかせる。仕次は古い酒に、適宜新しい酒を加えながら長期熟成させる伝統製法。

山葡萄酒【山梨県・牧丘町】

野山の活力を封じ込めて醸し出される、深紅の酒

人類が初めて出合った葡萄《ぶどう》酒は、こんな味だったろうか。野太く重くコクがある。

葡萄酒は、人が酒を醸す以前から存在していたという。条件さえ整えば、甘い果汁は自然に発酵して、勝手に酒になる。紅葉した山の大木にからみついた山ブドウの実が熟れて落ち、木のウロにたまる。やがて、赤く透き通る液に変わり、芳醇な香りが立つ。おそるおそる舐めると、体が熱くなり天にも昇る心地……。葡萄酒との付き合いは、こんなふうにはじまったのかもしれない。

ワインは西欧の酒。米酒の国には縁遠いものと思われがちだが、実は古くから醸され、長寿の飲みものとして伝えられてきた。どんな葡萄酒かって？山野に自生する山ブドウの酒である。

ブドウはもっとも古い栽培植物の一つだという。紀元前３０００年頃には中央アジアから地中海東部沿岸地方で原生種が栽培され、酒も醸されていたらしい。

葡萄酒は生命と豊穣、歓喜の象徴であり、キリスト教では聖なるものとされてきた。

今では、動脈硬化や高血圧症への効果が期待される抗酸化物質アントシアニンを含む、体にやさしい酒であることがよく知られている。

山里で自家醸造されていた家庭薬、「どぶろく」ワイン

国産ワイン事始めは、文明開化の明治初期のこととされている。甲州ブドウの産地、山梨県営醸造所で試験醸造され、それを追って１８８９年には甲州勝沼の民営醸造場から「甲斐産葡萄酒」が発売された。しかし、これがなかなか庶民には普及せず、醸造蔵は苦戦を強いられたそうだ。

確かに、白いご飯に煮もの、目刺しに漬物、味噌汁の

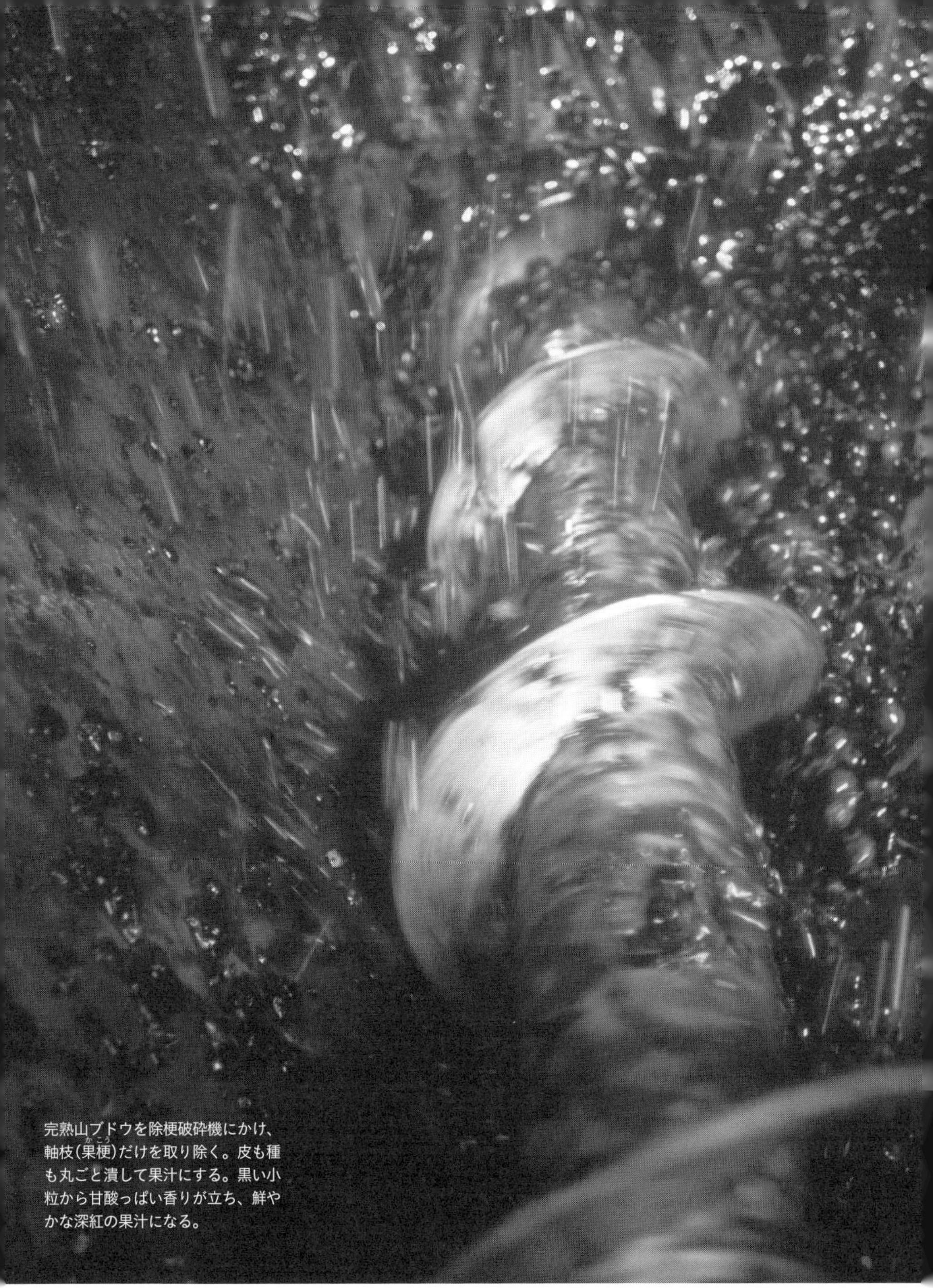

完熟山ブドウを除梗破砕機にかけ、軸枝(果梗《かこう》)だけを取り除く。皮も種も丸ごと潰して果汁にする。黒い小粒から甘酸っぱい香りが立ち、鮮やかな深紅の果汁になる。

日本の食文化に、ワインはなじみづらかったかもしれない。

とはいえ、文明開化で肉料理が一躍ご馳走の座についたことを思えば、ワインの味がわからないとは考えにくい。葡萄酒は当初、酒屋より薬局で薬として売られていたそうだ。そのため、一般庶民の手に旨い国産葡萄酒が届きにくかったのではなかろうか。

西欧の酒というイメージが強いワインだが、実は古くから山里の家々で醸され、飲まれていた。

元禄10年(1697年)の本草書『本朝食鑑《ほんちょうしょっかん》』には、〈葡萄酒。腰腎《ようじん》をあたため、肺、胃を潤す〉(中略)とあり、続いて葡萄酒の製法が記されている。

さらに〈一両年を経たものは尚《なお》良い。歳を経たものは濃紫色も蜜のようで、オランダの葡萄酒に似ている。世間ではこれを賞賛している。この酒を作るブドウの種としては、エビヅルが一番良い。つまり山ブドウである〉とある。「この辺の山にも山ブドウがいっぱいあってね。子どもの頃はよく食べましたよ。甘みが強く酸味があって、旨いんですよ」

勝沼近郊のブドウ栽培家、澤登 芳《かおる》さんは、そう懐かしむ。

澤登さんは甲州勝沼のワイン醸造蔵に依頼して、無農薬無化学肥料で自家栽培した山ブドウで、毎年昔ながらの葡萄酒を造っている。

「昔はどこの家でも造っていましたよ。山ブドウをいっぱい採ってきて、足で潰して甕に入れておくと、自然発酵して酒になる。ワインのどぶろくですな。その上澄みをすくって飲むんです。これが実においしかった。ちょっとした風邪くらいは治ってしまいます」

明治32年に酒税法が施行されて以来、おおっぴらに葡萄酒を造れなくなってからも、家庭薬として各家に秘蔵されていた。

「子どもの頃の体験から、山ブドウでワインを造れば、きっとおいしいものができるという自信がありました」

30数年あまり前に日本原生の山ブドウでワインを造ろうと思い立ち、まず、原料のブドウ苗作りから手がけた。

澤登さんの兄で有機農業研究家の晴雄さんが、山野に自生する日本原生の山ブドウに、ヒマラヤの原生種などを交配して糖度の高い山ブドウを作った。弟の芳さんが栽培を担当し、勝沼の醸造家が醸造を引き受けた。着手から15年を経て、農薬も添加物もない昔ながらの山葡萄酒が誕生した。

1／日本原産の山ブドウとシベリア系など数種の交配種、無農薬有機栽培の「小公子」。2／酒母作り。仕込みの数日前に、一割ほどの実を潰して酵母をつけて発酵させ酒母をたてる。毎日3回櫂を入れ、空気を送って応援する。3／皮も種も入った果汁に酒母を加えて仕込む。1週間から10日で、糖度25〜27％の約半分がアルコールになる。4／別のタンクに移してさらに2ヵ月間熟成した後、搾って酒カスと分ける。沈殿したオリを濾過して瓶詰めし、1〜2年間熟成蔵にねかされて出荷。熟成中も微発酵が続く。

日本山ブドウの生命力を受け継いだ、黒くて甘い小粒の底力

「日本原生の山ブドウを母にした交配種ですから、病害虫にも強く、無理なく無農薬有機栽培ができます」

ブドウ畑はいっさい耕さない。

「耕すと、土の表面にいる好気性菌と、深いところにいる嫌気性の菌がひっくり返ってしまうんです」

ブドウの実以外は、何も畑から持ち出さない。剪定《せんてい》した枝も立派な肥料になる。雑草は刈ってそのまま畑に入れる。残った草の根が土をふかふかにしてくれるから、水はけもいい。土は小さな粒状になり、保水力を高めてブドウの根を養う。

「農薬や化学肥料を施さないことで、病気にも虫にも強い木に育ちます」

8月末〜9月初旬にかけて真っ黒に熟す山ブドウの糖度は、25〜27%。生食用の巨峰が糖度17〜20%程度というから、格段に甘い。果物の中でもっとも甘い部類に属すそうだ。

この甘さこそが、ワイン作りの鍵。酵母は甘みを食って、炭酸ガスとアルコールを生成する。つまり甘みが少ないと速やかにアルコール発酵が進みにくく、アルコール度数も上がらない。そこで補糖といって、糖分を加えることになる。

山ブドウなら、糖分を補う必要がなく、ワインに不可欠な酸味もある。

「他のブドウは平気だけど、山ブドウだけはみんな鳥に食われちゃう」

山ブドウの畑だけに、鳥除けのネットが掛けられていた。

9月初旬、完熟の実を仕込んですぐに、ぶくぶくと炭酸ガスの泡が湧いてアルコール醗酵がはじまる。1週間〜10日で一次発酵が終わり、小さな蔵に山葡萄酒独特の香気が立ち込める。濃いブドウ色の濁り酒「どぶろくワイン」である。まだ酸味が強く、荒々しく、美味とは言い難い。

これがさらに丸2年ねかされて、酸味もやわらぎ、野太く濃厚にして複雑繊細な味わいを醸し出す。するりと喉を通った後の野趣豊かな余韻が、口中に波紋のように広がる。

3年目の秋には、きわめて個性的な妙齢の赤葡萄酒に円熟する。

純米酢 【京都府・宮津市】

無農薬栽培の米と清い水で仕込んだ純米酒が育む、昔ながらの酢

街角で酢のドリンクスタンドを見かけて思い出した。子どもの頃、体が柔らかくなるという噂話を信じて、こっそり酢を飲んだことがある。強い刺激臭にむせるわまずいわで、これにはひどい目にあった。

戦後生まれの哀しさで、長いこと酢の本当の味を知らなかった。敗戦後、伝統的な調味料は壊滅的状況で、氷《ひょう》酢酸《さくさん》を水で薄めて添加物で味つけした合成酢が食酢として使われていた。それが使い手の抗議の声に押されて表示が義務づけられるまで、戦後30年余も続く。この合成酢、店頭からは姿を消したが、業務用は今も生き残っている。

酢の効力は、古くから知られていた。伝統的に漁師は刺身を酢味噌で食べることが多いし、青魚も酢で締めれば安心。酢の力を巧みに生かした江戸前のすしは、江戸時代の大ヒット商品となった。それも真っ当な酒〝百薬の長〟から、本来の製法で造る酢があってこそ。食卓の良薬は心して選びたい。

人類が造るずっと以前から酒があり、その傍らには酢があった。

自然条件が整えば、甘い果汁は自ずと酒になり、やがて酢になる。腕まくりして頑張らなくてもいい。

思いたってある年、庭になったブドウの実で酢を仕込んだ。といっても完熟のブドウの実を潰して、防腐剤の入っていないワイン少々を加え、陶器の甕《かめ》に入れて布で蓋をしておくだけ。冷暗所に置き、思い出したらのぞく程度でいい。あとは菌たちの健闘を祈るのみだ。

途中少しの間ワインの香りが漂い、そのまま通りすぎて酸っぱいにおいに。それから3～4ヵ月経って、首尾よくワインヴィネガーに仕上がった。もし酸っぱいにおいがしなかったら、潔くあきらめるしかない。

漉した液を瓶に詰めると、澱《おり》が沈んで澄んだ酢になる。

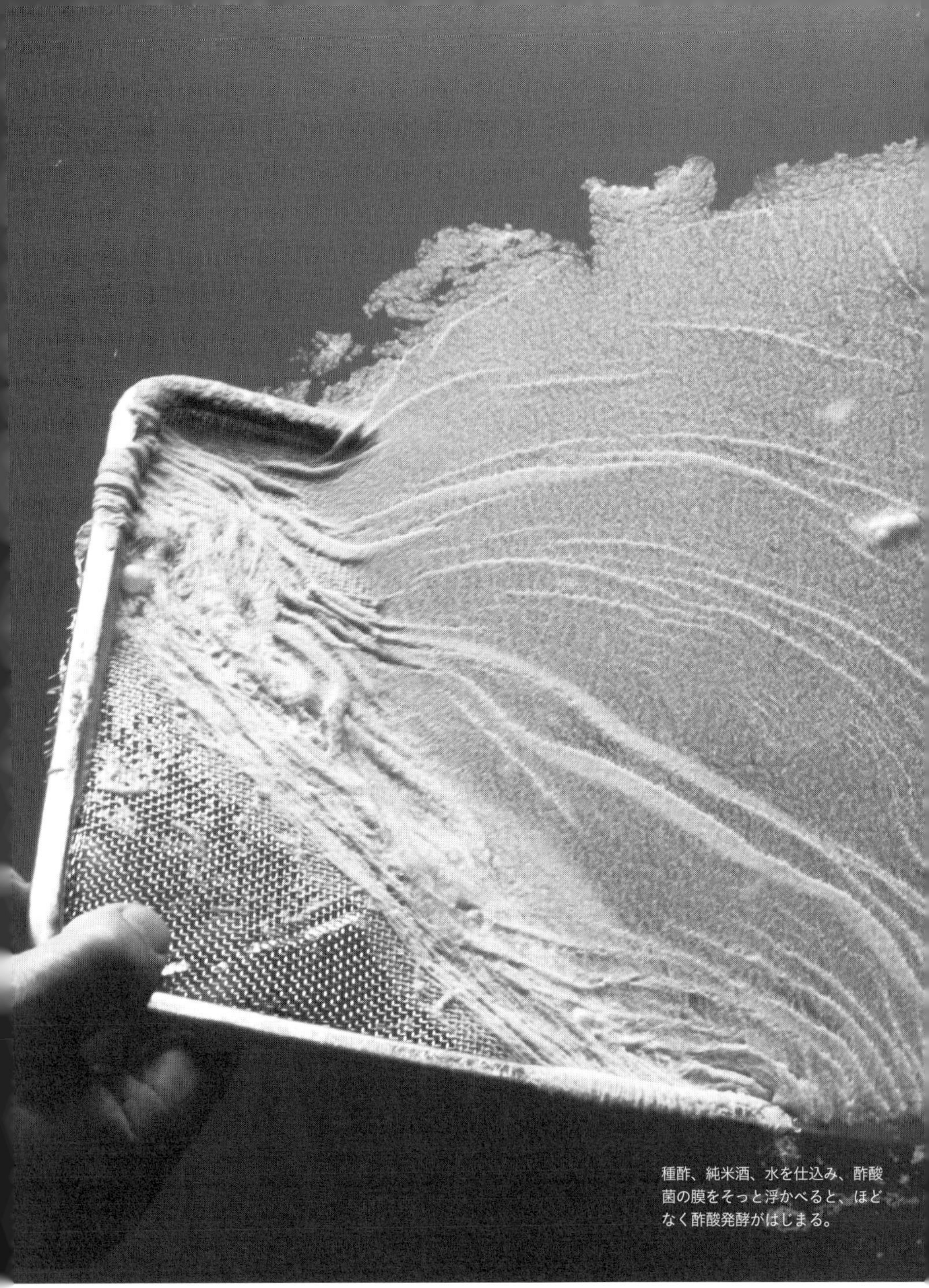

種酢、純米酒、水を仕込み、酢酸菌の膜をそっと浮かべると、ほどなく酢酸発酵がはじまる。

上澄みを小瓶に移し替えておくと使い勝手もいい。フルーティーな香りのする酢は口あたりやさしく、口にするたびにちょっとうれしい。

小さな働き者に感謝。

清酒好きの酢酸菌が醸す米酢

甕の中の微生物たちは、必死で働いているわけでも働かされているわけでもない。好物を食べ、それも気持ちよく食べれば食べるほど、旨いものができるらしい。環境を整えてやるのが人間の役割なのである。

甘党の酵母が甘いものを食べてアルコールを造り出すと、酒の香りをかぎつけた酒飲み酢酸菌がやってきて、アルコール分を食べてしまうと酢になる。

ワインの国にはワインヴィネガーがあり、ビールの国には麦芽ヴィネガーがある。そして清酒の国はといえば、米酢である。

寒い時季に純米酒を醸し、これに酢酸菌をつけて発酵熟成させて米酢を作る。麹菌、乳酸菌、酵母菌、酢酸菌など微生物のペースだから、ゆるゆるじっくり。ていねいに造れば、黄金色のまろやかな米酢になるのに1年かかる。

酒造りより工程が多く、時間も手間もかかるのに、スーパーの棚に並ぶ「米酢」は、ずいぶんお手頃価格だ。でも、喜んでばかりもいられない。

JAS規格（日本農林規格）では、酢1ℓに40g以上の米を使っていれば「米酢」と表示できることになっている。しかし米だけで1ℓの酢を造るには少なくとも120gの米が必要だという。つまり、米を原料に造った酢が3分の1混ざっていれば、醸造用アルコール原料の、短時間で造る速醸酢が「米酢」に化けるのである。

1年かけて醸される伝統製法の純米酢と、どう見分ければいいのか。本来米酢ですむものを、わざわざ「純米酢」と面倒な呼び方をするのは、区別するための苦肉の策だという。

安価な合成酢に押されて絶滅寸前だった昔ながらの純米酢が息を吹き返したのは、何よりその質と味の良さの賜物。逆風にめげず断固造り続けた人がいて、断固使い続けた違いのわかる人たちがいたおかげである。

田植えからはじまる丹誠込めた酢造り

「うちでは酢1ℓを造るのに、200gの米を使っています」
丹後・宮津の酢醸造家飯尾 毅さんは言う。その米は、山間の集落で農薬や化学肥料を使わず育て、天日に干した健やかなコシヒカリ。そのまま食べたい健やかな米で純米酒を自家醸造し、昔ながらに純米の酢を造っている。

毅さんの父上輝之助さんが、無農薬の米でなければだめだと痛切に思ったのは、1964年のことだったという。「農薬を田んぼに散布した後、赤い旗が立って、一週間も田んぼへ入れない時代でした。タニシもドジョウも一夜でみな死んでしまった。そんな田の米を食べたら、人間も生きていけんのではないか。こんな米で酢を造っても、買ってくれる人に申し訳なくてよう売らん。毒薬を入れんと米を作ってもらえんか」

輝之助さんの頼みに、知り合いの5軒の農家が応えてくれた。

「偏屈もん」と笑われたが、このままでは純米酢が造れなくなると必死だった。無農薬栽培ははじまったものの、安価な合成酢主流の時代。純米酢を出荷できたのは6年後の1970年になってからのことだったという。

山の田んぼに立つと、遥か眼下に銀色に光る宮津の海が見える。海抜400m、宮津の屋根とも呼ばれる上《かみ》世《せ》屋《や》地区の谷は、見渡す限りの黄金色。緩やかな曲線を描く畦に区切られて段々に重なる田に、稲穂が頭をたれて揺れている。ボランティアの手を借りて、社員一同で栽培している稲だ。

山間の冷たい水で育つコシヒカリの新米は、一粒ひと粒が象牙色に透き通るようだ。これほど旨い米にはめったにめぐり会わない。

酒の仕込みの時季は、1~3月半ばまで。米、麹、水を仕込んで2日目には発酵がはじまり、バシャバシャと音を立てる。目に見えない大群の営みの音だ。

大騒ぎがおさまる8日目には飲み頃のどぶろくとなり、20日ほどで甘く濃醇な酒になる。淡麗辛口志向の飲酒用には〝雑味〟と邪魔者扱いされる濃さが純米酢には不可欠。ずば抜けてうま味成分の多い酢になるのだという。

巨大なタンクに酒、水、種酢を仕込んで、表面に酢酸菌の膜を浮かべると、タンクの表面と底の温度差でゆっくり対流して酢酸発酵が進む。冬は約90日間、夏は約140日間。酢になってから、さらに8ヵ月~1年間熟成。

微生物の営みにかなったまろやかな純米酢は、田植えから2年近くかかってゆるゆると仕上がる。

農薬や化学肥料を使わず、山間の田で
栽培した原料米のコシヒカリを収穫。

How to make 30 純米酢の作り方

1 原料米を収穫する

稲穂をハザに掛けて天日と風で自然乾燥する。稲は刈り取ったあとも太陽光を受けてゆるやかに熟し、おいしいお米になるという。

2 純米酒を造る

酒を仕込むための米を蒸す作業。濃く甘みのある純米酒を醸すことで、うま味成分・アミノ酸の多い酢になる。

一晩「製麹箱」にねかせて仕上がった米麹。麻布に広げて、うね状にして常温まで冷ます。

1〜3月の寒い時季に、純米酒を醸す。蒸した米、米麹、水を3回に分けてタンクに仕込み、毎日攪拌する。約20日間で旨みの多い酒になる。

3 酢酸菌をつける

酒、種酢、水をそれぞれ同じタンクに仕込み、表面に自社の酢から採取した酢酸膜を浮かべる。ほどなく酢酸発酵がはじまる。

4 静置発酵、熟成させる

静かにねかせ、酢酸菌のペースで静置発酵。冬は約90日間、夏は約140日間で酢になる。さらに8ヵ月〜1年間、朝夕攪拌して熟成させる。

壺酢

【鹿児島県・姶良群福山町】

南国の太陽を浴びて、壺中に野太い黒酢が育まれる

三方を丘陵に囲まれ、錦江湾《きんこうわん》に面した鹿児島県姶良《あいら》郡福山町は、冬もめったに霜が降りないという温暖の地。酢醸造に適した暖かさと清い水に恵まれて、およそ200年前からこの地に壺《つぼ》酢《す》造りが続いてきた。

壺の中で育まれる酢は、深い琥珀色。柔らかな酸味と独特の香りを持つ米酢。昔造りの黒酢である。

仕込みは春と秋。4月の声を聞くと、春仕込みがはじまる。

米と米麹、水を壺に仕込んだら、後は微生物たちの出番だ。デンプンを糖に変え、タンパク質を分解して旨みを作り出し、アルコール発酵、酢酸発酵、熟成と進んで、自《おの》ずと酢になる。

これだけの工程を、7〜10ヵ月間かけて一つの壺でやってしまう。

微生物たちが機嫌よく働くよう、酢壺は日当たりのいい、〝壺畑〟に、整然と並んでいた。

福山の黒酢は、露地栽培ならぬ、露地醸造なのである。

地元の人が「アマン（壺酢）壺」と呼ぶ壺に原料を仕込んで、日当たりのいい畑に半年も置くと、まろやかな褐色の米酢になる。

南国の太陽光と、土や空気中にいる微生物が造る天然醸造の黒酢である。

壺酢に含まれるうま味成分のアミノ酸は、一般の米酢の約4〜6倍という。また乳酸やリンゴ酸など酢酸以外の酸も含まれ、酸っぱさは複雑で奥深い。

そうして2年、3年と、歳月を経るごとに熟して、色と香り、そしてコクと旨みが増す。

酢はその昔、酒だった。
米酒の国は古来、米酢が主流

酢は「醋」とも書く。名は体を表すというが、その文

「アマン壺」と呼ばれる壺に蒸し米6升(6.6kg)、米麹3升(3.3kg)、仕込み水1斗8升(32.4ℓ)注いで、混ぜ合わせる。最後に乾燥したひね麹を、均一に液面を覆うように振り入れて仕込み完了。発酵には空気が必要なので、表面積の広い壺の腹の部分までの量を仕込む。振り麹は、スムーズな発酵の進行役であり、雑菌の侵入を防ぐ役目。薄い緑色の胞子がふわっと舞い上がるほど、よく麹カビを繁殖させた麹を使う。

字は酢が昔、酒だったことを教えてくれる。

酒や酢の醸造技術が、中国大陸から伝わったのは4～5世紀頃だという。古代大和朝廷は、造酒司をおいて酒や酢を醸造させていた。

米と米のモヤシで酒を醸《かも》し、これを酢酸発酵、そして熟成させて酢にする。

しかし考えてみれば、本来米で造る酒や酢を、わざわざ「純米酒」「純米酢」というのもおかしなもの。それに酢造りは、酒造りよりひと工程多いのに、酢が酒より格段に安価というのも腑に落ちない。

今では、昔造りの真っ当な酢は、わずかしかないらしい。米酢と表示していても、昔造りのものとは中身が違っているのである。

壺酢は、希少な天然醸造酢。

昔から「酢は体にいい」と言われてきた。自然児は野太くパワフルだ。

「昔は風邪が流行ると、アマンがよう売れたです」

土地の古老の話では、調味料であるばかりでなく薬でもあったという。

今では、血液の循環をよくし、なおかつ血圧を調整して、中性脂肪を分解する働きがあることもわかっている。お腹まわりが気になる、メタボなお年頃にも心強い味方である。

酢を育む壺の不思議と伝統製法の知恵

米酢を造るには、米で酒を醸し、酢酸菌の種をつけて発酵させる。すなわち糖化、アルコール発酵、酢酸発酵という3段階のプロセスを経なければならない。それを、なんの変哲もない小振りの壺で、すべてやってしまう。

仕込みは適温が保てる春と秋。4月の声を聞くと、春仕込みがはじまる。

原料は米と米麹と水。これを壺に投じてかき混ぜ、乾燥させた麹を振り込んで仕込み完了。

壺の中では、まず食欲旺盛な麹菌が、米のデンプンを糖に変える。次に、甘党の酵母がやってきて、糖を餌にせっせとアルコールを生成する。そこへ酒飲みの酢酸菌が登場して、アルコールを食い尽くすと酢ができ上がる。酢造りは自然の微生物のペースで、のんびり進んでいく。

壺が育む酢の味は、壺のクセや置かれた場所、風や日のあたり具合などによって、それぞれみな微妙に違うという。その年の天候気温にも左右される。

「生きものですから、毎日見てやらないといけません。出来のいいのもそうでないのもあります」

ものを言わないから、察してやるしかない、と壺酢の造り手は言う。

壺に耳をあてて、プップツと発酵する音を聞く。液面を見てその日の顔色をうかがう。透明感を見、舐めて味を知り、においの微妙な変化で、発酵状態を嗅ぎ分ける。

「自然ですから、都合のいい菌も悪い菌もいます。壺の中で格闘して、いい菌が勝ち残っていい酢を造るんです」

いい菌が負けそうになったら、すぐに上出来の酢を足して応援してやる。

私も壺の蓋を取って、手あたり次第ににおいを嗅いでみた。甘いにおい、酒の芳香、酸っぱい香り……。酒になりつつあるところだったり、ほぼ酢になっていたり、発酵の進み具合によって、くるくる変わっていく液面の表情も、一つとして同じものはない。

熟練の目には、液面を覆う白い酢酸菌の膜を見れば、ひと目で微生物たちの戦況がわかるのだ。

壺のサイズは、昔ながらの3斗（54ℓ）入り。生産量が増えた今も同じだ。

「壺はこれ以上大きくても、小さくてもいけないんです」

中の液の量が多いと、発酵に温度が足りず、少ないと高温になりすぎる。先人が残してくれた壺は、見事に自然の理にかなった大きさなのだった。

壺の中の菌たちには、機嫌よく働いてもらわなくてはならない。壺《つぼ》守《も》りさんは、何万個という壺の蓋を開け、そっと竹の棒でかき混ぜ、空気とエールを送ってやる。

壺畑に夕闇が降りてきた――。そこにうずくまる壺が、おびただしい数の石仏にも見える。静止した風景の中で、天文学的な数のごく小さな生きものがうごめき、酢造りをしている。

はるか昔から、おいしいものを造り続けてくれた甘党や酒飲みのばい菌たちに、手を合わせたくなる。

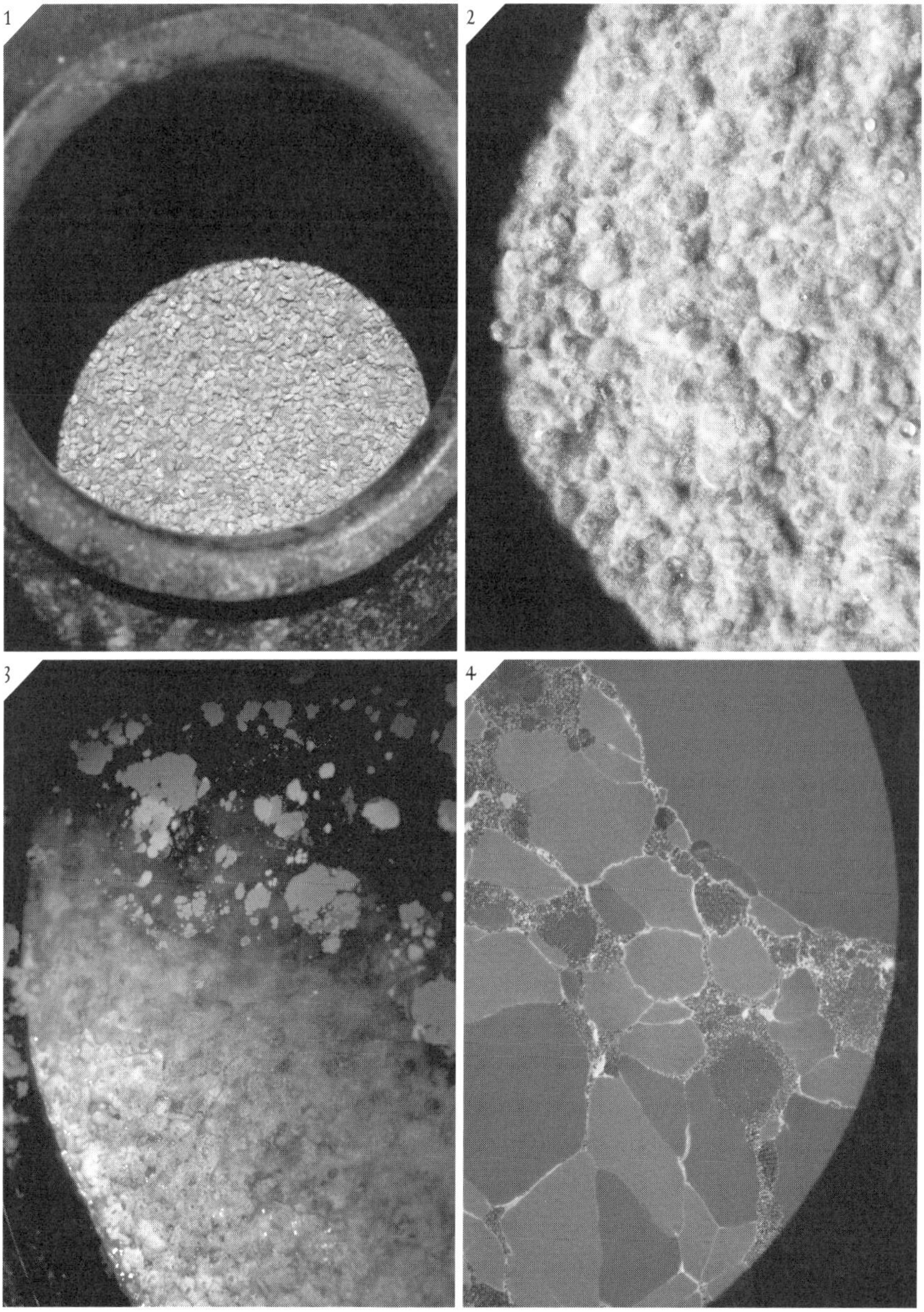

1／仕込みが完了した壺の中。2／仕込んでから1ヵ月後。麹菌の力によって米のデンプンが糖分に変わり、それと並行してアルコール発酵もはじまっている状態。プツプツと発酵している音が聞こえ、甘い香りにまじって酒の香りが漂う。3／仕込みから2ヵ月後。液面を覆っていた振り麹が沈みはじめる。ほのかに酢の香りがし、順調に酢酸発酵がはじまっているのがわかる。4／その2ヵ月後には、液面が白い酢酸菌の膜に覆われる。

きび酢

サトウキビの甘い汁から生じる、あるがままのおおらかな酸っぱさ

【鹿児島県・加計呂麻島】

酢は酒とともに、人類が出会った最初の発酵調味料だという。この酸っぱさは、もともと自然界にあった。甘い果実が木のウロに落ちて、甘い液がたまる。するとどこからともなく甘党の酵母がやってきて、糖分を食ってアルコールを造る。

酒ができると、左党の酢酸菌が登場。酒を餌に香り高い酢を醸し出す。酒を放置すると、酸敗して酢になってしまうのは、このごく小さな酒飲みたちのしわざだ。

そんなわけで、酒のあるところ酢がある。米酒の国の日本では、奈良時代以前から米酢が造られているが、これはふんだんに米を使う贅沢品。庶民は酸っぱい果実の汁をかけたり、ブドウや柿など甘い果実でさまざまな酢をこしらえた。

奄美大島の離れ小島、加計呂麻《かけろま》島に伝わるきび酢もその一つ。サトウキビの搾り汁を甕《かめ》に入れておくだけ。甘い香気を持つ滋味豊かな酢が、自然の摂理のままにでき上がる。

酢は古来医食同源の調味料。さっぱりした酸っぱさで味を引き立てるばかりでなく、元気応援団の実力派である。

百薬の長と詠《うた》われた酒とは、同じ原料から同じような発酵を経て醸《かも》される兄弟分。「醋《す》」という字が、昔酒だったことを教えてくれる。

瑞穂の国の奈良時代、宮中では、米の酒と米酢が造られていた。

一般に米酢を造るには、まず米の酒を醸さなければならない。首尾よく酒になったら、酢酸菌をつけて、温度管理をした蔵でさらに発酵熟成させる。

酒造りよりひと工程多いぶん、難儀だともいえる。

「なあに、放っておけば酢になるさ」

奄美大島、加計呂麻島のサトウキビ畑で、ばあさまに

サトウキビの搾り汁を煮て、原生林の湧き水で割って仕込む。ざーざーと音を立てて発酵し、やがて白っぽい膜が張りはじめ、酢になりかけているなとわかる。きび酢はミネラル分豊富。抗酸化作用のあるポリフェノールの含有率も高い。

あっさりそう言われてしまった。

黒糖作りの島に伝わる自然発酵の調味料

鹿児島県は奄美大島の瀬戸内町の港から、海上タクシーに乗って15分ほど。明るい黒潮の海を渡ると、珊瑚礁の白砂美しい加計呂麻島に着く。

ささやかなサトウキビ畑と、圧倒的な亜熱帯原生林の緑に包まれた人口1000人足らずの小島だ。港に降り立つと、喧噪からもっとも遠いところまでやってきたなあという感慨が湧いてくる。

島では長らく自給自足の暮らしが続き、味噌、塩、黒糖、酢などの基本的な調味料はもとより、晩酌の酒も自家製だったという。

今も、腕に覚えのあるおばあちゃんは少なくない。

きび酢造りは、拍子抜けするほど簡単。サトウキビの搾り汁をさっと煮て、原生林の湧き水を加え、壺に入れて酸っぱくなるまで放っておけばいいのだという。

しかしながら、サトウキビのジュースを数ヵ月も放っておくのは、かなり勇気がいる。表面に白い膜が張ったりしたら、なおさら恐い。

体によい菌だけが殖《ふ》えて、酢が勝手にできるなんて、そんなうまい話があるはずが……あるのである。

「以前はね、どこの集落にも砂糖小屋があった。黒糖を煮た釜を洗った水を、壺に入れてバショウなどの葉で蓋をして、そっとしておく。ビニールで蓋をしたらだめだよ。1年経っても甘い水のまんま。酸っぱくならん」

首尾よくいけば、壺の中で自然に酒ができ、3～4ヵ月で酢になる。1年もねかせれば、ほんのり甘い香りのするまろやかな酢ができ上がる。

「刺身は、きび酢の酢味噌で食べます」

年間の平均気温が22℃を超えるという高温多湿の島では、酢の殺菌力がものをいう。おにぎりの手水にもたらす。アオサの酢のものやラッキョウや大根の酢漬けにも活躍する。

ハチ刺されにつけたり、捻挫には、きび酢とメリケン粉、すりおろした山芋を練って湿布したりと、家庭薬の役目もする。

ふるさとに棲む小さなものと見守る島人の合作

島の製糖場で、きび酢の蔵を見せてもらった。

海風が吹き抜ける開放的な蔵だ。酢のタンクは、海の砂を敷き詰めた地面に、保湿のため3分の1ほど埋まっ

1

2

3

4
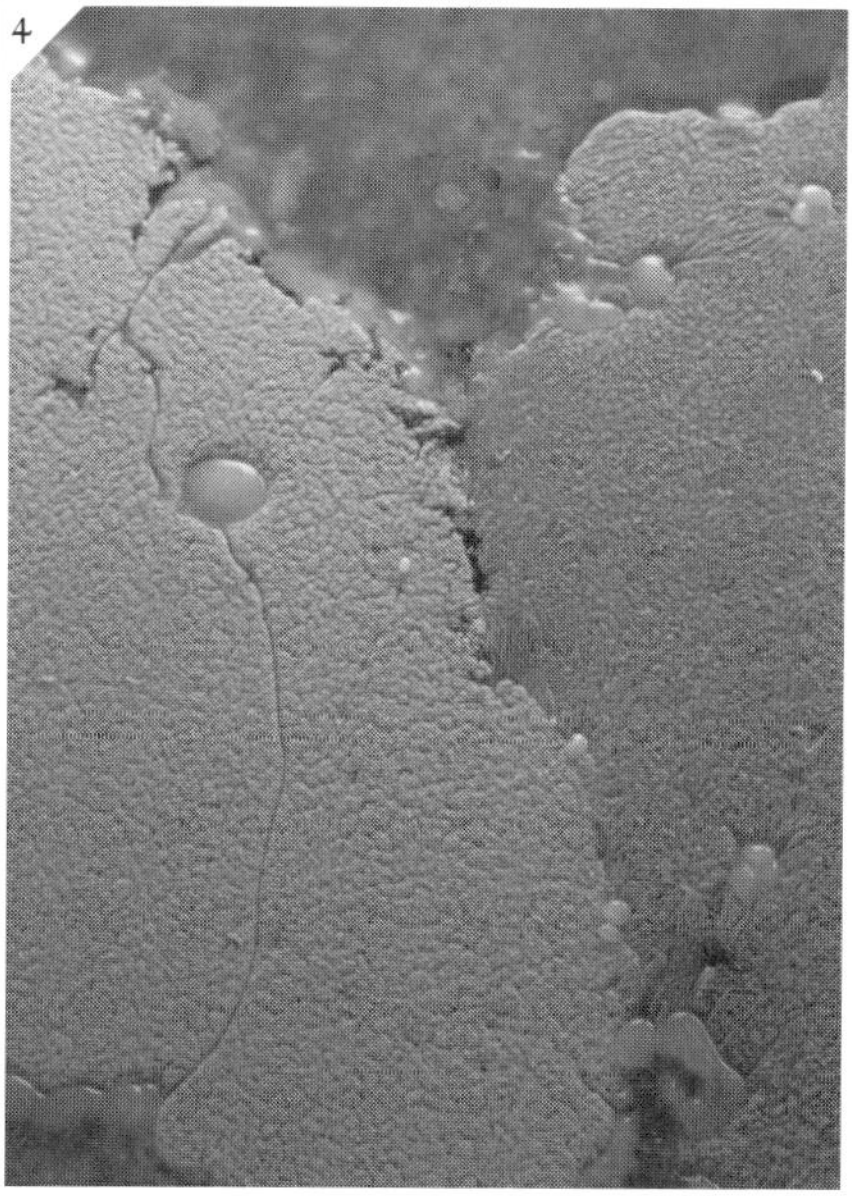

１／加計呂麻島のキビ刈りは、12月から翌５月初旬にかけて行なう。ご近所が手伝いにやってきて、賑やかにサトウキビを収穫する。刈ったサトウキビは島にある３軒の製糖場に集められて、きび酢と黒糖になる。２／サトウキビの搾り汁を、大きな平釜で15分間ほど煮てから酢専用のタンクに仕込む。そのまま煮詰めていくと黒糖になる。３／水を加えてタンクに仕込み、１年間発酵熟成させる。４／スンクァ(酢のちびっこ)と呼ばれる、白く分厚い酢酸膜が表面に生じると、そろそろ酢の香りに。

ている。自然界の微生物が頼り。コンクリート床ではいい酢ができないのだという。

キビ汁を仕込んで1日目は、なんのへんてつもない甘い液。が、2～3日すると、がぜん様子が違ってくる。

「さーさーとたぎって、生きものみたいだよ」

製糖場の西田寛治さんは、そう言って目を細める。

小さすぎて目には見えないけれど、菌だって生きものには違いない。

熟成蔵に並ぶタンクをのぞいてみた。

くらっとくる酒の香りや、つんとした酸っぱいにおい。ざーざー音を立てて流れるもの。ぷちぷちとひとりごちているもの。香りや表情は片時もとどまることなく、翌日にはまったく違うものになっている。そして二度と同じ表情を見せることはない。微生物たちの変貌ぶりは、まるでくるくる回る万華鏡だ。

白っぽい膜が張ると、酢になりかけているサイン。ここからは酢酸菌の独壇場だ。薄い膜は徐々に厚くなり、自分の重みで沈む。また新しい膜が張って沈んで、とくり返す。

「このぶよぶよの厚い白い膜を、スンクァというんです。酢のちびっこっていう意味です」

奥さんの和子さんが教えてくれた。

なんとやさしい言葉だろう。見守る人の、慈しむ気持ちがにじむ。

けれど、中には手を焼かせるはぐれものもいるらしい。

「泡がじわじわ上がってきて、タンクからあふれ出す」

揺すってやるとおとなしくなるから、朝でも夜中でも、見つけ次第飛んでいってかき混ぜる。くみ出してあっちこっちに移してやる。

「しばらくはおさまるけど、またすぐに泡があふれて、あふれて」

ついにはタンクが空っぽになってしまう。スンクァはどこへ行くのだろう。なぜそうなるのかもわからない。

「父さんは放っておけ、というんだけどね。私はあきらめきれんで」

和子さんは、わが子のことでも話すように言ってためた息をついた。

原生林の清い空気と旨い水。黒潮がもたらす暖かさと太陽の恵み。人とともに生きる目に見えないものたちが、かけがえのない酸っぱさを醸し出す。

柚子こしょう

香りの青ユズと激辛トウガラシ、夏の底力を秘めた香辛料

【大分県・由布市】

そろそろ夏の暑さ疲れが出る頃。いまいち食が進まない。そんな時には、柚子こしょうを少々。

ほんのちょっぴりで、口の中に熱い旋風を巻き起こす。九州で「こしょう」といえば、トウガラシのこと。柚子こしょうは地元では駅前のうどん屋のテーブルにも置いてある、おなじみのホットな薬味だ。もともと九州北部の農家で、古くから自家用に作られてきたという、いうなればおふくろの味である。

作り方は、いたってシンプル。青ユズの実と青トウガラシを、すり潰して塩を加えてねかせればいい。塩梅やねかせる期間は、家によって微妙に違う。

ユズもトウガラシも、夏にはまだまだ青い未熟もの。どちらも猛烈にとんがっていて、そのままでは食べられたものじゃない。

誰が思いついたものか、食えないどうしを組み合わせてねかせると、香り高い和の薬味になる。

数十年前の、九州のとある町のうどん屋でのこと。ユズの涼しい香りに誘われて、テーブルにあった薬味を、何ものかも知らずにひと匙入れたら、びりびりっときた。ごぉと火を吹くような辛さ、滝のように汗が流れた。いま思えば、柚子こしょうでも、激辛作りだったに違いない。

わりあい穏やかな和の薬味の中では、異色の激しさだが、このぴりぴり、かなりクセになる。

冷たい素麺、温かいうどん、味噌汁やおでん、鶏の水炊きなど鍋もの、焼き魚や肉とも相性がいいし、冷や奴にもと、けっこう出番も多い。

冬は体の中からほかほかになるし、夏には清々しい刺激をくれる、重宝な引き立て役である。

未熟な青い実の鋭い風味を巧みに生かす組合せの妙

8月末、作業場は青ユズのさわやかな香りでいっぱいだ。1日7時間、6人で約40kgのユズの皮を、透けるような薄さにむく。近在の農家のお母さんたちのナイフさばきは見事なもの。

もともとは九州地方の農家自家用の薬味だから、作り方はシンプル。材料も手近な庭の青ユズと、畑の隅で勝手に育つ虫も食わない青トウガラシ。この頃は黄色や赤も見かけるが、本来柚子こしょうにするのは、香りも辛さも猛烈にとんがっている青いうちだ。

未熟な実をすり潰して塩を混ぜ、甕《かめ》にねかせて、鋭い香りと辛さを閉じ込める。誰が思いついたものか、偶然か、その組合せの妙に唸ってしまう。

大航海時代のコロンブスによってヨーロッパに伝わったトウガラシは、16世紀に日本に伝来したというから、そう古いことではない。

南蛮渡来ということで「なんばん」と呼ぶ土地もあるし、唐船が運んできたから「唐がらし」ともいう。

ちなみに「胡椒」の「胡」は、中国の西域民族のことで、中国人にとって、コショウは外国産のカラシの総称。外国への玄関口だった九州に、その名称が残ったのかもしれない。

トウガラシのあの辛さは、カプサイシンという辛み成分。食欲増進効果、殺菌、健胃、体を温める作用があるとされ、そのうえ体内の脂肪の分解を促すことから、メタボが気になるお年頃には強い味方でもある。

一方ユズは、奈良から平安時代にかけて中国から渡来したといわれる柑橘類。食べておいしい果実ではないのに、見捨てられることなく各家の庭に植えられ生き延びてきた。

果汁は柚子酢に、果皮は香りの素材として1000年余も使いこなされてきた、和の香りの象徴的存在でもある。

香りや彩りの良さばかりではない。果皮に含まれるビタミンCは、柑橘類の中でもずば抜けて多く、ミネラル分も豊富。

暮らしの知恵から生まれた、ユズとトウガラシの絶妙な組合せ。「薬味」とはよくぞいったものである。

1年間ねかせることで、持ち前の香りと辛みがまろやかになじむ

地元のうるさ型にも評判の柚子こしょうを作る江藤寿彦さんは、九州の屋根、阿蘇くじゅう連山黒岳の麓の宿、黒嶽荘《くろたけそう》の主《あるじ》である。

裏山はイヌワシの生息地だったおかげで、伐採を免れた原生林。庭の一隅に炭酸水がこんこんと湧き、ちくちくする流し素麺が名物だ。

「ここへ来て素麺を食べんと、夏が終わらんでね」

と近所のなじみ客もやってくる。ちくちく素麺の薬味は柚子こしょうだ。

柚子こしょうを作るのは、ユズの実が硬くて青いうち。夏の終わりの10日間ほどしかない。

「青いうちのユズでないと、この鋭い香りが出んのです」

原料にはこだわりがある。使うのは皮の部分。もぎたての、健やかなユズが望ましい。

「青果出荷だと、皮にキズがあると二束三文。6月、花の時季から出荷の12月まで、半月に1回消毒せんならん」

それが嫌で青果出荷をやめたという隣町のユズ園まで、江藤さんは40分ほどトラックを飛ばして、その日の分を受け取りに通う。

柚子こしょう作りの助っ人は、腕に覚えのある農家のお母さんたちだ。

「こんな手間ひま仕事は、ばあさんたちの仕事さね」

そう言いながらも、手は素早く動く。硬くて小さい青ユズを、1個30秒という速さで1日に1000個。皮の青い部分を透けるほど薄くむく。さすがである。手間なのはここまで。あとは簡単だ。

皮をむきミキサーで潰して塩をし、あらかじめ塩漬けしておいたトウガラシと混ぜるだけ。

1ヵ月〜2ヵ月間ほどで、トウガラシの青臭みがとれる。私が自分で作る時は、このあたりで食べはじめる。味と香りがシャープなうちもいいし、ゆっくりまろやかになっていく柚子こしょうの楽しみも捨て難い。

1年間熟成させるのが、江藤さん流だ。ねかせたぶん、味わいが深まるばかりか、劣化しにくく、日持ちもよくなるのだという。

1年ものの桶を開けると、表面を真っ白な産膜酵母が蓋のように覆っていた。これはすくい取って捨てる。すると、閉じ込められていたユズの香りがふわっと立ち、きれいな緑色が現れた。

塩味はまろやかになっているが、驚いたことに、ユズの香りとヒリ辛の刺激は、少しも衰えていない。

ベストな時季を逃さず、自分がおいしいと思うものを、ぼつぼつ作る。

そんなあたりまえのものが、なによりである。

1／トウガラシの収穫は8月末から9月末まで。粉砕したものを、1年間塩漬けして使う。2／ユズは作る分だけ皮をむく。青皮は、光が透けるほど薄くむくのがコツ。3／粉砕した青ユズの皮2、塩漬けトウガラシ1に対し、15％目安の塩を混ぜ合わせて1週間ほど常温におく。その後冷蔵庫保存する。4／1年間熟成させる。白い膜の下に、柚子こしょうが仕上がっている。ねかせることで、トウガラシの青臭みが抜け、塩かどがとれて、まろやかに味の深みが増す。劣化しにくく、日持ちもよい。

胡麻油

真夏の畑で収穫するゴマから、黄金色の油がじんわり滴る

【鹿児島県・湧水町】

その美しい色と香りにつられて、搾りたてをぺろりと舐めてみた。香り高く味わい深く、ゴマの存在がじんわり伝わってくる。おいしい油である。

食材に油をそのままかけて食べる習慣のなかった日本人は、油の味にあまり頓着しないかもしれない。天ぷらや炒めものに、油を味見して使っているという話はあまり聞かないし、料理の邪魔になるから無味無臭のクセのない油がいい、という人もいる。

胡麻油やナタネ油などの植物油は、いうなれば種の搾り汁だ。原料の持ち味を生かす発想があってもいい。

ゴマとは紀元前からの長い付き合い。油も搾られていたという。その工程はいたってシンプル。ゴマを薪火で煎って、粉砕、石の重みでじわじわ押し潰すと、とろりと黄金色の油が滴る。古来、宮廷や禅寺で「食べる薬」と喜ばれたゴマの、価値ある一番搾りだ。

そんな昔造りの胡麻油をこしらえる製油所が、今も鹿児島県にある。

胡麻油をちょいとたらすと、ふわりと芳しい香りが立つ。良質の胡麻油なら、そのままでも熱を加えても、ゴマの存在は失せず目立ちすぎず、素材を引き立ててくれる。

アフリカ原産のゴマが、中国大陸を経由して東の果ての日本列島にたどり着いたのは、縄文末期のことだといわれている。当初から栽培されていたというから、稲作と同じくらい古い。小さなゴマ粒が、よくぞ異国で数千年も生き延びてきたものである。

「食べる薬」といわれた種子のエッセンスをいただく

千年間も種を守るのは、一筋縄ではいかない。自然のままにしておけば、交配して異なる種になってしまうし、

1872年製の石臼式「玉締め機」。蒸したゴマを石臼で押し潰して搾るシンプルな構造だ。薬品を使う精製処理、消泡、脱色はいっさい必要ない。

気候風土が合わなければ消えてしまう。

毎年畑に種をまいて育て、丈夫なものを選んで良い種を残し、また次の年にまく。長い時間をかけて、選別を重ねて品種改良もされてきた。

現在ここにあるのは、命をつなぐ作業が代々バトンタッチされ、連綿とくり返されてきた結果である。そして、いつの時代にも、ゴマが必要とされた何よりの証しでもある。

ゴマは古来「食べる薬」といわれ、重用されてきた。あの小さな粒には、油脂分、良質のタンパク質、ミネラル分、ビタミン類など、体が喜ぶ成分が詰まっている。最近は抗酸化物質の存在も注目され、〝健康食品業界の稼ぎ頭〟といえるかもしれない。昔の人は、ゴマの真価をちゃんと見抜いていたに違いない。

また、ゴマは殺生肉食を禁じた仏教国には、なくてはならない栄養補給源でもあった。

奈良時代には、胡麻油が食用油の主流になっている。が、おいそれと手の届くものではなかったらしい。平安時代（729～749年）には、胡麻油1升が米4斗5合（1俵強）に値したという記録がある。非常に高価な特権階級の調味料であった。


胡麻油は、やがて禅林の精進料理から茶懐石へ。そして江戸庶民の好物、天ぷらへと広まっていく。庶民の口に入るまでに、千年もかかっている。

ただ残念なことに、ゴマは現在国内では農家の自家用を除いて、ほとんど栽培されていない。国産のゴマを原料にした胡麻油も、もちろんないに等しい。

旧式圧搾機の石臼で搾る昔気質の胡麻油

「安心して食べられる、誰にも負けない日本一の油を作りたい」

家業の製油所を継ぐ際、和田久輝さんは「昔に戻ろう」と腹を決めた。安価な量産品に押されて、次々に小さな精油所がつぶれていく時代。それは鹿児島県北部の小さな町で、普通にナタネ油を搾っていた製油所の存亡をかけた決断だった。

古い製油所を訪ね歩き、ホコリをかぶっていた明治時代の玉締め機を探し出し、譲り受けた。

原料にするゴマの種を研究者からもらい受け、農薬を使わずに19品種を自家栽培。その種を無償で農家に配って、自然農法で栽培してくれるように説いてまわった。

「利潤はさておいて」と引き受けてくれた数人ではじま

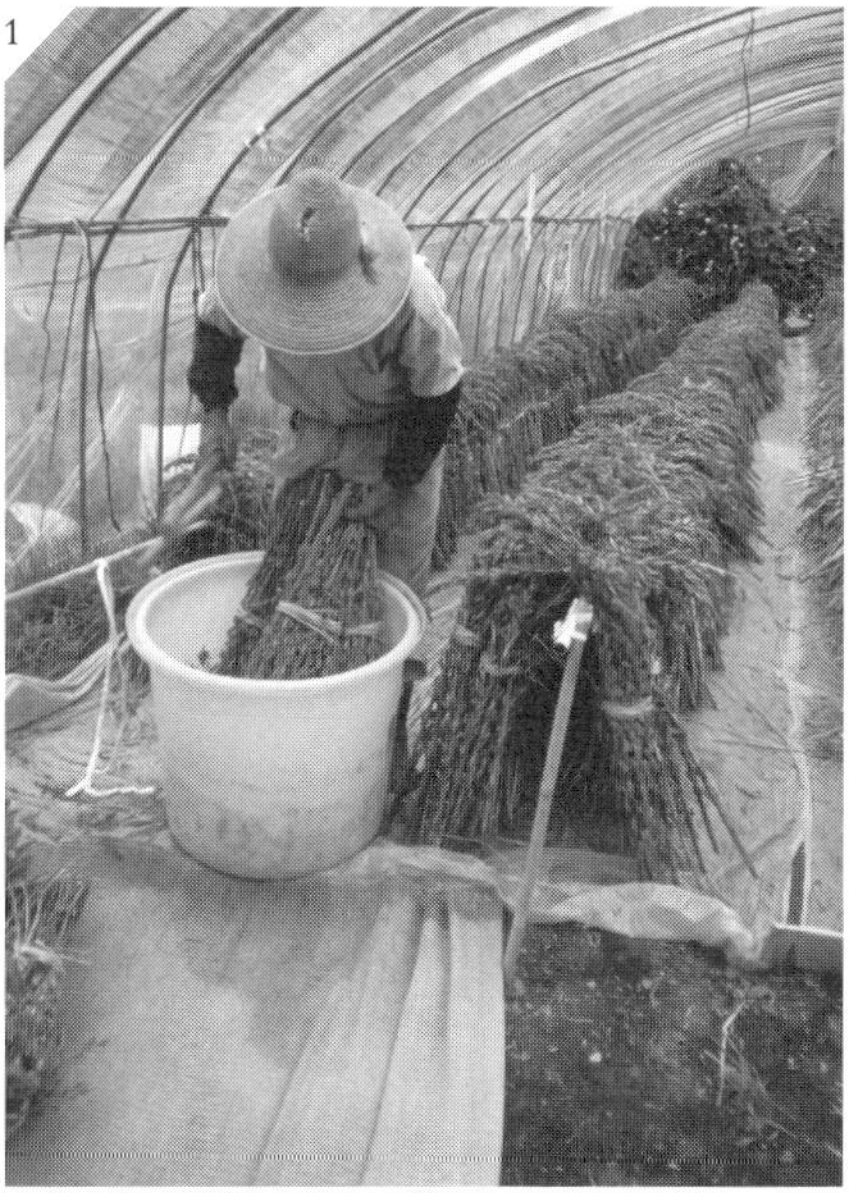

1

2

3

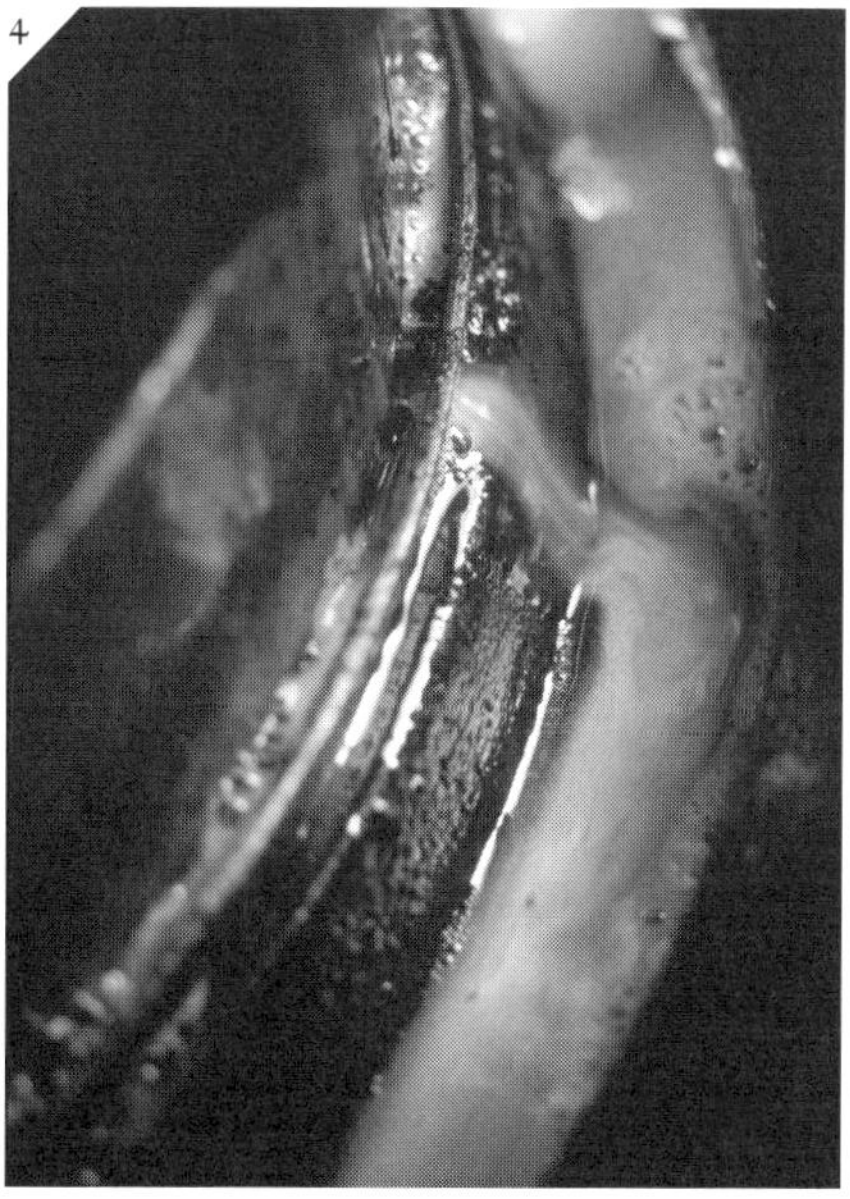

4

1／刈り取ったゴマをしばらくハウスに置いて自然乾燥。音を立ててサヤがはじけたら、茎を叩いてゴマ粒を落とす。昔ながらの唐箕《とうみ》にかけて、ゴミや未熟ゴマを飛ばして選別し、数日間天日乾燥させる。2／焙煎の温度と時間の加減で油の量、味、色が決まる。香りがとばないよう低温でじっくり煎って粉砕する。3／ゴマを綿布マットに包み、「玉締め機」に詰める。4／20分間かけてゆっくり搾る。石の重みでゴマを押し潰すと、ゴマの芳香とともに胡麻油が流れ出る。摩擦熱が出ないので、油の味もそこなわれない。

った契約栽培農家は、年を追うごとに徐々に増えていった。

「3年辛抱すれば土ができて、風や虫にも強うなる。葉っぱを見ればようわかります。台風が来て倒れても、また起き上がってくっとです」

「日照り草」の別名を持つゴマは、干ばつに強く、長くても90日間で収穫できる。

下から順にピンク色のツリガネソウに似た花が咲き、終わるとサヤができる。一つのサヤには20粒ほどの種子が入っている。高さ1・7mにもなる茎の先端まで花が咲いたら収穫時だ。

農薬をまかないから、葉には「ギャッ」というくらいの大芋虫もつく。「サヤには悪さしないから、農薬を振らないで。体を悪くするから」と和田さんは農家の人に頼むという。芋虫はやがて蝶になる。蝶の舞うなごやかな花畑が目に浮かぶようだ。

8月に刈り取ったゴマを叩いて、種子を落として天日に干す。吹けば飛びそうで気がもめる。

「いやぁ少々の風では飛ばんと。一粒一粒重たかもんです」

太陽光をたっぷり吸って育ったゴマは、100年経っても芽を出すという。

ここからが石臼式玉締め機の出番だ。

収穫したゴマを釜煎りして粉砕。木桶の蒸籠《せいろ》で蒸して、綿布に包んで玉締め機に入れ、石臼でじんわり「手でタオルを絞るくらいに」圧搾する。滴る黄金色の油は、ゴマの風味がそのまま溶け込んだ一番搾り。これなら熱を加えることも薬品を使うこともいっさい必要ない。

1tのゴマから採れる油は約500kg。半分は搾りカスになって残るが、二番搾りはしない。カスは家畜の餌や有機栽培の畑の肥やしになる。

一方、安価な量産油の多くは、薬品で抽出する。これなら効率よく、カスも残らないほど搾り尽くせる。その後高熱で薬品を除去。脱臭、脱色などの精製処理をする。というわけで、クセのない油に仕上がる。

大手の大型圧搾機なら、1日150tは搾れるが、玉締め機は4台をフル稼働させて、生産量は1日500kg。さらに暑い時期は、油の質が落ちやすいので搾らない。効率が悪いうえに、1／10以下の価格で買える輸入原料は、「私の目が届かないから」と使わない。

日本一高い胡麻油になった。それでも生産が間に合わないという。体にやさしいのも、おいしさのうちである。

五十音順索引

北海道・東北地方

関東地方

中部地方

近畿地方

中国・四国地方

九州・沖縄地方

陸田幸枝　むつだ ゆきえ

愛知県生まれ。

敗戦後、日本の食の信頼が大きく揺らいだ時代に、あやしげなものを食べて育つ。草の根の食文化、手仕事を訪ねて、伝統の技を継ぐ人たちを各地に取材。千年の技の記憶を見聞し伝える仕事を重ねる。雑誌「サライ」、「月刊 専門料理」、「東京新聞」などに連載、執筆。著書に『極上食材図鑑第1集・第2集』『日本の正しい調味料』『長寿の国　日本の伝統食』『日本の手仕事』（以上小学館）、『伝統食礼讃』（アスペクト）などがある。

伝統食の最も美しい瞬間を捉えて下さった写真家の大橋弘氏に、心からの敬意と感謝を表します。

柴田書店の編集者、長澤麻美さんの緻密な仕事と後押しがあって、この本ができました。深く感謝します。

二〇二二年十月　陸田幸枝

大橋 弘　おおはし ひろし

一九四六年東京中野生まれ。

【写真展】

『和紙の街小川町』『MOSS COSMOS』『1972 青春軍艦島』『森の時間』『FRACTAL』『壷中の天』『風がつくるもの』『野鍛冶』『みずから』『Tawamure』

【写真集】

『MOSS COSMOS 苔の宇宙』『1972 青春軍艦島』『FRACTAL』『Tawamure』『ミクロコスモス』

【主な著作物】

『日本の手仕事』『極上食材図鑑第1集・第2集』『長寿の国　日本の伝統食』『日本鍛冶紀行』

http://www.ohashihiroshi.com/

古くて新しい
日本の伝統食品

初版印刷　二〇二二年　十月　十日
初版発行　二〇二二年　十月　二十日

著者©　陸田幸枝（むつだ ゆきえ）

発行者　丸山兼一
発行所　株式会社柴田書店
〒一一三-八四七七
東京都文京区湯島三-二六-九　イヤサカビル
電話　営業部　〇三-五八一六-八二八二（注文・問合せ）
書籍編集部　〇三-五八一六-八二六〇
URL　https://www.shibatashoten.co.jp

印刷・製本　シナノ書籍印刷株式会社

本書掲載内容の無断掲載・複写（コピー）・引用・データ配信等の行為は固く禁じます。
乱丁・落丁本はお取替えいたします。

ISBN978-4-388-06358-1
Printed in Japan
©Yukie Mutsuda 2022